普通高等教育通识类课程精品系列

大学生职业生涯规划与管理

主　审　马晓娣
主　编　张晓蕊　朱望东　岳志春
副主编　刘雷蕾　李　新　安　玥
　　　　王　京　冀振中　苗书宾

北京理工大学出版社
BEIJING INSTITUTE OF TECHNOLOGY PRESS

内 容 简 介

本书遵循"大思政"教育理念，立足高校实际，依据职业生涯规划教育的内涵与目的，借鉴国内外创业教育的先进理论和经验，结合多年职业生涯规划教育教学的经验，对大学生职业生涯规划教育的基本知识、基本理论、实践操作进行了系统分析和全面讲解，实现了生涯规划教育与思想政治教育的同向同行。

全书共分九章，从生涯规划和生涯管理两个角度，按照 AEOPP 的逻辑关系，将理论教学和实践教学紧密结合。在内容编排上，注重系统性、全面性和实用性，具体包括认识职业生涯规划与管理、自我认知、环境分析、生涯决策、生涯的目标管理、自我储备与提升、生涯适应、生涯平衡、职业生涯的危机管理等内容。书中既有理论概括，又有案例分析和实践实训环节，融理论、知识、趣味和思维创新于一体，有利于学生自主参与课程学习和实践，积极提升自身的职业生涯规划意识和能力。

全书题材新颖，内容丰富，理论联系实际，具有针对性、实用性、时代性和指导性，可作为高等学校大学生职业生涯教育的教材，也可作为普通大众的科普读物。

版权专有 侵权必究

图书在版编目（CIP）数据

大学生职业生涯规划与管理 / 张晓蕊，朱望东，岳志春主编. --北京：北京理工大学出版社，2023.2（2023.3 重印）

ISBN 978-7-5763-2111-1

Ⅰ.①大… Ⅱ.①张… ②朱… ③岳… Ⅲ.①大学生-职业选择 Ⅳ.①G647.38

中国国家版本馆 CIP 数据核字（2023）第 028248 号

出版发行 / 北京理工大学出版社有限责任公司

社　　址 / 北京市海淀区中关村南大街 5 号

邮　　编 / 100081

电　　话 /（010）68914775（总编室）

　　　　　（010）82562903（教材售后服务热线）

　　　　　（010）68944723（其他图书服务热线）

网　　址 / http://www.bitpress.com.cn

经　　销 / 全国各地新华书店

印　　刷 / 河北盛世彩捷印刷有限公司

开　　本 / 787 毫米×1092 毫米　1/16

印　　张 / 18.5　　　　　　　　　　　　　　责任编辑 / 龙　微

字　　数 / 435 千字　　　　　　　　　　　　文案编辑 / 李　硕

版　　次 / 2023 年 2 月第 1 版　2023 年 3 月第 2 次印刷　责任校对 / 刘亚男

定　　价 / 49.80 元　　　　　　　　　　　　责任印制 / 李志强

图书出现印装质量问题，请拨打售后服务热线，本社负责调换

前言

党的二十大报告指出:"新时代十年的伟大变革,在党史、新中国史、改革开放史、社会主义发展史、中华民族发展史上具有里程碑意义。改革开放和社会主义现代化建设深入推进,书写了经济快速发展和社会长期稳定两大奇迹新篇章。从现在起,中国共产党的中心任务就是团结带领全国各族人民全面建成社会主义现代化强国、实现第二个百年奋斗目标,以中国式现代化全面推进中华民族伟大复兴。"

国家的希望在青年,民族的未来在青年,大学生一直是党和人民寄予厚望与着力培养的重要群体。

新时代中国青年处在中华民族发展的最好时期,既面临着难得的建功立业的人生际遇,也面临着"天将降大任于斯人"的时代使命,可谓青春正当时,奋进新时代。

作为培养高水平人才的场所,大学有着义不容辞的责任。大学教育对于大学生的成长成才极为关键。大学作为学生踏入社会前的关键阶段,是一个人人生观、价值观形成的重要阶段,同时也是一个人职业生涯起步的重要阶段。大学生活中有两个重要的任务,一是立志,二是成才。"立志"就是要确立自己的人生理想和人生目标,"成才"就是根据理想与目标,合理规划好大学的学习和生活,有针对性地提高自己的综合素质与能力。

职业生涯规划教育是实施素质教育的有效手段,关系到国家未来人才的质量。中国社会经济的飞速发展,为大学生提供了无数机会,当然随之而来的也有严峻的挑战。一方面,就学生而言,需要不断提高自我认知水平,增强环境分析能力,自觉强化职业规划意识,提高职业技能水平,不断提高自身综合素质;大学生在规划自己未来的时候,既要考虑自己的兴趣和能力,也要结合国家发展的需要,成为一名综合素质全面的高水平人才。另一方面,就学校而言,应开设职业生涯规划指导课程,改进和完善大学生职业指导教育体系,提高大学生职业生涯规划服务水平,建立贯穿大学整个阶段的大学生职业生涯规划教育体系,积极引导大学生树立正确的职业规划理念,科学进行职业生涯规划。

大学生职业生涯规划是一个理论体系日趋成熟、操作体系日趋完善的新兴领域,并将逐步成为高等教育不可或缺的组成部分。上了大学以后,有不少学生难以适应大学生活,缺少规划和对未来的思考,社会化程度偏低,目标缺失,常常会感到迷茫与无助。我们有理由相信,如果能让每个同学再上一次大学,一定会比现在做得更好。如果能早一点规划自己的大学生活,就会少一些成长中的烦恼,就不会随着大好时光的流逝只留下不该有的叹息和后悔。因此,大学生应该认真思考探索未来的发展任务并认真规划自己的大学生涯。

　　苏格拉底说，"未经审视的生活是不值得过的"。生涯教育是一种综合性的教育计划，大学生生涯教育遵照大学生自身的特点和现状，按照生涯认知（Career Awareness）、生涯探索（Career Exploration）、生涯定向（Career Orientation）、生涯准备（Career Preparation）、生涯熟练（Career Proficiency）等步骤，逐一实施，对大学生进行系统的职业生涯规划教育，引导学生规划自我，使学生获得职业技能，促进个体职业生涯的发展，并建立个人的生活形态，实现对人生意义、价值的追求，为人生的发展奠定基础。

　　"凡事预则立，不预则废"。大学是人一生中最为关键的阶段。从入学的第一天起，我们就应当对大学四年有一个正确的认识和规划。这也正是我们开设这门课程的目的所在。基于这样的思考，本书遵循"大思政"教育理念，立足高校实际，依据职业生涯规划教育的内涵与目的，充分挖掘、提升生涯规划教育中思想政治教育的高度与深度，借鉴国内外职业生涯教育的先进理论和经验，结合多年职业生涯规划教育教学的经验，将理论教学和实践教学紧密结合，注重以思想碰撞为主的互动式教学模式的探索，对大学生职业生涯教育的基本知识、基本理论、实务操作进行了系统分析和全面讲解，并收入了大量的案例，融理论、知识、趣味和思维创新于一体，体现了生涯规划课程的实践性和以学生为主体的指导思想。本书旨在为大学生的成长成才服务，帮助大学生树立合理的职业生涯目标、正确的职业理念，帮助大学生制订有效的职业生涯规划，引导学生树立正确的职业观、价值观、人生观，助力大学生成长。

　　本书从生涯规划和生涯管理两个角度，按照AEOPP的逻辑关系，详细介绍了职业生涯规划的基本理论，并引入了生涯管理的内容。作为专门的大学生职业生涯规划课程的教材，与目前市场上的其他同类教材相比，本书具有以下特点。

　　（1）内容专业全面。按照职业生涯规划设计的步骤，遵照认识与唤醒、自我探索、环境探索、生涯决策、规划实施、评估与调整等逻辑与思路，详细介绍了职业生涯规划的基本理论，系统介绍了大学生如何制订职业生涯规划，内容上力求实践性、科学性、系统性。

　　（2）注重实践操作。全书收入了大量案例，并在每个模块设置了实践活动环节，引导学生进行生涯探索，既有理论概括，又有案例分析和实践实训环节，融理论、知识、趣味和思维创新于一体，以便让学生自主地参与课程学习和实践，体现了大学生职业生涯规划课程的实践性。

　　（3）强调"以生为本"。本书把提高大学生职业生涯规划意识和能力的目标贯穿于学习过程，并借鉴心理学、管理学、成功学等相关学科的原理和方法，注重以思想碰撞为主的互动式教学模式的探索，体现了大学生职业生涯规划课程以"学生为本"的指导思想。

　　（4）注重课程思政建设。本书立足新时代，注重课程思政元素的挖掘，提升生涯规划课程中思想政治教育高度，加强对大学生的思想引领和价值引领，实现了生涯教育与思想政治教育的同向同行，形成协同效应，促进思想政治教育与职业生涯教育的有机统一，帮助大学生树立正确的职业观、人生观、价值观，构建生涯教育的"全员、全程、全课程"育人格局。

　　本书作者均是来自大学生职业生涯规划课程教学一线的教师。本书不仅体现了作者在教学过程中的理解感悟以及实践经验，而且汲取了许多职业生涯规划方面著作的精华，力求为莘莘学子的职业生涯规划提供有价值的参考。

前 言

本书在内容编排上，以"课程思政"为指导思想，按照 AEOPP（认识—探索—决策—准备—熟练）的逻辑思路，从生涯规划和生涯管理两个方面展开编写，注重系统性、全面性和实用性，在阐述理论知识的同时，将案例分析、生涯测试及实践活动有机结合。全书共九章，分别为认识生涯规划与管理、自我认知、环境分析、生涯决策、生涯的目标管理、自我储备与提升、生涯适应、生涯平衡、生涯的危机管理。其中，第一章为认知篇，第二章、第三章为探索篇，第四章为决策篇，第五章、第六章为准备篇，第七章、第八章、第九章为熟练篇。认知篇、探索篇、决策篇主要为生涯规划的内容，注重理论、方法、技术等的介绍。准备篇和熟练篇主要为生涯管理的内容，注重课程思政的建设。每章都有"故事与人生"栏目，作为引入案例；每章均添加丰富的课堂活动（直接扫二维码可见具体内容）和实践作业，便于教师开展生涯实践教学，也便于学生进行职业生涯探索。

使用本书授课建议学时为 40 学时（含课堂活动），其中第一章建议 4 学时，第二章建议 8 学时，第三章建议 4 学时，第四章建议 4 学时，第五章建议 4 学时，第六章建议 4 学时，第七章建议 4 学时，第八章建议 4 学时，第九章建议 4 学时。

使用本书授课建议采取小班授课，班级人数以 30~60 人为宜，并以团队方式进行，以便进行充分讨论，激发团队智慧，更好地完成实践活动及作业，实现生涯探索的目标。每个班分为 6 个团队，每个团队人数建议为 5~10 人，选出组长 1 人，负责组织讨论、分配任务、队内问题解决和冲突协调、决策等。

本书由张晓蕊、朱望东、岳志春担任主编，马晓娣担任主审。具体编写分工为：张晓蕊编写前言、第一章、第二章、第三章，岳志春编写第四章、第五章、第六章及附录，王京、朱望东编写第七章，李新、苗书宾编写第八章，安玥、刘雷蕾编写第九章，冀振中负责校对，朱望东、张晓蕊、岳志春负责统稿。

本书在编写过程中，吸收了国内外职业发展与规划方面的理论研究成果，借鉴了心理学、管理学、成功学等相关学科的原理和方法，在此谨向原作者表示由衷的感谢，并向支持和帮助本书出版的所有朋友表示诚挚的谢意。

本书可作为高校（含职业院校）大学生职业生涯教育教材，也可作为大学生及其他人员做生涯规划的参考书目。

由于作者水平有限，书中的疏漏在所难免，诚恳地欢迎各位同行专家和读者提出宝贵意见和建议，以便今后进一步完善。

编 者
2022 年 9 月

目 录

第一篇 认知篇

第一章 认识职业生涯规划与管理 ……………………………………………… (003)

故事与人生：你是哪只毛毛虫？ …………………………………………… (004)
第一节 职业生涯规划与管理 ………………………………………………… (005)
第二节 几种主要的职业生涯理论 …………………………………………… (012)
第三节 大学生职业生涯规划与管理 ………………………………………… (023)
课堂活动 ……………………………………………………………………… (031)
实践作业：职业生涯评估 …………………………………………………… (031)

第二篇 探索篇

第二章 自我认知 ……………………………………………………………… (035)

故事与人生：什么才是你生命中的核桃？ ………………………………… (036)
第一节 自我认知概述 ………………………………………………………… (037)
第二节 性格探索 ……………………………………………………………… (041)
第三节 兴趣探索 ……………………………………………………………… (061)
第四节 能力探索 ……………………………………………………………… (070)
第五节 价值观探索 …………………………………………………………… (078)
第六节 大学生自我评价的偏差及其心理分析 ……………………………… (088)
课堂活动 ……………………………………………………………………… (092)
实践作业：给现在一个期许，给未来一个回忆 …………………………… (092)

第三章 环境分析 ……………………………………………………………… (094)

故事与人生：最大的麦穗 …………………………………………………… (095)
第一节 环境分析概述 ………………………………………………………… (095)
第二节 环境探索 ……………………………………………………………… (097)
第三节 新时代与大学生发展 ………………………………………………… (111)

课堂活动 ··· (118)
　　实践作业：职业人物访谈 ··· (119)

第三篇　决策篇

第四章　生涯决策 ·· (123)
　　故事与人生：布利丹毛驴 ··· (124)
　　第一节　生涯决策 ··· (124)
　　第二节　生涯决策理论 ·· (127)
　　第三节　生涯决策的模式和方法 ··· (131)
　　第四节　职业定位 ··· (143)
　　课堂活动 ··· (151)
　　实践作业：生涯人物访谈 ··· (151)

第四篇　准备篇

第五章　生涯的目标管理 ·· (157)
　　故事与人生：管道的故事 ··· (158)
　　第一节　生涯目标管理 ·· (159)
　　第二节　生涯目标的分解与组合 ··· (162)
　　第三节　生涯目标的实施 ··· (165)
　　第四节　生涯目标的分析评估 ·· (174)
　　课堂活动 ··· (177)
　　实践作业：二十一天养成一个好习惯 ·· (178)

第六章　自我储备与提升 ·· (180)
　　故事与人生：特内雷"神树" ·· (181)
　　第一节　认知的提升 ··· (182)
　　第二节　情怀的塑造 ··· (186)
　　第三节　品格的形成 ··· (188)
　　第四节　践行奋斗 ··· (193)
　　课堂活动 ··· (197)
　　实践作业：校外生涯体验活动 ·· (197)

第五篇　熟练篇

第七章　生涯适应 ·· (201)
　　故事与人生：狮子萨多 ·· (202)
　　第一节　学习适应 ··· (203)
　　第二节　社会适应 ··· (212)

课堂活动 ……………………………………………………………… (218)
　　实践作业：撰写社会调查报告 ………………………………………… (218)

第八章　生涯角色平衡 …………………………………………………… (220)
　　故事与人生："小事"与"大事" ……………………………………… (221)
　　第一节　生涯角色 ……………………………………………………… (221)
　　第二节　生涯角色平衡管理 …………………………………………… (224)
　　课堂活动 ……………………………………………………………… (236)
　　实践作业：生涯访谈 …………………………………………………… (236)

第九章　职业生涯的危机管理 …………………………………………… (238)
　　故事与人生：谁动了我的奶酪？ ……………………………………… (239)
　　第一节　职业生涯的危机 ……………………………………………… (240)
　　第二节　职业生涯危机管理 …………………………………………… (246)
　　课堂活动 ……………………………………………………………… (253)
　　实践作业：职业生涯危机访谈报告 …………………………………… (253)

附　录 ……………………………………………………………………… (255)
　　附录一：各类简易职业测试表 ………………………………………… (255)
　　附录二：霍兰德职业索引——职业兴趣代码与其相应的职业对照表 ………… (271)
　　附录三：专业知识技能词汇表 ………………………………………… (275)
　　附录四：自我管理技能词汇表 ………………………………………… (279)
　　附录五：可迁移技能词汇表 …………………………………………… (282)

参考文献 …………………………………………………………………… (283)

第一篇 认知篇

第一章

认识职业生涯规划与管理

> 凡事预则立，不预则废。
>
> ——《礼记·中庸》

本章学习目标

通过本章的学习，大学生应当了解职业生涯规划与管理的基本概念，掌握职业生涯规划与管理的相关理论，掌握大学生职业生涯规划与管理的含义及核心理念，了解大学生职业生涯规划与管理的意义。

本章内容框架

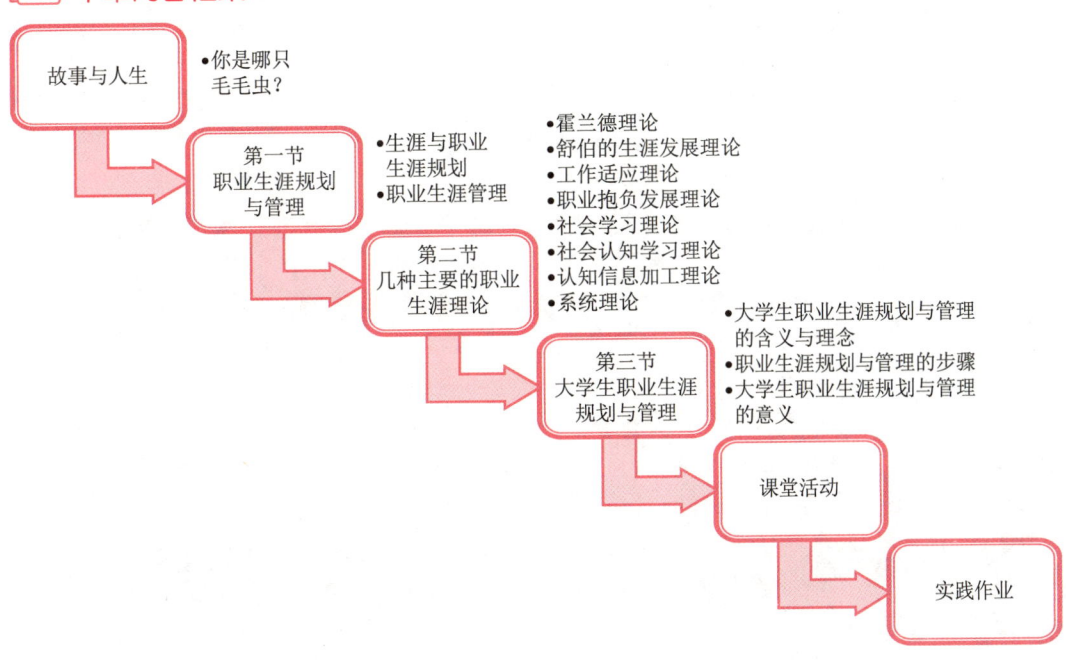

- 故事与人生
  - 你是哪只毛毛虫？
- 第一节 职业生涯规划与管理
  - 生涯与职业生涯规划
  - 职业生涯管理
- 第二节 几种主要的职业生涯理论
  - 霍兰德理论
  - 舒伯的生涯发展理论
  - 工作适应理论
  - 职业抱负发展理论
  - 社会学习理论
  - 社会认知学习理论
  - 认知信息加工理论
  - 系统理论
- 第三节 大学生职业生涯规划与管理
  - 大学生职业生涯规划与管理的含义与理念
  - 职业生涯规划与管理的步骤
  - 大学生职业生涯规划与管理的意义
- 课堂活动
- 实践作业

★ 故事与人生

你是哪只毛毛虫？

如果你是一只刚好爬到树下的毛毛虫（如图1-1所示），你愿意做以下哪只毛毛虫？

第一只毛毛虫

话说第一只毛毛虫，它爬呀爬呀爬过山河，终于来到一棵苹果树下。它并不知道这是一棵苹果树，也不知树上长满了红红的苹果。当它看到同伴们往上爬时，不知所以的就跟着往上爬。没有目的，不知终点，更不知生为何求、死为何所。

它的最后结局呢？也许找到了一颗大苹果，幸福地过了一生；也可能在树叶中迷了路，颠沛流离糊涂一生。不过可以确定的是，大部分的毛毛虫都是这样活着的，也不去烦恼什么是生命的意义，倒也轻松许多。

图1-1 苹果树下的毛毛虫

第二只毛毛虫

有一天，第二只毛毛虫也爬到了苹果树下。它知道这是一棵苹果树，也确定它的"虫生目标"就是找到一颗大苹果。

问题是……它并不知道大苹果会长在什么地方？但它猜想：大苹果应该长在大枝叶上吧！于是它就慢慢地往上爬，遇到分支的时候，就选择较粗的树枝继续爬。幸运的是这只毛毛虫一路选择，选上了它认为最好的树枝，最后它从它认为最大的一个树枝上找到了一颗大苹果。

不过很快，它发现这颗大苹果并不是全树上最大的，顶多只能算是局部最大。因为在它的上面还有一颗更大的苹果，被另一只毛毛虫找到了。令它泄气的是，这个树枝是它当年不屑于爬的一个细小的树枝。

第三只毛毛虫

接着，第三只毛毛虫也来到了树下。这只毛毛虫相当难得，小小年纪，却自己研制了一副望远镜。在还未开始爬时，就先利用望远镜搜寻一番，找到了一颗超大苹果。同时，它发觉当从下往上找路时，会遇到很多分支，有各种不同的爬法；但若从上往下找路时，却只有一种爬法。它很细心地从苹果的位置，由上往下反推至目前所处的位置，记下这条确定的路径。

于是，它开始往上爬了，当遇到分支时，它一点也不慌张，因为它知道该往那条路走，不必跟着一大堆虫去挤破头。譬如说，如果它的目标是一颗名叫"教授"的苹果，那应该爬"升学"这条路；如果目标是"企业家"，那应该爬"创业"这条分支。最后，这只毛毛虫"应该"会有一个很好的结局，因为它已具备了"先觉"的条件。但也许会有一些意外的结局出现，因为毛毛虫的爬行相当缓慢，从预定苹果到抵达时，需要一段时间。当它抵达时，也许苹果已被别的虫捷足先登，也许苹果已熟透而烂掉了……

第四只毛毛虫

第四只毛毛虫可不是一只普通的虫，它具有先知先觉的能力。它不仅先觉——知道自

己要何种苹果，更先知——知道未来苹果将如何成长。因此当它带着那"先觉"的望远镜时，它的目标并不是一颗大苹果，而是一朵含苞待放的苹果花。它计算着自己的时程，并估计当它抵达时，这朵花正好长成一颗成熟的大苹果，而且它将是第一个钻入大快朵颐的虫。果不其然，它获得所应得的，从此过着幸福快乐的日子。

第五只毛毛虫

第五只毛毛虫是什么样的呢？其实它什么也没做，就在树下躺着纳凉，而一颗颗大苹果就从天降在它的身边。因为树上某一大片树枝早就被它的家族占领了，它的爷爷、爸爸、哥哥们盘踞在某一树干上，禁止其他虫进入。然后苹果成熟时，就一颗颗的丢给底下的子孙们捡食。

（资料来源：https://www.doc88.com/p-3147522826680.html?r=1）

思考：

（1）如果你是一只毛毛虫，你希望自己成为哪只毛毛虫？为什么？

（2）对于寄托于"家族"而成长的第五只毛毛虫，你怎么看待？

（3）哪只毛毛虫既懂得规划，又懂得管理？

第一节 职业生涯规划与管理

一、生涯与职业生涯规划

（一）生涯

1. 生涯的含义

生涯一词，我们并不陌生，像我们常常听到的"艺术生涯""戎马生涯"等词汇。庄子曰"吾生也有涯，而知也无涯"，南宋诗人陆游在《秋思》中写道："身似庞翁不出家，一窗自了淡生涯"，这里面都包含了我们所熟知的生涯的意义，生涯是人生的两个端点——生与死之间所有的生活内涵。

生涯的英文是 career，意思是指两轮马车、战车，最初为动词，隐含有未知、冒险、奋力拼搏等意义。后引申为道路，也就是人生的发展道路、人生的发展历程。

生涯发展大师舒伯（Super）认为：生涯是生活里各种事态的演进方向和历程，他统合了人一生中的各种职业和生活角色，由此表现出个人独特的自我发展形态，是一个人在一生中所扮演角色的整个过程，这些角色包括子女、学生、休闲者、公民、工作者、配偶、持家者、父母及退休者等角色，而九个角色在四个主要场所——家庭、小区、学校及工作场所中扮演。一个人在一生中所扮演的诸多角色，就如同一条彩虹同时具有许多色带。简单地说，生涯是指个人通过从事工作所创造出的一个有目的、延续一定时间的生活模式。或者说，生涯就是一个人终生的经历。这一模式由以下三个层面构成。

（1）时间：个人的年龄或生命的过程，又可细分为成长、试探、建立、维持、衰退等阶段。

（2）广度和范围：每个人一生所扮演的各种不同的角色，如小孩、学生、公民、家长、工作者、领导者等。

（3）深度：指个人投入的程度。

所以，生涯确定并阐述了个体所涉及的各种角色、所处的各种环境以及在他们生活中所经历的各种有计划或者非计划的事件；确定了生活里各种事态的连续演进方向；统合了人一生中依序发展的各种职业和生活角色。

2. 生涯的特点

生涯并不局限于个人的职业角色，尽管与职业相关，但比职业的内涵更加丰富，它涵盖了更长的时间，既包括就业前的活动，也包括离开工作后的生活。了解生涯的特性，有助于认识生涯的本质，以便更合理地规划人生，从而在面对不同情境时都能坦然面对。

（1）独特性。每个人的生涯都不一样，就像世界上没有两片相同的叶子，人与人之间也绝不会完全相同。因此，每个人的生涯发展都是独一无二的，是依据个人的人生理想，为了自我实现而逐渐展开的一种生命历程。

（2）阶段性。生涯可以分成不同的阶段，每个阶段又可以分成若干个小的阶段，每个阶段有其目标和任务。

（3）发展性。生涯是人生发展的整个历程，贯穿人从生到死的过程，且在人生发展的不同阶段呈现不同的形态和特点，因而具有发展性，且随着个人成长、经验积累、社会发展而变化。既然生涯是一个人一生中各种角色的统合，因此在生涯发展过程中，必定会在不断的角色扮演中寻找自我，发掘人生的意义与方向。

（4）全面性。生涯是一个人一辈子的事情，包含上学、就业、退休后的生活。生涯包含人生整体发展的各方面，即对一个人生涯规划所考虑的点、线、面极为广泛，几乎无所不包。

（5）主动性。生涯不等于生命，植物有生命，动物也有生命，但却和人的生涯不同，人生可以主动去探索、去追求、去规划。

（6）连续性。人生不能喊停，每天都在继续。

（7）方向性。人生没有彩排，每天都是现场直播，做过了、选择了便不能回头。

（二）工作与职业

1. 工作

工作是一种活动，是一种能够为自己或他人创造价值的活动。工作主要包括工资工作、报酬工作、家政工作、志愿工作和学习工作等。

（1）工资工作（Wage Work）：依据时间和努力而获取酬劳的工作。

（2）报酬工作（Fee Work）：根据工作结果获取酬劳的工作。

（3）家政工作（Home Work）：指在家里从事的工作，如抚养儿童或修剪草坪。

（4）志愿工作（Gift Work）：指志愿的或慈善的工作。

（5）学习工作（Learning Work）：指研习新技能。

2. 职业

我国职业教育的奠基人、职业教育实践家黄炎培先生说："一方为己治生，一方为群众服务，人类间凡此确定而又系统的互助行为，皆是也。"也就是说，职业是人们在社会中所从事的有稳定、合法收入的活动，既是人们为社会做贡献、实现人生价值的舞台，也是人们谋生的手段。

职业是指从业者为获取主要生活来源而从事的社会性工作类别。职业是社会与个人的连接点，反映了个人在社会中的位置。个人通过职业与特定的人群建立联系。职业往往同个人的权利和经济利益相伴。其含义主要集中在以下两个方面：一方面，作为职业，一定要满足其社会性的一面，即职业活动中的从业人员应该达到一定的数量，从业者为社会提供的服务或产品应该满足社会上许多人的需要；另一方面，职业活动的基本目的是为未来获取一定的生活来源，也就是取得赖以生存的物质或现金报酬。二者缺一不可。严格地说，一种工作如果能够被称为职业，需要同时具备下列七个特征。

（1）目的性：职业以获得现金或事物等报酬为目的。

（2）社会性：职业是从业人员在特定的社会生活环境中所从事的一种与其他社会成员相互关联、相互服务的社会活动。

（3）相对稳定性：职业往往是在一定的历史时期内形成的，并具有一个相对较长的生命期。

（4）规范性：职业必须符合国家法律和社会道德规范。

（5）群体性：职业必须具有一定的从业人数。

（6）技能型：职业活动可以发挥个人的才能和专长。

（7）动态变化性：任何一种职业都将随着时间的推移、环境的变化而不断变化。

随着社会的发展，职业也在发生着变化，并表现出了不同的特点，如表1-1所示。

表1-1 新旧职业的特点

旧职业的特点		新职业的特点	
• 全时永久性合同	• 保障就业	• 兼职临时合同	• 不保障就业
• 从一而终的职业选择	• 终身职业	• 不断变化的职业选择	• 多个职业
• 终身的组织	• 有规律地提升	• 多个或没有组织	• 可雇佣性的维持
• 多种水准的等级制度	• 可预测工作移动方向	• 层次减少的金字塔	• 不可预测工作移动方向
• 内部劳动力市场	• 组织管理职业	• 外部劳动力市场	• 个人管理职业
• 组织开发员工	• 国内职业	• 员工自己开发自己	• 国际职业

（三）生涯发展

生涯发展是一个终身过程，在这个过程中，通过所从事的职业角色，我们可以发展个人的信念、价值观、能力、兴趣、人格特征以及对工作世界的认识。

生涯发展是一个很大的概念，它受社会、经济、心理健康和个性、教育水平和经历、生理能力和特质、资金和财政资源、团队关系和社会阶层以及各种机遇因素的影响。所有这些个人内在的和外在的因素结合起来会影响一个人职业生涯道路的展开。更重要的一点是，这些因素中的任何一个都无法单独决定一个人的生涯，但这些因素以复杂的方式结合起来就可以塑造一个人的整个生涯。

（四）职业生涯

职业生涯是一个人一生中所有与职业相联系的行为与活动，以及相关的态度、价值观、愿望等的连续性经历的过程，也是一个人一生中职业、职位的变迁及工作理想的实现过程。简单地说，职业生涯就是一个人终身的职业经历。

职业生涯与职业不同，职业生涯是一个发展的概念，是一个动态的过程，它不仅包括一个人的过去、现在和未来那些可以实际观察到的连续从事的职业发展过程，还包括一个人对职业生涯发展的见解和期望。职业生涯可分为内职业生涯与外职业生涯。

1. 内职业生涯

内职业生涯是指在职业生涯发展中通过提升自身素质与职业技能而获取的个人综合能力、社会地位及荣誉的总和，它是别人无法替代和窃取的人生财富。

2. 外职业生涯

外职业生涯是指在职业生涯过程中所经历的职业角色（职位）及获取的物质财富的总和，它是依赖于内职业生涯的发展而增长的。

（五）职业生涯规划

职业生涯规划是指个人发展与组织发展相结合，对决定一个人职业生涯的主客观因素进行分析、总结和测定，确定一个人的事业奋斗目标，并选择实现这一事业目标的职业，编制相应的工作、教育和培训的行动计划，对每一步骤的时间、顺序和方向做出合理的安排。

从定义中不难看出，职业生涯规划的前提条件是个人的发展与组织的发展相结合，这一点强调的是个人的发展目标要与组织的发展目标相一致，如果一个人的职业生涯规划脱离了其所在的组织，就失去了意义。职业生涯规划的基础是对影响一个人职业生涯的主客观因素进行分析、总结和测定。职业生涯规划的最终目的是确定一个人的事业奋斗目标。职业生涯规划实施的途径是制订相应的工作、教育和培训的行动计划，对每一步骤的时间、顺序和方向做出合理的安排。

1. 职业生涯规划的类型

职业生涯规划的类型按照时间的长短来分类，可分为人生规划、长期规划、中期规划与短期规划。

（1）人生规划：整个职业生涯的规划，时间为40年左右，设定整个人生的发展目标，如规划成为一个有数亿资产的公司董事。

（2）长期规划：5~10年的规划，主要设定较长远的目标，如规划30岁时成为一家中型公司的部门经理，规划40岁时成为一家大型公司副总经理等。

（3）中期规划：一般为2~5年内的目标与任务，如规划到不同业务部门做经理，规划从大型公司部门经理到小公司做总经理等。

（4）短期规划：2年以内的规划，主要是确定近期目标，规划近期完成的任务，如对专业知识的学习，2年内掌握哪些业务知识等。

在实际的操作过程中，规划的年限如果太长，会因为个人和环境的变化而难以准确把握；如果太短，规划的意义和作用又难以完整体现。因此，比较理想的职业规划是中期规划，其次是长期规划，既便于根据实际情况设定可行目标，又便于根据实际情况的反馈进行修正和调整。

2. 职业生涯规划的特性

（1）可行性：规划要有事实依据，目标不能是美好幻想或不着边的梦想，而应是经过努力能够实现的，否则将会延误生涯良机。

（2）适时性：规划是预测未来的行动，确定将来的目标，因此各项主要活动，何时实施、何时完成，都应有时间和时序上的妥善安排，以作为检查行动的依据。

（3）适应性：规划未来的职业生涯目标，牵涉多种可变因素，因此规划应有弹性，以增加其适应性。

（4）连续性：规划要考虑到生涯发展的整个历程，人生每个发展阶段应能连贯衔接。

（5）清晰性：保证目标与措施的清晰和明确，可以按部就班地具体实施计划以达到目标。

（6）长远性：规划应该从大方向着眼，尽可能制订远期目标。

（7）挑战性：如果目标在原地踏步不前，则失去了原本的意义，也无法激励自己前进，因此，目标应是"跳一跳能够够得着"的，富有一定的挑战性。

（8）动态性：职业生涯规划不是一成不变的，而是一个动态变化的过程。内外部环境的变迁，个人条件的变化，都会对职业生涯规划产生影响，职业生涯规划需要根据环境和条件的变化不断地进行评估和调整。

3. 职业生涯规划的原则

（1）清晰性原则：考虑目标、措施是否明确？实现目标的步骤是否符合实际？

（2）挑战性原则：目标或措施是否具有挑战性，还是仅保持其原来状况而已？

（3）激励性原则：目标是否符合自己的性格、兴趣和特长？是否能对自己产生内在激励作用？

（4）求实原则：实现职业生涯目标的途径很多，在做规划时必须要考虑到自己的特质、社会环境、组织环境以及其他相关因素，选择切实可行的途径。

二、职业生涯管理

（一）组织职业生涯管理

职业生涯管理（Career Management）的概念来源于企业管理领域，是企业人力资源管理的重要内容。职业生涯管理理论起源于美国，最早是以"职业指导"形式出现的。职业指导是指由专门的机构帮助择业者确定职业方向、进行职业选择、并谋求职业发展的咨询指导过程。职业生涯管理理论的奠基人、美国波士顿大学教授帕森斯（Parsons）1908年1月13日创立了"波士顿职业局"，并于1909年5月出版著作《选择职业》。随后，职业生涯管理理论受到苏联、日本、德国等国家的重视和推崇。20世纪60年代以来，职业生涯管理理论和实践获得蓬勃发展。90年代中期由欧美国家传入中国，并被人们广泛接受。

组织职业生涯管理（Organizational Career Management）是我国企业人力资源管理中较为薄弱的环节。一方面，员工缺乏进行自我发展计划的意识；另一方面，企业并未认识到进行职业生涯管理的重要作用及其应承担的责任，不能深入发掘员工身上的优势、弱点，也就不能正确地在"人"与"事"之间进行有效匹配，从而也无法将个人目标与企业目标进行有机结合，实现员工与企业的共同发展与进步。

组织职业生涯管理是指企业组织从员工个人的职业发展需求出发，有意识地将之与企业组织的人力资源需求和规划相联系、相协调、相匹配，为员工的职业提供不断成长和发展的机会，帮助、支持员工职业生涯发展所实施的各种政策措施和活动，以最大限度地调动员工的工作积极性。在实现员工个人的职业生涯目标的同时，实现企业的生产经营目标和持续发展。开展职业生涯管理工作是满足员工与企业组织双方需要的最佳方式，它将二者的需要、目标、利益相结合、相匹配，以达到动态均衡、协调和"双赢"的效果。组织职业生涯管理的内容主要包括：帮助员工进行职业规划，建立各种适合员工发展的职业通道，针对员工职业发展的需求进行各种培训，给予员工必要的职业指导等。

　　组织职业生涯管理包括职业生涯规划和继任管理。职业生涯规划是一个人制订职业目标，确定目标实现手段的不断发展的过程。继任管理主要用于保证企业拥有满足将来业务需要的管理者，其目标是获得用于填补由于提拔、离职或调离而造成职位空缺的合适的管理人才，确保候选人能够有足够的能力承担所拟任的职位。职业生涯管理的焦点是在个人目标与现实可行机会的匹配上，员工可以在企业的帮助下沿着一条既定的职业道路，获得职业生涯发展。如果一个人的职业生涯计划在企业内部无法实现，那么这个人迟早会离开企业，因此企业应该在职业生涯规划方面帮助员工，使双方的需要都得到满足。

　　传统的观点认为职业生涯管理的主要权利和责任在于个人，应当由员工个人来负责计划安排自己的职业生涯。职业生涯是员工个人而非组织的事，所以强调职业生涯发展的自我管理。现代职业生涯管理观点认为，个人与组织在员工职业生涯管理中各负其责，具有不可分割的互动关系。因为成功的职业生涯发展是员工个人特点与组织特点相适应的结果，它可以使员工和组织双赢。对于员工个人来说，通过职业生涯管理，可以获得组织内部有关工作机会的信息，确定职业发展目标，制订行动计划，以实现职业发展目标，有利于自我价值的实现和超越。对于组织而言，除了通过职业生涯管理获得业绩的提升外，还可以防止组织在出现职位空缺时找不到合适的员工来填补，防止员工对组织忠诚度的下降，防止在使用培训和开发项目资金时缺乏针对性。更为重要的是，通过职业生涯管理，组织可以帮助员工管理好职业生涯，从而激发员工高昂的职业动机，引导和维持其积极的职业行为。

（二）大学生职业生涯管理

1. 大学生职业生涯管理的内涵

　　大学生职业生涯管理（University Student Career Management）就是大学生在探索理想生活的过程中，了解自己和社会，在找到目标后，对自己的职业生涯进行规划，并根据目标来调整大学的学习和生活，不断缩短自己与理想之间的距离的过程。积极地自我管理意味着积极地管理自己的职业生涯，最终让自己的人生更有意义。

　　因此，大学生职业生涯管理是指个体通过运用职业教育所掌握的知识、技巧与方法，采用具体的行为来评估并解决职业生涯中遭遇的各种问题。这些问题不仅是大学生求职就业中的问题，还可能是今后工作中将会遇到的问题。例如，如何准确地给自己定位，如何认识并抓住机会，如何规划自己的职业生涯，如何将规划落到实处并及时地进行评估与调整，如何更好地开始第一份工作，以及如何尽快地适应从心态到行为的角色转变等。

2. 大学生职业生涯管理的内容

　　（1）时间管理。作为大学生，首先要学会安排好自己的时间，管理好自己的事务，一个好习惯的养成，是个漫长的过程。时间观念的转变就如一粒种子，习惯就是对着一粒种子精心培育，而养成良好习惯是植物的开花和结果。制订计划是时间管理过程的首要环节，一旦有完整的计划，执行起来就会很顺利。其次完整的计划需要积极地行动，只有行动才能达到当初的目标。最后如想加深对时间管理的认识，从中探索规律，必须适时地进行总结和分析。

（2）情绪管理。情绪是人们对环境变化的反应，任何环境都是会变化的，那些看得见和看不见的，外在和内在的任何变化都会使人产生反应。所谓情绪管理，就是指善于控制、治理自身情绪能够消除情绪的负效能，最大限度地开发情绪的正效能。

用正确的方式去探索自己的情绪，然后充分挖掘和培植个体和群体的情绪智商，调整自己的情绪，理解自己的情绪，放松自己的情绪。

人们运用对比的方法，在复杂的社会里，每天与人打交道，对各种人或事物做出反应，这种反应里会有正面的情绪也有负面的情绪。正面情绪有益于身心健康，并且可以催人上进；负面情绪往往给人带来消极的心理体验，并对人的认知操作、为人处世造成不利的影响。怎样利用自己的情绪让它起到积极的作用呢？关键在于，一个人能否对自己的情绪进行有效控制，成为情绪的主人。

（3）压力管理。给自己适当的压力，会使压力变成动力，从而更好、更快地完成目标，人也会过得忙碌而充实；但是如果压力过大，则会造成精神紧张，甚至影响健康，这种压力就是消极的，应该避免。消极压力会使人头痛、头晕、耳鸣、反应迟钝、心慌、胃痉挛和腹泻，也会让人很难做出决策、记忆力差、情绪低落，也会因一点点小事而冲动或落泪等。每年都有因为不堪生活与学业的压力而退学、休学的学生。因此，学会平衡好学习、生活与娱乐的时间，做到劳逸结合，也是一项重要的技能，它可以让自己的大学生活更加愉快、充实。压力只有通过有效的渠道释放、缓解，才不会影响人的健康。

因此，每个人都应该找到适合自己的解压方式，调剂紧张的学习生活，放松身心，这样不仅有益于身心健康，还会使工作更加高效。

缓解压力的方式有很多种，最好能在每天安排一些娱乐或者体育运动，使自己暂时游离于紧张的学习生活之外。也可以采用一些其他的方式，如有的人选择向朋友倾诉自己的感受，倾诉后人会觉得轻松了很多；有的人会邀上三五好友，趁周末或假期进行一次短途旅行，将自己融入自然，什么也不想，什么也不干，暂时将繁杂的琐事搁置一旁，让身心得到充分的休息；有的人会做一些自己喜欢做而平时又没时间做的事，如读一本自己很喜欢的书，与朋友一起找个地方聊聊天或逛逛街等。

（4）人际管理。人际关系不单单是个人获取信息的重要渠道之一，更是推销自己的途径，因此，建立好自己的人际关系网络对个人的职业生涯发展有着重要意义。人类社会的任何活动，都是在人际交往中完成的，在社会活动过程中所形成的、建立在个人感情基础上的相互联系就是人际关系。事实上，人际关系是每个人的基本社会需要，也是一个人健康成长的必备条件。刚走上工作岗位的大学毕业生在谈到工作体会时，印象比较深刻的就是在工作中如何处理好人际关系。建立和谐的人际关系，是制约和促进个人成长的关键因素之一。

综上所述，大学生在职业生涯进程中，会遇到各种内在或外在的变化情况，这些不确定的因素都有可能会使得实际的效果偏离我们的预想目标，这就要求我们不断适时地调整自我，加强职业生涯管理，使之更加符合个人的长期发展。

第二节　几种主要的职业生涯理论

一、霍兰德理论

霍兰德理论有四个核心假设，分别如下。

（1）人们可以根据他们与六种人格类型中的雷同之处进行归类，这六种人格类型是：实用型（R）、研究型（I）、艺术型（A）、社会型（S）、企业型（E）和事务型（C）。他们按照一个固定的顺序排成一个六角形（详见第二章第三节的兴趣探索）。人们与某个类型越相像，他们就会越多的表现出此类型的特质和行为。

（2）环境也可以根据它们与人格类型的相似之处做出同样的划分。

（3）人总是会寻找适合个人人格类型的环境，锻炼相应的技巧与能力，从而表现出各自的态度和价值观，面对相似的问题，扮演相应的角色。

（4）一个人的行为表现，是由他的人格与他所处的环境交互作用而决定的。

霍兰德理论中的六种人格类型的含义以及该理论的运用详见第二章第三节的兴趣探索。

二、舒伯的生涯发展理论

舒伯的职业生涯发展理论是指建立在一种生涯整合观念之上的，强调的是主客观的相互作用，这种相互作用实际上系统地阐述了一种生涯发展的应然模式，并被视为一种独立的理论流派。舒伯把职业生涯的发展视为一个循序渐进的过程，一直伴随一个人的一生。这个理论的主要观点如下。

（一）生涯整合观念

生涯整合观念强调了人的差异性；职业选择与适应是一个连续过程；职业发展过程具有可塑性。

（二）自我概念

"自我概念"是舒伯生涯发展理论中的核心概念。"自我概念"是指个人对自己的兴趣、能力、价值观及人格特征等方面的认识，是对自己的认识与评价，它包括了对自己生理和心理上的认识。一个人的自我概念在青春期以前就开始形成，至青春期较为明朗，并于成人期由自我概念转化为职业生涯概念。工作与生活满意与否，就在于个人能否在工作和生活中找到展现自我的机会。用舒伯的话说，"职业生涯就是对自我的实践"。

（三）生涯发展阶段

舒伯集差异心理学、发展心理学、职业社会学及人格发展理论之大成，通过长期的研究，系统地提出了有关职业生涯发展的观点。1953年，他根据自己"生涯发展形态研究"的结果，将职业生涯发展划分为成长、探索、建立、维持和衰退这五个阶段。

1. 成长阶段（0~14岁）

成长阶段属于认知阶段。在这个阶段，经历对职业从好奇、幻想到兴趣，再到有意识地培养职业能力的逐步成长过程。

这个阶段发展的任务：个人通过对家庭成员、朋友、老师的认同以及与他们之间的相互作用，逐渐建立起自我的概念。个人所要做的是通过学校学习、社会活动来认识自我，发展自我形象和对工作世界的正确态度，并了解工作的意义，初步建立起良好的人生态度、工作态度。

在这一阶段，儿童开始辨认他们周围的事物，并逐渐开始意识到自己的兴趣所在以及和职业相关的一些最基本技能。尝试不同的行为方式，根据周围人们对其行为的反应，使得他们形成了对不同行为反应的印象，并且帮助他们建立起一个独特的自我概念或个性。儿童在这一阶段结束的时候，进入青春期（这些人在这个时候已经形成了对他们的兴趣和能力的某些基本看法），开始对各种可选择的职业进行带有某种现实性的思考。

舒伯将这一阶段，具体分为三个成长期。

（1）幻想期（10岁之前）：儿童从外界感知到许多职业，对于自己觉得好玩和喜爱的职业充满幻想并进行模仿。

（2）兴趣期（11~12岁）：以兴趣为中心，理解、评价职业，开始做职业选择。

（3）能力期（13~14岁）：开始考虑自身条件与喜爱的职业是否相符，有意识地进行能力培养。

2. 探索阶段（15~24岁）

探索阶段属于学习打基础的阶段，属于职业认同阶段。青少年开始通过个人尝试一些自己感兴趣的职业活动，对自我能力及角色、职业进行探索。在这一阶段，职业倾向趋向于某些特定的领域，并为之准备或者实践。同时个人要深化对职业和工作的认识，将学习成果和实践经验沉淀结晶，具体化自己的职业方向，并初步实施。

这个阶段也可分为三个时期。

（1）试验期（15~17岁）：综合认识和考虑自己的兴趣、能力与职业社会价值、就业机会，开始进行择业尝试。

（2）过渡期（18~21岁）：进入劳动力市场，或者进行专门的职业培训。

（3）尝试期（22~24岁）：选定工作领域，开始从事某种职业。

在这一阶段中，个人将认真地探索各种可能的职业选择。他们试图将自己的职业选择与他们对职业的了解以及通过学校教育、休闲活动和工作等途径所获得的个人兴趣和能力匹配起来。在这一阶段的开始时期，他们往往做一些带有试验性质的较为宽泛的职业选择。然而，随着个人对所选择职业以及对自我的进一步了解，他们的这种最初选择往往会被重新界定。到了这一阶段结束的时候，一个看上去比较恰当的职业就已经被选定，他们也已经做好了开始工作的准备。

人们在这一阶段以及以后的职业阶段中需要完成的最重要任务也许就是对自己的能力和天资形成一种现实性的评价。同样地，处于这一阶段的人还必须根据来自各种职业选择的可靠信息来做出相应的教育决策。

3. 建立阶段（25~44岁）

此阶段为建立稳定职业阶段，属于选择、安置阶段。个人开始尝试选择适合自己的职业领域，在不断的挑战中稳定工作，并学会在家庭和事业之间合理地均衡。这个阶段发展的任务是个人致力于工作上的统整、稳固并求上进，大部分人处于最具创造力的时期。

这一阶段是大多数人工作生命周期中的核心部分。有些时候，个人在这期间（通常是希望在这一阶段的早期）能够找到合适的职业，并随之全力以赴地投入有助于自己在此职业中取得永久发展的各种活动之中。人们通常愿意（尤其是在专业领域）早早地将自己锁定在某一已经选定的职业上。然而，在大多数情况下，在这一阶段也有部分人员仍然在不断地尝试与自己最初的职业选择所不同的各种能力和理想。

一般情况下，人们在这个阶段通常会经历如下两个时期。

（1）选择期（25~30岁）：为改善工作职位或状态而不断进行调整，以求早日立业。对初就业选定的职业不满意，可以再选择、变换职业工作。也可能因满意初选职业而不再变换工作。

在这一阶段，个人确定当前所选择的职业是否适合自己，如果不适合，就需要准备进行调整。

（2）稳定期（31~44岁）：最终确定职业，开始致力于稳定工作。

在这一阶段，人们往往已经定下了较为坚定的职业目标，并制订较为明确的职业计划来确定自己晋升的潜力、工作调换的必要性以及为实现这些目标需要开展的教育活动，等等。

需要注意的是，在这一阶段的30多岁和40多岁之间的某个时间段上，有的人可能会进入一个职业中期危机阶段。

在职业中期危机阶段，人们往往会根据自己最初的理想和目标对自己的职业进步情况做一次重要的重新评价。他们有可能会发现，自己并没有朝着自己所梦想的目标（如成为公司总裁）靠近，或者已经完成了他们自己所预定的任务之后才发现，自己过去的梦想并不是自己所想要的全部东西。在这一时期，他们还有可能会思考，工作和职业在自己的全部生活中到底占有多大的重要性。通常情况下，在这一时期的人们第一次不得不面对一个艰难的抉择，即判定自己到底需要什么，什么目标是可以达到的以及为了达到这一目标自己需要做出多大的牺牲。

4. 维持阶段（45~64岁）

个人已经找到了适合的领域，通过不断努力来获得职业生涯的发展和成就，并逐渐能在自己的领域中占有一席之地。这一阶段发展的任务是维持既有成就与社会地位。

这一长时间内，劳动者一般能达到常言所说的"功成名就"的状态，已不再考虑变换职业，只力求维持已取得的成就和社会地位。

5. 退出阶段（65岁及以后）

退出阶段属于退休阶段。由于生理、心理机能和工作能力日益衰退，个人职业角色的分量逐渐减少，重心逐步由工作向家庭和休闲转移，个人开始安排退休或开始退休生活，发展新的社会角色，从精神上寻求新的满足点，以替代和满足需求。

当退休临近的时候，人们就不得不面临职业生涯中的下降阶段。在这一阶段上，许多人都不得不面临这样一种前景：接受权力和责任减少的现实，学会接受一种新角色，学会成为年轻人的良师益友。再接下来，就是几乎每个人都不可避免地要面对的退休，这时，人们所面临的选择就是如何去打发原来用在工作上的时间。

舒伯提出在一个人一生的职业发展过程中，职业生涯发展的五个阶段是一个循环往复的过程。职业发展的五个阶段并不完全和年龄相关，而且各阶段之间并不存在严格的界

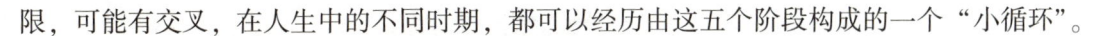

限，可能有交叉，在人生中的不同时期，都可以经历由这五个阶段构成的一个"小循环"。

（四）舒伯的循环式发展任务

在舒伯的职业生涯发展阶段中，每一阶段都有一些特定的发展任务需要完成，每一阶段要达到一定的发展水准或成就水准，而且前一阶段发展任务的达成与否关系到后一阶段的发展。舒伯认为生涯发展的各个阶段同样要面对成长、探索、建立、维持和退出的问题，因而形成"成长—探索—建立—维持—退出"的循环，如表1-2所示。

表1-2 循环式发展任务

阶段	年龄			
	青年（14~25岁）	中年早期（25~45岁）	中年（45~65岁）	老年（65岁以上）
成长	发展事宜的自我观念	学习处理与他人的关系	接纳个人的限制	发展非职业性的社会关系
探索	学习更多的工作机会	寻找机会，做自己喜欢的事	辨识新问题并设法解决	寻找合适的退休后活动场所
建立	开始创业	安于现职	学习新的技能	从事向往已久的事
维持	验证当前的职业选择	设法保持职业的安定	巩固自己面对的竞争	保持仍有兴趣的事
退出	减少用于嗜好的时间	减少运动时间	集中主要活动	减少工作时间

举例来说，如一个大学一年级的新生，必须适应新的"大学生"这一角色与学习环境，经过"成长"和"探索"，一旦"建立"了较固定的适应模式，同时"维持"了大学学习生活之后，又要开始面对另一个阶段——准备求职。原有的已经适应了的习惯会逐渐衰退，继而对新阶段的任务又要开始新一轮的"成长""探索""建立""维持"与"退出"，如此周而复始。

（五）生涯彩虹图

1976到1979年间，舒伯在英国进行了为期四年的跨文化研究之后，提出了一个更为广阔的新观念——生活广度、生活空间的生涯发展观（Life-span, Life-space career development, 1981）。这个生涯发展观，除了原有的发展阶段理论外，较为特殊的是舒伯加入了角色理论，并将生涯发展阶段与角色彼此间交互影响的状况，描绘出一个多重角色生涯发展的综合图形。这个生活广度、生活空间的生涯发展图形，舒伯将它命名为"生涯彩虹图"（Life-career Rainbow）。

舒伯认为一个人的职业生涯发展与在个人在发展历程的各个阶段中所扮演的各种角色密切相关，如子女、学生、休闲者、公民、工作者、持家者等。人在某一阶段对某角色投入越多，会让这一角色更成功，同时也可能导致另一角色的失败。他将发展的各个阶段称之为生活广度，将个人扮演的角色称为生活空间。生活广度和生活空间交汇成为生涯彩虹图，它描绘出了生涯发展阶段与角色彼此间交互影响、多重角色生涯发展的状况。舒伯的生涯彩虹图如图1-2所示。

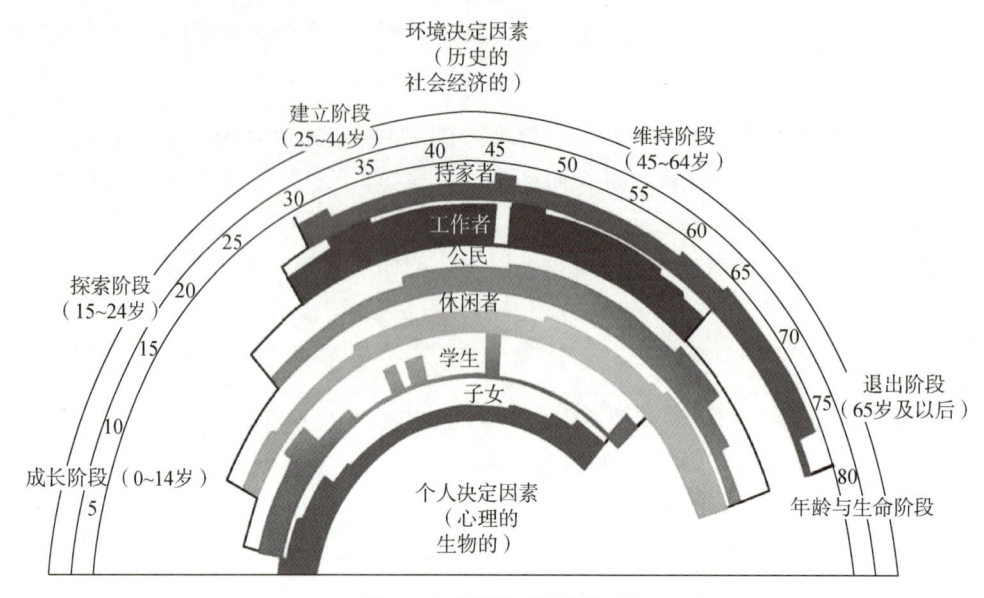

图 1-2　舒伯的生涯彩虹图

1. 横跨一生的彩虹——生活广度

在生涯彩虹图中，横向层面代表的是横跨一生的生活广度。彩虹的外层显示人生主要的发展阶段和大致估算的年龄：成长期（相当于儿童期）、探索期（相当于青春期）、建立期（相当于成人前期）、维持期（相当于中年期）以及衰退期（相当于老年期）。在这五个主要的人生发展阶段内，各个阶段还有小的时期，舒伯特别强调各个时期的年龄划分有相当大的弹性，应依据个体的不同情况而定。

2. 纵贯上下的彩虹——生活空间

在生涯彩虹图中，纵向层面代表的是纵贯上下的生活空间。由一组职位和角色所组成。舒伯认为人在一生当中必须扮演几种主要的角色，依次是子女、学生、休闲者、公民、工作者、持家者。

舒伯职业发展理论对于个人生涯发展的指导意义在于告诉人们在不同的年龄段承担什么角色，大致要做什么以及要完成什么样的目标和任务。

三、工作适应理论

工作适应理论是由明尼苏达大学的戴维斯（Rene Dawis）、罗圭斯特（Loyd Lofquist）及其同事们根据多年的研究提出的。该理论的主要目的是预测工作的适应性。他们将工作适应定义为"工作者寻求和保持与工作环境相一致的连续和动态的过程。"因此，工作适应是以工作的时间长度以及是否在一种工作上一直进行下去为指标的。

在工作适应理论中，有两个非常重要的概念，分别是满意（Satisfaction）和令人满意（Satisfactoriness）。满意是指工作者对工作的各个方面的满意程度，包括工作是否满足个人的需要、是否能够实现自己的抱负和期望等方面的评估。令人满意是指工作的上级、同事、公司和机构对工作者个人的工作产出和工作绩效是否满意。也就是说，满意是工作者个人的主观评价，而令人满意是所工作的机构对工作者工作状况的评价。

工作适应理论的假设：生物体的行为是为了满足其需要。人应有某种行为能力满足其需要。运用这些能力，人类从环境中获得所需要的强化物，与此同时也部分地满足了环境的要求。也就是说，人通过使用自己的能力来满足自己的需要，获得自己所需的强化物。而工作机构则对工作者有一定的要求，工作者在施展自己能力的过程中，满足了工作环境所提出的某些要求，即令人满意。当个人的需要得到满足，个体获得满意感的同时，个体又能够满足工作上的要求，这时个人与环境就达到了匹配，即工作适应。该理论的基本宗旨：人与环境试图获得和保持彼此的一致，也就是说，个体必须成功地满足工作环境的要求，而工作环境也必须满足个体的需要。

工作者的满意度可以通过他们的工作结果、工作绩效、工作的投入程度以及工作的士气进行判断。研究表明，满意度与工作转换、工作中的迟到与缺席等呈负相关，与工作投入、工作的士气、整体生活满意度等呈正相关。

个体的需要和环境的要求都是动态发展的，因此在人与工作环境是否相一致上存在一个动态的互动过程。如果工作的要求发生变化，或者个体的需要方式改变，都要求双方做出一定的调整，这样才能保持双方的满意，否则可能会改变工作者的工作状态。

四、职业抱负发展理论

戈特弗雷德森（Gottfredson）的职业抱负发展理论被归属于生涯发展理论的一种。该理论讨论职业抱负的内容及其发展过程，它不仅关注兴趣、能力等特质——因素理论所关注的内容，也关注发展理论所强调的发展问题。该理论将心理学观点与社会学观点相结合，以性别类型（Sex-type）、社会声望（Prestige）和职业领域（Field of Work）作为研究职业抱负发展的三个重要维度。

（一）职业自我概念

自我概念在职业抱负的发展过程中起重要作用。自我概念不仅要回答"我是谁"的问题，而且要回答"我希望我将来是谁？"的问题。自我概念不仅包括心理层面（如价值观、人格、对家庭的计划等），而且包括社会层面（如性别角色、社会地位等）。职业自我概念包括三个方面的内容：性别类型、社会声望和职业兴趣。

（二）职业性别类型和社会声望的两维空间

每个人对职业都有一种概括的印象，称之为职业印象（Image of Occupation），这一职业印象相当于霍兰德所提出的职业刻板印象（Occupational Stereotype）。职业印象包括：工作者的人格特征；他们所做的工作；他们所过的生活；该工作的奖赏与工作条件以及工作对不同类型人的恰当性等。尽管人们的职业印象在细节方面有差异，但在整个社会中，人们对职业的印象都是沿着职业的性别类型和职业的社会声望两个维度对职业进行划分的。人们对职业领域（即工作的类型）的印象也坐落在这样一个两维空间中。因此，人们可以沿着这样两个维度将自我与自己对职业的印象相联系，从而构成一幅职业的认知地图。

（三）社会空间

通常，人们很难找到与自己的所有要素相符合的职业。人们的职业偏好并不是一个单一的点，而是一个范围。也就是说，在众多可供选择的职业中，并不是只有一种职业与自己的自我概念完全相符合，而是在一定范围内的职业都可以与自我概念的核心要素不相冲突且自己认为是可以接受的。这样一个范围存在于一个两维的认知职业地图上，戈特弗雷德森称之为社会空间（Social space）。虽然社会空间的大小因人而异，但每个人的社会空间在社会声望维度上都有一个底限，戈特弗雷德森称之为可容忍水平边界（Tolerable-Level Boundary）；同时，也都有一个上限，戈特弗雷德森称之为通过努力可以达到的边界（Tolerable-Effort Boundary）。对于性别类型维度，不同性别的人也都有一个自己可以容忍的边界（Tolerable-Sex-Type Boundary）。在这个空间内的职业构成职业选择的可接受区域（Zone of Acceptable Alternatives）。

（四）职业抱负的发展阶段

戈特弗雷德森认为，职业抱负的发展可以分为四个阶段。

第一阶段（3~5岁）：即大小和力量取向阶段。在这个阶段，儿童以一种最简单的方式——大与小对人进行分类，他们对性别角色并无固定的认识，也没有对男女形成抽象的概念。

第二阶段（6~8岁）：即性别角色取向阶段。在这个阶段，儿童开始发展性别角色意识。这一阶段儿童的职业抱负主要反映在他们认为什么工作是与一个人的性别相符合的工作。这一阶段的儿童，均认为自己的性别是最好的，他们拒绝那些跨性别的行为。这一阶段的儿童已经形成了一个可容忍的性别类型的边界。

第三阶段（8~13岁）：即社会评价取向阶段。在这一阶段，儿童对社会评价非常敏感，即使这种评价来自同伴或是其他人。这一阶段，儿童关心的职业问题已不再是男女的问题，而是社会地位的高低问题。他们开始建立更抽象的概念，更关心他人的看法和意见。这一时期的儿童对社会阶层更加敏感，并能够意识到教育、职业和收入之间的关系，他们知道存在着职业结构的社会分层，并懂得职业分层影响着人们如何过自己的生活以及他人如何看待自己。这一时期的儿童开始建立可容忍的最低水平的边界，即社会空间的底限。低于这一水平的职业，他们不会予以考虑。同时他们也拒绝那些太困难、不可能得到的工作，或是那些高风险的工作。他们开始为自己设立了一个可以通过努力达到的边界，即社会空间的上限，在此之上的职业他们也不会考虑。

第四阶段（14岁以上）：即内在的、独特的自我导向阶段。这个时期的学生正处于自我认同发展阶段，因此，对自己的兴趣、能力、人格特征、价值观等的看法并不十分肯定，有时会出现自我认同混乱的情况。与前三个阶段不同，前三个阶段都是拒绝不能接受的选择，而第四阶段是找出那些可以接受的选择。这些选择是他们认为最喜欢的同时又是最可能进入的职业。这个时期，他们开始把人格、价值观、经验、特殊才能、家庭需要等各种因素加以考虑。同时，他们还会考虑实施不同的选择时可能遇到的困难和障碍。这一阶段开始了妥协过程。确定范围是个体拒绝那些他们认为不能接受的选择，而妥协是个体放弃那些他们最喜欢的选择，为了那些虽然不太喜欢但更可能得到的机会，个体要调整抱负以适应外部世界。妥协有两种，一种是预期性的妥协，即个体根据自己对现实的知觉，意识到他们最喜欢的选择不可能实现，于是调整自己的希望。另一种是经验性的妥协，即个体在实施自己最喜欢的选择时遇到障碍，他们不得不放弃他们先前的选择。

五、社会学习理论

社会学习理论是由美国心理学家阿尔伯特·班杜拉（Albert Bandura）于1952年提出的，它以经典行为主义、强化理论和认知信息加工理论为基础。克朗伯兹（Krumboltz）及其同事率先将班杜拉的社会学习理论用于职业生涯领域。克朗伯兹的生涯社会学习理论形成于 1976 年，并在 1979 年对此理论进行了修订。该理论的基本假设：一个人的人格和行为的全部组成部分可以最有效地用他们独特的学习经验加以解释，这些经验受先天因素和发展过程的影响。这一理论认为，人是有智慧的、解决问题的生命体，他们努力了解其周围环境的各种可能性，并反过来控制环境以适应人类的目的和需要。

（一）影响生涯决定的因素

社会学习理论认为，影响职业道路发展的有四类因素：遗传天赋与特殊能力、环境条件与事件、学习经验和任务取向技能。

1. 遗传天赋与特殊能力

遗传因素包括种族、性别、身体外貌、身体残疾以及其他一些特性，这些特性在某种程度上限制了个人对职业或学校教育选择的自由。特殊能力包括智力、艺术天分或者肌肉协调能力等，特殊能力可能影响个体的学习经验，伴随这些学习经验而来的兴趣与技能，对个人未来的职业选择将具有相当密切的关系。

2. 环境条件与事件

环境条件指包括社会的、文化的、政治的、经济的力量以及自然灾害和自然资源。这些因素是人所不能控制的因素，具体包括：工作机会的数量及性质，培训机会的数量及性质，选择培训对象和工作者的社会政策和步骤，各种经济的、社会的奖赏，劳动法规，自然灾害，自然资源，技术发展，社会机构的变化，家族传统，教育体制，邻居和社区资源等。

3. 学习经验

每个人都有独特的学习经验模式，这些学习经验导致最终的职业选择路径。学习经验分为两种，一种是工具性学习，或者说是直接学习经验，指人们倾向于重复那些得到正强化的行为，以便获得更多的正强化。在这一过程中，他们的技能越来越熟练，行为本身也开始变成内在的兴趣，并且不再需要外在的强化物来保持行为。也就是说，当人们从他们行为的后果中学习的时候，他们参与的是工具性学习。另一种是联结性学习，这种学习发生在人们把一些先前的中性事件或刺激与一个充满情绪的事件或刺激相联系的时候。那种经验可能是直接的或者间接的。联结性学习还可能发生在间接的或者替代性学习过程中，通过外界环境刺激而产生的正面的或者负面的态度和信念。人们对职业的刻板化印象都是通过这种联结性学习的经验而习得的。

4. 任务取向技能

学习经验、遗传特征和特殊能力以及环境影响的交互作用导致不同的任务取向技能，包括价值观、工作标准和习惯、知觉和认知过程、心理状况、情绪反应等。每个人都有自己独特的学习经历，可能使其选择某种职业路径。通常人们可能不记得这些学习经验的特征和结果，但他们往往从这些学习经验中得出概括性的结论。人们通过学习，可能构成人们头脑中有关职业的刻板印象，而这种刻板印象可能会持续一生，对职业选择决定有重大影响。

社会学习理论注意到社会及遗传因素对个人决策的影响。个人在决策时不仅要考虑个人因素，明确我想要什么，还要考虑社会、遗传等因素，知道我可能得到什么，我能够做到什么。该理论还特别强调学习的重要性以及它们对职业选择的影响，把职业决策看作是一种习得的技能，并主张职业决策技能是可以在教育和职业辅导课程中教授的，特别强调教授识别影响职业决策的因素。

（二）各种影响因素之间交互作用的结果

四种影响因素复杂的相互作用产生四种结果，即自我观察推论、世界观推论、任务取向技能和行动。

（1）自我观察推论。人们根据过去的经验，按照自己的标准或他人的标准观察自己并评价自己的表现。他们会对自己能力的特性以及技能的范围做出推论。这些自我观察的推论可能是内在的或外在的。兴趣就是一种自我观察推论，关于个人价值的自我观察也是一种自我观察推论。

（2）世界观推论。人们通过对自己生活的环境所做的观察，推论或预测未来及其环境中将发生什么。

（3）工作取向技能。在职业抉择过程中，习得的认知和操作能力以及情绪倾向，用以应对环境，解释环境与自我观察和外部世界观推论的关系，作出关于未来事件的外在的和内在的预测。

（4）行动。实施职业选择的具体行为。

能力、兴趣、信念、价值观和人格是社会学习理论在生涯辅导过程中比较重要的几个概念。社会学习理论认为：能力是通过与环境的相互作用所习得的，在辅导过程中，能力测验不是用以限定人们选择职业的方法，而是帮助他们确定新的学习目标。兴趣是习得的，并且可以在一生中继续习得，因此，帮助人们识别他们未来要发展的兴趣领域、发掘那些未发展的能力和兴趣是生涯辅导工作的一个很重要的方面。社会学习理论还认为，几乎每个人都有影响生涯发展的错误的和消极的信念，这些信念会阻碍人们为解决问题所采取的必要行动，可以运用有关的信念测验来帮助人们识别那些需要改变的信念，肯定那些可能促进生涯发展的信念。与能力、信念一样，价值观、人格也都是可以改变的。

六、社会认知学习理论

社会认知学习理论试图解释职业生涯发展中三个复杂却相互联系的问题：一是兴趣的发展；二是教育与职业选择；三是在教育与职业领域的表现与坚持。

（一）基本概念

（1）自我效能信念："人们对自己是否有能力组织和实施一系列所要求的行动以达到指定绩效的判断。"（班杜拉 Bandura，1986）

（2）结果预期："个体对于可能出现的结果的信念。"（兰特 Lent，1994）

（3）个体变量：涉及一些个体差异的变量，包括遗传或继承的特质（先天素质、性别、种族/民族、残疾/健康状况）以及背景和环境因素。

（二）职业兴趣随时间发展的模型

职业兴趣随时间发展的模型如图 1-3 所示。

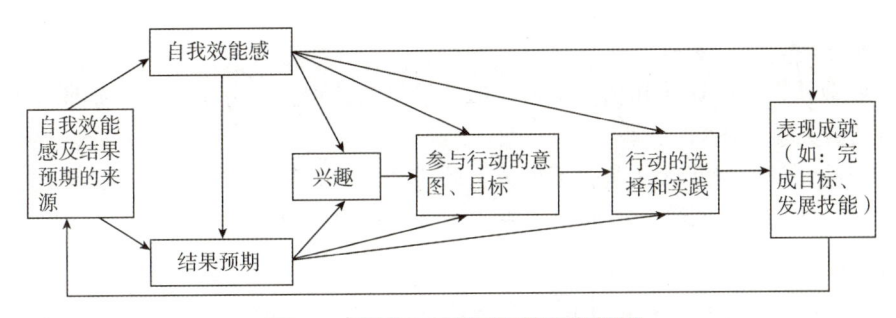

图 1-3　职业兴趣随时间发展的模型

图 1-3 描绘了在理论上对兴趣起决定性作用的社会认知因素。该理论假设自我效能感和结果预期都可以预测学业与职业兴趣。这些兴趣（包括自我效能感和结果预期）将会预测目标，目标会导致选择和实施相应的活动。这又进一步影响到成就的达成，在此过程中，个体会尝试各种活动并在活动中感觉到成功。

七、认知信息加工理论

（一）基本假设

认知信息加工的基本假设如下。
（1）生涯选择源于认知过程和情感过程的交互作用。
（2）进行生涯选择是一个问题解决过程。
（3）生涯问题解决者的能力取决于知识和认知操作的可利用性。
（4）生涯问题解决是一项记忆负担很重的任务。
（5）生涯问题解决要有动机。
（6）生涯发展包括知识结构方面的持续发展和变化。
（7）生涯认同取决于有关自我的知识。
（8）生涯成熟取决于一个人解决生涯问题的能力。
（9）生涯咨询的最后目标通过促进信息加工技能的发展而达到。
（10）生涯咨询的最终目的是增加当事人作为生涯问题解决者和决策制订者的能力。

（二）认知信息加工金字塔模型

认知信息加工金字塔模型如图 1-4 所示。

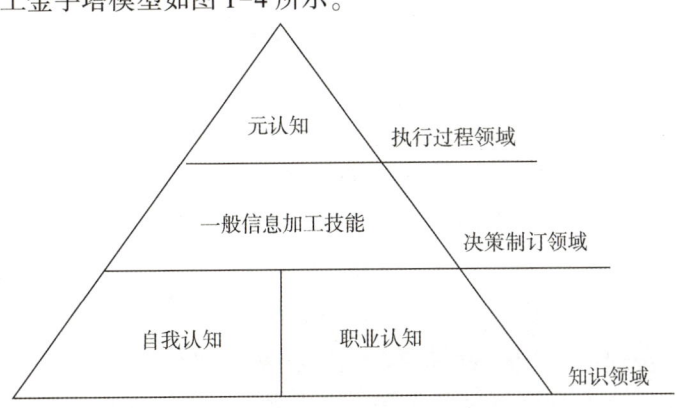

图 1-4　认知信息加工金字塔模型

1. 知识领域

（1）职业认知。职业认知指一个人对职业世界的认识，共分两类：个别职业的认知与职业之间结构关系的认知。

（2）自我认知。自我认知包含了个人经验，个人对自我兴趣、能力、价值与需求有关的认知。这些自我认知的统合就形成了一个人对自我的认知推论。

2. 决策制订领域

认知信息加工金字塔模型的中间层是决策制订领域。它把基本的决策制订能力分为五个步骤，即沟通、分析、综合、评价与执行。

（1）沟通。这是"意识到我需要做出一个选择"的阶段。在这个阶段，我们从认知上和情绪上充分地与问题"接触"。当我们充分意识到这些信息沟通时，说明存在一个问题或差距，并且已不容忽视，接着我们才能开始分析问题的根源，探索它的成因。

（2）分析。这是"了解我自己和我的各种选择"的阶段。在这一阶段，生涯问题解决者通常会提高自我认知，尤其是在兴趣、价值观和技能领域，还要不断了解职业、学习领域、休闲领域、工作组织和工业的类型、地理位置等各种选择的信息。简而言之，分析涉及了在第一阶段造成差距的所有因素，并在自我认知和选择这两个领域之间建立联系。分析还涉及更多地了解个人平时是如何做重要决策的，以及对待生涯问题解决和决策制订过程的态度如何。通过分析阶段，我们可以得出一个生涯问题及其成因的心理模型。

（3）综合。在这一阶段。根据加工分析阶段提供的信息，从而制订出消除问题或差距的行动方案。这是一个"扩大或缩小我的选择清单"的阶段。先尽可能多地找到消除差距的各种选择，然后将选择的范围缩小。

（4）评价。评价阶段是当事人面临价值取舍的冲突阶段。其第一步是评估每一种选择对问题解决者和他人的影响，而第二步是对综合阶段得出的各种选择进行排序。

（5）执行。执行阶段是将认知转换为有计划、有策略的行动。行动之前有目标，目标之后有具体行动步骤，解决理想状况与现实状况的落差。

3. 执行过程领域

认知信息加工金字塔模型的最上层是执行过程。它主宰着对认知策略的选择与排序，所扮演的是一种综合性监督的角色，被称为"后设认知"。它的技术主要有三类：自我语言；自我觉察；控制与监督。

八、系统理论

迈克麦霍和巴顿（McMahon & Patton，1995）提出职业选择的系统理论。该理论认为，个人的生涯发展至少涉及三个彼此有关的系统：个人系统、社会化系统和环境—社会系统。同时，个人与情景之间的相互作用、随着时间发生的变化和机遇三种过程因素也影响一个人的生涯发展。

（一）个人系统

生涯发展的系统理论把个体看成是多种元素组成的系统（个人系统），该系统处于复杂的其他系统之中。个人系统包含着所有影响生涯发展的个人特征，如人格、兴趣和信念、价值观、自我概念、年龄、能力、性别、种族、身体特征等。每个个体系统都包括这些特征，但每个人在这些特征方面又存在着差异。这些个人特征在许多职业理论中都被提及。

（二）社会化系统

社会化系统包括同伴、家庭、媒体、社区、工作场所、教育机构等。社会化系统往往是个人信念和态度的重要来源，它以不同的方式把信念、态度等传递给个人，这些影响可能是长期的，也可能随时间发展而发生变化。

（三）环境—社会系统

环境—社会系统并不与个体有直接关系，但影响是深远的。环境—社会系统包括地理位置、政治因素、就业市场等。地理位置可能影响学校教育、就业机会和信息获取。政治的、历史的影响可以解释一代人特有的信念、价值和态度。就业市场提供就业的机会，就业机会也受到科学技术快速发展的巨大影响。

在整个系统中，各种影响都是多向性的。所有的系统与系统之间、系统的各个要素之间都存在着相互作用。系统中某一部分的变化或者一个系统的变化，会使系统的另外部分产生变化。系统理论重视整体，强调系统大于各个部分之和，系统各个部分之间的相互作用是非常重要的，系统的功能依赖于各部分之间的相互关系。

第三节 大学生职业生涯规划与管理

一、大学生职业生涯规划与管理的含义与理念

（一）大学生职业生涯规划与管理的含义

大学生职业生涯规划与管理（University Student Career Planning and Management）融合了职业生涯规划和职业生涯管理两部分内容，是指大学生在探索理想生活的过程中，了解自己和社会，确定一个人的事业奋斗目标，对自己的职业生涯进行科学规划，并根据目标和规划来调整大学的学习和生活，树立正确的价值观，实施积极的自我管理，不断缩短自己与理想之间的距离，最终实现自己的人生价值。

"大学生职业生涯规划与管理"课程是在"大思政"背景下，各高等教育学校本着"全程思政育人"的理念，从生涯规划和生涯管理两个角度全面实施大学生职业生涯教育的一门课程。该课程的开设，实现了思想政治教育与生涯规划教育、生涯规划与生涯管理的有机统一，提升了生涯规划课程中的思政教育高度，对激发学生的学习动力，促进学生成长成才，全面提升学校教育教学质量和人才培养质量具有重要的理论和实际意义。

（二）大学生职业生涯规划与管理的核心理念

职业生涯规划与管理的核心理念是职业生涯规划与管理理论与实践的出发点和归宿，对职业生涯规划与管理理论研究和实际操作均具有重要的指导作用。基于人的主体性和社会性，职业生涯规划与管理理论的核心理念可归结为以下四点。

1. 以人为本——追求人自由而全面的发展

职业生涯规划与管理基于人的多层次需要，应以职业的客观和主观共同成功为导向，

即职业发展既要重视客观上的"晋升和薪酬待遇",又不能忽视主观上的"精神满足"。追求人的自由而全面的发展是职业生涯规划与管理的终极目标。

2. 超越自然生命——人力资本的持续开发与终身学习

职业生涯规划与管理应把人当作主体,看到人的主体性即自主、自为和对自然生命的超越性,并以此区别于动物的受动性。知识经济的到来为人们的终身学习和人力资本持续开发创造了条件。每一个人的职业发展都应力争做到"退而不休"。

3. 组合式人生——工作、家庭和社会和谐平衡

职业生涯规划与管理应避免工作与家庭隔离和对社会责任的忽视。工作是为了更好地生活,而不仅是养家糊口。个人除了工作,还应像当代英国思想家、管理学大师查尔斯汉迪所倡导的,尝试寻求"组合式人生",即工作组合除了"有偿工作",还应做些"无偿工作——家政、志愿、研习等",此外还应兼顾"休闲"。

4. 过程重于结果——职业生涯规划与管理重在体验、探索、创造生命意义,而不只是追求实际的功利目标

人的潜能是无限的,这也决定了人的职业追求永无止境。人的生命的价值和尊严,从根本上来说,是创造意义而不是满足于世俗的物质需求。职业生涯管理应倡导人们拥有终身探索的事业,可谓生命有涯、追求无限。

(二)大学生职业生涯规划与管理的现状

反观大学生职业生涯规划与管理的现状,不难发现当前大学生的职业规划与管理存在着一定的不足。

1. 缺乏职业生涯规划与管理意识

很多高校毕业生认为职业生涯规划与管理是完全没有必要的,对此投注精力是浪费时间的做法。事实上,这是一种肤浅幼稚的观点,是一种严重缺乏认识高度的观点。不重视自身职业生涯规划与管理能力,会很快让高校毕业生进入迷茫期。同时,因为择业时的不谨慎以及欠缺周详的考虑,其就业环境很有可能让本人觉得不满意,从而在短时间内萌生辞职的想法。毫无疑问,职业生涯的频繁中断是不利于人长久发展的。因为个体缺乏对自身职业的深刻认识,也会让某些高校毕业生逐渐放弃对自身能力的培养,若长此以往,将在残酷的职业竞争之中缺乏竞争力。

2. 职业生涯规划与管理主体性缺失

大学生职业选择的主体性,是在充分发挥他们的积极性、主动性和创造性的基础上,获得选择职业的主动态势和支配地位。当代大学生一定要把握主动权,确立"我的职业我作主"的理念。但是,目前大学生普遍缺少职业生涯规划与管理的主体意识。主要表现为:对自身、职业及社会缺乏全面认识,对自己适合何种专业、将来从事何种职业缺乏了解,导致自我评估不够,难以正确认识自己和社会,普遍存在择业目标不明确的现象;职业选择缺乏能动性,求稳心态严重,缺乏创新思维,择业"错位"现象严重;"慢就业"和"间隔就业现象"严重;自我管理能力不足,不能进行准确的自我定位与人生规划,择业时难免会束手无策。

3. 生涯教育存在明显的"偏规划、轻管理"现象

二十世纪初,职业指导便成为高校的一个重要课题,并逐渐被引入课堂教育,这说

明人们当时对生涯规划的认识已达到了相对成熟的地步。据悉西方国家很重视职业生涯教育，在中小学时期就开始设置与职业生涯指导的相关课程，对学生进行职业指导和启发。

目前，关于生涯规划的理论也主要来源于国外，如霍兰德职业兴趣理论、MBTI（Myers-briggs Type Indicator）性格理论、舒伯生涯发展理论等，在这些理论的指导下，我国的职业生涯规划课程体系趋于成熟，但尚未形成系统的本土化的教育模式。同时，我国目前的生涯教育主要集中在生涯规划的理论、方法、技术等方面，缺少生涯管理的教育，这与我国高等教育的总方针和大形势不相符。这导致当前我国高校生涯规划教育体系存在着以下不足：第一，学校对学生的职业生涯规划教育更多的是让学生在通过理论学习和实践中认识自我，确定自身的兴趣爱好及价值观，缺少养成教育。第二，目前生涯规划课程体系中理论、方法、技术等内容较多，在职业生涯规划教育中缺乏对生涯管理教育环节的有效研究和设计，缺少高度和深度，片面注重知识和技能，忽视学生的人性发展和升华。因此，全面实施大学生职业生涯规划与管理教育迫在眉睫。

4. 职业生涯管理能力亟待提升

当前，我国大学生普遍缺少生涯管理能力。即便他们有了初步的职业生涯规划目标和行动计划，但也由于有些大学生缺乏自我管理能力、执行能力、适应能力、抗压能力等各种能力，不能科学有效管理自己的时间、管理自己的情绪，最终导致他们无法如期实现自己的生涯规划目标及计划。因此，在提升大学生职业生涯规划能力的同时，必须同步提升大学生职业生涯管理的能力，以确保大学生顺利实现自己的人生目标和人生价值。

5. 大学生职业素养有待提升

有些大学生毕业后在走出校园之后并不了解日常工作当中所需要的沟通技巧和工作方法，欠缺必要的职场通用能力，使得他们入职后难以适应职场生活。因此，在大学阶段，有必要对大学生进行职业素养教育，以便于大学生在短时间内尽快适应职场的环境，努力学习职场沟通技巧，帮助自己建立高素质的职业形象。

二、职业生涯规划与管理的步骤

职业生涯规划设计的步骤主要包括自我认知、环境分析、职业定位、实施计划（选择职业路线、制订行动计划）、评估与调整、生涯的自我管理等，我们可以用一个图形象地加以表示，如图 1-5 所示。

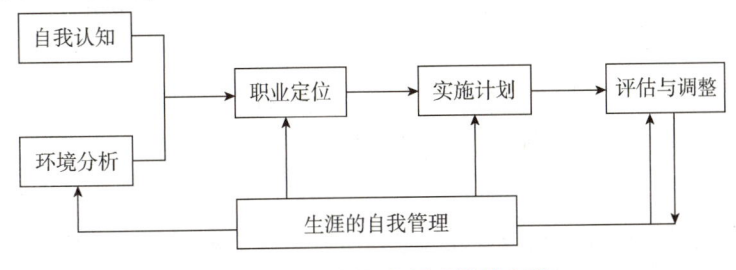

图 1-5　职业生涯规划设计的步骤

（一）自我认知

自我认知即自我评估，主要包括对个人的需求、能力、兴趣、性格、气质等的分析，以确定什么样的职业比较适合自己和自己具备哪些能力，从而认识自己的优势和劣势。

（二）环境分析

短期的规划比较注重组织环境的分析，长期的规划应更多地注重社会环境的分析。通过环境分析，发现机会和威胁。通过对社会环境的分析，结合本人的具体情况，评估有哪些长期的发展机会；通过对组织环境的分析，评估组织内有哪些短期的发展机会。

（三）职业定位

职业定位即职业生涯目标的确定，包括人生目标、长期目标、中期目标与短期目标的确定，它们分别与人生规划、长期规划、中期规划和短期规划相对应。首先要根据个人的专业、性格、气质和价值观以及社会的发展趋势确定自己的人生目标和长期目标，然后再把人生目标和长期目标细化，根据个人的经历和所处的组织环境制订相应的中期目标和短期目标。通过自我评估、生涯机会的评估，认识自己、分析环境，在此基础上对自己的职业做出选择。也就是在职业选择时，要充分考虑自身的特点，即自己的性格、兴趣和特长；要充分考虑环境因素对自己的影响。分析自我、了解自己、分析环境、了解职业世界，使自己的性格、兴趣、特长与职业相吻合。这一点对即将步入社会初选职业的大学生来说，非常重要。

（四）实施计划

制订实施计划包括选择职业生涯路线和制订行动方案两个步骤。

1. 选择职业生涯路线

选择职业生涯路线，即在职业选择后，还须考虑向哪一路线发展。是走行政管理路线，向行政方面发展；还是走专业技术路线，向业务方面发展等。发展路线不同，对其要求也就不同，这一点也不能忽视。因为，即使同一职业，也有不同的岗位，有的人适合从事行政，可在管理方面大显身手，成为一名卓越的管理人才；有的人适合从事研究，可在某一领域有所突破，成为某一专业领域的知名专家；有的人适合从事经营，可在商海大战中屡建奇功，成为一名经营人才。如果一个人不具有管理才能，却选择了行政管理路线，这个人就很难成就事业。

2. 制订行动方案

制订行动方案，即把目标转化成具体的方案和措施。这一过程中比较重要的行动方案有职业生涯发展路线的选择、职业的选择、相应的教育和培训计划的制订。

（五）评估与调整

职业生涯规划的评估与调整过程是个人对自己不断认识的过程，也是对社会不断认识的过程，是使职业生涯规划更加有效的有力手段。

（六）生涯的自我管理

生涯的自我管理是生涯规划与管理的重要阶段，也是实现生涯目标的重要手段，贯穿生涯的整个过程。生涯规划与实施的每个阶段都需要进行有效的自我管理，包括性格管理、价值观管理、能力提升、志趣培养、时间管理、情绪管理等多方面内容。

三、大学生职业生涯规划与管理的意义

（一）确定人生目标，减少人生的失败

成功的生涯发展，从确定合适的目标开始。要想职业生涯获得成功，首先应该明白成功的一般规律。美国成功学大师安东尼·罗宾斯曾经提出过一个成功的万能公式：

成功＝明确目标＋详细计划＋马上行动＋检查修正＋坚持到底

从这个公式可以看出，要想成功，首先要制订明确的目标和详细的计划。在职业生涯领域也是这样，首先选择一个最适合发展的行业和工作，然后确定目标，同时对整个职业生涯进行初步规划，最后付诸行动，并且经常对自己的目标和计划进行检查修正，最后坚持到底，定能获得职业生涯的成功。

研究一些成功者的成功轨迹，就会发现他们走向成功之前大都有着自己的明确目标。美国成功学家拿破仑·希尔在《一年致富》中有这样一句名言：一切成就的起点是渴望。一个人追求的目标越高，他的才能发展就越快。一心向着自己目标前进的人，整个世界都给他让路。希尔认为，所有成功，都必须先确立一个明确的目标，当对目标的追求变成一种执着时，你就会发现所有的行动都会带领你朝着这个目标迈进。目标就是力量，奋斗才会成功。古今中外，凡在智能上有所发展、事业上有所成就的人，无不有着明确而坚定的目标。英国前首相本杰明·迪斯雷利原本是一名并不成功的作家，出版数部作品却无一能给人留下深刻印象。后来迪斯雷利涉足政坛，决心成为英国首相。他克服重重阻力，从当选议员、担任下议院主席，到成为高等法院首席法官，直至1868年，他如愿实现既定目标成为英国首相。对于自己的成功，在一次简短的演说中迪斯雷利一言以蔽之："成功的秘诀在于坚持目标。"明确而坚定的目标是赢得成功、有所作为的基本前提，因为坚定目标的意义，不仅在于面对种种挫折与困难时能百折不挠，抓住成功的契机，让梦想一步步变为现实，更重要的还在于身处逆境能产生巨大的奋进激情，使自己的潜能得到最大限度地发掘与释放。

★故事与人生

新生活是从选定方向开始的

清晰的目标和方向对我们人生成功有着重要的意义。

比塞尔是西撒哈拉沙漠中的一个小村庄，它靠在一块1.5平方千米的绿洲旁，可是在肯·莱文1926年发现它之前，这儿的人没有一个走出过大沙漠。肯·莱文作为英国皇家学院的院士，当然不相信这种说法。他用手语向这儿的人问其原因，结果每个人的回答都是一样：从这儿无论向哪个方向走，最后都还是要转到这个地方来。为了证实这种说法的真伪，他做了一次实验，从比塞尔向北走，结果三天半就走了出来。

比塞尔人为什么走不出来呢？肯·莱文非常纳闷，最后他只得雇一个比塞尔人，让他带路，看看到底如何？他们带了半个月的水，牵上两匹骆驼，肯·莱文收起指南针等现代化设备，只挂一根木棍跟在后面。10天过去了，他们走了数百千米的路程，第11天的早晨，一块绿洲出现在眼前，他们果然又回到了比塞尔。这一次肯·莱文终于明白了，比塞尔人之所以走不出沙漠，是因为他们根本不认识北斗星。

在一望无际的沙漠里，一个人如果凭着感觉往前走，他会走出许许多多、大小不一的圆圈，最后的足迹十有八九是一把卷尺的形状。比塞尔村处在浩瀚的沙漠中间，方圆上千公里没有任何参照物，若不认识北斗星又没有指南针，想走出沙漠，确实是不可能的。

肯·莱文在离开比塞尔时，带了一位叫阿古特尔的青年，这个青年就是上次和他合作的人，他告诉这位小伙子，只要白天休息，夜晚朝北面那颗最亮的星走，就能走出沙漠。阿古特尔跟着肯·莱文，3天之后果然来到了大漠的边缘。

现在比塞尔已是西撒哈拉沙漠中的一颗明珠，每年有数以万计的旅游者来到这儿，阿古特尔作为比塞尔的开拓者，他的铜像被竖在小城中央。铜像的底座上刻着一行字：新生活是从选定方向开始的。

从以上故事，我们可以看出——成功需要明确的目标和方向。目标就是力量，奋斗才会成功！

可以说，人生目标是否明确，是成功者与平庸者的分水岭。用简单的数学知识来说，两点之间，直线最短。假设以相同的速度行进，如果一个人看到明确的目标，他就会和第一个故事中的肯·文莱一样，努力以直线前进，很快到达他的目的地；而如果一个人没有看到目标，他就会像在浩瀚沙漠中完全凭着感觉摸索前进的比塞尔人一样，漫无目的，曲折前行，而且最终可能发现，自己又回到了起点，或经过多年的辛勤努力后，却依然两手空空，一无所获。一个人，无论他多大年龄，他真正的人生之旅，是从设定目标那一天开始的，以前的日子，只不过是在绕圈子而已。

目标，像分水岭一样，轻而易举地把资质相似的人们分成少数的精英和多数的平庸之辈。前者主宰了自己的命运，后者随波逐流，枉度一生。当一个人下定决心之后，往往没什么能阻止他达到目标。一旦有了成功的渴求，他就会产生强烈的使命感与责任感并为之拼搏。西方有句谚语：你想要的尽管拿去，只要付出相应的代价就行。有位哲人说："决心攀登高峰的人，总能找到道路。"强烈的动机可以驱使人超越诸多困境，无须扬鞭自奋蹄。如果你至今仍不清楚自己希望达到怎样的人生高度，那么请把你的目标写下来，矢志不渝地向着心中的目标拼搏进取，如此，你就会敏锐地捕捉到成功的契机，顺利抵达理想的境地。

只有给自己的人生设定了目标，我们内心深处那个勇敢、坚定、执着、不畏艰险的自己才会走出来，我们才能最大限度地激发自己的潜能，更好地迎接人生路上的各种挑战。美国歌星玛利亚·凯莉有一首成名代表作《英雄》，歌词写得非常好：

在你的内心深处/有一个英雄/你不必害怕自己是什么样的一个人/如果探索灵魂深处/你会发现答案/而所谓的痛苦便会消融/随后/英雄带着无穷的力量向你走来/让你抛开恐惧/确信困难终将被战胜/发掘自我/变得坚强/你会发现/英雄就在你心中……

所以，我们要敢于梦想，敢于制订富有挑战性的目标，这样，我们的潜能才能最大程度地被激发出来，才更加容易在未来的职场上获得成功。

★故事与人生

如果没有目标，人生将会怎样？

我们的人生如果没有目标的话，会出现怎样的情况呢？有一个真实的例子，说明一个人若看不到自己的目标，将会有怎样的结果。

1952年7月4日清晨，加利福尼亚海岸笼罩在浓雾中。在海岸以西21英里（约33.8千米）的卡塔林纳岛上，一个34岁的女人涉水进入太平洋中，开始向加州海岸游去。要是成功了，她就是第一位游过这个海峡的女性。她叫费罗伦丝·查德威克。在此之前，她是第一位从英法两边海岸游过英吉利海峡的女性。

那天早晨，海水冻得她身体发麻，雾很大，她连护送她的船都几乎看不到。时间一个小时一个小时地过去，成千上万的人在电视上注视着她。有几次，鲨鱼靠近了她，被人开枪吓跑了。她仍然在游。在以往这类渡海游泳中她遇到的最大问题不是疲劳，而是刺骨的水温。

15个小时之后，她被冰冷的海水冻得浑身发麻。她知道自己不能再游了，就叫人拉她上船。她的母亲和教练在另一条船上。他们告诉她海岸很近了，叫她不要放弃。但她朝加州海岸望去，除了浓雾什么也看不到。几十分钟之后——从她出发算起15个小时55分钟之后，人们把她拉上了船。又过了几个小时，她渐渐觉得暖和多了，这时她却开始感受到失败的打击。她不加思索地对记者说："说实在的，我不是为自己找借口。如果当时我看见海岸，也许我能坚持下来。"其实，人们拉她上船的地点，离加州海岸只有半英里！

后来她说，真正令她半途而废的不是疲劳，也不是寒冷，而是因为她在浓雾中看不到目标海岸。查德威克小姐一生中就只有这一次没有坚持到底。两个月之后，她成功地游过了同一个海峡。她不但是第一位游过卡塔林纳海峡的女性，而且比男子的纪录还快了大约两个小时。

查德威克虽然是个游泳好手，但也需要看见目标，才能鼓足干劲完成她有能力完成的任务。因此，当我们规划自己的成功时，千万别低估了制订可测目标的重要性。

所以，无论如何，人生不能没有生涯发展规划，也不能没有人生目标。尽管人们常说"有志者事竟成""天下无难事，只怕有心人"，可是现实情况却往往并非如此。的确，"想干什么"与"能干什么"不是一回事，每个人的能力、天赋和悟性都有所不同。我们确立了一个目标，也未必一定就能够百分百达到，但是，如果我们没有一个目标，我们更加不容易获得成功。国外有句谚语说得好：如果连你自己也不知道你要到哪里，往往你哪里也到不了。中国也有句古语：欲得其中，必求其上；欲得其上，必求上上。所以，不管我们制订的目标是否一定能够达到，目标对我们的成功都有着重要的积极意义。

当然，除了自身的条件外，影响成功还有许多内部或外界的一些因素，所以确定一个合理目标也是非常重要的。当长期从事一件事情，却看不到一点进步、一点成功的希望，那也许就该是我们反思的时刻。结合自身的兴趣、爱好、天赋、特长、能力、条件，看看自己是否走错了路。如果走错了路，不要紧，那就慎重地寻找另外一条。

无论如何，我们不能没有人生目标，因为尽管我们最初确立的目标有误，在重新调整之后，我们仍有成功的希望，只不过是迟了一点。但是，如果你我根本就一直没有人生目标，那么我们未来成功的希望，就只能用"渺茫"二字来形容了。

(二) 助力大学生突破障碍、开发潜能和自我实现

先看以下几则故事。

(1) 学生来信：我是一名大一新生，眼看这一学期就要结束了，自己还很迷茫。大学

前我有很多想法，要多参加实践，要努力学习，要培养自己的特长……但是东一榔头西一棒子，过得很没有头绪。一年下来，感觉自己没有什么提升，英语和专业基础课学的也不是很好，我很想改变现状，却不知如何做起。

（2）张某倩是大学三年级的学生。刚入学的时候，就对四年后的目标很明确——考研究生。这主要来自父母的意见："在大学扩招的背景下，大学毕业生每年以几十万的速度增长，不读研，怎么能找到好工作？"张某倩还是很认同，但随着大学生活的深入，生性活泼的她担任了学生干部，并参加了很多社会活动。她开始觉得继续读研并不是她喜欢的，自己更喜欢与人打交道的工作。可是，对本科毕业生是否能找到好工作，张某倩很怀疑，也不知该如何做准备，才能找到一份自己喜欢的工作。所以，虽然很痛苦，但她依然每天复习准备考研。

（3）大学四年级的李某东可以说大学生活就是三点一线——教室、食堂、宿舍。学习没什么动力，满足"60分万岁"。大学期间没有培养什么爱好，也很少参加学校和社会组织的活动。想想即将迎来的就业季，他开始感到迷茫和焦虑："我适合什么样的工作呢？该怎么找工作呢？"

你是否对上面几位同学的情况很熟悉呢？在大学生中，有人对自己的未来想的很清楚，一步一个脚印地前行。但更多的同学要么对未来没有想法，希望在大四时找一份过得去的工作即可，浑浑噩噩地度过美好的大学生活；要么每日三点一线的生活，看似充实，实则十分焦虑；要么对自己未来的发展有些想法，但又不能确定，甚至对是否达成目标缺乏信心。总结以上几种情况，同学们的困惑主要在两个方面：要去哪里？如何去？

生涯发展规划就是帮助我们解决这些问题的。

米歇尔·罗兹（Miche·Lozzi，1998）曾指出：生涯规划有突破障碍、开发潜能和自我实现等积极目的，如图1-6所示。

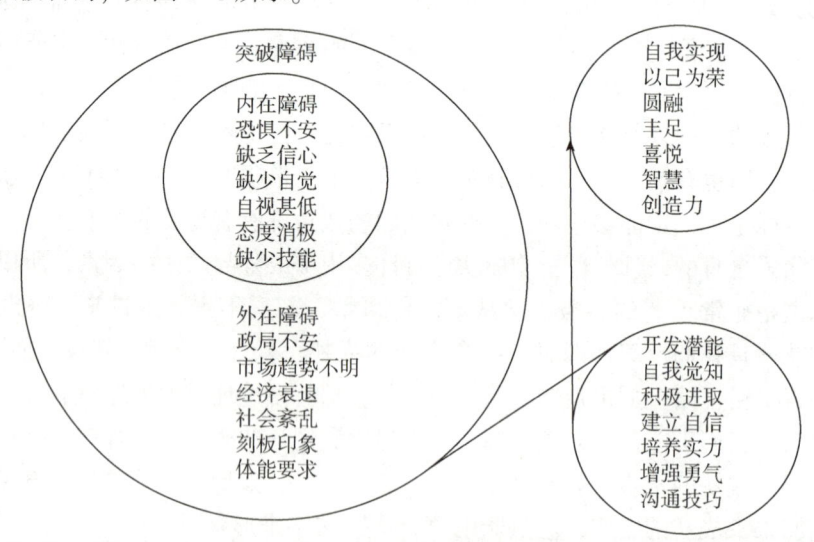

图1-6 Miche·Lozzi生涯规划的意义示意

综合来看，阻碍学生设立理想和目标的原因来自两个方面：内在障碍和外在障碍。

大学生面对的内在障碍通常是由于一个人对自己不了解、低评价、不自信造成的。例如，有的学生常用自己的劣势与别人的优势相比较，因此非常自卑，无用感强烈，找工作时缺乏信心，直接影响面试等环节的表现。这是典型的不能真正了解和接纳自己、低估自我的就业能力的表现。

外在障碍主要是来自个人所处的环境，包括政治、经济、劳动力市场的变化等。一个没有生涯目标的人，更容易被外界因素影响。

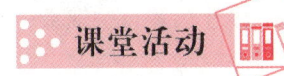

课堂活动

实践作业

职业生涯评估

评估一下自己在生涯规划方面的情况，考虑哪些部分是特别需要努力的。

本章小结

生涯是指个人通过从事工作所创造出的一个有目的、延续一定时间的生活模式。生涯具有独特性、阶段性、发展性、全面性、主动性、连续性、方向性等特点。

生涯确定并阐述了个体所涉及的各种角色、所处的各种环境以及在他们生活中所经历的各种有计划或者非计划的事件；确定了生活里各种事态的连续演进方向；统合了人一生中依序发展的各种职业和生活角色。

工作是一种能够为自己或他人创造价值的活动，主要包括工资工作、报酬工作、家政工作、志愿工作、学习工作等。

职业是人们在社会中所从事的有稳定、合法收入的活动，既是人们为社会做贡献、实现人生价值的舞台，也是人们谋生的手段。

职业生涯是一个人一生中所有与职业相联系的行为与活动，以及相关的态度、价值观、愿望等的连续性经历的过程，也是一个人一生中职业、职位的变迁及工作理想的实现过程。职业生涯可分为内职业生涯与外职业生涯。

职业生涯规划是指个人发展与组织发展相结合，对决定一个人职业生涯的主客观因素进行分析、总结和测定，确定一个人的事业奋斗目标，并选择实现这一事业目标的职业，编制相应的工作、教育和培训的行动计划，对每一步骤的时间、顺序和方向做出合理的安排。

大学生职业生涯管理是指个体通过运用职业教育所掌握的知识、技巧与方法，采用具体的行为来评估并解决职业生涯中遭遇的各种问题。其内容主要包括时间管理、情绪管理、压力管理和人际管理等。

职业生涯发展理论主要有霍兰德理论、舒伯的生涯发展理论、工作适应理论、职业抱负发展理论、社会学习理论、社会认知学习理论、认知信息加工理论和系统理论等。

大学生职业生涯规划与管理融合了职业生涯规划和职业生涯管理两部分内容，是指大学生在探索理想生活的过程中，了解自己，了解社会，确定一个人的事业奋斗目标，对自己的职业生涯进行科学规划，并根据目标和规划来调整大学的学习和生活，树立正确的价值观，实施积极的自我管理，不断缩短自己与理想之间的距离，最终实现自己的人生价值。大学生职业生涯规划与管理的核心理念包括：以人为本——追求人的自由而全面发展；超越自然生命——人力资本的持续开发与终身学习；组合式人生——工作、家庭和社会和谐平衡；过程重于结果——职业生涯规划与管理重在体验、探索、创造生命意义，而不只是追求实际的功利目标。

职业生涯规划设计的步骤主要包括自我认知、环境分析、职业定位、选择职业路线、制定行动计划、评估与调整、生涯自我管理等。

大学生生涯规划与管理具有确定人生目标，减少人生的失败，助力大学生突破障碍、开发潜能和自我实现的意义。

思考题

1. 什么是生涯？生涯有哪些特点？
2. 什么是职业？什么是职业生涯？
3. 什么是职业生涯规划？
4. 如何理解舒伯的生涯彩虹图？
5. 职业生涯规划设计的步骤有哪些？
6. 大学生制订生涯规划具有什么意义？

第二篇 探索篇

第二章

自我认知

> 知人者智，自知者明。胜人者有力，自胜者强。
>
> ——老子

✎ 本章学习目标

通过本章的学习，学生应当掌握自我探索的内容与方法，能够正确认识自己，明确自己的性格、兴趣、能力，树立正确的人生观和价值观，明确自身今后的发展方向，能够及时发现并调整自我认知的偏差。

📄 本章内容框架

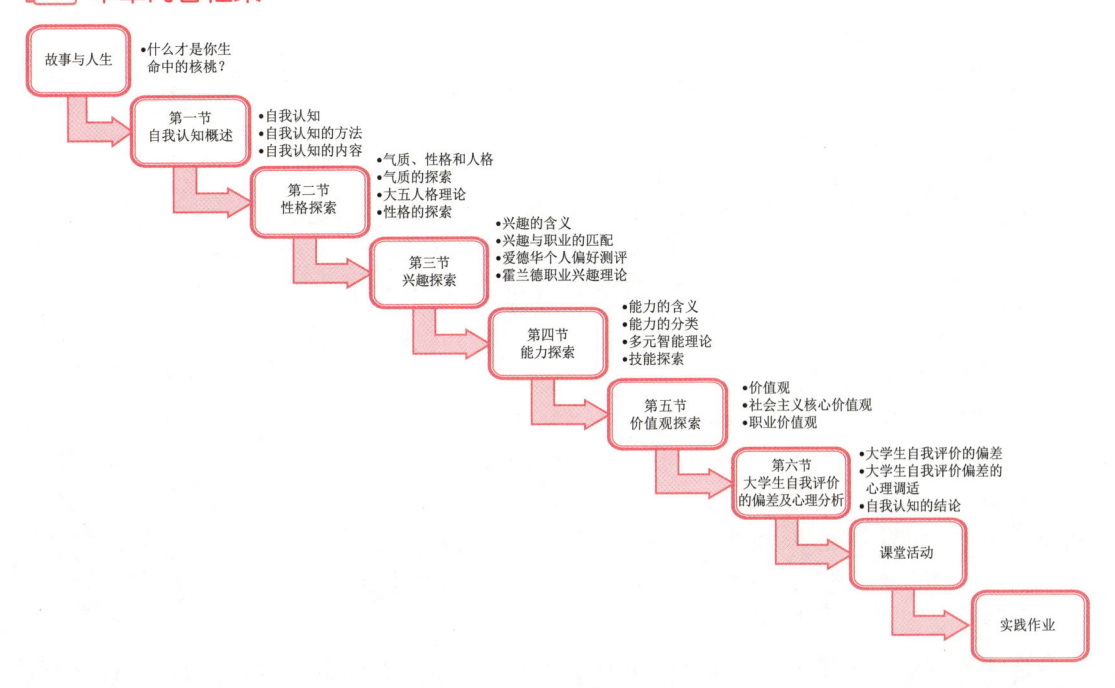

- 故事与人生
  - 什么才是你生命中的核桃？
- 第一节 自我认知概述
  - 自我认知
  - 自我认知的方法
  - 自我认知的内容
- 第二节 性格探索
  - 气质、性格和人格
  - 气质的探索
  - 大五人格理论
  - 性格的探索
- 第三节 兴趣探索
  - 兴趣的含义
  - 兴趣与职业的匹配
  - 爱德华个人偏好测评
  - 霍兰德职业兴趣理论
- 第四节 能力探索
  - 能力的含义
  - 能力的分类
  - 多元智能理论
  - 技能探索
- 第五节 价值观探索
  - 价值观
  - 社会主义核心价值观
  - 职业价值观
- 第六节 大学生自我评价的偏差及心理分析
  - 大学生自我评价的偏差
  - 大学生自我评价偏差的心理调适
  - 自我认知的结论
- 课堂活动
- 实践作业

★ 故事与人生

什么才是你生命中的核桃？

在一个山谷的禅房里有一位老禅师，他发现自己有一个徒弟非常勤奋，不是去化缘，就是去厨房洗菜，从早到晚，忙个不停。

这小徒弟内心很挣扎，他的眼圈越来越黑，终于，他忍不住来找师傅。

他对老禅师说："师傅，我真的太累了，可也没见什么成就，是什么原因呀？"

老禅师沉思了片刻，说："你把平常化缘的钵拿过来。"

小徒弟就把那个钵取来了，老禅师说："好，把它放在这里吧，你再去给我拿几个核桃过来装满。"

小徒弟不知道师傅的用意，捧了一堆核桃进来。这十来个核桃一放到碗里，整个碗就都装满了。

老禅师问小徒弟："你还能拿更多的核桃往碗里放吗？"

"拿不了了，这碗眼看已经满了，再放核桃进去就该往下滚了。"

"哦，碗已经满了是吗？你再捧些大米过来。"

小徒弟又捧来了一些大米，他沿着核桃的缝隙把大米倒进碗里，竟然又放了很多大米进去，一直放到都开始往外掉了。小徒弟才停了下来，突然间好像有所悟："哦，原来碗刚才还没有满。"

"那现在满了吗？"

"现在满了。"

"你再去取些水来。"

小徒弟又去拿水，他端了一瓢水往碗里倒，在少半碗水倒进去之后，这次连缝隙都被填满了。

老禅师问小徒弟："这次满了吗？"

小徒弟看着碗满了，但却不敢回答，他不知道师傅是不是还能放进去东西。

老禅师笑着说："你再去拿一勺盐过来。"

老禅师又把盐化在水里，水一点儿都没溢出去。

小徒弟似有所悟。老禅师问他："你说这说明了什么呢？"

小徒弟说："我知道了，这说明了时间只要挤挤总是会有的。"

老禅师却笑着摇了摇头，说："这并不是我想要告诉你的。"

接着老禅师又把碗里的那些东西倒回到了盆里，腾出了一只空碗。

老禅师缓缓地操作，边倒边说："刚才我们先放的是核桃，现在我们倒着来，看看会怎么样？"

老禅师先放了一勺盐，再往里倒水，倒满之后，当再往碗里放大米的时候，水已经开始往外溢了，而当碗里装满了大米的时候，老禅师问小徒弟："你看，现在碗里还能放得下核桃吗？"

老禅师说："如果你的生命是一只碗，当碗中全都是这些大米般细小的事情时，你的那些大核桃又怎么放得进去呢？"

小徒弟这次才彻底明白了。如果每个人都清楚自己的核桃是什么，生活就简单轻松了。我们要把核桃先放进生命的碗里去，否则一辈子就会消耗在大米、芝麻、水这些细小的事情当中，核桃就放不进去了。

（资料来源：https://www.sohu.com/a/234036522_409218）

思考：
（1）如果生命是一只空碗，那么应该先放进去什么呢？
（2）什么才是你生命中的核桃？
（3）该怎样区别核桃和大米呢？
（4）怎么识别你生命中的核桃？
（5）这个故事对我们的人生有什么启示？

第一节　自我认知概述

一个有效的职业生涯规划，必须是在充分、正确地认识自身条件与相关环境的基础上进行的。对自我及环境的了解越透彻，越有助于做好职业生涯规划。职业生涯规划不仅能帮助个人达到和实现自己的人生目标，更重要的是还能帮助自己真正了解自己，真正弄清楚"我到底是一个什么样的人？"

一、自我认知

尼采曾说："聪明的人只要能认识自己，便什么也不会失去。"如今，随着社会的不断发展，人们对于自我的认识也进入一个突破性的阶段。事实上，每个人都有巨大的潜能，每个人都有自己独特的个性和长处，每个人都可以选择自己的目标，并通过不懈的努力去争取自己的成功。

自我认知是对自己所做的全面分析，通过审视自己、认识自己、了解自己，弄清楚自己想干什么、自己能干什么、自己应该干什么、在众多的职业面前自己会选择什么等问题。要弄清这些问题，就必须对自己的需求、能力、兴趣、特长、性格、气质、学识、技能、智商、情商、思维方式以及组织管理、协调、活动能力等进行分析，以确定自己具备哪些能力及适合自己的职业。

自我认知的目的是认识自己、了解自己。只有真正认识了自己，才能对自己的职业做出正确的选择。因此，自我认知是职业生涯规划的重要步骤之一，是整个职业生涯规划流程中最为基础、最为核心的环节，这一环节如果做不好或出现偏差，就会导致整个职业生涯规划后续诸多环节出现问题。

"自我"概念是舒伯理论的核心。"自我"以及对自己周围所处环境和周围人对自己如何评价的认识。正确认识并评价自己是一件至关重要的事情，它决定了你对各种事物，包括情感、意志、行动的理解，以及面对问题时的态度和处理办法。真正认识自己的人不仅要认识现在和将来的自己，还要对过去的自己有透彻的了解并正确对待过去所做的一切行为。古往今来，不少人对"自我"这个概念做了大量的研究：詹姆斯的"经验自我"和"纯粹自我"；弗洛伊德的"本我""自我""超我"；罗杰斯的"现实自我"和"理想自我"；米德的"客我"和"主我"；埃里克森的自我意识发展阶段论……用舒伯的话说：

"职业生涯就是对自我的实践。"

在心理学上，自我是一个独特的、持久的、同一身份的我，主要包括作为认知对象的我和行为主宰的我。自我认知属于自我意识的范畴，它包括自我察觉、自我认知、自我分析、自我评价等。我们可以从"我是谁""我从哪里来""我要到哪里去"三个问题入手来进行说明。

第一个问题——我是谁？包括物质自我、社会自我和精神自我三个部分。

物质自我是对自己生理状况，如身高、体重、形态以及住房、财产、衣物、装饰等的认识。一个人对自己的外貌长相、服饰打扮的定位和评价是物质自我的认识反应。这一部分有形的"自我"可以说是每个人对于"自我"最直接的感受和理解。

社会自我是对自己在社会关系、人际关系中的角色、地位、作用和权力等的认识和体验。社会自我使个体在社会化过程中得以发展和成长。

精神自我是自我认知中最核心的部分，它是对"我"的内部主观存在的认识，是对自我心理特征，如需要、动机、价值观、能力、气质、性格等的认识。

第二个问题——我从哪里来？包括自己的籍贯、家庭状况，自己的学历、阅历、现有知识储备、能力如何、社会地位和社会资源等。

第三个问题——我要到哪里去？包括对自己未来人生的设计。如自己希望在感情上、经济上、社会成就上达到什么样的目标，以及实现目标的具体方法。

正确认识自我是一个人迈向成功职业生涯的第一步，一个人如果无法充分认识自己，所有的努力都可能只是符合他人的希望和要求，而与自己的内心状态不符。因此，只有通过自我认知了解自己的内在需求，个人的潜能才会得以充分发挥。

二、自我认知的方法

自己要了解自己，首先要了解自己到底要成为什么样的人？其次要了解自己人生的目标到底是什么？最终要了解自己最适合做什么样的工作？很多人都在做一些他不喜欢的工作。因此他会说他学了机械20年，所以没有办法放弃。可事实上他每天都很讨厌他的工作。这样成功的概率是不大的。

弄清楚"我到底是一个什么样的人"，就是一个客观分析自我、正确认识自我的过程。正确认识自我是我们直面人生、战胜困难的第一步。客观分析自我，对自己的气质、性格、兴趣、能力等个性心理特征有一个比较正确的认识，不仅对职业选择十分必要，而且与心理健康有重要联系。所谓客观分析自我，就是能清醒地发现自己的长处和短处，不因优点而自喜，亦不因缺点而自卑。对自我的评价不客观，就会出现评价过高或过低的现象，这可能导致择业失败或失误，可能产生心理困扰。

可以采取以下几种方法进行自我分析。

1. 反省、内省

《论语》中有"吾日三省吾身"的要求。了解自己最重要的是时时刻刻不忘自我反省，随时检视自己的行为举止与内在思维，这是一种个体直接认识自己的方法。我们既是心理活动的主体，又是心理活动的对象，要经常对自己的心理、行为进行剖析，使自我评价逐步接近客观实际。我们通过内省可以了解到自己的智力、情绪、意志、能力、气质、性格和身体条件等特点，内省也是自我意识形成的重要途径之一。在认识自己的过程中，我们一定要注意客观、全面、辩证地看待自己，形成正确的自我意识，真正地了解自己，并以此来选择适合自己的发展道路。

2. 通过比较来认识自己

有比较才有鉴别，事实上，人们往往是通过与别人的比较来认识自己的。一是与同学比较来认识自己，不仅比考试分数，更应注重比实际操作能力。通过比较，可以认识自己的长处和不足，认清自己在相比较的人群中所处的位置，以便扬长避短。二是通过别人的态度来认识自己，一个人对自己的认识难免有偏差，因此有必要根据他人的评价及他人对自己的言行态度来认识自己。古语云："以人为鉴，可以明得失"。当然，别人的态度不一定能全面评价一个人，但大多数人的态度总是能说明某些问题的。例如，一个求职者如果不注意与其他竞争者相比较，就很难判断出自己成功的概率。

3. 通过咨询来了解自己

我们可以向老师咨询，也可以向职业规划指导专家咨询，还可以征求同学、家长和熟悉自己的人的意见。长期生活、学习、工作在一起的人对自己的言行看在眼里，印象很深，对自己的评价会更公正、更客观。

4. 橱窗分析法

橱窗分析法是自我剖析的重要方法之一。心理学家把对个人的了解比成一个橱窗。为了便于理解，可以把橱窗放在一个直角坐标系中加以分析。横轴坐标的正向表示别人知道，横轴坐标的负向表示别人不知道，纵轴坐标的正向表示自己知道，纵轴坐标的负向表示自己不知道。橱窗分析法示意如图 2-1 所示。

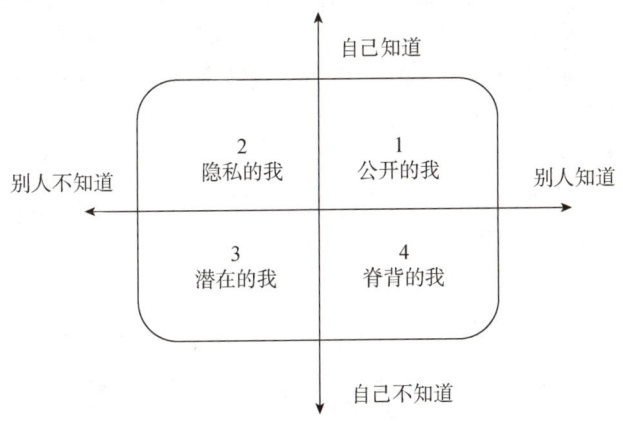

	自己知道	
别人不知道	2 隐私的我 | 1 公开的我	别人知道
	3 潜在的我 | 4 脊背的我	
	自己不知道	

图 2-1　橱窗分析法示意

（1）橱窗 1 为自己知道、别人也知道的部分，称为"公开的我"，属于个人展现在外、无所隐蔽的部分。对初次交往的朋友而言，这个区域可能很小；对于自己的父母，这个区域可能就变得很大。这个区域的大小因对方对自己了解的多少而异。

（2）橱窗 2 为自己知道、别人不知道的部分，称为"隐私的我"，属于个人内在的私有秘密部分。我们对自己的秘密、弱点都不愿让别人知道，因为暴露这个部分可能会使自己受到伤害或鄙视。只有当我们很信任对方不会出卖、伤害自己的时候，才会开放自己的隐私区。所以，这个区域的大小因个人对他人的信任程度而定。越能信任的人，隐藏区就越小。

（3）橱窗3为自己不知道、别人也不知道的部分，称为"潜在的我"，属于有待开发的部分。这个区域有多大是个未知数，经过自己的省思和特殊的际遇，我们可能会突然间有所顿悟，发现自己的潜能或隐藏的一些特质。有些部分需要心理咨询、测验工具来开发，有些部分可能永远都不会察觉。

（4）橱窗4为自己不知道、别人知道的部分，称为"脊背的我"，也就是所谓的个人盲点，通常是自己不自觉的瑕疵、怪癖、习惯等缺点。有自知之明、常常自我反省的人，这个区域比较小。虚心接受师长与亲友指点是缩小盲点区的有效途径。

在进行自我分析的时候，重点是了解橱窗3和橱窗4这两部分。

"潜在的我"是影响一个人未来发展的重要因素，因为每个人都有巨大的潜能。许多研究表明，人类通常只发挥了极小部分的大脑功能。如果一个人能够发挥一半的大脑功能，将能轻而易举地学会40种语言，背诵整套百科全书。奥地利著名心理学家奥托·兰克指出："一个人所发挥出来的能量寥寥无几，只占他全部能力的4%。"控制论的奠基人诺伯特·维纳指出："可以有把握地说，每个人，即使他是做出了辉煌成就的人，在他的一生中利用他自己的大脑潜能还不到百亿分之一。"由此可见，认识与了解"潜在的我"，是自我认知的重要内容之一。

"脊背的我"是准确对自己进行评价的重要方面，如果你诚恳地、真心实意地对待他人的意见和看法，就不难了解"脊背的我"。当然，这需要开阔的胸怀、正确的态度和有则改之、无则加勉的精神。否则，就很难听到别人的真实评价。

5. 自我测验法

自我测验法是通过回答有关问题来认识自己、了解自己的方法，是一种比较简洁、经济的自我分析法。测试题目由心理学家们精心设定，只要如实回答，就能在一定程度上了解自己的相关情况。在回答自测问题时，切忌寻找答案，而应该是自己怎么想、怎么认识就怎么回答，这样的测试才有实际意义。

自我测试的量表很多，内容包括方方面面，如性格测试、情绪测试、智力测试、技能测试、记忆力测试、创造力测试、观察力测试、应变能力测试、想象力测试、管理能力测试、人际关系测试、行动能力测试等。

6. 360°评估

360°评估，又称"360度反馈"或"全方位评估"，最早由被誉为"美国力量象征"的典范企业英特尔首先提出并加以实施的，主要用于企业人力资源管理中的绩效管理。我们在做自我评估时可以借用这一方法。

（1）360°评估的参与者。

在做360°评估时我们要走访尽可能多的人，从不同的角度把握自己、认识自己，以提高自我认知结论的准确性。我们走访的人群主要包括父母、朋友、同学、亲戚、老师、领导、下属以及所有认识并熟悉你的人。

（2）360°评估的内容。

360°评估的内容可以包括各个方面，如你的性格、气质；你的兴趣、能力；你的特长；你的为人处事；你给人们的印象；他们认为你适合做什么等。在听取大家对你的评论之后，总结出你的优点和缺点。360°评估示意如图2-2所示。

图 2-2　360°评估示意

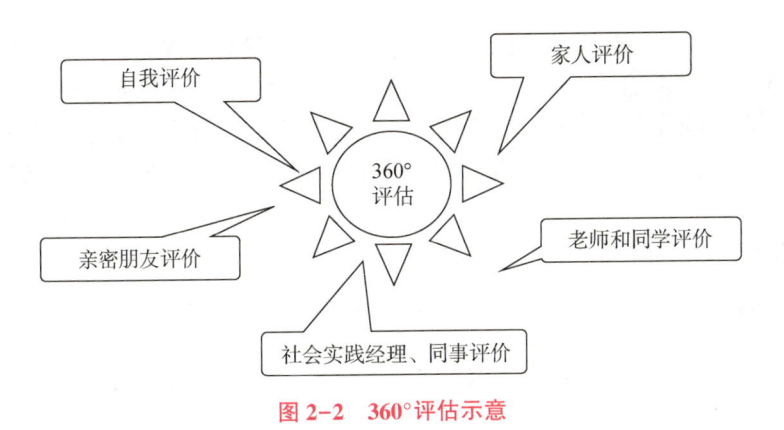

三、自我认知的内容

客观地进行自我认知非常困难，正如苏东坡所说："人之难知也，江海不足以喻其深；山谷不足以配其险；浮云不足以比其变。"一般而言，自我分析主要包括以下四个方面的内容。

（1）生理自我：即自己的相貌、身材、穿着打扮等。
（2）心理自我：即自己的性格、兴趣、能力、气质、意志等。
（3）理性自我：即自己的思维方式、思维方法、道德水准、情商等。
（4）社会自我：即自己在社会上所扮演的角色，自己在社会中的责任、权利、义务、名誉，他人对自己的看法以及自己对他人的看法。

这四个方面涉及的因素很多，重点应该分析自己的气质、性格、兴趣、能力以及价值观等内容。

第二节　性格探索

一、气质、性格和人格

提到性格，经常会有"性格决定命运""性格决定成败"等说法，也常常使人联想到气质、人格这两个词语。

气质是表现在心理活动的强度、速度、灵活性与指向性等方面的一种稳定的心理特征，也就是平时所说的脾气、秉性。气质是先天的、内在的，是人的天性、自然属性。

性格是在生活中形成的对现实的稳定态度以及与之相适应的习惯化的行为方式。性格是在社会生活中逐渐形成的，是一个日积月累的过程，具有稳定性和独特性。性格常常表现为一种经常的、习惯性的行为，是一种对外界事物自然而然的本能反应行为。

人格又称个性，源于古希腊语 Persona，指古希腊时代的戏剧演员在舞台上所戴的面具，代表剧中人物的角色和身份，面具随人物角色的不同而变换，体现了角色的特点和性格，就像脸谱。

人格包含的内容很多，性格和气质是里面最重要的部分，由气质和性格形成人格，既包含先天的气质因素，又包含后天的性格因素，所以，我们经常说：人格＝气质+性格。

气质和性格相互影响，都是人独特的、稳定的人格特征，气质是内因，是性格的基础，同时性格也影响气质。二者又有不同，气质是先天的，可塑性很小，要想改变其实很难，所谓江山易改禀性难移，其实质就是指气质。性格是后天养成的，与家庭教育、生活环境、社会影响息息相关，可塑性较大，是可以慢慢改变的。对待气质和性格，我们要做到尊重先天的气质，有效管理后天的性格。

二、气质的探索

气质是指人们心理活动的速度、强度、稳定性和灵活性等方面的心理特征，是神经类型特征在人的行为上的表现。所以，认清自己的气质对择业至关重要，是选择职业时的重要因素。一般来说，气质分为胆汁质、多血质、黏液质和抑郁质。每一种气质都有它的积极方面和消极方面。气质对个体的职业和效率有一定的影响。不同气质的人适合从事不同类型的职业，这会有助于职业选择的成功。

（1）胆汁质。胆汁质的人属于兴奋而热烈的类型。他们有理想，有抱负，有独立见解，精力旺盛，热情直率，激动暴躁，情绪体验强烈，神经活动具有很强的兴奋性，反应速度快却不灵活。他们能以极大的热情去工作，克服工作中的困难，但若对工作失去信心，情绪立即会低沉下来。典型代表人物如《三国演义》中的张飞、《水浒传》中的李逵等。此类人适宜从事竞争激烈、冒险性、风险意识强的职业，如探险家、地质勘探者、登山员、体育运动员、飞行员、演说者、营业员、宾馆招待员等。

（2）多血质。多血质的人属于敏捷而好动的类型。他们更易于适应环境的变化，性情开朗，活泼好动，性情活跃，反应敏捷，易适应环境，善于交际。在群体中精神愉快，相处自然，常能机智地解脱窘境。这类人工作能力较强，在工作和学习中肯动脑筋，常表现出机敏的工作能力和较高的办事效率。情绪丰富且易兴奋，对外界事物有广泛的兴趣，不安于循规蹈矩的工作，注意力不稳定，兴趣易转移；对职业有较广的选择范围和机会。典型代表人物如《红楼梦》中的王熙凤、《水浒传》中的浪子燕青等。适合从事要求迅速灵活反应的工作，如记者、律师、艺术工作者、导游、外交官、公安、军官、秘书和其他社会工作者等职业，但不适宜从事单调机械的工作和要求细致的工作。

（3）黏液质。黏液质的人属于缄默而安静的类型。他们情绪兴奋性低，安静沉稳，灵活性低；内倾明显，外部表现少，无论环境如何变化，都能基本保持心理平衡，反应速度慢，但稳定性强，偏固执、冷漠；比较刻板，有较强的自我克制能力，能埋头苦干，态度稳重，不易分心，对新职业适应慢，善于忍耐。典型代表人物如《水浒传》中的林冲等。这类人适合从事要求稳定、细致、持久性的活动，如会计、法官、管理人员、外科医生、图书管理员、翻译员、商务、教师、科研人员等，但不适宜从事具有冒险性的工作。

（4）抑郁质。抑郁质的人属于呆板而羞涩的类型。他们敏感，行动缓慢，情感体验深刻，观察力敏锐，易感觉到别人不易觉察的细小事物，易疲倦、孤僻，工作耐受性差，做事审慎小心，易产生惊慌失措的情绪，往往是多愁善感的人。典型代表人物如《红楼梦》中的林黛玉等。他们适合从事要求精细、敏锐的工作，如哲学、理论研究、应用科学、机关秘书、作家、画家、诗人、打字员、音乐家等。

事实上，大多数人总是以某种气质为主，又附有其他气质。所以，大学生在职业选择中，一定要"量质选择"，找到适合自己气质类型的工作。

探索活动 2-1

气质类型测试：

以下有四组气质类型测试题，可以帮助我们确定自己的气质类型。做测试时，依次阅读题目，对完全符合自己的题目记 3 分；如果有的题目处于模棱两可之间，既符合又不符合的记 2 分；对于不符合自己情况的题目记 0 分。最后计算出自己在每种气质类型上的总分。

第一组

1. 到一个新环境很快就能适应。（　　）
2. 善于与人交往。（　　）
3. 在多数情况下情绪是乐观的。（　　）
4. 能够很快忘记那些不愉快的事情。（　　）
5. 接受一项任务后，总希望迅速完成。（　　）
6. 能够同时注意几件事情。（　　）
7. 疲倦时只要短暂休息，就能精神抖擞地投入工作。（　　）
8. 讨厌做那些需要耐心细致的工作。（　　）
9. 符合兴趣的事干起来劲头十足，否则就不想干。（　　）
10. 假如工作枯燥乏味，马上就会情绪低落。（　　）
11. 反应敏捷、头脑机智。（　　）
12. 希望做变化大、花样多的工作。（　　）

第一组总分：（　　）

第二组

1. 喜欢在公开场合表现自己，有强烈的争第一的倾向。（　　）
2. 做事有些莽撞，常常不考虑后果。（　　）
3. 做事总有旺盛的精力。（　　）
4. 宁愿侃侃而谈，不愿窃窃私语。（　　）
5. 容易激动，经常出口伤人。（　　）
6. 羡慕那些能够克制自己感情的人。（　　）
7. 喜欢运动量大和场面热烈的活动。（　　）
8. 情绪高时，干什么都有兴趣，情绪不高时，干什么都不感兴趣。（　　）
9. 认准一个目标就希望尽快实现，甚至可以不吃饭、不睡觉。（　　）
10. 遇到可气的事就怒不可遏，想把心里的话一吐为快。（　　）
11. 爱看情节起伏、激动人心的小说、电影、电视。（　　）
12. 喜欢争辩，总想抢先发表自己的意见，力图压倒别人。（　　）

第二组总分：（　　）

第三组

1. 善于克制、忍让、不计小事，能容忍别人对自己的误解。（　　）

2. 能较长时间地在某一事物上集中注意力，不容易分心。（   ）
3. 能够较长时间地做枯燥单调的工作。（   ）
4. 不易激动，很少发脾气，情绪很少外露。（   ）
5. 不喜欢长时间谈论一个问题，愿意实际动手。（   ）
6. 对工作采取认真、严谨、始终如一的态度。（   ）
7. 喜欢有条不紊的工作。（   ）
8. 与人交往不卑不亢。（   ）
9. 遇到令人气愤的事能够很好地控制自己。（   ）
10. 喜欢安静的环境。（   ）
11. 做事力求稳妥，不做没有把握的事。（   ）
12. 埋头苦干，有耐久力。（   ）

第三组总分：（   ）

第四组

1. 宁愿一个人干，不愿和许多人在一起。（   ）
2. 心中有事，宁愿自己想，也不愿说出来。（   ）
3. 学习和工作时常常比别人更容易感到疲倦。（   ）
4. 对新知识接受很慢，但理解后就很难忘记。（   ）
5. 爱看感情细腻、人物心理活动丰富的文学作品、电影、电视。（   ）
6. 遇到问题总是举棋不定，优柔寡断。（   ）
7. 碰到陌生人觉得拘束。（   ）
8. 厌恶那些强烈的刺激，如尖叫、噪声、危险镜头。（   ）
9. 感情比较脆弱，一点小事能引起情绪波动，容易神经过敏。（   ）
10. 当工作或学习失败，会感到很痛苦，甚至痛哭流涕。（   ）
11. 当感觉烦闷时，别人很难使自己高兴起来。（   ）
12. 碰到危险情况时，常有一种嫉妒恐惧感。（   ）

第四组总分：（   ）

计算得分：第一组多血质；第二组胆汁质；第三组黏液质；第四组抑郁质。哪一组分数明显高于其他三组（均高出 4 分以上），则可认定某典型气质；如果两种气质的得分接近（差异小于 3 分），且明显高于其他两种，则为两种气质混合型。

三、大五人格理论

　　人格是指一个人习惯化的思维、情感和行为反应方式。人格受先天遗传和后天环境的影响，成年后比较稳定。严格地说，人格并无好坏之分，但是人格会影响个体与环境的互动方式，会成为一个人成长的有利或不利条件。因此充分地认识自己的人格特征，善于发现自己的优点和不足，就能更好地适应环境和社会，更好地走向成功和幸福。

　　大五人格理论（Openness、Conscientiousness、Extraversion、Agreeableness、Neuroticism，

OCEAN）也被称为人格的海洋，是目前最主要的人格理论，它从外向性、宜人性、谨慎性、神经质和开放性五个方面描述一个人的人格。

1. 外向性或外倾性（Extraversion）

外向性即个体对外部世界的积极投入。好交际对不好交际，爱娱乐对严肃，感情丰富对含蓄；表现出热情、社交、果断、活跃、冒险、乐观等特点。显著标志是外向者乐于和人相处，充满活力，常常怀有积极的情绪体验。内向者往往安静、抑制、谨慎，对外部世界不太感兴趣。内向者喜欢独处，内向者的独立和谨慎有时会被错认为不友好或傲慢。

2. 宜人性或随和性（Agreeableness）

宜人性反映了个体在合作与社会和谐性方面的差异。热心对无情，信赖对怀疑，乐于助人对不合作，包括信任、利他、直率、谦虚等品质。

宜人的个体重视和他人的和谐相处，因此他们体贴友好、大方、乐于助人，愿意谦让。不宜人的个体更加关注自己的利益，他们一般不关心他人，有时候怀疑他人的动机。不宜人的个体非常理性，很适合科学、工程、军事等此类要求客观决策的情境。

3. 谨慎性或尽责性（Conscientiousness）

谨慎性指控制、管理和调节自身冲动的方式。有序对无序，谨慎细心对粗心大意，自律对意志薄弱，包括胜任、公正、条理、尽职、成就、自律、谨慎、克制等特点。

冲动并不一定就是坏事，有时候环境要求我们能够快速决策。冲动的个体常被认为是快乐的、有趣的、很好的玩伴。但是冲动的行为常常会给自己带来麻烦，虽然会给个体带来暂时的满足，但却容易产生长期的不良后果，如攻击他人、吸食毒品等。冲动的个体一般不会获得很大的成就。

谨慎的人容易避免麻烦，能够获得更大的成功。人们一般认为谨慎的人更加聪明和可靠，但是谨慎的人可能是一个完美主义者或者是一个工作狂。极端谨慎的个体让人觉得单调、乏味、缺少生气。

4. 神经质或情绪稳定性（Neuroticism）

神经质指个体体验消极情绪的倾向。烦恼对平静，不安全感对安全感，自怜对自我满意，包括焦虑、敌对、压抑、自我意识、冲动、脆弱等特质。

神经质维度得分高的人更容易体验到诸如愤怒、焦虑、抑郁等消极的情绪。他们对外界刺激反应比一般人强烈，对情绪的调节能力比较差，经常处于一种不良的情绪状态下。并且这些人思维、决策，以及有效应对外部压力的能力比较差。相反，神经质维度得分低的人较少烦恼，较少情绪化，比较平静，但这并不表明他们经常会有积极的情绪体验，积极情绪体验的频繁程度是外向性的主要内容。

5. 开放性（Openness）

开放性描述一个人的认知风格。富于想象对务实，寻求变化对遵守惯例，自主对顺从，包括想象、审美、情感丰富、求异、创造、智慧等特征。

开放性得分高的人富有想象力和创造力，好奇，欣赏艺术，对美的事物比较敏感。开放性的人偏爱抽象思维，兴趣广泛。封闭性的人讲求实际，偏爱常规，比较传统和保守。开放性的人适合教授等职业，封闭性的人适合警察、销售、服务性职业等。

人格特质说提出四个问题。

（1）构成人格的基本要素或特质有多少？

（2）它们是什么？如何解释它们？

（3）这些特质是否是普适性的，是否对每一个人都适用？

（4）这些因素以什么方式构成个人的人格？

大五人格理论的回答如下。

对于第一个问题，目前普遍认同的是五因素的人格特质：只要对人进行描述的题目足够广泛，具有代表性，无论是用他人评定法还是自我报告法，均可证实存在五个强健因素构成人格总体。

对于第二个问题，被普遍认同的五个因素分别反映了人格的一般心理倾向（内外倾向性），人际关系倾向（社交性），对规则认同与遵循倾向（责任感），情绪反应性（情绪稳定性）和智能倾向（开放性或智能）。

对于第三个问题，众多研究认为这五个广义的人格特质是普适存在的，不以语言、文化、种族等的不同而不同。

对于第四个问题，各个特质的分数组合形态众多；各种分数组合形态的意义和心理机制尚未被有效地揭示出来。

四、性格的探索

（一）性格的含义

罗曼·罗兰说：每个人都有他隐藏的精华，和任何别人的精华不同，它使人具有自己的气味。性格就是这种隐藏的精华，它使人具备独特的人格特质，这种人格特质促进个人在生活中，对他人、对事、对自己、对外在环境表现出一致性的对应方式。

性格是个人对现实的稳定态度和与之相适应的习惯化了的行为方式中表现出来的个性心理特征。从广义上讲，性格是人的自然追求和精神欲求的追求体系，是行为方式、心理方式、情感方式的总和，集中反映了一个人的心理面貌。在求职中，性格是构成相识和吸引的重要因素，与职业选择的关系极为密切，既彼此制约，又相互促进。

性格是个性中具有核心意义的成分，几乎涉及人的心理过程及个性特征的各个方面。性格对于一个人职业选择有着直接影响。不同性格的人适合不同职业；不同的职业需要不同性格特征的人来从事。观察日常生活中的人群，我们就可以发现千差万别的性格特征。

（1）性格的态度特征：有的人诚实、正直、谦逊，而有的人自私、虚伪、骄傲；有的人勤奋、认真、创新，而有的人懒惰、自卑、墨守成规。

（2）性格的意志特征：有的人自制、果断、勇敢，而有的人冲动、盲目、怯懦；有的人顽强、严谨、坚持，而有的人优柔寡断、虎头蛇尾、轻率马虎。

（3）性格的情绪特征：有的人情绪体验深刻，易被情绪支配，控制力较弱，对工作影响较大；有的人情绪体验微弱，意志控制力强，不易被情绪所左右，情绪对工作影响较小。有的人情绪稳定持久，情绪起伏波动较小，就是在成功和失败的重点事件面前也较稳定；有的人则患"冷热病"，易激动，情绪不稳，在成功面前忘乎所以，在失败面前又可能垂头丧气。有的人经常处于精神饱满、心情欢愉之中，朝气蓬勃、乐观向上；有的人则经常抑郁低沉、无精打采、悲观失望。

（4）性格的意识（理智）特征：在感情注意力方面，有主动观察型与被动观察型，有分析型与概括型；在想象方面，有主动想象型与被动想象型，有狭窄型与广阔型，有创造型与模仿型，同时也有冷静的现实主义者和脱离实际的幻想家的区别，等等。

性格中的意志特征与职业的选择有密切的关系，缺乏坚强意志的人常常不能顺利地选择职业，今后也难以胜任工作，往往一事无成或成就平平。由于意志薄弱，一遇挫折、困难就退缩，因而容易失去许多成功的机会。缺乏坚韧性的人无法从事要求耐力很强的工作，如科研人员、外科医生等；而缺乏自制、任性、怯懦的人也不适宜去做管理和社会工作。

性格就类型而言，还可以分为外向型和内向型。就求职而言，在面对面的交谈中，一般是外向型性格为好。相关调查显示，在求职面试时，性格外向的人求职成功率高于性格内向的人。在求职过程中，有时其他条件皆占优势的性格内向者，却竞争不过其他条件不如他的性格外向者。这是因为性格外向的人更善于把自己展示给对方，特别是把自己的长处展示出来。性格内向的人即使有真才实学，但由于不善于展示自己，人家也就无法通过感性印象认识他。求职面试中的感性印象，对于用人单位的招聘者来说有着不可忽视的作用。所以说，求职者的性格是影响其求职成败的重要因素。

一般说来，开朗、活泼、热情、温和的性格，比较适合从事外贸、涉外、文体、教育、服务等方面的工作以及其他同人交往的职业；多疑、好问、倔强的性格，比较适合从事科研、治学方面的工作；深沉、严谨、认真的性格，比较适合做人事、行政、党务工作；勇敢、沉着、果断与坚定是新型企业家和管理者不可缺少的性格。

（二）通过MBTI进行性格探索

1. MBTI及主要内容

MBTI（Myers-Briggs Type Indicator，迈尔斯—布里格斯类型指标）的理论基础来源于瑞典心理学家荣格有关知觉、判断和人格态度的观点，由布里格斯（Katherine C. Briggs）和她的女儿迈尔斯（Isabel Briggs-Myers）研究发展成为心理测评工具，因此称为Myers-Briggs Type Indicator。MBTI用途非常广泛，被应用于自我探索、职业发展、人才选拔、团队建设、管理培训、恋爱/婚姻咨询、教育咨询等领域。

MBTI衡量的是个人的类型偏好（Preference），或称作倾向。所谓偏好，是一种天生的倾向性，是一种特定的行为和思考方式。这些偏好并无优劣之分，却形成了人与人之间的不同。它们各自识别了一些人类正常和有价值的行为，也可能成为误解和偏见的来源。MBTI用四维度偏好二分法来评估一个人的类型偏好，每个维度偏好二分法均由两极组成，具体如图2-3所示。

```
E  外倾：                           内倾：                    I
   从与别人的互动和                  从反思自己的想法及
   行动之中取得动力                  记忆和感受之中获得动力

S  感觉：                           直觉：                    N
   喜欢专注中获得的                  关注模式及
   资讯及其实际应用                  联系和可能的含义

T  思维：                           情感：                    F
   根据逻辑和因果关系                根据价值观作决定
   的客观分析来做决定                及思考什么对人重要

J  判断：                           知觉：                    P
   有计划有条理的生活                有灵活性和即兴的
   方式，喜欢井井有条                方式及喜欢事情具有选择性
```

图 2-3 MBTI 四维模型

在 MBTI 测评结果中，一个人在每个维度上只能是一种偏好，如一个人是内倾的就不可能是外倾的，是知觉型的就不会是判断型的。但是，这并不代表一个人是内倾的就没有丝毫外倾的特征，这就好像右利手的人不代表他的左手是完全没有用处的，有很多时候需要左右手配合。性格也是如此，一个人如果是内倾，就意味着在绝大多数情况下其自然反应是内倾的，但是也有外倾的时候。在特别的情境下，甚至可能主要表现为外倾。所以，测评结果的类型所指并不是"非此即彼"，而是"主要"表现。

MBTI 包括四个维度，显示了人与人之间的差异。

（1）精神能量指向分为外倾（E）和内倾（I）。该维度用以表示个体心理能量的获得途径和与外界相互作用的程度，即个体的注意较多的指向外部的客观环境还是内部的概念建构和思想观念。内外倾是人的力比多的倾向，是人们获得及发泄心理能量的方向以及个体与外界相互作用的程度。也就是人们把注意力集中在何处，从哪里获得动力，内部还是外部。外倾型态度表现为主体的注意力和精力指向于客体，即在外部世界中获得支持并依赖于外在环境中发生的信息，这是一种从主体到客体的兴趣向外的转移。外倾型个体需要通过经历来了解世界，所以他们更喜欢大量的活动，并偏好于通过谈话的方式来思考，在语言的交流中对信息予以加工。而内倾型态度表现为主体的注意力和精力指向于内部的精神世界，其心理能量通过内部的思想、情绪等而获得。内倾型个体在内部世界中获得支持并看重发生的事件的概念、意义等，因此他们的许多活动是精神性的，他们倾向于在头脑内安静地思考以加工信息。外倾型个体经常先行动后思考，而内倾型个体经常耽于思考而缺乏行动。

（2）信息获取方式分为感觉（S）和直觉（N），该维度又称为非理性维度或知觉维度，表示个体在收集信息时注意的指向，即认识世界的方式。人们获取信息的方式以及在收集信息时注意力的指向，是指倾向于通过各种感官去注意现实的、直接的、实际的、可观察的事件还是对事件将来的各种可能性和事件背后隐含的意义及符号和理论感兴趣。感觉型的个体倾向于接受能够衡量或有证据的任何事物，关注真实而有形的事件。他们相信感官能告诉他们关于外界的准确信息，也相信自己的经验。他们注重现在，关心某一刻发生的所有的事情。而直觉型的个体自然地去辨认和寻找一切事物的含义，他们重视想象力，更注重将来，愿意努力改变事物而不是维持它们的现状。直觉型的个体看到一个环境就想知道它的含义和结果可能如何。感觉型的个体被视为较具有实际意识，而直觉型个体被视为较有改革意识。感觉—直觉维度在问题解决过程中有重要作用。

（3）决策方式分为思维（T）和情感（F），即人们判断事物、做决定或下结论的方式方法。所以，该维度又称为理性维度或判断维度。该维度用于表示个体在做决定时采用什么系统，即做决定和下结论的方法，是客观的逻辑推理还是主观的情感和价值。情感型的个体期望自己的情感与他人保持一致，他们做决定的基石是何者对他们自己和他人是重要的；其理性判断的依据是个人的价值观。而思维型的个体通过对情境做的客观的、非个人的逻辑分析来做决定，他们注重因果关系并寻求事实的客观尺度，因此较少受个人感情的影响。

（4）生活态度取向分为判断（J）和知觉（P），是指个体完成任务而采取的行动方式，个体喜好的生活方式。所以，该维度用以描述个体的生活方式。即倾向于以一种较固定的方式生活（或做决定）还是以一种更自然的方式生活（或收集信息）。这一维度是一种态度维度。虽然个体能够使用直觉和判断，但是这两极不能够同时被运用。多数个体会自然地发现采用某种生活方式时总是比另一种更加轻松，因此总是在和外部世界打交道时采用这种生活态度。判断型个体倾向于以一种有序的、有计划的方式对其生活加以控制，他们期望看到问题被解决，习惯于并喜欢做决定。而知觉型个体偏好于知觉经验，他们不断地收集信息以使其生活保持弹性和自然。他们努力使事件保持开放性，让其自然变化，以便出现更好的事件。

2. MBTI 性格探索

下面开始认识自我性格的旅途吧。

（1）能量获得途径：外倾（E）or 内倾（I）？

你更喜欢将自己的注意力集中于何处？你从何处获得活力？内倾和外倾的含义如表2-1所示。

表2-1 能量倾向的特征区分

外倾（Extroversion，E）	内倾（Introversion，I）
注意力和能量主要指向外部世界的人和事，从与人交往和行动中得到活力	注意力和能量集中于自己的内心世界，从对思想、回忆和情感的反思中得到活力
（1）关注外部环境 （2）喜欢用谈话的方式进行沟通 （3）通过谈话形成自己的意见 （4）用实际操作或讨论的方式能学得最好 （5）兴趣广泛 （6）好与人交往，善于表达 （7）先行动后思考 （8）在工作和人际关系中都很积极主动	（1）关注自己的内心世界 （2）更愿意用书面方式沟通 （3）通过思考形成自己的意见 （4）用思考、在头脑中"练习"的方式学得最好 （5）兴趣专注 （6）宁静而显得内向 （7）先思考后行动 （8）当情境或时间对他们具有重要意义时会采取主动沟通方式

外倾者的主要表现：

"平日里要是有人突然问我对某人或某事的看法，我可能会回答得非常宽泛，甚至不会回答。因为在我脑中确实没有对该事的任何想法。我的观点往往是在交谈中形成的。"

"我总是精力充沛，并随时准备帮助任何一个遇到麻烦的人。我喜欢结交朋友，我不喜欢独自工作，喜欢和朋友们待在一起。"

"我喜欢有人气的生活，即使和一群人在一起说话我也乐意。所以在生活中，一般情况下我不会独自出去逛街购物，除非有些东西我很急用。"

内倾者的主要表现：

"我从来就不爱主动地表现、交往、参加特别多的活动。虽然与知心朋友在一起会是另一番景象，但那是另一回事。喜欢小范围、知心地交流本身也是内倾型的表现。"

"在多数情况下，我更关注自己的内心想法和感受，我可以沉浸在自己的世界里大半天，对周围的世界毫无感觉。但这并不表示我忽略别人。我也会站在别人的立场上来考虑事情，也在乎他们的喜怒哀乐，并容易受他们的影响。如果你在路上遇见我，你总会看见一张似乎永远那么平静、毫无表情的脸。"

探索活动 2-2

能量倾向测试

请根据你的第一反应，选择你最舒服的日常表现：

1. A 热情洋溢　　　　　B 含蓄内敛
2. A 乐于主动表达　　　B 沟通相对被动
3. A 更爱热闹　　　　　B 更爱安静
4. A 边听边说边想　　　B 先听后想，想好了再说
5. A 交友广泛　　　　　B 朋友不多

（2）注意力的指向：感觉（S）or 直觉（N）？

你如何获取信息？感觉和直觉是我们获取信息的两种方式。感觉型的人倾向于用五官来获取精确的信息。直觉型的人则习惯于通过所谓的第六感来获取信息，他们更注重事情的含义、象征意义和潜在意义，具体解释见表 2-2。

表 2-2　注意力指向的特征区分

感觉（Sensing, S）	直觉（iNtuition, N）
用自己的五官来获取信息。喜欢收集实实在在的，确实已出现的信息。对于周围发生的事件观察入微，特别关注现实	通过想象、无意识等超越感觉的方式来获取信息。喜欢看整个事件的全貌，关注事实之间的关联。想要抓住事件的模式，特别善于看到新的可能
（1）着眼于当前的实际情况 （2）现实、具体 （3）关注真实的，实际存在的事物 （4）观察敏锐，并能记住细节 （5）经过仔细周详的推理一步步得出结论 （6）通过实际运用来理解抽象的思维和理论 （7）相信自己的经验	（1）着眼于未来的可能 （2）富于想象力和创造性 （3）关注数据所代表的模式和意义 （4）当细节与某一模式相关时才能够记得 （5）靠直觉很快得出结论 （6）希望在应用理论之前先能对之进行澄清 （7）相信自己的灵感

探索活动2-3

注意力指向测试

看图说话

观察图片，你的第一感觉是什么？请大家描述图2-4给自己留下的印象，并写在纸上。时间：3~5分钟。

请同学说说自己的描述。认真倾听每位同学描述的不同，根据这些不同判断哪些同学可能是感觉型的，哪些同学可能是直觉型的。

两种典型的描述：

A．"由两匹马、一个美女、山峦、彩云组成，主要由棕色、紫色、黄色等嵌套在一起。"

B．"愤怒的战马在嘶叫，整幅画的色彩充满了狂躁与不安，是火山将要爆发了吗？"

图 2-4 注意力指向测试图

分析：

A的描述具体写实，属于感觉型的人。

B的描述充满了象征意义，属于直觉型的人。

感觉型和直觉型人的不同，造成他们在工作上可能的冲突：感觉型的人更关注事情的细节和事实，如应用类的工作；而直觉型的人更喜欢新的问题和可能性，如理论类的工作；感觉型的人可能会觉得直觉型的人太富幻想、不切实际；而直觉型的人则会认为感觉型的人太保守、抵触革新。其实二者在工作中各有所长，可以很好地配合：直觉型的人因为较重远景和全貌，适于做策划的工作；而感觉型的人注重细节和现实，适合于做实施执行的工作。

（3）决策判断方式：思维（T）or 情感（F）？

如何做出决策？思维和情感的含义如表2-3所示。

表 2-3 决策判断方式的特征区分

思维（Thinking，T）	情感（Feeling，F）
通过分析某一行动或选择的逻辑后果来作出决定。会将自己从情境中分离出来，对事件的正反两方面进行客观的分析。从分析和确认事件中的错误并解决问题中获得活力。目标是要找到一个能应用于所有相似情境的标准或原则	喜欢考虑对自己和他人来说什么是重要的，会在头脑中将自己放在情境所牵涉的所有人的位置上并试图理解别人的感受。然后在此基础上根据自己的价值判断作出决定。从对他人表示赞赏和支持中获得活力。目标是创造和谐的氛围，把每一个人都当作一个独特的个体来对待

续表

思维（Thinking，T）	情感（Feeling，F）
（1）行为冷静，公事公办 （2）关注事情的客观公平 （3）很少赞扬别人 （4）言语平实、生硬 （5）坚定、自信 （6）遵照客观逻辑推理 （7）人际关系不敏感	（1）行为温和，注重社交细节 （2）关注个人感受与价值观 （3）习惯赞美别人 （4）言语友善、委婉 （5）犹豫、情绪化 （6）倾向主观想法与道德评判 （7）尽量避免争论和矛盾

探索活动2-4

决策判断方式测试

你该如何决策？

某所军校规定，学员被发现吸烟三次就要勒令退学。假如你是这所军校主管学生工作的老师，有一名学生已经两次被发现抽烟，你和他认真地谈了一次话，警告他如果再有第三次将被开除。现在，这名学生在即将毕业的时候第三次吸烟被抓。你会怎么办？为什么？

给大家2分钟时间，思考并在纸上写出自己的决定和想法，然后进行交流、分享。

几种典型的回答：

A."开除他。我已经和他谈过了事情的严重性，但他一犯再犯，制度就是制度，一定要开除，否则再出现类似的事情就没法管了，这样做对其他学生也是一种公平。"

B."我会再找他谈谈，问问他再次抽烟的原因是什么。考虑到他马上就毕业了，这时候开除他有点可惜，对前途的影响比较大，所以我会和他谈谈问题的严重性，并告诫他以后类似的事情不要再犯，但是最后还是决定不开除他。"

C."开除他。虽然他马上就毕业了，现在开除他对他影响很大，但是如果这次不给他教训，让他有了侥幸心理，下次他遇到类似的事情还可能会犯错，这容易让他养成对自己行为不负责任的习惯，不利于他的成长，所以宁可痛一时，强于痛一辈子。但在开除之前我会好好和他谈谈这里面的原因，希望他能够吸取教训。"

分析：

A和C的结果相同，但思考的角度却有很大区别。A的回答更看重制度，追求制度上的公平；C的回答则是从人成长和价值角度出发。B的回答更多的是从对学生产生的影响出发来考虑问题的。

虽然结果不尽相同，但不难看出，A通常是思维型人的回答，B和C是情感型人的回答。

（4）行动方式：判断（J）or 知觉（P）？

你如何与外部世界打交道？判断和知觉的含义如表2-4所示。

表 2-4　行为方式的特征区分

判断（Judging, J）	知觉（Perceiving, P）
喜欢将事情管理得井井有条，过一种有计划的、井然有序的生活。喜欢作出决定，完成后继续下面的工作。生活通常会比较有规划、有秩序，喜欢把事情敲定下来。照计划和日程安排办事对他们来说很重要，从完成任务中获得能量	喜欢以一种灵活、自发的方式生活，更愿意去体验和理解生活而不是去控制它。详细的计划或最后的决定会使他们感到被束缚。愿意对新的信息和选择保持开放。善于调节自己适应当前场合的需要，并从中获得能量
（1）有计划的 （2）喜欢组织管理自己的生活 （3）按部就班 （4）爱制订短期和长期计划 （5）喜欢把事情落实敲定 （6）力图避免最后一分钟才做决定或完成任务的压力	（1）自发的 （2）灵活 （3）随意 （4）开放 （5）适应、改变方向 （6）不喜欢把事情确定下来，以留有改变的可能性 （7）最后一分钟的压力会使他们感到活力充沛

探索活动 2-5

行为方式测试

你会去吗？

假设现在是周五下午，你在本周日上午要参加大学英语四级考试。这是你最后一次机会参加这个考试了，而你感觉自己有不少东西还没准备好，因此打算在今晚和周六好好复习一下。但是，你忽然接到电话，一个好朋友从外地来了。你们已经好久没见面了，他邀请你今晚去看他，他周六早上就要离开。你会去吗？为什么？

给大家 2 分钟的时间，思考并把你的想法写在纸上，然后分享、讨论。

两种典型的回答：

A. "当然去，好朋友难得一见当然重要了。英语考试周六还可以有一天复习时间，这种考试临时抱佛脚的复习也不见得有多大用处。"

B. "不会去。即使复习好了也不会去，因为那样就找不到考试的感觉了。朋友虽然很重要，但以后肯定还有机会，可是考试就最后一次机会了。"

分析：

A 是知觉型人的答案，他们喜欢在体验中生活，同时身处在不同事件中。

B 是判断型人的答案，他们不喜欢意外的变化，集中精力、按部就班地处理好一件事让他们感觉良好。

在完成了以上 MBTI 四个维度的练习后，你是否已经能初步判断出自己在每个维度上的偏好是什么？你可以再次对照表 2-1 到表 2-4 中对每个偏好的解释，然后在下面的横线上写下自己的 MBTI 类型：

我的 MBTI 类型（在下划线上打√）

精神能量倾向：外倾_____　　内倾_____

信息获取方式：感觉_____ 直觉_____
决策方式： 思维_____ 情感_____
生活态度： 判断_____ 知觉_____

（三）16种MBTI类型

为了方便理解，前面将MBTI的各个维度做了单独的介绍，但这并不等于可以从单个维度去理解人。人的性格非常复杂，每个维度都会彼此影响。因此将四个维度结合起来，是正确理解一个人的方法。在MBTI中，四个维度中的两极正好组合成16种人格类型，这16种性格类型及其特点如表2-5所示。

表2-5 16种MBTI类型性格及其特征

性格类型	ISTJ	ISFJ	INFJ	INTJ
特征	沉静，认真；贯彻始终，得人信赖而取得成功。讲求实际，注重事实，能够合情合理地去决定应做的事情，而且坚定不移地把它完成，不会因外界事物而分散精神。以做事有次序、有条理为乐——不论在工作上、家庭上或者生活上。重视传统和忠诚	沉静，友善，有责任感和谨慎。能坚定不移地承担责任。做事贯彻始终、不辞辛劳和准确无误。忠诚，替人着想，细心。往往记着他所重视的人的种种微小事情，关心别人的感觉。努力创造一个有秩序、和谐的工作和家居环境	探索意念、人际关系和物质拥有的意义和它们之间的关系。希望了解什么可以激发人们的推动力，对别人有洞察力。尽责，能够履行他们坚持的价值观念。有一个清晰的理念以谋取大众的最佳利益。能够有条理地、果断地去实践他们的理念	具有创意的头脑，有很大的冲劲去实践他们的理念和达到目标。能够很快地掌握事情发展的规律，从而想出长远的发展方向。一旦作出承诺，便会有条理地开展工作，直到完成为止。有怀疑精神，独立自主。无论为自己或为他人，有高水准的工作表现

性格类型	ISTP	ISFP	INFP	INTP
特征	容忍，有弹性，是冷静的观察者，但当有问题出现，便迅速行动，找出可行的解决方法。能够分析哪些东西可以使事情进行顺利，又能够从资料中找出实际问题的重心。很重视事件的前因后果，能够以理性的原则把事实组织起来，重视效率	沉静，友善，敏感和仁慈。欣赏目前和他们周遭所发生的事情。喜欢有自己的空间，做事又能把握自己的时间。忠于自己所重视的人。不喜欢争论和冲突，不会强迫别人接受自己的意见或价值观	理想主义者，忠于自己的价值观及自己所重视的人。外在的生活与内在价值观配合。有好奇心，很快看到事情的可能与否，能够加速对理念的实践。试图了解别人，协助别人发展潜能。适应力强，有弹性。如果和他人的价值观没有抵触，往往能包容他人	对任何感兴趣的事物，都要探索一个合理的解释。喜欢理念和抽象的事情，喜欢理念思维多于社交活动。沉静，满足，有弹性，适应力强。在他们感兴趣的范围内，有非凡的能力去专注而深入地解决问题。有怀疑精神，有时喜欢批评，常常善于分析

续表

性格类型	ESTP	ESFP	ENFP	ENTP
特征	有弹性，能容忍，讲求实际，专注即时的效益。对理论和概念上的解释感到不耐烦，希望以积极的行动去解决问题。专注于"此时此地"，喜欢主动与别人交往。喜欢物质享受的生活方式。能够通过实践达到最佳的学习效果	外向，友善，包容。热爱生命，爱物质享受。喜欢与别人共事。在工作上，注意现实的情况，使工作富趣味性。富灵活性、即兴性，易接受新朋友和适应新环境。与别人一起学习新技能可以达到最佳的学习效果	热情而热心，富于想象力。认为生活充满很多可能性。能够很快地找出事件和资料之间的关联性，而且有信心地依照他们所掌握到的模式去做。很需要得到别人的肯定，又乐于欣赏和支持别人。即兴而富于弹性，时常信赖自己的临场表现和流畅的语言能力	思维敏捷，机灵，能激励他人，警觉性高，勇于发言。能随机应变地去应付新的和富于挑战性的问题。善于引出在概念上可能发生的问题，然后很有策略地加以分析。善于洞察别人。对日常例行事务感到厌倦。甚少以相同方法处理同一事情，能够灵活地处理接二连三的新事物

性格类型	ESTJ	ESFJ	ENFJ	ENTJ
特征	讲求实际，注重现实，注重事实。果断，能很快作出实际可行的决定。能够安排计划和组织人员以完成工作，尽可能以最有效率的方法达到目的。能够注意日常例行工作的细节。有一套清晰的逻辑标准，会有系统地跟着去做，也想别人跟着去做。会以强硬态度去执行计划	有爱心、尽责、合作。渴望和谐的环境，而且有决心营造这样的环境。喜欢与别人共事以能准确地、准时地完成工作。忠诚，即使在细微的事情上也如此。能够注意别人日常生活中的需要而努力供应他们。渴望别人赞赏他们和欣赏他们所作的贡献	温情，有同情心，反应敏捷和有责任感。高度关注别人的情绪、需要和动机。能够看到每个人的潜质，要帮助别人发挥自己的潜能。能够积极地协助他人和组织的成长。忠诚，对赞美和批评都能作出很快的回应。社交活跃，在一组人当中能够惠及别人，有启发人的领导才能	坦率、果断、乐于作为领导者。很容易看到不合逻辑和缺乏效率的程序和政策，从而开展和实施一个能够顾及全面的制度去解决一些组织上的问题。喜欢有长远的计划，喜欢有一套特定的目标。往往是博学多闻的，喜欢自求知识，又能把知识传给别人。能够有力地提出自己的主张

（四）MBTI 与职业的匹配

知道自己的 MBTI 类型，可以帮助了解自己的职业倾向。有研究数据表明，S 与 N、T 与 F 两种维度的组合（ST、SF、NF、NT）与职业的选择更为相关（钟谷兰、杨开，2016）。MBTI 与职业的关系如图 2-5 所示。

在图 2-5 中，将 16 种 MBTI 人格类型归纳为四种，其中 NT 和 NF 都习惯用直觉来解读这个世界，但是 NT 更喜欢用客观分析来做出判断，而 NF 更在意主观感受且力求和谐。SJ 和 SP 都习惯用感觉来观察生活，SJ 喜欢井然有序、规范化的世界，而 SP 追求留有余地、宽松自由的生活方式。

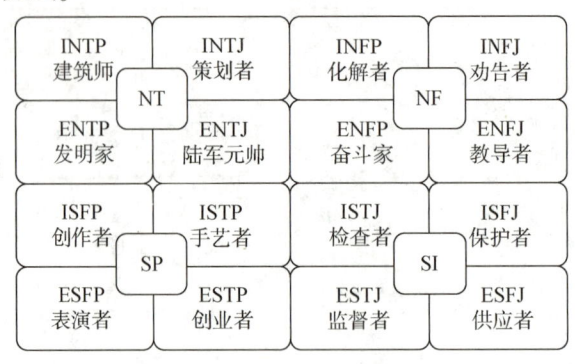

INTP 建筑师	INTJ 策划者	INFP 化解者	INFJ 劝告者
ENTP 发明家	ENTJ 陆军元帅	ENFP 奋斗家	ENFJ 教导者
ISFP 创作者	ISTP 手艺者	ISTJ 检查者	ISFJ 保护者
ESFP 表演者	ESTP 创业者	ESTJ 监督者	ESFJ 供应者

图 2-5　MBTI 与职业的关系

1. SP：感觉+知觉＝经验主义者

经验主义者关注五官带给他们的信息，而且相信那些可以测量和证明的东西；同时喜欢面对各种各样的可能性，喜欢自由随意的生活方式，是反应灵敏和自发主动的一种人。经验主义者有冒险精神，反应灵敏，在任何要求技巧性强的领域中游刃有余，他们常常被认为是喜欢活在危险边缘寻找刺激的人，是四种类型中最富冒险精神的。他们最可贵的地方在于足智多谋、令人兴奋，而且很有趣。他们为行动、冲动和享受现在而活着，一想到某件事情就有立即去做的冲动，而且喜欢一气呵成，但又不喜欢太长时间做同一件事情。

经验主义者喜欢可以提供自由、变化和行动的工作，喜欢那些能够有及时效果的工作，他们以能够巧妙而成功地完成工作为乐。由于他们喜欢充满乐趣地生活，无论做什么必须让他们感到高度的乐趣，这样才能令他们感到满意。60% 左右 SP 偏好的人喜欢艺术、娱乐、体育和文学，他们被称赞为天才的艺术家。

★ 故事与人生

"迷惘的一代"海明威

"迷惘的一代"的代表作家海明威曾经说，"不要害怕……尝试每一件事情……有时候我想，我们只是用了一半的生命活在这个世界上，而意大利人却是在尽最大的努力生活着。"在海明威62年的生命中，他一直努力尝试做好每一件事情。他曾在佛罗里达州和古巴享受静美的田园生活，也曾奔波于一战、二战前线。他把自己的游艇改装成巡逻艇侦查德国潜艇的情报；他当过救护车的司机，把巧克力和香烟送上战场前线；他曾因为双腿严重受伤在医院躺了六个月；他练过拳击；在帕姆普鲁纳与公牛赛跑；在西林盖提平原上捕猎过狮子和野牛；在美国爱达荷州捕捞过鳟鱼和马林鱼；滑过雪，玩过帆船；从伦敦的车祸、西珊瑚岛的暴风雨和非洲的两次空难中数次死里逃生。他不仅仅是个小说家，写出影响了整整一代人和几代人的故事，获得了诺贝尔文学奖，给世人留下了《永别了，武器》《老人与海》《丧钟为谁而鸣》等不朽之作，开拓了一代文风；他还是一个勇敢的战地记者，将数百篇报道和新闻送到后方。他笔下的人物常有的形象是"硬汉"，在面对外界的巨大压力和厄运的打击时，仍然坚强不屈，勇往直前，甚至视死如归。他们可能最后还是失败了，但是却保持了人的尊严和勇气，有着胜利者的风度。他的作品中洋溢着对生活的热爱和对年轻人迷惘和痛苦的安抚。他说过这样一句话："一个人并不是生来要给打败的，你尽可以把他消灭掉，但你打败不了他。"海明威就是一个 SP 艺术创造者。

其他 SP 类型的人：唐纳德·特朗普、肯尼迪、戴安娜王妃。

2. SJ：感觉+判断=传统主义者

传统主义者相信事实、已证实的数据、过去的经验和五官所带给他们的信息，喜欢有结构、有条理的世界，喜欢做决定，是一种既现实又有明确目标的人。

传统主义者是四种类型中最传统的一类。他们有着很强的责任心与事业心，他们忠诚、按时完成任务，重视法律、秩序、安全、得体、规则和本分，他们被一种服务于社会需要的强烈动机所驱使。他们尊重权威、等级制度和权力，而且一般具有保守的价值观。他们很有责任感，而且经常努力去做正确的事情，这使他们可以信赖和依靠。

传统主义者需要有归属感，需要服务于别人，需要做正确的事情。他们注重安稳、秩序、合作、前后一致和可靠，而且严肃认真，工作努力。他们在工作中对自己要求十分严格，而且希望别人也是如此。

他们充当着保护者、管理员、稳压器、监护人的角色。有 50% 左右的 SJ 偏爱的人为政府部门及军事部门的职务所吸引，并且显现出卓越成就。其中在美国执政过的 41 位总统中有 20 位是 SJ 偏爱的人。

★ 故事与人生

柳比歇夫——SJ 类型的代表

苏联有一个小地方的普通教授，他的名字叫作亚历山大·亚历山德罗维奇·柳比歇夫。他并不像其他学者、科学家那么出名。但是，在他死后，连他最亲近的人在内都没有想到他留下的遗产有那么多。他生前发表了七十来部学术著作，其中有分散分析、生物分类学、昆虫学方面的经典著作。即使以专业作家而论，这也是个庞大的数字。他写下的著作有探讨地蚤的分类、科学史、农业、遗传学、植物保护、哲学、昆虫学、动物学、进化论、无神论。此外，他还写过回忆录，追忆许多科学家，谈到他一生的各个阶段以及彼尔姆大学……

他的知识面有多广是很难测度的。谈起英国的君主制度，他能够说出任何一个英国国王临朝秉政的细节；说到宗教，不管是古兰经、犹太传经、还是罗马教廷的源流、马丁·路德的学说、毕达哥拉斯学派的思想……他都如数家珍。他懂复变数理论、农业经济、罗·费歇的社会达尔文主义、古希腊、古罗马。写信或者特意来向他求教的，有教师、囚犯、科学院院士、艺术理论家、新闻记者、农学家等。

他博学精深，但他又是每一个狭隘领域的专家。单说蚤的分类这一项，工作量就颇为可观：到一九五五年，柳比歇夫已搜集了三十五箱地蚤标本，共一万三千只。并将其中五千只公地蚤做了器官切片，总计三百种。他将这些地蚤都做了鉴定、测量、切片、制作标本的工作。他收集的材料比动物研究所多五倍。他对跳甲属的分类，研究了一生。

是什么造就了这样不可思议的成就？

翻开柳比歇夫的日记，一切变得明晰。他的人生可以一天一天，甚至一小时一小时地再现。他从一九一六年开始记日记，一天也没有间断过。在革命的岁月里，在战争的年代中，住院也罢，在出门考察途中的火车上也罢，儿子战亡了也罢，始终坚持不懈。但是，日记的格式每年都是一模一样，千篇一律。其实那可以不算是日记，而是一个时间明细账。

乌里扬诺夫斯克，一九六四年四月七日。

分类昆虫学（画两张无名袋蛾的图）：三小时十五分。

鉴定袋蛾：二十分（1.0）。

附加工作：给斯拉瓦写信，二小时四十五分（0.5）。

社会工作：植物保护小组开会，二小时二十五分。

休息：给伊戈尔写信，十分。

读《乌里扬诺夫斯克真理报》：十分。

读列夫·托尔斯泰的《塞瓦斯托波尔纪事》：一小时二十五分。

……

基本工作合计：六小时二十分。

从一九一六年到一九七二年他去世的那一天，五十六年如一日，他以五分钟为单位，一丝不苟地记下他所有的时间支出。所有日记都是这种枯燥无味、事务性的记载，每天五至七行。最后结算他度过的时间，算出每天工作了多少小时多少分钟。每个月到月底他都要做小结，画了一些图，列了一些表。到年终，他又根据每月小结做一份年度总结，列出一览表。他能精确地计算出任何一项研究和工作花费了他多少时间。在《论生物学中运用数学的前景》手稿的最后一页，他写着：

准备（提纲、翻阅其他手稿和参考文献）：十四小时三十分；

写：二十九小时十五分；

共计：四十三小时四十五分，共八天；

一九二一年十月十二日至十九日。

柳比歇夫就是SJ传统者类型的代表。

其他SJ类型的人：乔治·华盛顿、特雷莎修女。

3. NF：直觉+情感=理想主义者

理想主义者感兴趣的是事物的意义、关系和可能性，并基于其个人的价值观念做出决定。他们做人的原则：真实地面对自己。

理想主义者是四种类型中精神上最具哲理性的人，乐于接受新的思想，善于容纳他人。他们善于言辞、充满活力、有感染力、能影响他人的价值观并鼓舞其激情。他们非常崇尚人与人之间和各种关系中的真实和正直，容易将别人理想化。

对理想主义者而言，一份好工作应该是对他们个人很有意义的工作，而不是简单的常规工作或只是一种谋生手段。他们喜欢民主、能够激励各种层次的人们高度参与的组织，会被那些促进人性价值的组织或那些允许他们帮助别人完成工作的职业所吸引。他们帮助别人成长和进步，具有煽动性，被称为传播者和催化剂。约有一半的人在教育界、文学界、宗教界、咨询界以及心理学、文学、美术和音乐等行业显示着他们的非凡成就。

★**故事与人生**

乔布斯——NF类型的代表

乔布斯是一个让大家又爱又恨的天才。他在公司里经常莫名其妙的愤怒，甚至董事会成员中有一位不插手任何事务，专门负责帮助处理乔布斯的人际关系。他的员工很委屈，只要产品不能达到他完美的期望，就会被劈头盖脸的大骂一通。员工只要和他碰巧坐了同一个电梯就会提心吊胆。他永远不愿意改变自己的形象，无论是去公司上班还是和总统吃饭，他都一身黑毛衣和牛仔裤，显得格格不入。硅谷是创业者云集的地方，可他和大部分创业者都玩不到一块儿去，比较孤僻。他一度拒绝承认和自己的第一个女儿 Lisa 的关系，甚至声称自己毫无生育能力，不提供女儿的抚养费。甚至还有传闻说他从来不给自己的车上牌照，还总是占用残疾人车位，被拖车无数次。

但是，他无异于一个教主。每一次苹果的产品发布会都由他亲自演示，每一个苹果的新闻都能激起轩然大波。如果其他公司和品牌的市场宣传算是优秀的话，苹果的市场宣传和公关造势则算是卓越的。每一次苹果的新产品上市，都有人提前一晚上通宵在苹果店门前排队等候。甚至很多年轻人都在自己身上文上苹果公司的标志，以示对苹果公司的忠诚。他对产品完美和简洁的追求永无止境。他甚至会走进一个部门，一声不吭地拿起笔在白板上画出一个方框，说，这个产品就是要这么简洁方便，把需要处理的东西拽进框内，一切就搞定了，不要其他多余复杂的程序。毋庸置疑，没有乔布斯，就没有苹果的今天。

乔布斯是一个典型的 NF 理想主义者。

其他 NF 类型的人有：甘地、马丁·路德·金。

4. NT：直觉+思维=概念主义者

概念主义者自信、有智慧、富有想象力，他们的原则是所有的事情都要做到最好。他们天生好奇，喜欢梦想，有独创性、创造力、洞察力、有兴趣获得新知识，有极强的分析问题、解决问题的能力，能够看到同一问题的多个不同方面，习惯于全面地思考问题和一分为二地看待问题，从而对真实或假设的问题构思出解决方案。

概念主义者是四种类型中最独立的一种人。他们工作原则性强、标准高，对自己和对别人的要求都很严格。他们不会被别人的冷遇和批评干扰，喜欢以自己的方式做事。他们是独立的、理性的、有能力的人。

概念主义者喜欢能提供自由、变化和需要有较高的智力才能完成的工作。他们喜欢看到自己的想法能够得到实施，喜欢与有能力的上司、下属、同事共事。许多概念主义者推崇权力，易于被有权力的人和权力地位所吸引。

人们称 NT 是思想家、科学家的摇篮，大多数 NT 类型的人喜欢物理、研究、管理、电脑、法律、金融、工程等理论性和技术性强的工作。

★ **故事与人生**

比尔·盖茨——NT 类型的代表

当比尔·盖茨还只有十三岁的时候，就对学校的那台新电脑产生了浓厚兴趣。他翘掉数学课，偷偷溜到机房，沉浸在电脑编程的世界里。就是在这一年，他第一次编写出一个能让人和电脑一同游戏的小软件。机器对他来说仿佛是有魔力的。上机的时间对每个学生是有限的，他就和几个同学在电脑里植入 Bug，让上机次数变成无限。当学校管理人员发觉到他的才华之后，开始让他为学校编写程序，给学生安排班级。他还偷偷改进程序，把自己安排到女生最多的班级去。后来他以极其优异的成绩从中学毕业，进入哈佛大学。他编写的算法解决了一个一直难以解决的编程问题，运算速度记录保持了三十多年。在哈佛读书的那段时期，他一直没有非常明确的专业计划，而是把大部分时间都投入电脑研究中。他在大三的时候，看到了软件行业的广阔前景，说服父母支持自己辍学创业。并在一年之后发布震惊当时 IT 业的《致爱好者的公开信》，提出软件的知识产权保护。从此，比尔·盖茨在复杂的软件世界里如鱼得水，天马行空，并长期占据世界富人前列的位置。同时，一个伟大的公司慢慢崛起，那就是我们熟知的微软。

比尔·盖茨就是一个典型的 NT 概念主义者。

其他 NT 类型的人：爱因斯坦、马克思。

知道了这四种基本类型之后，就可以发现同一基本类型的人有什么共同的特质，而不同基本类型的人之间有什么显著的差异。当然，16 种 MBTI 类型各有其职业倾向，如表 2-6 所示。其中，职业倾向的描述都是从大的类别描述的，从中理解自己的职业倾向时，请不要陷入类别名称的描述，而更重要的是要看到这一类别工作的特点。因为在现实的工作世界中，工作岗位名称千变万化，即使相同名称的职位也可能因不同公司而要求各异，所以只有知晓适合自己性格类型的工作特点才能灵活地运用这一理论帮助自己选择工作。

表 2-6 16 种 MBTI 类型的职业倾向

MBTI 类型	ISTJ	ISFJ	INFJ	INTJ
可从事的职业	• 管理者 • 行政管理 • 执法者 • 会计 或者其他能够让他们可以利用自己的经验和对细节的注意完成任务的职业	• 教育 • 健康护理（包括生理、心理） • 宗教服务 或者其他能够让他们运用自己的经验亲力亲为帮助别人的职业，这种帮助是协助或辅助性的	• 宗教 • 咨询服务（包括个人、社会、心理等） • 教学、教导 • 艺术 或者其他能够促进他们情感、智力或精神发展的职业	• 科学或技术领域 • 计算机 • 法律 或者其他能够让他们运用智力创造和技术知识区构思、分析和完成任务的职业

MBTI 类型	ISTP	ISFP	INFP	INTP
可从事的职业	• 熟练工种 • 技术领域 • 农业 • 执法者 • 军人 或者其他能够让他们动手操作、分析数据或事情的职业	• 健康护理（包括生理、心理） • 商业 • 执法者 或者其他能够让他们运用友善、专注细节的相关服务的职业	• 咨询服务（包括个人、社会、心理等） • 写作 • 艺术 或者其他能够让他们运用创造和集中于他们的价值观的职业	• 科学或技术领域 或者其他能够让他们基于自己的专业技术知识独立、客观分析问题的职业

续表

MBTI类型	ESTP	ESFP	ENFP	ENTP
可从事的职业	• 市场 • 熟练工种 • 商业 • 执法者 • 应用技术 或者其他能够让他们利用行动关注必要细节的职业	• 健康护理（包括心理、生理） • 教学、教导 • 教练 • 儿童保育 • 熟练工种 或者其他能够让他们利用外向的天性和热情去帮助那些有实际需要的人们的职业	• 咨询服务（包括个人、社会、心理等） • 教学、教导 • 宗教 • 艺术 或者其他能够让他们利用创造和交流去帮助促进他人成长的职业	• 科学 • 管理者 • 技术 • 艺术 或者其他能够让他们有机会不断承担新挑战的工作

MBTI类型	ESTJ	ESFJ	ENFJ	ENTJ
可从事的职业	• 管理者 • 行政管理 • 执法者 或者其他能够让他们运用对事实的逻辑和组织完成任务的职业	• 健康护理（包括心理、生理） • 教育 • 宗教 或者其他能够让他们运用个人关怀为他人提供服务的职业	• 宗教 • 艺术 • 教学、教导 或者其他能够让他们帮助别人在情感、智力和精神上成长的职业	• 管理者 • 领导者 或者其他能够让他们运用实际分析、战略计划和组织完成任务的职业

我们根据自己的 MBTI 类型，就可以在表 2-6 中找到适合自己的职业倾向。

在运用 MBTI 性格类型时，应该注意：每个偏好、每种类型，没有哪种是更好的，也没有更坏的，更没有对错之分。每种类型都是独特的，会在适合的环境中发挥自己的特点。认识自己的性格类型，可以让我们更好地了解自己，理解自己的行为特点，根据自己的特点学习、工作和解决问题。世界上没有百分之百适合某种性格的职业，也没有百分之百不适合某种性格的职业，懂得用己所长，整合资源，才是解决问题之道。性格认识旨在帮助我们更好地了解自己的行为和做事特点，理解他人为何与自己不同。评价的标准不止一个，人与环境的互动也很复杂的，很难用某个标准来评价。所以，请注意不要在工作中因性格类型而固化地看待甚至歧视某些人。

第三节　兴趣探索

一、兴趣的含义

兴趣是个体积极探究事物的认识倾向，这种倾向带有稳定、主动、持久等特征。人的兴趣可以是多方面的，可以是精神的、物质的、社会的等。如果一个人对某种工作产生了兴趣，那么他在工作中就会具有高度的自觉性和积极性，在工作中做出成就。反之，就会影响积极性的发展，有可能一事无成。爱因斯坦曾经说过："兴趣是最好的老师。"兴趣是努力的原动力，是成功之母。走自己的路，做自己喜欢的事情，选择自己感兴趣的职业，是当今社会最具有典型性的择业观念。

一般来说，兴趣在后天生活实践中形成，但兴趣具有相对稳定性，它与一个人的个性有内在的联系。因此，大学生在择业过程中应适当考虑自己的兴趣和爱好，不能为了暂时的利益而选择不适合自己兴趣的职业，这样不仅不能充分施展自己的才能，而且可能会贻误终生。兴趣爱好在职业选择中也并不总是起着正向的驱动作用，有时它也是一种耗散力，给大学生带来职业选择的困惑。例如，有的同学对什么都感兴趣，但没有形成自我特色，在择业时就没有竞争优势；有的同学兴趣面太窄，以至于不能满足社会需要；还有的同学因种种客观因素，个人兴趣与所学专业不一致，也不可避免地造成职业选择的困难。所以，大学生要对自己的兴趣进行客观的分析，同时还要树立正确的人生志向，调整自己的兴趣爱好，适应社会的需要，争取找到适合自己兴趣的职业，使自己的才智最大程度地发挥。

二、兴趣与职业的匹配

不同的人有不同的兴趣，有的人对研究自然知识感兴趣，如天文、地理、生物、化学等；有的人倾向于情感世界，活跃于人际关系领域；有的人则倾向于理智世界，在数学、公式领域内自由翱翔；有的人对智力操作感兴趣，对读书、写作、设计乐此不疲；有的人则对技能操作感兴趣，觉得修理、铣、刨等很有意思。不同的职业需要不同的兴趣特征。一个擅长技能操作的人，靠他灵巧的双手，在操作领域得心应手，但若硬要把他的兴趣转移到书本的理论知识上来，他就会感到无用武之地。正是这种兴趣上的差异，构成人们选择职业的重要依据。故兴趣在职业活动中的作用应不可小觑，特别是对于初选职业的人，更应引起注意。

兴趣可以通过工作动机促进人的能力的发挥，兴趣和能力的合理结合会大大提高工作效率。有研究表明：如果你从事自己感兴趣的职业，则能发挥你全部才能的80%～90%，而且长时间保持高效率而不感到疲劳；如对所从事工作没有兴趣，则只能发挥你全部才能的20%～30%。兴趣在职业选择中的作用主要体现在以下几个方面。

（1）兴趣是职业生涯选择的重要依据。兴趣会直接影响我们对职业的选择。兴趣是我们求取知识、掌握某种技能并经常参与该种活动的心理倾向，或者说，兴趣是我们积极探索某种事物的认识倾向。我们对某种职业感兴趣，就会对该种职业活动表现出肯定的态度，并积极地思考、探索和追求。

（2）兴趣可以增强我们对职业生涯的适应性。对特定的职业具有浓厚的兴趣，容易激发人的工作热情，可以使我们很容易地将工作、生活、事业、学习等融为一体，更加有利于我们才能的发挥，更加有利于我们个人的职业成长。

（3）兴趣会影响我们的工作满意感和稳定性。兴趣对人们的工作满意感和稳定性有着显著的影响，在某些情况下（如不考虑经济因素）甚至具有决定作用。一般来说，从事自己不感兴趣的职业很难让我们感到满意，这也会导致工作的不稳定性。

（4）兴趣可以开发智力。兴趣是一种强大的精神力量，它可以使人集中精力去获得知识，并创造性地开展工作。当一个人对某种事物发生兴趣时，他就能调动整个身心的积极性，积极地感知、观察事物，积极思考，大胆探索，就能情绪高涨，想象丰富，增强克服困难的意志。

（5）兴趣可以提高人的工作效率。当一个人对某一工作感兴趣时，枯燥的工作也会觉得丰富多彩，趣味无穷。兴趣使工作不再是一种负担，而是一种享受。兴趣可以调动人的全部精力，以敏锐的观察力、高度集中的注意力、深刻的思维和丰富的想象投入工作，从而提高工作效率。

（6）兴趣是事业成功的重要因素。对某一职业有浓厚的兴趣，是智力开发的"触发器"。兴趣是行动的动力。英国人类学家古道尔从小喜欢生物，她中学毕业后，对黑猩猩的强烈兴趣，使她不畏艰险，只身进入热带森林与黑猩猩一起"生活"了10年之久，并获得了极为宝贵的第一手资料，为揭开黑猩猩的秘密做出了巨大贡献。

三、爱德华个人偏好测评

爱德华个人偏好测验（Edwards' Personal Preference Schedule，EPPS）是由美国心理学家爱德华以莫瑞的15种人类需要理论为基础编制的，这15种人类需要是：成就（ach）、顺从（def）、秩序（ord）、表现（exh）、自主（aut）、亲和（aff）、省察（int）、求助（suc）、支配（dom）、谦卑（aba）、扶助（nur）、变异（chg）、持久（end）、异性恋（het）和攻击（agg）。这15种需要的含义如表2-7所示。

表2-7 爱德华个人偏好测验的含义

序号	名称	评述
1	成就需要（ach）	在这个项目中得分高的人办事的成功感高，因此他们喜欢克服困难，努力完成任务，达到成功的目的；他们希望成为本行业的权威，乐于做有重要意义的事；在有竞争的情况下，他们总取得优胜
2	顺从需要（def）	在这个项目中得高分的人较易受别人的暗示，乐于依从他人的指示和期望行事；对别人的观点较易附和；遵从他们赞扬别人，乐于接受别人的领导；易于遵从世俗的要求
3	秩序需要（ord）	在这个项目中得分高的人办事喜欢具有组织性，在进行工作之前要详细地计划，使得整个事情井然有序；他们喜欢依据一定的系统或模式做事，定时定量进餐和进行其他的活动；小心谨慎
4	表现需要（exh）	在这个项目中得高分的人在干事时，常常想突出自己，来引起别人对自己的注意和重视；讲话、做事有时仅仅是为了引起别人对自己的成就的重视，想成为注意的中心；他们希望别人迷恋、崇拜自己
5	自主需要（aut）	在这个项目中得分高的人喜欢随心所欲，不受别人的影响；喜欢独立和自由，自己的事情自己决定，避免遵从他人的观点；他们不愿意隶属于某些人或组织之下，避开责任和任务
6	亲和需要（aff）	在这个项目中得分较高的人乐于结交朋友，为朋友做事情，对朋友忠诚不二，尊重朋友和他人；遇事乐于与朋友合作，不乐于单独去做，与朋友有福同享，有难同当，喜欢与朋友保持亲密的联系
7	省察需要（int）	在这个项目中得分高的人平时喜欢分析自己的言行，反省自己的是非；善于观察别人，了解别人的感受，能设身处地为别人着想，经常依据别人的动机来判断别人，分析别人；他们的观察力较高，可以预示别人的行动

续表

序号	名称	评述
8	求助需要（suc）	在这个项目中得分高的人每当自己陷入困扰之中时，总是希望能得到别人的帮助、支持；他们希望别人能够时常关怀自己；经常从别人那里寻求鼓励；当自己遇到不幸时他们希望能及时得到别人的同情、安慰
9	支配需要（dom）	在这个项目中得分较高的人想成为所在团体的领导者，被人视为领袖；在团体中乐于指导或领导他人，并且想监督他人的行动；力图控制别人，让别人受他的影响，按他的要求去做
10	谦卑需要（aba）	在这个项目中得分高的人经常为做错某事而感到内疚；当别人指责他时，认为个人应忍受痛苦，而不应伤害他人，认为错了就应该受到惩罚；遇事不与人争执而常常屈从；在不适应的情境下沮丧；在优胜者面前自觉胆怯
11	扶助需要（nur）	在这个项目中得分高的人富有同情心，在困难之中帮助不幸的人；以仁慈、同情待人，宽恕旁人，对别人较为慷慨；对于有伤、有病的人，在感情和行动上给予很大的帮助
12	变异需要（chg）	在这个项目中得分高的人喜欢新的事物，乐于经常从事新而难的工作；喜欢经历新奇与变化，经常尝试新的方法；追求新的时尚，好赶时髦
13	持久需要（end）	在这个项目中得分高的人办事喜欢从头到尾，从不半途而废，能坚持到底；对于指定的任务能全力以赴，执着地去解决，直到完成全部任务后才罢休；能长时间不分心地工作，不受周围的干扰
14	异性恋需要（het）	在这个项目中得分高的人乐于与异性一同参加各种活动；喜欢与异性接近，并可能想与之恋爱；参与有关性问题的讨论，阅读有关性方面的书籍
15	攻击需要（agg）	在这个项目中得分高的人对与自己相反的意见好主动出击，公开地批评他人，告诉别人自己的看法；好开别人的玩笑；若自己与别人不和，则离去；受辱之后处处要报复；容易因小事而发怒

爱德华选择了一些能够反映这些需要的题目来测试，将每种需要形成了一个分量表，所以爱德华个人偏好量表是由这15种需要量表和一个稳定性量表组成的，整个测验共由225对叙述组成的题目，其中有15个题目重复两次。在15个量表中，每个量表有9种叙述，这9种叙述轮流与其他需要叙述配对，对每种叙述重复两三次，最终从成对的项目中选出最能描述自身的一项。

对被测试者所得的分数的解释可以参照以上所述的15种需要的心理和行为表现，分数越高，表示此种需要越强烈；反之，此种需要相对较弱。

四、霍兰德职业兴趣理论

美国心理学家、生涯辅导理论家霍兰德提出了人格类型——职业兴趣理论。他认为，人的人格类型、学习兴趣和背景因素决定了他的职业选择方向，职业选择是个体人格的一种表现方式。个体趋于选择最能满足个人需要、使得个人感觉满意的职业环境。

（一）六种职业类型的含义

霍兰德将人的职业兴趣分为六种：现实型（R）、研究型（I）、艺术型（A）、社会型

(S)、企业型（E）和事务型（C），如表2-8所示。

表2-8　霍兰德职业兴趣表

类型	喜欢的活动	重视	职业环境要求	典型职业
现实型R（Realistic）	用手、工具、机器制造或修理东西，愿意从事事务性的工作、体力活动，喜欢户外活动或操作机器，而不喜欢在办公室工作	具体实际的事物、诚实、有常识	使用手工或机械技能对物体、工具、机器、动物等进行操作，与"事物"打交道的能力比与"人"打交道的能力更为重要	园艺师、木匠、汽车修理工、工程师、军官、外科医生、足球教练员
研究型I（Investigative）	喜欢探索和理解事物，学习研究那些需要分析、思考的抽象问题，喜欢阅读和讨论有关科学性的论题，喜欢独立工作，对未知问题的挑战充满兴趣	知识、学习、成就、独立	分析研究问题、运用复杂和抽象的思考创造性地解决问题的能力，谨慎缜密，能运用智慧独立地工作，一定的写作能力	实验室工作人员、生物学家、化学家、心理学家、工程设计师、大学教授
艺术型A（Artistic）	喜欢自我表达，喜欢文学、音乐、艺术和表演等具有创造性、变化性的工作，重视作品的原创性和创意	有创意的想法、自我表达、自由	创造力，对情感的表现能力，以非传统的方式来表现自己，相当自由、开放	作家、编辑、音乐家、摄影师、厨师、漫画家、导演、室内装潢设计师
社会型S（Social）	喜欢与人合作，热情关心他人的幸福，愿意帮助别人成长或解决困难，愿意为他人提供服务	服务社会与他人、公正、理解、平等、理想	人际交往能力，教导、医治、帮助他人等方面的技能，对他人表现出精神上的关爱，愿意担负社会责任	教师、社会工作者、牧师、心理咨询师、护士
企业型E（Enterprising）	喜欢领导和支配别人，通过领导、劝说他人或推销自己的观念、产品而达到个人或组织的目标，希望成就一番事业	经济和社会地位上的成功、忠诚、冒险精神、责任	坚持目标导向，敢于承担风险，说服他人或支配他人的能力	律师、政治运动领袖、营销商、市场部经理、电视制片人、保险代理
事务型C（Conventional）	喜欢固定的、有秩序的工作或活动，希望确切地知道工作的要求和标准，愿意在一个大的机构中处于从属地位，对文字、数据和事物进行细致有序的系统处理以达到特定的标准	准确、有条理、节俭、盈利	能够按时完成工作并达到严格的标准，具有较强的文书技巧，听取并遵从指示的能力	文字编辑、会计师、银行家、簿记员、办事员、税务员和计算机操作员

(1) 现实型（Realistic）。他们的特质主要表现为固执、谦逊、实干、教条、自然和不具有洞察力等。他们通常喜欢有规则的具体劳动和需要基本技术的工作，这类人擅长技能性职业、技术性职业。他们机械能力强，喜欢动手，做体力工作，但往往缺乏社交能力。他们粗犷、强壮和务实，情绪稳定，有吃苦精神，生活上求平安、幸福、不激进，倾向于用简单的观点看待事物和世界。一般而言，他们的价值观表现为自由、聪明、有雄心、能自我控制、温和等；他们的天赋和能力主要表现在技术方面，机械能力突出；他们的生活目标是发明装置或设备，或者成为出色的运动员。最擅长的领域是机械领域，适合职业主要有需要用手工工具或机器进行工作的手工工作和技术工作、工程师等。典型人物有爱迪生。

(2) 研究型（Investigative）。他们的特质主要表现为智慧、好奇、学术、开放和广泛的兴趣，喜欢智力的、抽象的、分析的、推理的、独立的定向任务。这类人喜欢独立，不愿受人督促，对自己的学识与能力充满自信；擅长解决抽象问题，尊重客观事实而不愿毫无疑问地接受传统，具有创造精神，不喜欢做重复工作，但往往缺乏领导能力。他们的生活目标在于发明有价值的产品，对科学做出理论上的贡献；他们的价值观是聪明、逻辑、有雄心、睿智；他们的天赋和能力主要体现在科学方面，具有很强的数学能力和研究能力；这类人最擅长科学研究和实验工作，如计算机程序员、科学领域工作人员等。典型人物有居里夫人、达尔文。

(3) 艺术型（Artistic）。他们的特质主要表现为开放、不固执、有想象力、有直觉、有感觉、有创造力，喜欢通过艺术作品来表达自己的思想和情意，爱想象，感情丰富，不顺从，习惯于自省。他们的生活目标是在表演艺术领域中成名、出版故事、绘画、作曲等，他们的价值观是平等、有想象力、勇敢等，他们擅长于艺术、文学方面的工作，但往往缺乏办事员的能力。适合职业主要指艺术创作工作（包括音乐、摄影、绘画、文字、表演等）。典型人物有毕加索。

(4) 社会型（Social）。他们的特质主要表现为外向、友好，喜欢社会交往，喜欢有组织的工作，喜欢能让他们发挥社会作用的工作，喜欢讨论人生观、世界观、人生态度等问题，关心他人利益，关心社会问题，愿为团体活动工作，对教育活动感兴趣，往往缺乏机械能力。他们的生活目标是帮助他人，为他人献身。他们的价值观是平等、自尊、助人和慈悲。社会型的职业主要指为大众做事的工作（包括教师、医生、服务员、社团等工作者）。典型人物有亚当斯。

(5) 企业型（Enterprising）。他们的特质主要表现为外向、热心、喜欢支配他人，喜欢竞争，乐于使他们的言行对团体行为产生影响，自信心强，善于说服别人，喜欢加入各种社会团体，喜欢权力、地位和财富，性格外倾，爱冒险，喜欢担任领导角色，具有支配和使用语言的技能，但缺乏耐心和科研能力，他们的生活目标是成为领导，被人爱戴和尊敬。他们的价值观是自由、有雄心。所以他们最擅长管理、销售等工作。典型人物有亨利·福特。

(6) 事务型（Conventional）。他们的特质主要表现为内向、保守、讲究实际，喜欢有系统、有条理的工作，具有安分守己、务实、友善和服从的特点，此类人适宜从事办公室职员、办事员、文件档案管理员、出纳员、会计、秘书等工作。

霍兰德发现上述六种兴趣类型之间存在一定程度的相关性。他提出了一个六边形，来表示这六种兴趣类型之间的相互关系，霍兰德职业兴趣类型如图2-6所示。

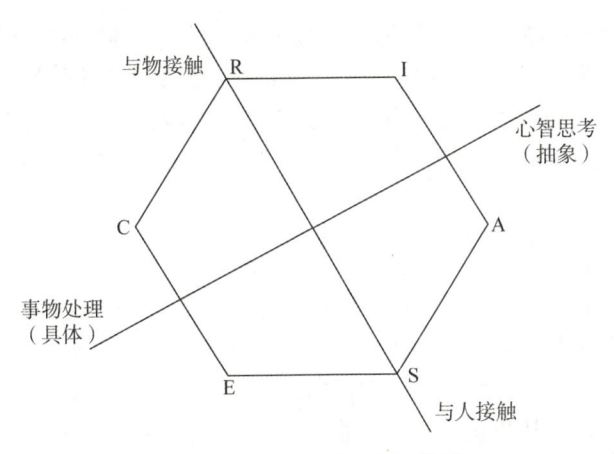

图 2-6　霍兰德职业兴趣类型

（二）使用霍兰德职业兴趣测试的原则

内部一致性、适配性、区分性和职业认同性等原则将有助于我们运用霍兰德职业兴趣测试理论。

（1）内部一致性——确定各个人格类型之间及环境类型之间的相关程度。在六角形上越接近的类型，它们之间的相似之处越多。例如，R和I相邻，这两种类型的相似处最大；而R离S最远，所以社会型是与现实型最不相同的两个类型。

一旦理解了这个原则，我们就可以运用该理论来预测个体做出职业选择的难易程度。如果个体通过霍兰德测试所得到的代表三个类型的字母在六角形上彼此接近，则被认为是内部一致性高。这些人的生涯探索过程会比那些处于不一致状态的人容易得多。

（2）适配性——确定人格类型与环境类型之间的匹配程度。霍兰德的适配性原则是考虑个体人格类型与环境类型的一致性，也就是说，两者之间的一致性或适配性越高，对所做选择的满意度就越高。当R型的人选择了一个R型的工作环境或者一个I型的人找了一个I型的工作环境，这就是适配；而当一个R型的人在S型的工作环境或者一个I型的人在E型的工作环境中，我们就称之为不适配。

所有的人对于这六种人格类型都有一定程度的认同，只是对其中某一些的认同胜过另一些。同样的情况也出现在工作环境的概念上。所有的环境，尽管它们都被描述成主要是由具有某种人格类型的人组成的，我们却永远都找不到一个单纯的环境。而且，人们在各种环境中的表现也并不一样，所以，我们在实际应用中，匹配就变得更加复杂了。因此，霍兰德引入了区分性的原则以便更精确地描述这个过程。

（3）区分性——确定描述人和环境的精确程度。区分性是指一个人的人格类型或者一种环境类型的单纯性的量度。例如，一个人更接近某一单纯的类型，而与其他类型的相似性很小，说明其分化性高；反之，一个人同时与几种人格类型都相似，说明其分化性低。区分性有助于改进或修正对职业行为的预测。尽管在某种程度上我们与每一种人格类型的特点都有联系，然而有些人与某种人格类型的相似程度比与另一种的相似程度大得多。例如，一个具有很高区分性的类型，可能对某一种类型有很强的认同，而对另一种类型只有很少或者没有认同。一个区分性不高的类型可能与所有类型的相似度都一样或者与哪一个类型都不相似。

（4）职业认同性——描述个体目标、兴趣和天赋的清晰度或稳定性。它表述的是一个人对自己的目标、兴趣、天分是否具有明确、稳定的看法，或者简单地说，就是在职业意识方面了解自己是什么样的人，处在什么样的位置。职业认同性的高低影响了一个人职业目标的清晰程度，职业认同性高的人很容易做出生涯决策，而职业认同性低的人却很难做出生涯决策。

（三）运用霍兰德理论进行兴趣探索

一般而言，具有霍兰德六种典型的职业个性的人是极少数的，多数人的职业个性具有多重性，是这六种典型个性的交叉。我们可以通过"自我指导探测系统（Self Directed Search, SDS）"来实施自我测试、自我计分、自我解释。该量表分为四部分，共228道题。内容分别包括活动（即人们喜欢从事的活动）、能力（即人们能干什么）、职业（即喜欢哪些职业）和能力自评（对六个维度的能力进行自评）。通过答题、计分、评分、计算，可以得出测试者在六个方面的得分，其中得分最高的三个方面就构成了我们的个性类型模式，通常用三个字母表示，如 RIE、AIS 等。

根据测试结果，对照"就业指南"就可以得到一组适合自己的个性类型的职业。

探索活动 2-6

职业兴趣测试

请根据对每一题目的第一印象作答，不必仔细推敲，答案没有好坏、对错之分。具体填写方法是，根据自己的情况回答"是"或"否"。

（1）我喜欢把一件事情做完后再做另一件事。
（2）在工作中我喜欢独自筹划，不愿受别人干涉。
（3）在集体讨论中，我往往保持沉默。
（4）我喜欢做戏剧、音乐、歌舞、新闻采访等方面的工作。
（5）每次写信我都一挥而就，不再重复。
（6）我经常不停地思考某一问题，直到想出正确的答案。
（7）对别人借我的和我借别人的东西，我都能记得很清楚。
（8）我喜欢抽象思维的工作，不喜欢动手的工作。
（9）我喜欢成为人们注意的焦点。
（10）我喜欢不时地夸耀一下自己取得的好成就。
（11）我曾经渴望有机会参加探险。
（12）当我一个人独处时，会感到更愉快。
（13）我喜欢在做事情前，对此事情做出细致的安排。
（14）我讨厌修理自行车、电器一类的工作。
（15）我喜欢参加各种各样的聚会。
（16）我愿意从事虽然工资少、但是比较稳定的职业。
（17）音乐能使我陶醉。
（18）我办事很少思前想后。
（19）我喜欢经常请示上级。

(20) 我喜欢需要运用智力的游戏。
(21) 我很难做那种需要持续集中注意力的工作。
(22) 我喜欢亲自动手制作一些东西，从中得到乐趣。
(23) 我的动手能力很差。
(24) 和不熟悉的人交谈对我来说毫不困难。
(25) 和别人谈判时，我总是很容易放弃自己的观点。
(26) 我很容易结识同性别的朋友。
(27) 对于社会问题，我通常持中庸的态度。
(28) 当我开始做一件事情后，即使碰到再多的困难，我也要执着地干下去。
(29) 我是一个沉静而不易动感情的人。
(30) 当我工作时，我喜欢避免干扰。
(31) 我的理想是当一名科学家。
(32) 与言情小说相比，我更喜欢推理小说。
(33) 有些人太霸道，有时明明知道他们是对的，也要和他们对着干。
(34) 我爱幻想。
(35) 我总是主动地向别人提出自己的建议。
(36) 我喜欢使用榔头一类的工具。
(37) 我乐于解除别人的痛苦。
(38) 我更喜欢自己下了赌注的比赛或游戏。
(39) 我喜欢按部就班地完成要做的工作。
(40) 我希望能经常换不同的工作来做。
(41) 我总留有充裕的时间去赴约会。
(42) 我喜欢阅读自然科学方面的书籍和杂志。
(43) 如果掌握一门手艺并能以此为生，我会感到非常满意。
(44) 我曾渴望当一名汽车司机。
(45) 听别人谈"家中被盗"一类的事，很难引起我的同情。
(46) 如果待遇相同，我宁愿当商品推销员，而不愿当图书管理员。
(47) 我讨厌跟各类机械打交道。
(48) 我小时候经常把玩具拆开，把里面看个究竟。
(49) 当接受新任务后，我喜欢以自己的独特方法去完成它。
(50) 我有文艺方面的天赋。
(51) 我喜欢把一切安排得整整齐齐、井井有条。
(52) 我喜欢做一名教师。
(53) 和一群人在一起的时候，我总想不出恰当的话来说。
(54) 看情感影片时，我常禁不住眼圈红润。
(55) 我讨厌学数学。
(56) 在实验室里独自做实验会令我寂寞难耐。
(57) 对于急躁、爱发脾气的人，我仍能以礼相待。
(58) 遇到难解答的问题时，我常常放弃。
(59) 大家公认我是一名勤劳踏实的、愿为大家服务的人。

(60) 我喜欢在人事部门工作。

计分标准：

(符合以下"是"或"否"答案的记1分，不符合的记0分)

事务（常规）型："是"（7，19，29，39，41，51，57）；"否"（5，18，40）。

现实（实用）型："是"（2，13，22，36，43）；"否"（14，23，44，47，48）。

研究型："是"（6，8，20，30，31，42）；"否"（21，55，56，58）。

企业（管理）型："是"（11，24，28，35，38，46，60）；"否"（3，16，25）。

社会型："是"（26，37，52，59）；"否"（1，12，15，27，45，53）。

艺术型："是"（4，9，10，17，33，34，49，50，54）；"否"（32）。

第四节　能力探索

一、能力的含义

（一）能力的含义

能力是顺利实现某种活动的心理条件，是指才干、技能或能胜任某项工作的主观条件，人们成功地完成某种活动所必须具备的个性心理特征，是人们在社会实践中所表现出的身心力量。一个人能力的高低会影响他掌握各种活动的成绩，影响一个人的活动效果。

能力是和活动紧密相连的，离开了具体活动，能力就无法形成和表现。能力是顺利完成某种活动直接有效的心理特征，而不是顺利完成某种活动的全部心理条件。能力的产生和发展与社会生活分不开。

能力是在先天素质的基础上，在生活条件和教育的影响、熏陶下，在个体的生活实践中形成和发展起来的，对从事任何职业都是十分必要的。能力包括一般能力和特殊能力，不同的职业要求岗位人员要具有不同的能力。

（二）能力与职业的关系

能力与择业的关系十分重要，是择业的重要依据，是求职者开启职业大门的钥匙。我国近代职业教育的倡导者黄炎培先生说："一个人职业和才能相当不相当，相差很大，用经济眼光来看：要是相当，不晓得增加多少效能；要是不相当，不晓得埋没了多少人才。就个人来说，相当，不晓得有多少快乐，不相当，不晓得有多少埋怨。"因此，大学生对自己的能力要有一个自我评价，在择业时，应根据自己的能力，扬长避短，选准与自己职业能力倾向相同的职业，在强手如林的竞争中立于不败之地。

人的职业能力通常可分为一般言语能力、数理能力、空间判断能力、察觉细节能力、书写能力、运动协调能力、动手能力、社会交往能力、组织管理能力等方面。如教师、播音员、记者等职业要求有较强的言语能力；统计、测量、会计等职业要求有较强的数理能力；而画家、建筑师、医生等职业对形态知觉能力要求颇高；手指灵活能力较强的人则适于从事外科医生、乐师、雕刻家等职业。

能力存在着性别差异，女性在哲学界、经济学界、自然科学界所占比例较小，而在文学、新闻、医学、教育、艺术等领域所占比例较大，也就是说，需要形象思维和细致情感的工作更适合女性。

由此可见，能力是一个人完成任务的前提条件，是影响工作效果的基本因素。因此，了解自己的能力倾向及不同职业的能力要求对合理地进行职业选择具有重要意义。

二、能力的分类

能力的英文有三种解释，一是 Competency，是指能力素质，指在任务或情景中表现的一组行为；二是 Ability、Capacity，是指能力的大小，Ability 是指技能，Capacity 是指潜在的能力；三是 Skill，是指做事情的技巧。所以能力可以从不同的角度做不同的分类。

（一）按能力所表现的活动领域划分

按能力所表现的活动领域的不同可以分为一般能力和特殊能力。

一般能力是指在进行各种活动中必须具备的基本能力。它保证人们有效地认识世界，也称为智力。智力包括个体在认识活动中所必须具备的各种能力，如感知能力（观察力）、记忆力、想象力、思维能力、注意力等，其中抽象思维能力是核心，因为抽象思维能力支配着智力的诸多因素，并制约着能力发展的水平。

特殊能力又称专门能力，是顺利完成某种专门活动所必备的能力，如音乐能力、绘画能力、数学能力、运动能力等。各种特殊能力都有自己的独特结构。如音乐能力就是由四种基本要素构成：音乐的感知能力、音乐的记忆和想象能力、音乐的情感能力、音乐的动作能力。这些要素的不同结合，就构成不同音乐家的独特的音乐能力。

一般能力和特殊能力相互关联。一方面，一般能力在某种特殊活动领域得到特别发展时，就可能成为特殊能力的重要组成部分。例如，人的一般听觉能力既存在于音乐能力之中，也存在于言语能力中。没有听觉的一般能力的发展，就不可能发展言语和音乐的听觉能力。另一方面，在特殊能力发展的同时，也发展了一般能力。观察力属一般能力，但在画家的身上，由于绘画能力的特殊发展，对事物一般的观察力也相应增强起来。人在完成某种活动时，常需要一般能力和特殊能力的共同参与。总之，一般能力的发展为特殊能力的发展提供了更好的内部条件，特殊能力的发展也会积极地促进一般能力的发展。

（二）按活动中能力创造性的大小划分

按活动中能力创造性的大小可以分为再造能力和创造能力

再造能力是指在活动中顺利地掌握前人所积累的知识、技能，并按现成的模式进行活动的能力。这种能力有利于学习活动的要求。人们在学习活动中的认知、记忆、操作与熟练能力多属于再造能力。创造能力是指在活动中创造出独特的、新颖的、有社会价值的产品的能力。它具有独特性、变通性、流畅性的特点。

再造能力和创造能力是互相联系的。再造能力是创造能力的基础，任何创造活动都不可能凭空产生。因此，为了发展创造能力，首先就应虚心地学习、模仿、再造。在实际活动中，这两种能力是相互渗透的。

（三）按活动的认知对象的维度划分

按活动的认知对象的维度可以分为认知能力和元认知能力。

这是按活动的认知对象的维度划分的。认知能力是指个体接受信息、加工信息和运用信息的能力，它表现在人对客观世界的认识活动之中。元认知能力是指个体对自己的认识过程进行的认知和控制能力，它表现为人对内心正在发生的认知活动的认识、体验和监控。认知能力的活动对象是认知信息，而元认知能力的活动对象是认知活动本身，它包括个人怎样评价自己的认知活动，怎样从已知的可能性中选择解决问题的确切方法，怎样集中注意力，怎样及时决定停止做一件困难的工作，怎样判断目标是否与自己的能力一致等。

（四）按照能力获得的方式划分

按照能力获得的方式（先天具有或后天培养）可以分为能力倾向（潜能）和技能。

能力倾向（潜能）是上天赋予每个人的特殊才能，如音乐、运动能力等。它是与生俱来的，不过也有可能因未开发而荒废，有遗传方面的特征，但同时也有经过训练后发展的潜在可能性。

技能是指在经过后天学习和练习培养而形成的能力。通常表现为某种动作系统和动作方式。例如，阅读能力、人际交往能力、沟通能力等。

在实际生活和工作中，对个人行为起决定作用的往往不是个人实际能力的高低，而是个人的自我效能感，即个人对自己的能力以及运用该能力将得到何种结果所持的信心或把握程度。

三、多元智能理论

（一）多元智能理论的含义

二十世纪八十年代，美国发展心理学家、哈佛大学教授霍华德·加德纳（Howard Gardner）提出多元智能理论（Multiple Intelligences）。加德纳首次提出人类有着完整的智能"光谱"。这一论断突破了传统智力理论的假设：人类的认知是一元的，可采用单一的、量化的智力检测手段来测量人的智能。经过多年的研究，加德纳明确提出人类存在多种不同的思维方式，他将人类的智能类型分成八种，如图2-7所示，加德纳也以他的多元智能理论而闻名全球教育界。

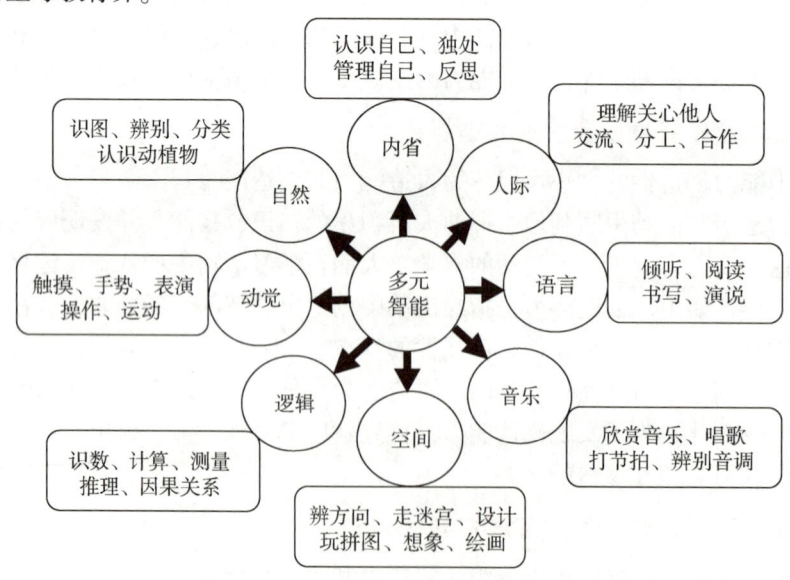

图2-7 加德纳多元智能理论

多元智能理论包括语言智能、音乐智能、空间智能、动觉智能、逻辑智能、人际智能、内省智能和自然智能。

（1）语言智能（linguistic Intelligence）：指听、说、读和写的能力，表现为个人能够顺利而高效地利用语言描述事件、表达思想并与人交流的能力。

（2）音乐智能（Musical Intelligence）：指感受、辨别、记忆、改变和表达音乐的能力，表现为个人对音乐包括节奏、音调、音色和旋律的敏感以及通过作曲、演奏和歌唱等表达音乐的能力。

（3）逻辑智能（Logical Intelligence）：指运算和推理的能力，表现为对事物间各种关系如类比、对比、因果和逻辑等关系的敏感以及通过数理运算和逻辑推理等进行思维的能力。

（4）空间智能（Spatial Intelligence）：指感受、辨别、记忆和改变物体的空间关系并借此表达思想和感情的能力，表现为对线条、形状、结构、色彩和空间关系的敏感以及通过平面图形和立体造型将它们表现出来的能力。

（5）动觉智能（Kinesthetic Intelligence）：指运用四肢和躯干的能力，表现为能够较好地控制自己的身体，对事件能够做出恰当的身体反应以及善于利用身体语言来表达自己的思想和情感的能力。

（6）内省智能（Intrapersonal Intelligence）：指认识、洞察和反省自身的能力，表现为能够正确地意识和评价自身的情绪、动机、欲望、个性、意志，并在正确的自我意识和自我评价的基础上形成自尊、自律和自制的能力。

（7）人际智能（Interpersonal Intelligence）：指与人相处和交往的能力，表现为觉察、体验他人情绪、情感和意图并据此做出适宜反应的能力。

（8）自然智能（Naturalist Intelligence）：指个体辨别环境（不仅是自然环境，还包括人造环境）的特征并加以分类和利用的能力。

（二）多元智能理论的特点

加德纳曾说过："每个孩子都是一个潜在的天才儿童，只是经常表现为不同的形式。"多元智能理论给予我们最大的启示就在于它凸现了两个定位：第一，智能，而不是知识；第二，多元智能，而不是单一智能。多元智能理论不提素质教育，只讲人的发展智能。多元智能理论的主要特点如下。

（1）突出多元性。加德纳认为，人的智能结构由八种智能要素组成，这八种智能要素是多维度相对独立地表现出来，而不是以整合方式表现出来的。九种智能同等重要，不能只将语言智能和逻辑智能置于最重要的位置而忽视其他几种智能。他呼吁要对这九种智能要素给予同等的关注。

（2）突出文化性。加德纳认为，人类是有文化的生命体，要重视智能的社会文化背景。他指出，智能与一定的社会文化环境里人们的价值标准有关，智能实质上是在一定文化背景下学习机会和生理特征相互作用的产物。

（3）突出差异性。加德纳认为，每个人都同时拥有相对独立的八种智能要素，而这八种智能要素在每个人身上都以不同方式进行不同程度的组合，使得每个人的智能各具特点，这就是智能的差异性。这种差异性是由于环境和教育所造成的，不同环境和不同教育条件下个体的智能发展方向和程度有着明显的差异性。

（4）突出实践性。加德纳把智能作为解决实际问题的能力，这是智能理论发展的一个突破性进展。他强调智能不是上天赐予少数幸运者的一种特殊的脑内物质，而是每个人在不同方面、不同程度上拥有的解决一系列现实生活中的实际问题特别是难题的能力，是发现新知识或创造出有效产品的能力。

（5）突出开发性。加德纳认为，人的多元智能的发展关键在于开发。他反复强调，帮助每一个人彻底地开发他的潜在能力，需要建立一种教育体系，能够以精确的方法来描述每个人的智能演变。教育的宗旨应是开发多种智能，并帮助学生发现其智能的特点，促进其全面发展。

四、技能探索

做任何事情一定会涉及做什么（What）、做（Do）和如何做（How）三个方面，这就是技能问题。正确认识技能，对于个人摆脱对能力的狭隘认识、树立自信心、在求职和工作中胜出等方面具有重要的意义。

（一）技能的分类

辛迪·梵和理查德·鲍尔斯（Sidney Fine & Richard Bolles）将技能分为三种类型：专业知识技能；可迁移技能；自我管理技能。

1. 专业知识技能

专业知识技能是指那些需要通过教育或者培训才能获得的特别的知识或能力，也就是个人所学习的科目、所懂得的知识，是你所掌握的知识、信息在头脑中的储存。如是否掌握外语、计算机技能等。知识技能通常用名词来表示，如英语、心理学、管理学、摄影等。专业知识技能不仅要全面，还要系统，常常与我们的专业学习或工作内容直接相关。所以，需要经过有意识的、专门的学习和记忆。专业知识技能多用名词来表示。但需要注意以下三点。

（1）知识技能并非只有通过正式的专业教育才能获得，学校课程、课外培训、专业会议、讲座、研讨会、自学等方式都可以帮助个人获得的知识技能。很多学生在简历上注明的学习成绩、奖学金等都是知识技能的体现。

（2）知识技能并不是招聘单位看重的唯一技能。事实上，自我管理技能和可迁移技能往往使得求职者获得工作机会。因此，大学生在校期间不能只重视专业知识的学习，而忽视自我管理和可迁移技能的培养。

（3）技能的组合更为重要。通常我们说的复合型人才，正是指具有不同技能的人。技能的组合使得我们在人才市场上更具有竞争力，也更有可能将工作做好，如建筑学专业，既懂建筑学，又懂英语；英语专业，既懂英语，又懂教育学等。

2. 可迁移技能

可迁移技能也称为通用技能，是一个人能做的事，个体所能胜任的活动，具体表现为一个人所能从事的工作内容，如教学、组织、计算、分析、决策等。可迁移技能往往通过观察、实践、思考、熟练等过程掌握。可迁移技能的特征是它们可以从生活中的方方面面，特别是工作之外得到发展，可以在工作内外、工作之间通用。与知识技能相比较，可迁移技能无所谓更新换代，无论你的需求和工作环境有什么样的变化，它们都可以得到应用。随着我们工作经验和生活阅历的增加，可迁移技能还能得到不断地发展。可迁移技能是用人单位最看重的部分,很多用人单位在招聘时,会优先选择那些可迁移技能与组织文化和价值观最为契合的人才,如华为强调的动手能力,新东方强调的沟通能力等。可迁移技能多用动词来表示。

3. 自我管理技能

自我管理技能又称为职业素养(Career Quotient),是一个人在工作中所表现出来的,被用来表述或说明人具有的某些特征。如勇于创新还是循规蹈矩?在压力状态下是否保持镇定?是否对工作充满热情、是否自信等?所以,自我管理技能经常被看作个性品质而非技能。良好的自我管理技能能够帮助个体更好地适应周围的环境、应对工作中出现的问题,是个人最有价值的"资产",是影响职业生涯成功与否的关键,因此它被称为"适应性技能"。事实上,很多大学生被解雇或频繁离职多数情况是因为缺乏自我管理技能,而不是缺乏专业能力,如人际关系的处理能力。用人单位对刚毕业的大学生的意见中,经常听到的就是"缺乏脚踏实地的精神,眼高手低,自负,缺乏为人处世的基本能力等"。因此,可以说,大学生在从校园走向社会前,培养良好的自我管理技能,学会如何为人处世,是至关重要的。

自我管理技能是通过认同、模仿、领悟等途径获得。自我管理技能多用形容词或副词来表示,如积极地、乐观的、虚心的、和善的,等等。自我管理技能并不是通过专业的课程学习得来的,而是在日常生活中随时随地地培养。如一个有着积极乐观向上品格的人,在工作也会积极主动,不容易被困难所击倒。

(二)技能与职业

根据美国"全国大学与雇主协会"(National Association of Colleges & Employers)的调查,美国雇主们最为看重的技能按顺序排列如表2-9所示。

表2-9 美国雇主们最为看重的技能

排序	技能
1	沟通能力
2	积极主动性
3	团队合作精神
4	领导能力
5	学习成绩
6	人际交往能力
7	适应能力
8	专业技术
9	诚实正直
10	工作道德
11	分析和解决问题的能力

由此,我们可以看到,其中的1、4、6、7、11都属于可迁移技能,2、3、9、10都是自我管理技能,而知识技能排在第5和第8。

根据明尼苏达的工作适应论，当工作环境能够满足他个人的需求时，个人会感到"内在满意"；而当个人能够满足工作的需要时，个人能够达到"外在满意"（即令自己的雇主、同事感到满意）；当个人能够同时达到内在和外在满意时，个人与环境之间的关系就比较协调，个人的工作满意度会比较高，在该工作领域也能持久发展。做自己能够胜任的工作，培养和发展自己的技能，发挥个人的潜能，常常是个人选择职业时希望能够得到满足的需求。由此可见，技能与个人的职业满意度、工作适应性以及职业稳定性具有直接的相关关系。发现自己的成就及技能，同时了解职业对技能的要求，对于个人的"内外满意"至关重要。

法国哲学家、文学家萨特曾说：We are our choices！我们的决定决定了我们！通过对个人的性格、兴趣、价值观、技能的初步探索，相信同学们都对自己有了一个更深刻、更全面的认知，希望你们对自我的评价更加的全面，扬长避短，扬长补短，才能成就更完美的自己。

探索活动 2-7

能力倾向测验

在生涯发展评估中，能力倾向测验的作用主要是预测个体在工作或培训中可能取得的成就。此外，它也可以被评估者指出其在认识能力方面的长处与短处，个体便可以在此基础上扬长避短或者做出进一步学习或参加培训的计划和行动。

一般能力倾向测验（General Aptitude Test Battery，GATB）是能力测验的一个很好的例子。它是由美国劳工部于1947年编制的，目前至少有10个以上不同语言的版本，被应用于几十个国家。原测验共有12个分测验，其中8个纸笔测验、4个操作测验，测量以下9种能力。

（1）智力（G）：一般的学习能力，对说明、指导语等的理解能力，推理判断能力，迅速适应新环境的能力。

（2）言语能力（V）：理解言语的意义以及与其关联的概念并有效掌握它的能力，表达信息和想法的能力。

（3）数理能力（N）：正确快速计算、推理。

（4）空间判断能力（S）：对立体图形以及平面图形与立体图形之间关系的理解能力的能。

（5）形态知觉能力（P）：对实物或图解之细微部分正确感知的能力，对细微的差别的辨别能力。

（6）书写知觉能力（Q）：对词、印刷物、票据等细微部分正确知觉的能力，直观地比较辨别词和数字、发展错误或校正的能力。

（7）运动协调能力（K）：正确地使用眼睛、手指协调迅速完成作业的能力，使手能跟着眼所看到的东西迅速运动进行正确控制的能力。

（8）手指灵巧度（F）：能很好地操作细小东西的能力。

（9）手腕灵巧度（M）：灵活地拿取、放置、调换、翻转物体等精确运动和手腕的自由活动的能力。

测验

本测验把人的职业能力倾向分为9种，每种能力由一组4道题目反映。测验时，请仔细阅读每道题目，采用"五等评分法"对自己的能力进行评定。然后分别计算出自评等级。一般能力倾向测试如表2-10所示。

表 2-10　一般能力倾向测试表

	弱	较弱	一般	较强	强
（一）智力倾向（G）	弱	较弱	一般	较强	强
（1）快速而容易地学习新内容	1	2	3	4	5
（2）快速而正确地解数学题目	1	2	3	4	5
（3）对课文的字、词、段落、篇章的理解、分析和综合能力	1	2	3	4	5
（4）对学习过的材料的记忆能力	1	2	3	4	5
（二）言语能力倾向（V）	弱	较弱	一般	较强	强
（1）善于表达自己的观点	1	2	3	4	5
（2）阅读速度和理解能力	1	2	3	4	5
（3）掌握词汇量的程度	1	2	3	4	5
（4）语文成绩	1	2	3	4	5
（三）数量能力倾向（N）	弱	较弱	一般	较强	强
（1）做出精确测量	1	2	3	4	5
（2）笔算能力	1	2	3	4	5
（3）口算能力	1	2	3	4	5
（4）数学成绩	1	2	3	4	5
（四）空间判断能力倾向（S）	弱	较弱	一般	较强	强
（1）解立体几何方面的习题	1	2	3	4	5
（2）画三维度的立体图形	1	2	3	4	5
（3）想象盒子展开后的平面图	1	2	3	4	5
（4）想象三维度的物体	1	2	3	4	5
（五）形态知觉能力倾向（P）	弱	较弱	一般	较强	强
（1）发觉相似图形中的细微差别	1	2	3	4	5
（2）识别物体的形状差异	1	2	3	4	5
（3）注意物体的细节部分	1	2	3	4	5
（4）观察物体的图案是否正确	1	2	3	4	5
（六）书写知觉能力倾向（Q）	弱	较弱	一般	较强	强
（1）快而准地抄写资料（如姓名、日期、电话号码）	1	2	3	4	5
（2）发现错别字	1	2	3	4	5
（3）发现计算错误	1	2	3	4	5
（4）能很快查找到编码卡片	1	2	3	4	5
（七）运动协调能力倾向（K）	弱	较弱	一般	较强	强
（1）玩电子游戏	1	2	3	4	5

（七）运动协调能力倾向（K）	弱	较弱	一般	较强	强
（2）打篮球、排球，踢足球一类活动	1	2	3	4	5
（3）乒乓球、羽毛球运动	1	2	3	4	5
（4）打字能力	1	2	3	4	5
（八）手指灵巧度倾向（F）	弱	较弱	一般	较强	强
（1）灵巧地使用很小的工具	1	2	3	4	5
（2）穿针眼、编织等使用手指的活动	1	2	3	4	5
（3）动手做一件小工艺品	1	2	3	4	5
（4）使用计算器的灵巧程度	1	2	3	4	5
（九）手腕灵巧度倾向（M）	弱	较弱	一般	较强	强
（1）用手将东西分类	1	2	3	4	5
（2）在推拉东西时手的灵活度	1	2	3	4	5
（3）很快地削水果	1	2	3	4	5
（4）灵活地使用手工工具	1	2	3	4	5

计分方法

（1）选"强"得5分，选"较强"得4分，依此类推。

（2）计算每一类能力倾向的自评等级：自评等级=总分/4。

（3）将自评等级填入表2-11。

表2-11 职业能力倾向自评等级表

职业能力倾向	自评等级	职业能力倾向	自评等级
G		Q	
Y		K	
N		F	
S		M	
P			

第五节 价值观探索

一、价值观

（一）价值观的含义

在社会实践和价值概念的基础上，主体必然会形成一定的价值判断和价值观念。继而，价值观念在人们的实践中进一步集中、抽象、升华，就会形成对于价值、价值关系的一般看法和根本观点，并外在表现为处理各种价值问题时所持有的比较稳定的立场、观点和态度的总和，这就是价值观。

价值观是指个人对客观事物（包括人、物、事）及对自己的行为结果的意义、作用、效果和重要性的总体评价，也就是人认定事物、辨别是非的一种思维或取向，是对什么是好的、什么是应该的总看法，是推动并指引一个人采取决定和行动的原则、标准，是个性心理结构的核心因素之一。它使人的行为带有稳定的倾向性。价值观是人用于区别好坏、分辨是非及其重要性的心理倾向体系。

（二）价值观的特点

综合古今中外各类学者对价值观特点的归纳，笔者认为，价值观具有稳定性、主观性、时代性、民族性、阶级性五个特点。

1. 稳定性

价值观具有相对的稳定性和持久性。在特定的时间、地点、条件下，人们的价值观总是相对稳定和持久的。例如，对某种人或事物的好坏总有一个看法和评价，在条件不变的情况下这种看法不会改变。

2. 主观性

价值观凌驾于整个人性当中，支配着人的行为、态度、观察、信念、理解等，支配着人认识世界、明白事物对自己的意义和自我了解、自我定向、自我设计等，也为人自认为正当的行为提供充足的理由。

3. 时代性

马克思曾深刻指出："随着每一次社会制度的巨大历史变革，人们的观点和观念也会发生变革。"抽象的、超历史的、一成不变的价值观是不存在的。在不同时代、不同社会生活环境中形成的价值观是不同的。一个人所处的社会生产方式及其所处的经济地位，对其价值观的形成有决定性的影响。人们的社会存在和社会生活是具体的、现实的，是属于一定时代的，反映社会存在和社会生活的价值观总是表现出鲜明的时代特点。它回应着特殊的时代性问题，表现着一定时代人们的需要和利益诉求，体现为时代要求的价值原则、价值规范和价值理想，表征着特定的时代精神。有什么性质的社会存在，就会有什么性质和内容的价值观。

4. 民族性

恩格斯曾说："善恶观念从一个民族到另一个民族，从一个时代到另一个时代变更得这样厉害，以致它们常常是互相直接矛盾的。"一个民族在长期的共同生活和共同实践的基础上，逐渐形成具有该民族特色的价值原则、价值规范、价值理想，并通过历史的积淀和升华，使之成为该民族文化传统的核心和灵魂。价值观的民族性表现着一个民族区别于其他民族的精神气质。

5. 阶级性

在阶级社会中，人们自觉或不自觉地，归根到底总是从他们的阶级地位所依据的实际关系中，从他们进行生产和交换的经济关系中，获得自己的价值观念，因而价值观总是带有阶级的特性。不同阶级由其阶级地位和经济利益所决定，有着不同的价值原则、价值规范、价值理想。作为阶级的价值观，它或者为统治阶级的利益辩护，或者代表被统治阶级对统治阶级的反抗和被统治阶级的未来利益。每一时代占统治地位的价值观都是统治阶级的价值观。正如马克思所说："占统治地位的思想不过是占统治地位的物质关系在观念上的表现，不过是以思想的形式表现出来的占统治地位的物质关系。"

（三）价值观的作用

价值观对人们自身行为的定向和调节起着非常重要的作用。价值观决定人的自我认识，它直接影响和决定一个人的理想、信念、生活目标和追求方向的性质。价值观的作用大致体现在以下四个方面。

（1）价值观对动机有导向的作用，是人的动机和行为模式的统帅。人不同于动物，动物只能被动适应环境，人不仅能认识世界是什么、怎么样和为什么，而且还知道应该做什么、选择什么，发现事物对自己的意义，设计自己，确定并实现奋斗目标。这些都是由每个人的价值观支配的。不同价值观的人，其动机模式不同，产生的行为也不相同，动机的目的方向受价值观的支配，只有那些经过价值判断被认为是可取的，才能转换为行为的动机，并以此为目标引导人们的行为。

（2）价值观是一种内心尺度，反映人们的认知和需求状况。价值观是人们对客观世界及行为结果的评价和看法，它凌驾于整个人性当中，支配着人的行为、态度、观察、信念、理解等，支配着人认识世界、明白事物对自己的意义和自我了解、自我定向、自我设计等，也为人自认为正当的行为提供充足的理由。因而，它从某个方面反映了人们的人生观和世界观，反映了人的主观认知世界。

（3）价值观决定人们在认识世界和改造世界的活动中的指向。价值观不同导致人们在认识世界和改造世界的活动中的指向不同。从认识活动看，人们不可能在同一条件下去认识周围众多事物，而总是把自己的认识活动局限在某些甚至某一事物上，这就是说认识活动是有指向性的。指向什么？这是一个选择过程，按什么标准来选择，只有某一事物对人有积极意义，即有价值时人们才去认识它，对什么事物的认识有价值，人们才会去认识这些事物，这就是价值观在认识事物中的导向作用。从改造活动看，改造哪些事物与不改造哪些事物，要看这一改造活动对人是否有积极作用，是否有价值；有价值，就去做，否则就不做。价值观是个评价标准，评价标准不同，人们对某一认识活动和改造活动做出的回答就不同。

（4）价值观对人生选择、人生道路同样具有重要的导向作用。如果说价值观第一个导向作用针对的是人对外部事物的认识和改造，即认识和改造客观世界；那么，人对自己的认识和改造，即认识和改造主观世界，则是价值观的第二个导向作用所在。一个人选择什么样的人生道路，就意味着他认为选择这样的道路是值得的，是有积极意义的。价值观决定了个人未来的行为方向，对个人的人生选择和人生道路起着关键性的导向作用。由此可见，积极健康的价值观对人有正面积极的影响，消极狭隘甚至错误的价值观则容易把人引向歧途。

二、社会主义核心价值观

任何一个社会都存在多种多样的价值观念和价值取向，要把全社会意志和力量凝聚起来必须有一套与经济基础和政治制度相适应并能形成广泛社会共识的核心价值观。核心价值观在一定社会文化中起着中轴作用，是决定文化性质和方向的最深层次要素，是一个国家的重要稳定器。如果没有共同的核心价值观，一个民族、一个国家就会魂无定所、行无依归。

党的十八大以来，中央高度重视培育和践行社会主义核心价值观。习近平总书记多次作出重要论述、提出明确要求。社会主义核心价值观是社会主义核心价值体系的内核，体现社会主义核心价值体系的根本性质和基本特征，反映社会主义核心价值体系的丰富内涵和实践要求，是社会主义核心价值体系的高度凝练和集中表达。党的二十大报告指出：社会主义核心价值观是凝聚人心、汇聚民力的强大力量。

"富强、民主、文明、和谐"，是我国社会主义现代化国家的建设目标，也是从价值目标层面对社会主义核心价值观基本理念的凝练，在社会主义核心价值观中居于最高层次，对其他层次的价值理念具有统领作用。"自由、平等、公正、法治"，是对美好社会的生动表述，也是从社会层面对社会主义核心价值观基本理念的凝练，它反映了中国特色社会主义的基本属性，是我们党矢志不渝、长期实践的核心价值理念。"爱国、敬业、诚信、友善"，是公民基本道德规范，是从个人行为层面对社会主义核心价值观基本理念的凝练，它覆盖社会道德生活的各个领域，是公民必须恪守的基本道德准则，也是评价公民道德行为选择的基本价值标准。

（一）社会主义核心价值观的提出

中华人民共和国成立后，确立了以社会主义基本政治制度、基本经济制度和以马克思主义为指导思想的社会主义意识形态，为社会主义核心价值体系建设奠定了政治前提、物质基础和文化条件。改革开放以来，我国社会主义意识形态建设不断进行新的探索，提出了从建设社会主义核心价值体系到以"三个倡导"为内容，积极培育和践行社会主义核心价值观的重要论断和战略任务。

1978年12月，党的十一届三中全会重新恢复和确立了实事求是的思想路线，坚持把马克思主义与改革开放和我国社会主义建设伟大实践相结合，科学继承了毛泽东思想，创立了邓小平理论最新成果，马克思主义在意识形态领域的指导地位不断巩固。

2006年3月，我党提出了"八荣八耻"的社会主义荣辱观，继承和发展了我们党关于社会主义思想道德建设褒荣贬耻、我国古代的"知耻"文化传统，同时又赋予了新的时代内涵，深化了我们党对社会主义道德建设规律的认识。

2006年10月，党的十六届六中全会第一次明确提出了"建设社会主义核心价值体系"的重大命题和战略任务，明确提出了社会主义核心价值体系的内容，并指出社会主义核心价值观是社会主义核心价值体系的内核。学界对社会主义核心价值观的概括开始深入探讨。

2007年10月，党的十七大进一步指出了"社会主义核心价值体系是社会主义意识形态的本质体现。"

2011年10月，党的十七届六中全会强调，社会主义核心价值体系是"兴国之魂"，建设社会主义核心价值体系是推动文化大发展大繁荣的根本任务。提炼和概括出简明扼要、便于传播践行的社会主义核心价值观，对于建设社会主义核心价值体系具有重要意义。

2012年11月，党的十八大报告明确提出"三个倡导"，即"倡导富强、民主、文明、和谐，倡导自由、平等、公正、法治，倡导爱国、敬业、诚信、友善，积极培育社会主义核心价值观"，这是对社会主义核心价值观的最新概括。

2013年12月，中共中央办公厅印发《关于培育和践行社会主义核心价值观的意见》，明确提出，以"三个倡导"为基本内容的社会主义核心价值观，与中国特色社会主义发展要求相契合，与中华优秀传统文化和人类文明优秀成果相承接，是我们党凝聚全党全社会价值共识作出的重要论断。

2017年10月18日，习近平同志在十九大报告中指出，要培育和践行社会主义核心价值观。要以培养担当民族复兴大任的时代新人为着眼点，强化教育引导、实践养成、制度保障，发挥社会主义核心价值观对国民教育、精神文明创建、精神文化产品创作生产传播的引领作用，把社会主义核心价值观融入社会发展各方面，转化为人们的情感认同和行为习惯。坚持全民行动、干部带头，从家庭做起，从娃娃抓起。深入挖掘中华优秀传统文化蕴含的思想观念、人文精神、道德规范，结合时代要求继承创新，让中华文化展现出永久魅力和时代风采。

2018年3月11日，第十三届全国人民代表大会第一次会议通过中华人民共和国宪法修正案，将"国家提倡爱祖国、爱人民、爱劳动、爱科学、爱社会主义的公德"修改为"国家倡导社会主义核心价值观，提倡爱祖国、爱人民、爱劳动、爱科学、爱社会主义的公德"。

2022年10月16日，二十大报告指出，弘扬以伟大建党精神为源头的中国共产党人精神谱系，用好红色资源，深入开展社会主义核心价值观宣传教育，深化爱国主义、集体主义、社会主义教育，着力培养担当民族复兴大任的时代新人。推动理想信念教育常态化制度化，持续抓好党史、新中国史、改革开放史、社会主义发展史宣传教育，引导人民知史爱党、知史爱国，不断坚定中国特色社会主义共同理想。用社会主义核心价值观铸魂育人，完善思想政治工作体系，推进大中小学思想政治教育一体化建设。坚持依法治国和以德治国相结合，把社会主义核心价值观融入法治建设、融入社会发展、融入日常生活。

（二）社会主义核心价值观与大学生的个人价值观

党的二十大报告中指出：培养造就大批德才兼备的高素质人才，是国家和民族长远发展大计。德才兼备就包括了社会主义核心价值观的培养与塑造。社会主义核心价值观关乎国家、社会及每一个中国人的发展，对当今大学生的影响较为显著。社会主义核心价值观是在国家不断发展中提出的一种新思想，是当代大学生武装头脑的强有力的思想武器。

青年的价值取向决定了未来整个社会的价值取向，而青年又处在价值观形成和确立的时期，抓好这一时期的价值观养成十分重要。这就像穿衣服扣扣子一样，如果第一粒扣子扣错了，剩余的扣子都会扣错。人生的扣子从一开始就要扣好。核心价值观的养成绝非一日之功，要坚持由易到难、由近及远，努力把核心价值观的要求变成日常的行为准则，进而形成自觉奉行的信念、理念。广大青年树立和培育社会主义核心价值观，要在勤学、修德、明辨、笃实上下功夫，下得苦功夫、求得真学问，加强道德修养、注重道德实践，善于明辨是非、善于决断选择，扎扎实实干事、踏踏实实做人，立志报效祖国、服务人民，于实处用力，从知行合一上下功夫。

因此，青年大学生要从现在做起、从自己做起，使社会主义核心价值观成为自己的基本遵循。认真学习和领会社会主义核心价值观，通过感知、领悟和实践，不断增强对社会主义核心价值观的理论认同、情感认同和行为认同，使核心价值观由"知识体系"转变为"情感体系"，继而转变为"认同体系"，做到"真学、真懂、真信、真用"，是引导大学生培育和践行核心价值观的基本前提，也是引导大学生树立个人价值观的重要基础。

1. 勤学修德，不断增强对社会主义核心价值观的理论认同

社会主义核心价值观具有丰富的理论内涵和重要的现实意义。大学生要秉持求真求实的态度，努力学习社会主义核心价值观，加深其对核心价值观的理论认知和理解，全面把握和深刻理解核心价值观的理论内涵，使核心价值观真正成为自己的心灵罗盘，做到内化于心，外化于行。

2. 明辨笃实，增强对社会主义核心价值观的情感认同

情感认同是理论认同的深化，是行为认同的基础。大学生要积极参与营造培育社会主义核心价值观的良好社会环境，充分发挥宣传舆论引导作用，通过主流媒体和微信、微博、微电影等新媒体形式，大力传播向上向善的精神力量，不断强化大学生对社会主义核心价值观的情感认同和心理共鸣。

3. 发挥合力，增强对社会主义核心价值观的行为认同

行为认同是在理论认同、情感认同基础上的外在表现，是对核心价值观认同的关键环节。大学生培育社会主义核心价值观的主旨就在于将之贯彻、实践于社会生活之中。

大学生应积极参与社会调查、生产劳动、志愿服务、公益活动等社会实践活动，在实践活动中，用自己的知识，增加社会主义核心价值观的传播范围，发挥正能量，带动更多的人拥护、践行社会主义核心价值观，从而树立远大的理想，培养正确的人生观、事业观以及个人价值观。

核心价值观的养成绝非一日之功，要坚持由易到难、由近及远，努力把核心价值观的要求变成日常的行为准则，进而形成自觉奉行的信念、理念。

三、职业价值观

（一）职业价值观的含义

理想、信念、世界观对于职业的影响，集中体现在职业价值观上。职业价值观是人生目标和人生态度在职业选择方面的具体表现，也就是一个人对职业的认识和态度以及他对职业目标的追求和向往。价值观测评会有助于职业决策和提高工作满意度。

俗话说："人各有志。"这个"志"表现在职业选择上就是职业价值观，它是一种具有明确的目的性、自觉性和坚定性的职业选择的态度和行为，对一个人职业目标和择业动机起着决定性的作用。

由于每个人的身心条件、年龄、阅历、教育状况、家庭影响、兴趣爱好等方面的不同，人们对各种职业有着不同的主观评价。从社会角度来讲，由于社会分工的发展和生产力水平的相对落后，各种职业在劳动性质的内容上，在劳动难度和强度上，在劳动条件和待遇上，在所有制形式和稳定性等诸多问题上，都存在着差别。再加上传统的思想观念等的影响，各类职业在人们心目中的声望、地位便也有好坏、高低之见，这些评价都形成了人的职业价值观，并影响着人们对就业方向和具体职业岗位的选择。

每种职业都有各自的特性，不同的人对职业意义的认识，对职业好坏有不同的评价和取向，这就是职业价值观。职业价值观决定了人们的职业期望，影响着人们对职业方向和职业目标的选择，决定着人们就业后的工作态度和劳动绩效水平，从而决定了人们的职业发展情况。哪个职业好？哪个岗位适合自己？从事某一项具体工作的目的是什么？这些问题都是职业价值观的具体表现。

在职业生涯规划中，我们研究探讨的价值观主要是工作价值观，是一种职业价值观。舒伯认为常见的价值观包括十三种，并开发出来一个包括了三个维度、十五个因子的价值观量表，可以帮助人们了解对于工作的各项特征的重要性的优先顺序，如表2-12所示。

表2-12 舒伯价值观维度因子

维度	价值因子	目的和价值
内在价值维度	智力激发	不断进行智力的操作，动脑思考，学习以及探索新事物，解决新问题，能够在工作中充分运用自己的智力，如逻辑推理能力、空间能力等
	利他性	能够带给他人以成长、发展或福利，直接为大众的幸福和利益尽一份力
	创造性	关注智慧的激发与增长产生新的想法并努力实现。希望自己的工作能够提供独立思考、不断学习、解决新难题的机会
	独立性	能够自主的安排工作，能充分发挥自己的独立性和主动性，按自己的方式、步调或想法去做，不受他人的干扰
	美感	不断地追求美的东西，能在工作中体会到和谐、美的体验与享受，使这个世界更美丽。他们希望通过自己的工作创造优美的作品，增添社会的艺术、文化气息等
	成就感	不断创新，不断取得成就，不断得到领导与同事的赞扬，或不断实现自己想要做的事
	管理	对他人施加影响，领导和激励，获得对他人或某事物的管理支配权，能指挥和调遣一定范围内的人或事物
外在价值维度	工作环境	关注工作的物理环境，希望自己能在舒适、良好的办公环境中办公
	同事关系	能与工作伙伴一起愉快地工作。他们希望自己的工作能够有融洽的同事关系和氛围，建立深厚的友谊等
	监督关系	能与上级平等且融洽地相处，获得赏识。他们希望自己的工作主管善解人意，采取民主领导方式等
	变动性	希望自己的工作能经常变换任务性质、内容、场所等，喜欢尝试变化，体验多样性
外在报酬维度	声望	关注职业在社会上是否得到尊重，希望自己的工作能使自己更有社会地位，使他人对自己产生尊重与崇敬等，提高个人声誉
	安全性	不管自己能力怎样，希望在工作中有一个安稳局面，不会因为奖金评定、工作调动或领导训斥等经常担心吊胆、心烦意乱
	经济报酬	获得优厚的报酬，如工资、奖金、福利待遇等，使自己有足够的财力去获得自己想要的东西，使生活过得较为富足
	生活方式	关注工作对个人生活的影响，希望自己的工作能使生活成为期望的模样，过上自己想过的生活等

内在价值维度是指与职业本身性质有关的因素,即工作本身的一些特征,它包括智力激发、利他性、创造性、独立性、美感、成就、管理七个因子;外在价值维度指与工作内容无关的外部因素,即工作的环境,它包括工作环境、同事关系、监督关系、变动性四个因子;外在报酬维度指在职业活动中能获得的因素,它包括声望、安全性、经济报酬、生活方式四个因子。

(二) 职业价值观探索

探索活动 2-8

舒伯职业价值观

说明:表2-13有60道题目,每个题目都有5个备选答案,请根据自己的实际情况或想法,在题目后面圈出相应字母,每题只能选择1个答案。通过测验,你可以大致了解自己的职业价值观念倾向。

表 2-13 舒伯职业价值观测试

测评项目	非常重要	比较重要	一般	较不重要	很不重要
(1) 能参与救灾、济贫工作					
(2) 能经常欣赏完美的工艺作品					
(3) 能经常尝试新的构想					
(4) 必须花精力去深入思考					
(5) 在职责范围内有充分自由					
(6) 可以经常看到自己的工作成果					
(7) 能在社会扮演更重要的角色					
(8) 能知道别人如何处理事务					
(9) 收入能比相同条件的人高					
(10) 能有稳定的收入					
(11) 能有清静的工作场所					
(12) 主管善解人意					
(13) 能经常和同事一起休闲					
(14) 能经常变换职务					
(15) 能成为你想成为的人					
(16) 能帮助贫困和不幸的人					
(17) 能增添社会的文化气息					
(18) 可以自由地提出新颖的想法					
(19) 必须不断学习才能胜任					
(20) 工作不受他人干涉					

续表

测评项目	非常重要	比较重要	一般	较不重要	很不重要
（21）觉得自己的辛苦没有白费					
（22）能使你更有社会地位					
（23）能够分配调整他人的工作					
（24）能常常加薪					
（25）生病时能有妥善照顾					
（26）工作地点光线通风好					
（27）有一个公正的主管					
（28）能与同事建立深厚的友谊					
（29）工作性质常会变化					
（30）能实现自己的理想					
（31）能够减少别人的苦难					
（32）能运用自己的鉴赏力					
（33）常需构思新的解决方法					
（34）必须不断地解决新的难题					
（35）能自行决定工作方式					
（36）能知道自己的工作绩效					
（37）能让你觉得出人头地					
（38）可以发挥自己的领导能力					
（39）可使你存下许多钱					
（40）有好的保险和福利制度					
（41）工作场所有现代化设备					
（42）主管能采取民主领导方式					
（43）不必和同事有利益冲突					
（44）可以经常变换工作场所					
（45）常让你觉得如鱼得水					
（46）能常帮助他人解决困难					
（47）能创作优美的作品					
（48）常需提出不同的处理方案					
（49）需对事情深入分析研究					
（50）可以自行调整工作进度					
（51）工作结果受到他人肯定					

续表

测评项目	非常重要	比较重要	一般	较不重要	很不重要
(52) 能自豪地介绍自己的工作					
(53) 能为团体拟定工作计划					
(54) 收入高于其他行业					
(55) 不会轻易地被解雇或裁员					
(56) 工作场所整洁卫生					
(57) 主管学识和品德让你钦佩					
(58) 能够认识很多风趣的伙伴					
(59) 工作内容随时间变化					
(60) 能充分地发挥自己的专长					

计分并填写表2-14：A—5分，B—4分，C—3分，D—2分，E—1分。

表2-14　舒伯职业价值观自评等级表

职业价值观	对应题目	我的选项	得分
利他主义	1、16、31、46		
美的追求	2、17、32、47		
创造发明	3、18、33、48		
智力激发	4、19、34、49		
独立自主	5、20、35、50		
成就满足	6、21、36、51		
声望地位	7、22、37、52		
管理权力	8、23、38、53		
经济报酬	9、24、39、54		
安全稳定	10、25、40、55		
工作环境	11、26、41、56		
上司关系	12、27、42、57		
同事关系	13、28、43、58		
多样变化	14、29、44、59		
生活方式	15、30、45、60		

第六节　大学生自我评价的偏差及其心理分析

一、大学生自我评价的偏差

大学生自我评价的偏差主要表现为两极性，即自我评价偏高和自我评价偏低。

大学生的自我意识发展迅速，思维的独立性和批判性也有所提高，对人生、社会的探索精神日益加强，喜欢辩论，提出自己的"高见"，但由于社会阅历浅，对生活和社会的认识、判断能力还不够成熟，因此，容易过分夸大自己的能力，自以为了不起；反之，又会低估自我，产生自卑感。于是表现出自我评价的两极性：高估自我和低估自我。其中最常见的是高估自我。在大学生中自我评价偏高是主要倾向，但同时我们又不可忽视低估自我的现象。

（一）自我评价偏高

有人对98名大学生的自我鉴定与本人实际表现进行了比较分析，相符合的只占1/4，有3/4的大学生对自己的优点和成绩的评价都有不同程度的偏高。自我评价偏高，会使大学生产生骄傲情绪，无根据地高估自己的能力，结果是：认识问题往往带有一定的偏激和固执；评价他人往往求全责备；观察社会易于简单化；行动目标往往力不能及。因此，不可避免地引起实际行动中的失败和冲突，引起情感损伤。严重者还可能丧失自知之明而导致自我扩张的变态心理。

为什么有不少大学生的自我评价出现偏高现象呢？主要有以下三方面原因。

1. 优越感强，过于自信

大学生精力充沛、思维敏捷，对自己的精力和能力充满着自信。家庭和社会对他们十分偏爱，把他们视为"时代宠儿、天之骄子"，使他们具有强烈的优越感和自信心，自我感觉非常好，对自我现状极易肯定，对未来充满信心和希望，幻想着能成就一番丰功伟业。过于自信是一种认识障碍，它将导致自我评价偏高，盲目自大，丧失清醒的头脑；蔑视他人，缺乏谦虚谨慎的精神。

2. 强烈的自尊心和好胜心

大学生在同龄的社会青年中，一般说来，智力水平高，知识更丰富，好学上进，有理想，有追求，故自尊心与好胜心非常强烈。一些大学生由于自尊和好胜，力求做生活的强者，喜欢受到他人的羡慕、称赞和青睐，哪怕是被他人嫉妒，也感到是一种荣耀，生怕被人瞧不起。过于自尊和好胜就容易转化为虚荣心，自我欣赏，喜欢炫耀自己的才干，看不起别人，过高地估计自己的能力，而忽视了自己的缺点。家长的过分溺爱、袒护，学校、老师过多地赞誉，更会使得一部分过于自尊、好胜的大学生更加飘飘然而丧失自知之明，以导致自我扩张的心理（自我扩张型学生的特点是过分高估"现实自我"，将虚假的"理想自我"替代了"现实自我"的位置，过分悦纳自我）。

3. 大学生思维发展尚有水平不高的一面

大学生逻辑思维虽已基本确立，其中辩证思维也有相当发展，但仍存在一定的片面性

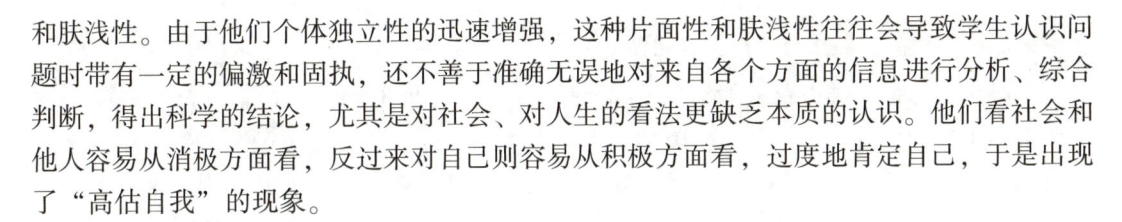

和肤浅性。由于他们个体独立性的迅速增强，这种片面性和肤浅性往往会导致学生认识问题时带有一定的偏激和固执，还不善于准确无误地对来自各个方面的信息进行分析、综合判断，得出科学的结论，尤其是对社会、对人生的看法更缺乏本质的认识。他们看社会和他人容易从消极方面看，反过来对自己则容易从积极方面看，过度地肯定自己，于是出现了"高估自我"的现象。

（二）自我评价偏低

自我评价偏低，会降低大学生的社会要求水平，导致对自己各种能力的怀疑，限制了自己对未来事业及美好生活的憧憬，引起严重的情感挫伤的内心冲突。过低的自我评价不仅对自己的发展和完善不利，对社会也无益。因为过低的自我评价不能最大限度地发挥自己的潜力和才能，在学习与工作上也就不可能取得更大、更好的成绩。当然，不能否认，人对自己的评价适当的低些，可能成为人积极进取的动力。这里讲的偏低是指没有实事求是地评价自己。

自尊心强烈的大学生，为什么也会出现自我评价偏低的现象呢？原因有如下四点。

1. 过强的自尊心

大学生的自尊心比较强，其积极的一面，可以成为大学生成才的一种心理动力；但自尊心过强却会导致消极的心理品质，如虚荣心的要求得不到满足，便不能悦纳自我，就感到自己处处不如别人，心里惆怅，自信心丧失，而逐渐产生了自卑感。自卑心理过于严重就会导致自我拒绝心理。有自我拒绝心理的学生，不但悲观自责，还会自暴自弃、自轻自伤。

2. 自我期望水平偏高，使"理想自我"与"现实自我"距离增大，引起学生对现实不满

自我期望水平偏高，使"理想自我"与"现实自我"距离增大，容易引起学生对现实不满。"理想自我"的目标水平高一些，对大学生来讲是有积极意义的。但由于一些学生的"理想自我"过于脱离实际，或在实现"理想自我"的过程中缺乏应有的耐心和方法，往往在经过努力仍无法接近目标后，就容易急躁、失去自信，从而产生否定自我的心理。

3. 适应能力差，导致消极的否定性情绪体验

大学生适应能力差，易积累一定的挫折感，导致消极的否定性情绪体验。刚入大学的大学生，有人又称之为"大龄中学生"，由于心理调节能力差，故适应能力弱，往往因为小小的失败，容易累积成为一定的挫折感。例如，面临大学较之中学复杂、陌生的人际关系而不适应；加之正处于心理断乳期所产生的心理闭锁性而交友困难；学习的方式、方法发生变化加上学习效果不佳而不适应；生活环境的改变、生活上不能自理而不适应；性意识的觉醒，渴求异性朋友未能得到满足而不适应等。种种的不适应产生了一系列的挫折感，对于一些挫折容忍力差的学生，就会感到孤寂、痛苦、烦恼，对自己不满，认为自己无能，进而转化为自卑感。

4. 认识障碍造成的偏差

由于人生观、生活观不健全，大学生在认识和理解问题的方式上，往往理论多于实际。对社会、人生的认识，尤其是对自我的认识缺乏科学的态度，更未能内化为自己稳定的心理结构，因而对自我的认识常常从消极方面出发，产生自我否定的心理。

二、大学生自我评价偏差的心理调适

大学生自我评价的发展水平在一定程度上反映了大学生心理发展成熟的程度。生活中，大学生经常把自己看作是有价值的、令人喜欢的、优越的、能干的人。但如果一个人只看到自己比别人好，而看不到自己的缺点，就会盲目乐观、自以为是，因此就处理不好人际关系，而且还会常常碰壁，产生难于消解的苦闷。相反，一个人自我评价偏低，就看不到自己的价值，觉得处处不如人，就会丧失自信，产生厌恶自己并否定自己的自卑感，从而失去进取心。由此看来，大学生自我评价的偏差，极不利于他们的成长，对他们自我意识的正确发展和心理的成熟是有危害的。因此，帮助大学生纠正自我评价的偏差，对提高他们自我评价的发展水平是极为重要的。

大学生可以通过以下几种途径来纠正自我评价的偏差。

（一）注意通过别人的评价来认识自己

"不识庐山真面目，只缘身在此山中"，说的就是一个自我认知的距离感问题。大学生出现自我评价偏差，就是因为缺乏"距离感"，从而形成"主观者迷"的局面。大学生对自己的认识在很大程度上是来自周围人对自己的评价，特别是他们所尊重的父母、长辈、教师和同学的评价，对他们自我认知、自我评价的发展有很大的影响。因此，作为被评价者，大学生要认真分析和接受别人评价中的合理部分，注意保持"距离感"，更不要因为忠言逆耳便充耳不闻、我行我素，从而避免自我评价的偏差。

（二）学会在与别人的正确比较中评价自己

大学生自我评价过高或过低，主要是因为不能与其他人作客观比较而产生的。而纠正自我评价的偏差，必须是把自己与自己类似的人作客观的比较。心理学家柯里曾指出：别人对自己的态度是自我评价的"一面镜子"。大学生每时每刻都处在人际交往中，尤其是与老师、同学、亲友交往甚密，对此大学生要自觉地与他们相比，从他们的言谈举止中，从他们对自己的褒贬评价中找差距。从比较中取长补短、发展自己，从而纠正自我评价过高或过低的现象。

（三）内省调适法

内省调适法，是指运用自我观察、自我分析、自我报告的方法进行自我评价。它是纠正自我评价偏差的根本，万万不可忽视。所谓自我观察，就是大学生对自己的言行举止、活动等全过程的心理体验进行耐心观察。在自我观察中加强自我分析，在合理的自我分析中形成自我报告。所谓自我报告，就是活动的主体向自己报告活动的过程和结果、个人的言论和行为以及所表现出来的个性品质。这个报告不但要报告行动前的内心体验及过程，而且更重要的是对结果的分析及评价。通过对报告的内省，进而达到使自我变得更为自由和客观，更加独立和稳定，避免自我评价的过高或过低。

（四）积极参加学习和实践活动

健康顺利的学习活动，不仅发展着大学生的抽象思维能力，而且也发展着大学生自我评价、自我教育的能力。也只有在实践中，大学生才能发现自己的不足。为克服自己的不足，他们须不断修正、完善自我形象，有目的地教育自己、管理自己，从而提高自我评价的水平。积极参加学习和实践活动是大学生提高自我评价客观性的有效途径，也是纠正自我评价偏差的最重要途径。

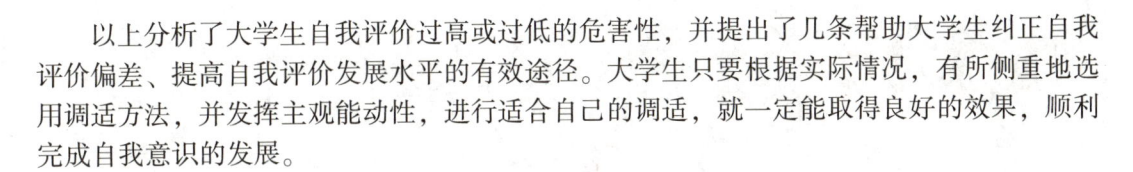

以上分析了大学生自我评价过高或过低的危害性，并提出了几条帮助大学生纠正自我评价偏差、提高自我评价发展水平的有效途径。大学生只要根据实际情况，有所侧重地选用调适方法，并发挥主观能动性，进行适合自己的调适，就一定能取得良好的效果，顺利完成自我意识的发展。

三、自我认知的结论

（一）明确自身优势

明确自己的能力大小，给自己打打分，看看自己的优势和劣势，这就需要进行自我分析。通过对自己的分析，旨在深入了解自己，根据过去的经验选择、推断未来可能的工作方向与机会，从而彻底解决"我能干什么？"的问题。只有从自身实际出发、顺应社会潮流，有的放矢，才能马到成功。要知道个体是不同的、有差异的，我们就是要找出自己与众不同的地方并发扬光大。定位，就是给自己亮出一个独特的招牌，让自己的才华更好地为招聘单位所识；对自己的认识分析一定要全面、客观、深刻，绝不回避缺点和短处。你的优势，即你所拥有的能力与潜力所在，具体如下。

（1）你学习了什么？在学期间，你从学习的专业中获取了什么收益，参加过什么社会实践活动，提高和升华了哪些方面的知识。专业也许在未来的工作中并不起多大作用，但在一定程度上决定了自身的职业方向，因而尽自己最大努力学好专业课程是生涯规划的前提条件之一。不可否认知识在人生历程中的重要作用，特别是在知识经济日益受到重视的今天会得到满意的结果。

（2）你曾经做过什么？即自己已有的人生经历和体验，如在学期间担当的学生干部，曾经为某知名组织工作过等社会实践活动，取得的成就及经验的积累，获得过的奖励等。经历是个人最宝贵的财富，往往从侧面可以反映出一个人的素质、潜力状况，因而备受招聘组织的关注，同时这也是自我简历的亮点所在和重要组成部分，绝对忽视不得。对一名应聘者来说，经历往往比知识更为重要，因为许多事情只有经历过，才可能有深刻体会。

（3）你最成功的是什么？你做过很多事情，但最成功的是什么？为何成功的，是偶然还是必然？是否是自己能力所为？通过对最成功事例的分析，可以发现自我优越的一面，譬如坚强、果断、智慧超群，以此作为个人深层次挖掘的动力之源和魅力闪光点，形成职业规划的有力支撑；寻找职业方向，往往是要从自己的优势出发，以己之长立足社会。

（二）发现自己的不足

（1）性格的弱点。人无法避免与生俱来的弱点，必须正视，并尽量减少其对自己的影响。譬如，一个独立性强的人会很难与他人默契合作。而一个优柔寡断的人绝对难以担当组织管理者的重任。卡耐基曾说："人性的弱点并不可怕，关键要有正确的认识，认真对待，尽量寻找弥补、克服的方法，使自我趋于完善。"因此要注意定下心来，多跟别人好好聊聊，尤其是与自己相熟的父母、同学、朋友等交谈。看看别人眼中的你是什么样子，与你的预想是否一致，找出其中的偏差，这将有助于自我提高。

（2）经验与经历中所欠缺的方面。"人无完人，金无足赤"，由于自我经历的不同，环境的局限，每个人都无法避免一些经验上的欠缺，特别是面对招聘单位纷纷要求数年工作经验条件的时候。有欠缺并不可怕，怕的是自己还没有认识到或认识到而一味地不懂装懂。正确的态度：认真对待，善于发现，并努力克服和提高。

课堂活动

实践作业

给现在一个期许，给未来一个回忆

你也许以前试过给过去的自己写信，向年少时的自己传授一些人生的智慧和观点，你希望那时的自己就能知道这些。现在我们换个角度看问题，如果让你给未来的自己写封信，你会写点什么？想象一下，给5年后的自己写一封信，当5年后你打开那封信时，你会产生多少共鸣。也许当你给未来的自己写信时，你会慢慢理清希望自己在人生旅途的那个特定时刻变成什么样子。不少于1 000字。

本章小结

> 自我分析的方法包括反省内省法、通过比较来认识自己、通过咨询来了解自己、橱窗分析法、自我测验法、360°评估等。
>
> 气质是指人们心理活动的速度、强度、稳定性和灵活性等方面的心理特征，是神经类型特征在人的行为上的表现。一般来说，气质分为胆汁质、多血质、黏液质和抑郁质四种类型。气质对个体的职业和效率有一定的影响。
>
> MBTI包括四个维度，显示了人与人之间的差异，分别是：精神能量指向，分为外倾（E）和内倾（I）；信息获取方式，分为感觉（S）和直觉（N）；决策方式，分为思维（T）和情感（F）；生活态度取向，分为判断（J）和知觉（P）。
>
> 兴趣是个体积极探究事物的认识倾向，这种倾向带有稳定、主动、持久等特征。兴趣是职业生涯选择的重要依据，可以增强我们的职业生涯适应性，影响我们的工作满意感和稳定性。兴趣可以开发智力，可以提高人的工作效率。兴趣是事业成功的重要因素。
>
> 霍兰德将人的职业兴趣分为六种：现实型（R）、研究型（I）、艺术型（A）、社会型（S）、企业型（E）和事务型（C）。
>
> 能力是顺利实现某种活动的心理条件，是指才干、技能或能胜任某项工作的主观条件，人们成功地完成某种活动所必须具备的个性心理特征，是人们在社会实践中所表现出的身心力量。一个人的能力高低会影响他掌握各种活动的成绩，影响一个人的活动效果。

多元智能理论包括语言智能、音乐智能、空间智能、运动智能、逻辑智能、人际智能、内省智能和自然智能。

辛迪·梵和理查德·鲍尔斯将技能分为三种类型：专业知识技能、自我管理技能和可迁移技能。

价值观是指个人对客观事物（包括人、物、事）及对自己的行为结果的意义、作用、效果和重要性的总体评价，也就是人认定事物、辨别是非的一种思维或取向，是对什么是好的、什么是应该的总体看法，是推动并指引一个人采取决定和行动的原则、标准，是个性心理结构的核心因素之一。价值观具有稳定性、主观性、时代性、民族性、阶级性等特点。

社会主义核心价值观是社会主义核心价值体系的内核，体现社会主义核心价值体系的根本性质和基本特征，反映社会主义核心价值体系的丰富内涵和实践要求，是社会主义核心价值体系的高度凝练和集中表达。社会主义核心价值观是凝聚人心、汇聚民力的强大力量。

社会主义核心价值观关乎国家、社会及每一个中国人的发展，对当今大学生的影响较为显著。社会主义核心价值观是在国家不断发展中提出的一种新思想，是当代大学生武装头脑的强有力的思想武器。

大学生要从现在做起、从自己做起，使社会主义核心价值观成为自己的基本遵循。通过感知、领悟和实践，不断增强对社会主义核心价值观的理论认同、情感认同和行为认同，使核心价值观由"知识体系"转变为"情感体系"，继而转变为"认同体系"，做到"真学、真懂、真信、真用"，是引导大学生培育和践行核心价值观的基本前提，也是引导大学生树立个人价值观的重要基础。

职业价值观是人生目标和人生态度在职业选择方面的具体表现，也就是一个人对职业的认识和态度以及他对职业目标的追求和向往。舒伯认为常见的价值观有十三种，包括智力激发、利他性、创造性、独立性、美感、成就、管理、工作环境、同事关系、监督关系、变动性、声望、安全性、经济报酬、生活方式等。

大学生自我评价的偏差主要表现为两极性，即自我评价偏高和自我评价偏低。

思考题

（1）什么是自我认知？自我认知有什么重要意义？
（2）自我分析包括哪些内容？
（3）如何进行性格探索？
（4）如何进行兴趣探索？
（5）如何进行能力探索？
（6）如何进行职业价值观探索？
（7）大学生如何在学习践行社会主义核心价值观的基础上建立正确的个人价值观？

第三章

环境分析

> 常思奋不顾身，而殉国家之急。
>
> ——司马迁

本章学习目标

通过本章的学习，学生应当掌握环境探索的内容与方法，能够正确认识环境，能够把握时代的脉搏，能够树立投入新时代建设的责任感与使命感。

本章内容框架

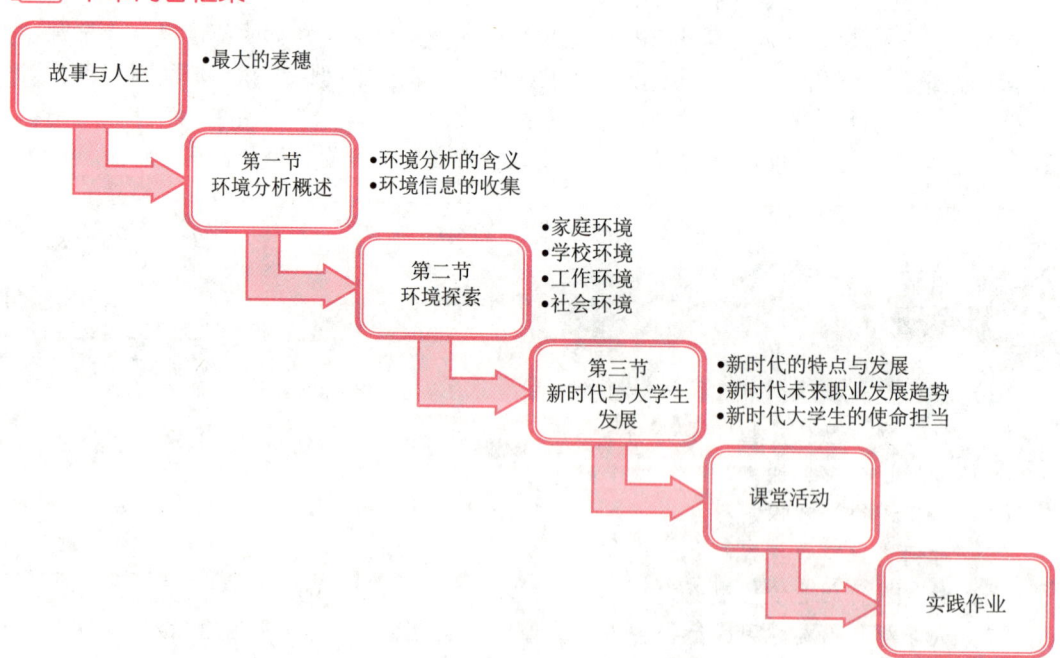

- 故事与人生
  - 最大的麦穗
- 第一节 环境分析概述
  - 环境分析的含义
  - 环境信息的收集
- 第二节 环境探索
  - 家庭环境
  - 学校环境
  - 工作环境
  - 社会环境
- 第三节 新时代与大学生发展
  - 新时代的特点与发展
  - 新时代未来职业发展趋势
  - 新时代大学生的使命担当
- 课堂活动
- 实践作业

★ **故事与人生**

最大的麦穗

古希腊有一位大学者，名叫苏格拉底。一天，他带领几个弟子来到一块麦地边。那正是收获的季节，地里满是沉甸甸的麦穗。苏格拉底对弟子们说："你们去麦地里摘一个最大的麦穗，只许进不许退，我在麦地的尽头等你们。"

弟子们听懂了老师的要求后，就走进了麦地。

地里到处都是大麦穗，哪一个才是最大的呢？弟子们埋头向前走。看看这一株，摇了摇头；看看那一株，又摇了摇头。他们总认为最大的那一穗还在前面呢。虽然，弟子们也试着摘了几穗，但并不满意，便随手扔掉了。他们总以为机会还很多，完全没有必要过早地定夺。

弟子们一边低着头往前走，一边用心地挑挑拣拣，经过了很长一段时间。

突然，大家听到了苏格拉底苍老的如同洪钟一般的声音："你们已经到头了。"这时，两手空空的弟子们才如梦初醒，他们回头望了望麦垄，无数株小麦摇晃着脑袋，似乎在嘲笑他们。

苏格拉底对弟子们说："这块麦地里肯定有一穗是最大的，但你们未必能碰见它；即使碰见了，也未必能作出准确的判断。因此最大的一穗就是你们刚刚摘下的。"

苏格拉底的弟子们听了老师的话，悟出了这样一个道理：人的一生仿佛也在麦地中行走，也在寻找那最大的一穗。有的人见到了颗粒饱满的"麦穗"，就不失时机地摘下它；有的人则东张西望，一再地错失良机。当然，追求应该是最大的，但把眼前的一穗拿在手中，这才是实实在在的。

（本文来源：http://www.ruiwen.com/wenxue/kewen/534394.html）

思考：

（1）怎样才能拾到最大的麦穗？

（2）这个故事对我们有什么启示？

第一节　环境分析概述

一、环境分析的含义

"知己知彼，百战不殆"，每个人都生活在一定的环境中，环境对于一个人的成长和职业发展有着重要的影响，因此在进行职业生涯规划时，在对自我分析之后，就必须对环境作出深入的分析和研究，要分析环境的特点，环境的发展变化，自己与环境的关系，自己在特定环境中的地位，环境对自己提出的要求或挑战以及环境对自己的有利条件和不利条件等。只有对这些环境因素进行了充分了解，才能做出与环境相适应的职业生涯规划，才能做到在复杂的环境中趋利避害，使自己的职业生涯规划得以发展与实现。

所谓环境分析实质上就是一个"知彼"的过程，即了解和分析与生涯发展密切相关的有关环境，以确定自己是否适应环境以及怎样来调整自己以适应组织和社会的需要。环境包括家庭环境、同事的状况、学校环境、企业（职业）环境和社会环境等。一般而言，短期的规划比较注重企业环境的分析，长期的规划要更多地注重社会环境的分析。环境分析的过程就是认识社会和认识职业的过程。

二、环境信息的收集

（一）收集信息的渠道与途径

1. 通过各种市场收集信息

具体有以下几类市场：高校毕业生就业部门举办的就业市场；高校之间联办的就业市场；分科类的专业就业市场；教育主管部门举办的大型就业市场；人才中介部门的人才市场；网上市场。

2. 收集信息的其他途径

（1）互联网。互联网成为毕业生收集信息、求职择业的主渠道之一，已是不争的事实。目前，全国就业网站逾千家，提供了大量与求职相关的信息，例如：国家大学生就业服务平台（https://job.ncss.cn/）；应届生求职网（https://www.yingjiesheng.com/）；前程无忧（www.51job.com）；中华英才网（www.chinahr.com）；自媒体等。

（2）其他传播媒介。各类单位通过新闻媒介，如广播、电视、报纸、杂志、电话等工具介绍企业现状、发展前景及人才需求。特别是主管毕业生就业部门创办的杂志以及各高校的就业橱窗，都在毕业生求职择业的关键时期发布用人单位需求信息和招聘信息。各地的人才市场报、晚报等都开办了人才需求信息及招聘广告栏目。毕业生平时多加注意，肯定会获得令人感兴趣的或有用的信息。

（3）社会实践活动。学生在校期间，通过生产实习、毕业实习、参加社会服务等社会实践活动，不仅能使自己所学的知识直接应用于生产，为社会服务，而且也开阔了视野，还可以有意识地了解这些单位对毕业生的需求情况，对所需人员的素质要求等。

（4）就业服务机构。这里主要是指学校、人事局、劳动保障局的就业服务机构，如高校毕业生就业指导中心、人才市场、人才中介服务机构等。

（5）社会关系。整个社会其实是一个大家庭，我们不少同学的亲朋好友分布在社会的各个领域、各条战线，由此形成了复杂的社会关系网。找工作是正大光明的事，正确利用这种社会关系网，通过关系网收集信息、推荐并推销自己，针对性强、可靠性高，成功率大。

（二）信息的筛选

1. 可信性筛选

首先要确定信息的可信性。要把那些从"小道"得来或几经辗转而未经证实的信息与有根有据的信息区别开来，只有在做出正确判断之后，才能决定自己的下一步行动。

2. 有效性筛选

要对信息的有效性进行分析，看是否对自己有用。对搜集到的求职信息，要按行业性质、职业性质、所在地区或归属、工种、工薪的高低以及对所需人员的限定条件、素质要求等进行筛选，并根据自己的能力和意愿做出切合实际的选择，顺利地走向职业岗位。

（三）信息的使用

在使用环境信息时应遵循以下三个原则：发挥优势和学以致用的原则；面对现实和实事求是的原则；先就业后择业的原则。

在使用环境信息时应注意以下三个问题：注意信息的时效性；注意信息的广泛性；注意信息的准确性。

第二节　环境探索

环境探索（分析）主要包括家庭环境、学校环境、工作环境（行业环境）以及社会环境等内容。

一、家庭环境

家庭环境分析指的是对家庭软硬环境的分析。家庭软环境，是指笼罩着特定场合的特殊气氛或氛围，它诉诸人的内在情绪和感受，对人起着潜移默化的作用，是家庭生活中人与人之间相互联系时所形成的一种气氛，如家庭结构、教养方式等。家庭硬环境，是指特定的物质条件，它是人得以发展的基础条件，如家庭资源、父母文化水平和职业状况等。每个人从出生伊始就受到家庭环境的影响，这种影响往往是多方面的、深远的，往往一个好的家庭环境能够影响人的一生。

家庭环境对人的心态影响非常大，家庭经济状况、家庭文化、家人期望等都会对自己的职业选择产生影响，进而影响到个人工作和事业的发展。对家庭环境的了解和分析主要包括以下几个方面。

（1）家庭关系：如父母关系、父子父女关系、母子母女关系是否和睦。和谐的家庭关系对我们有什么影响？

（2）家庭生活环境：城市还是农村出身？家庭成员的工作、爱好、性格、价值观等是什么样的。家庭生活环境对我们选择职业有什么影响？

（3）家庭经济状况：如父母的工作、家庭的收入。家庭经济状况对我们选择职业有什么影响？

（4）家庭成员的受教育状况：如父母的文化程度、兄弟姐妹的受教育情况等，这些又对我们职业选择产生哪些影响？

（5）家庭成员健康状况：包括心理健康和身体健康。父母是否健康，是否有遗传性疾病？是否对自己求职、就业产生一定的影响？

注意：在分析家庭环境时，要选择那些对自己职业选择有重要影响的因素，并主要分析这些因素对自己性格、价值观、能力等的影响，对自己选择职业的影响。

探索活动 3-1

原生家庭分析

心理学研究表明，早期的生活经历，特别是原生家庭对塑造人的个性、人格成长、人际关系、情绪管理能力等有深远的影响。我们的人格模式、行为模式都刻着原生家庭的烙印，可以说，家庭既是我们生涯发展的资源，又是我们生涯发展的限制。思考自己的原生家庭，填写表3-1。

表3-1 原生家庭分析表

和你的关系	你所欣赏的	你不欣赏的	对你的影响
父亲			
母亲			
……			

探索活动3-2

我的家族职业树

探索并绘制自己的家族职业树。

第一步：访谈。罗列身边亲近的家属，依据表3-2的内容，对罗列的每一位家属分别进行访谈，访谈内容一定要涉及表3-2中的内容。

表3-2 家族成员访谈记录表

亲属	职业名称与工作内容	入职资格及入职过程	是否胜任/是否愉快	如再次选择会选择什么职业？为什么	对我的职业发展的期待

第二步：绘制家族职业树。参考第一步表格中的内容，绘制你的家族职业树，参考图3-1所示。

第三步：观察你的家族职业树，探索职业世界，思考下列问题。

(1) 你的家族中从事最多的职业的是什么？
(2) 爸爸如何形容他的职业？爸爸平时会提到哪些职业？
(3) 妈妈如何形容她的职业？妈妈平时会提到哪些职业？
(4) 家族中还有谁对职业的想法对你影响深刻？他们怎么说？
(5) 你想要从事这种职业吗？为什么？
(6) 家族中对彼此职业感到满意或羡慕的是什么？
(7) 你对他们的想法：_____
(8) 你觉得家人对你未来选择职业的影响是：_____
(9) 通过对家族职业的了解，你倾向考虑从事的职业是什么？
(10) 你绝对不会考虑从事的职业是什么？
(11) 你家人希望你从事的职业是什么？

(12) 从家族职业树中你收获到的是什么？

第四步：通过上面的绘制和探索，在这棵家族职业树上，思考哪些是你生涯发展中的资源？哪些有可能成为限制？思考后建议与家长、老师或者同学一起讨论，你一定会有新的收获。

二、学校环境

（一）大学与大学生活

"大学之道，在明明德，在亲民，在止于至善"，大学是一种功能独特的文化机构，是与社会的经济和政治机构既相互关联又鼎足而立的传承、研究、融合和创新高深学术的高等学府。它不仅是人类文化发展到一定阶

图 3-1 家族职业树

段的产物，它还在长期办学实践的基础上，经过历史的积淀、自身的努力和外部环境的影响，逐步形成了一种独特的大学文化。

大学生活是指读大学期间的生活。大学是知识的海洋，这里有浩瀚的图书资料和先进的仪器设备，能使大学生接触广博的知识，培养必要的专业技能，学习与人相处的方法。大学是学生从象牙塔走向社会的最后一站，是社会与校园的结实纽带，合理利用大学中的时间，让自己的大学生活变得充实有梦想对将来走向社会有很大的正面效应。

被尊称为"清华大学永远的校长"的梅贻琦老先生曾言："大学之大，非大楼之大，乃大师之大。"大学聚集着众多学者和专家，他们精通本专业的基础理论，了解最新的学术成果，具有丰富的科研实践经验，熟悉教育教学的客观规律。在良师的指导下，通过系统的教学活动和严格的科学训练，同学们可以系统准确地掌握基础知识和专业知识，接近学科前沿，提高专业能力尤其是专业创造能力。同时，通过耳濡目染还能从良师那里学到做人的道理，培养良好的学风，接受人格的熏陶。

大学有浓厚的学习研究和成才的氛围。这里是知识创新、传播和运用的基地，是培养创新精神的摇篮，是接受人文精神和科学精神熏陶的园地。学术风气，促进思想交流，陶冶品德操守，建设精神文明，是大学的灵魂所在。同学们可以在大学里深入学习科学知识，广泛汲取各种新的思想和学术成果，不断提高自身素质，确立正确的世界观、人生观和价值观。

掌握获取知识的本领，学会在知识的海洋中畅游冲浪，是同学们在大学阶段的主要任务，是顺利成长成才的重要基础。与高中生活相比，大学生活发生了显著的变化。

1. 学习要求的变化

美国学者埃德加富尔在《学会生活》一书中指出："未来的文盲将不再是不识字的人，而是没有学会学习的人。"

高中学习是被动的，大学学习是主动的。高中学生基本上是围绕老师的安排、在老师

的教育下一步步地学习。大学阶段的学习，知识的广度和深度大大增加，专业方向基本确定，需要大力发挥学习的主动性、创造性。要求同学们主动地进行学习，要"读万卷书，行万里路"，把理论与现实相结合，不断地提高自己分析问题和解决问题的能力。没有主动地学习精神，要想在学业上取得好的成就是不可能的。大学主要实行的是学分制，除了公共科目、学科基础课和专业课属于必修课之外，各专业还开设选修课，同学们可以根据个人兴趣和能力选修相关课程，自由支配的学习时间增多，学习的主动性大大增强。大学图书资料和各种信息丰富，获取知识的渠道更加多样化，熟练利用图书馆和互联网搜集资料和掌握信息，成了同学们必备的学习技能。广泛涉猎相关知识，掌握科学的学习方法，培养自主学习和独立思考问题、分析问题、解决问题的能力，是大学阶段学习的重要特点。

　　课堂学习依然是大学生学习的主要途径，但已经不是学习的唯一方式。大学生的学习以自学为主，以课堂为辅。大学课程，老师在课堂上大都只讲重点。新生要养成良好的学习习惯，做到提前预习。通过预习，发现课程重点和难点，了解课程的内在联系，掌握听课的主动权。通过大学学习，大学生应该逐步学会不需要老师也能获得知识、更新知识的本领。高校教师的教育方法以引导为主，不再是单向灌输的形式。大学学习充分体现出学生学习的主动性、积极性和自觉性，并不断探索和总结适合自己的有效学习方法。大学的学习一定要改变往日应试教育的学习方式，课外阅读、同学讨论、参与实践、听各种学术报告和讲座、利用网络等，都是大学生进行学习、获取知识的重要方式。而且这些方式对于锻炼自己的实践能力与社交能力同样是非常重要的，这些所得将会是未来走向社会获得职业成功的基础。

　　高中学习主要是知识的接纳，大学学习具有研究与探索的性质。高中的学习主要是围绕高考这根指挥棒，因而学习的内容很多都是各种科学文化的基础知识，属于知识点的单方面的传递，大家所要做的仅仅是将老师传授的接纳过来，变成自己了解与记忆的知识点的汇集，很少涉及对于所接受知识的质疑或者再研究；而大学生的学习具有研究和探索的性质，不仅表现在需要完成学业论文和毕业论文，以及参加学术报告会，而且表现在所学课程的内容上。大学生的学习不单是掌握知识，而且要掌握科学知识的形成过程、科学的研究方法，交叉学科存在的问题以及解决问题的可能性。并且可以对于书本的知识、老师教导的知识提出质疑、表达自己的不同观点，并且在专业的领域内验证观点的科学性与正确性，不盲从，有研究精神。

2. 生活环境的变化

　　高中生活是以家庭生活为主；大学生活是以集体生活为主。上高中的时候大部分同学住在家里，即使是住校的同学，每个月也能回家，这样会从父母那里得到更多的关爱，生活上的琐事不用太操心，与人的交流沟通能力显得不太重要。进入大学以后，同学们离开父母独立生活，许多同学还远离家乡，衣食住行学等日常生活都要靠自己安排，一切问题都要依靠自己的力量进行处理。同学们来自五湖四海，兴趣爱好、生活习惯可能存在差异，主动地加强沟通和交流，互相理解和关心成为一种需要。自理能力强的同学会很快适应，应对自如；自理能力弱的同学，则可能计划失当，顾此失彼。因此，同学们要尽快适应新的环境，既要学会过集体生活，又要学会独立处理学习生活中遇到的各种实际问题。

3. 社会活动的变化

　　高中解决的问题是单一的，大学解决的问题是多样的。高中解决的主要问题就是考上理想大学。在高中阶段，只要学习成绩好，考上大学就算跑到终点、而大学教育要解决的问题具有多样性。迈入大学校园，面临的是一个全新的学习环境，大学的学习已完全不同于高中。大学既要学专业知识，也要学专业外的知识；既要学科学研究方法，也要学实践操作；既要学做事，也要学做人。

进入大学后，党组织、团组织、学生会、班委会等组织活动增多；由志趣、爱好相同的同学自愿组织起来的各种学生社团的活动丰富多彩，同学们参加各种社会活动的机会大大增加。因此，同学们可以根据自己的特点和爱好、时间和精力积极参加各种活动，合理安排课余生活，锻炼组织和交往能力。

大学教育要求每位大学生找到自己的职业方向，并据此学好自己的专业知识。大家在填报志愿的时候，初步确定了未来的职业定向，因而在大学阶段首先应该围绕相应的职业定向学习基础课和专业课，培养自己对于专业的热爱，形成对该学科知识的浓厚兴趣。大学里课程知识是由基础课、专业基础课和专业课组成的，循序渐进，一环扣一环，前面任何一环没有学好都将会影响到后面课程的进行。此外，还要通过课程与课外的实践不断摸索，正确认知自我，了解自身的特点与长处，探索自己今后可能发展的职业方向、寻找资源和途径来体验心仪的职位、丰富自身经历，所以大学需要解决的问题与高中比起来更为多样。

4. 评价标准的变化

在高中，学习成绩是评价一个学生的重要标准；在大学，评价标准却是多元的。进入大学后，特别是在重点大学，人才济济，高中的学习优势没有了，同学们又在一个新的起跑线上竞争。有的在社会工作上特别优秀，有的在文体方面特别优秀，有的动手能力强，有的科研能力强，不能以单一标准来判断孰优孰劣。在激烈的竞争中，同学们原有的优势被弱化，具有的只能是相对优势。

由于评价标准的多元化，大家可以根据自己的优势、专业特点、爱好或者今后期望的职业方向来规划自己的大学学习。一方面，可以合理利用自由支配的时间，在这些独立的学习时间内，阅读各种参考书和文献资料，扩大并补充课堂知识；或听自己喜爱的专业选修课或专题课，深化自己的专业知识层次，拓展知识氛围；或者选择学校开设的公共选修课，根据自己的兴趣、需要、特长进行选择，丰富自己的知识面。另一方面，可以借助校园活动、院系活动、暑期实践、企业实习的机会，磨炼自己对于知识的运用能力和增加对于真实职场的了解与接触，通过实践来更好的指导自己的学习方向和重点。多元化的评价标准可以给大家很多自我选择的空间，不拘泥于成绩的高低，有利于多角度审视自我，促进个性的发展。

（二）学业规划

面对大学生活，首先要迅速适应大学生活，全身心地融入大学的节奏中，好的开始是成功的一半。

培养形成良好的学习生活习惯。毕竟从高考结束到拿着录取通知书来报到，在这期间毫无规律的安逸生活，可能让人高度松弛，懒散懈怠，因此，必须迅速调整自己的身心，尽快进入状态，在新生活刚刚开始的时候，养成一个科学的作息习惯，在自己有限的时间里，合理安排好学习、运动、休闲等各种活动。当好的习惯形成并成为一种自然的时候，大学就一定会非常精彩。

充分利用学校资源。学校提供了各种各样的资源，一定要充分利用起来。例如，图书馆，在阅读面上要扩大自己的涉猎范围，使其尽量广泛一些，从而培养自己的阅读兴趣和阅读品味，腹有诗书气自华的书卷气会为大学生活以及以后的人生增色许多。身边的教师是取之不尽的思想之源，努力创造条件多与学校的老师交流，尤其是自己感兴趣的专业名师。经常运动锻炼，健康的体魄是实现人生抱负的根基。此外，便捷的网络、各专业实验室、社团、高水平讲座等，也都要充分地利用起来。

进行广泛的实践活动，培养自己的综合能力。不要把眼光局限在自己的宿舍或班级，也不要局限于同龄人，各个阶层、各个年龄段的人，都要尝试着去交流、去学习。多参加社会实践、活动、比赛，则会开阔眼界，提升素养，增强综合能力。不断地尝试，向自己的极限挑战，不要害怕失败，不要怕别人嘲笑，年轻人犯了错误还有得改，如果不尝试就永远都不知道对错。全面拓展自己的素质，培养独立思考和自学的能力。对学习，对社会现象，要有自己的看法，不人云亦云，独立思考的能力和习惯会成就你的精彩人生。

培养多方面兴趣，找到自己的发展目标。大学生的业余时间越来越多，但这不意味着大学生就应该虚度光阴。大学生应该利用第二课堂，培养自己多方面的兴趣，包括学习兴趣和科研兴趣，通过对兴趣的探索，发现自己的志趣，确定人生的方向。

做好学业规划。大学阶段是一个人成为专门人才、锻炼自身职业化素质的关键阶段，主要的学习活动都是围绕这一特点而展开。因而需要了解自身的特点与自我期望行业与职位对人才的具体要求，以此为目标规划大学四年的专业学习与实践。每个学期，不同阶段，给自己制订一个可行性目标，可以是多个，但不要好高骛远，让自己生活得既快乐，同时也要学有所成。将书本的知识内化成自身的素质，再由内而外，运用所学的科学方法将职业素质外化为解决问题和处理问题的实践行为，上升为能力。进入大学，一旦学习目的明确，学习动力就会非常足，就更能科学有效地规划好大学四年的学习生涯。

（三）学校环境探索

在对学校进行环境分析时，主要分析学校的地理位置、周边环境、学校特色、专业学习、实践经验、师资力量、硬件设施、软件环境、校风校训、学校的知名度以及影响力、所学专业是否是学校或国内的强项、学校学术氛围是否浓厚，诸如展览会、研讨会、学术报告会等活动是否经常举办等。同时，我们要思考：学校对自己学习提供了哪些有利条件？自己从学校能够获得什么？学校对自己的价值观、人生观、思维方式、性格、知识、能力等各方面产生了哪些影响？这些影响又对我们选择职业提供了哪些有利条件和不利条件？我们如何去弥补这些不利条件？

探索活动 3-3

大学九宫格

一共有九个模块，如表3-3所示，要求每个模块都写，并且每个问题至少有三个具体任务。在这九个格子中，每个格子都设计了相应的问题，在进行生涯辅导时，可引导学生对每个格子中的问题进行思考并打分。满分100分，60分视为及格。前三格均60分以上为合格，前六格均60分以上为优秀，九格均超过60分为卓越，三层逐层递进。

表 3-3　大学九宫格

学习	专业	人际
（1）课程表上要求的课程有哪些？ （2）除了课程表的内容，你还需要学习什么？ （3）基于自己未来的目标职业，你需要积累什么？ （4）你的学习习惯怎么样？	（1）你对自己的专业了解多少？ （2）是否喜欢自己的专业？ （3）对自己专业老师有何评价？ （4）你从他们身上学到了什么？	（1）你感觉难以应对的人有哪些？ （2）哪些场合让你感到不自在？ （3）为了将来更好地适应社会，你打算从搞定哪些人开始？
情感	身心健康	休闲娱乐
（1）你怎么看待爱情、友情等？ （2）你建立并维系亲密关系的能力如何？ （3）他人对你的影响有哪些？	（1）你有没有坚持运动的习惯？ （2）适合你的运动方式有哪些？ （3）你如何保持自己的心情愉悦？ （4）你如何处理焦虑、压力、沮丧等不良情绪？	（1）你有哪些兴趣爱好？ （2）你业余时间会做哪些事情让自己感受那种创造和成就感？ （3）除了学习、工作之外，你做什么来愉悦自己？
自我成长	学校环境	社会工作
任何一个阶段的时间都是在为下个阶段的发展做准备。 （1）你的人生目标是什么？ （2）你为此可以做哪些准备？ （3）你现在做得怎么样？	（1）学校的软件和硬件评价。 （2）你是否喜欢你所在大学的环境？ （3）你学习继承了哪些学校文化？	（1）你是否参加过一些志愿服务或学校活动？ （2）你怎样理解一个大学生的社会责任感？ （3）你怎样看待社会公益组织？从中，你有什么样的收获？

引导提问：

（1）有哪些"格"让你意识到是曾经被自己忽略的？

（2）如果希望在未来提升的话，你希望主要在哪些方面改变呢？（建议不多于三个格）

（3）如果从中选择一个"格"着手做到比今天更好一点，你会选择从哪里开始？

注：九宫格内的问题和引导提问需按实际情况进行调整。

三、工作环境

工作环境是一个人实现其职业理想的外部平台，如何能够更好地利用工作环境，帮助个人实现其理想，是职业生涯中很关键的一部分内容。环境分析的核心就是通过工作环境分析来制订个人的职业生涯规划。分析的内容包括以下几个方面。

（一）行业分析

行业（或产业）是指从事相同性质的经济活动的所有单位的集合。行业分类则是有规则地按照一定的科学依据，对从事国民经济生产和经营的单位或者个体的组织结构体系的详细划分。

《国民经济行业分类》国家标准于 1984 年首次发布，分别于 1994 年和 2002 年进行修订，2011 年第三次修订，2017 年第四次修订。该标准（GB/T 4754-2017）由国家统计局起草，国家市场监督管理总局、国家标准化管理委员会批准发布，并于 2017 年 10 月 1 日实施。2017年行业分类共有20个门类、97个大类、473个中类、1 380个小类。与2011年版比较，门类没有变化，大类增加了1个，中类增加了41个，小类增加了286个。20个行业门类具体如下。

　　A：农、林、牧、渔业。

　　B：采矿业。

　　C：制造业。

　　D：电力、热力、燃气及水生产和供应业。

　　E：建筑业。

　　F：批发和零售业。

　　G：交通运输、仓储和邮政业。

　　H：住宿和餐饮业。

　　I：信息传输、软件和信息技术服务业。

　　J：金融业。

　　K：房地产业。

　　L：租赁和商务服务业。

　　M：科学研究和技术服务业。

　　N：水利、环境和公共设施管理业。

　　O：居民服务、修理和其他服务业。

　　P：教育。

　　Q：卫生和社会工作。

　　R：文化、体育和娱乐业。

　　S：公共管理、社会保障和社会组织。

　　T：国际组织。

　　各行业本身所处的发展阶段及其在国民经济中的地位不尽相同，分析影响行业发展的各种因素以及判断对行业的影响力度，预测行业的未来发展趋势，判断行业走向，可以为职业决策提供参考依据。根据数据统计显示，十大热门行业中，互联网电子商务、计算机软件、计算机硬件、网络设备占据三甲，IT服务、电子微电子、通信紧随其后，专业咨询服务、房地产、机械制造和证券期货基金也榜上有名。

　　行业分析主要分析行业发展现状及发展趋势、产业结构、行业结构与分类、行业对人员的要求等内容，在此基础上进行从业匹配分析，即自己是否适合从事这一行业，有哪些方面适合，哪些方面不适合。

（二）职业分析

1. 我国职业分类

　　1999年，《中华人民共和国职业分类大典》颁布。进入21世纪以来，随着经济社会发展、科技进步和产业结构调整升级，中国的社会职业构成和内涵发生了很大变化。

　　随着经济社会发展、科技进步和产业结构调整升级，我国的社会职业构成和内涵发生了很大变化。一是一些传统职业开始衰落甚至消失，如"餐具清洗保管员""唱片工""拷贝字幕员"等。二是一些新的职业不断涌现并迅速发展，如"信息通信信息化系统管理员""基金发行员""光伏组件制造工"等。三是一些职业为适应新形势开始调整和转化,如"光盘复制工""市话测量员""话务员"等职业相应调整和转化为"音像制品复制工""信息通信网络测量员""呼叫中心服务员"。

2022年7月,新修订的《中华人民共和国职业分类大典》(2022年版)颁布,这一版本是以2015年版《中华人民共和国职业分类大典》为基础的修订版本。其中,职业分类结构为8个大类、79个中类、449个小类、1 636个细类(职业)。与2015版相比,维持8个大类,增加了法律事务及辅助人员等4个中类,数字技术工程技术人员等15个小类,碳汇计量评估师等155个职业(含2015年版大典颁布后发布的新职业)。新版大典的一个亮点,就是首次标注了97个数字职业(标注为S)。沿用2015年版大典做法,标注了绿色职业133个(标注为L)。新版大典中,既是绿色职业又是数字职业的有23个(标注为L/S)。

第一大类为"党的机关、国家机关、群众团体和社会组织、企业、事业单位负责人",主要包括中国共产党机关负责人,国家机关负责人,民主党派和工商联负责人,人民团体和群众团体、社会组织及其他成员组织负责人,基层群众自治组织负责人,企事业单位负责人6个中类。

第二大类为"专业技术人员",主要包括科学研究人员,工程技术人员,农业技术人员,飞机和船舶技术人员,卫生专业技术人员,经济与金融专业人员,监察、法律、社会和宗教专业人员,教学人员,文学、艺术、体育专业人员,新闻出版、文化专业人员,其他专业技术人员11个中类。

第三大类为"办事人员和有关人员",主要包括行政办事及辅助人员,安全和消防及辅助人员,法律事务及辅助人员,其他办事人员和有关人员4个中类。

第四大类为"社会生产服务和生活服务人员",主要包括批发与零售服务人员,交通运输、仓储物流和邮政业服务人员,住宿和餐饮服务人员,信息传输、软件和信息技术服务人员,金融服务人员,房地产服务人员,租赁和商务服务人员,技术辅助服务人员,水利、环境和公共设施管理服务人员,居民服务人员,电力、燃气及水供应服务人员,修理及制作服务人员,文化和教育服务人员,健康、体育和休闲服务人员以及其他社会生产和生活服务人员15个中类。

第五大类为"农、林、牧、渔业生产及辅助人员",主要包括农业生产人员,林业生产人员,畜牧业生产人员,渔业生产人员,农、林、牧、渔业生产辅助人员、其他农、林、牧、渔业生产及辅助人员6个中类。

第六大类为"生产制造及有关人员",主要包括农副产品加工人员,食品、饮料生产加工人员,烟草及其制品加工人员,纺织、针织、印染人员,纺织品、服装和皮革、毛皮制品加工制作人员,木材加工、家具与木制品制作人员,纸及纸制品生产加工人员,印刷和记录媒介复制人员,文教工美、体育和娱乐用品制作人员,石油加工和炼焦、煤化工生产人员,化学原料和化学制品制造人员,医药制造人员,化学纤维制造人员,橡胶和塑料制品制造人员,非金属矿物制品制造人员,采矿人员,金属冶炼和压延加工人员,机械制造基础加工人员,金属制品制造人员,通用设备制造人员,专用设备制造人员,汽车制造人员,铁路、船舶、航空设备制造人员,电气机械和器材制造人员,计算机、通信和其他电子设备制造人员,仪器仪表制造人员,再生资源综合利用人员,电力、热力、气体、水生产和输配人员,建筑施工人员,运输设备和通用工程机械操作人员及有关人员,生产辅助人员,其他生产制造及有关人员32中类。

第七大类为"军队人员",包括军官(警官),军士(警士),义务兵,文职人员4个中类。

第八大类为不便分类的其他从业人员，包括不便分类的其他从业人员1个中类。

此外，根据不同标准的职业，可有不同的分类方法。如：从行业上划分，可分为一、二、三产业；从工作特点上划分，可分为务实（使用机器、工具和设备的工种）、社会服务、文教、科研、艺术及创造、计算及数学（钱财管理、资料统计）、自然界职业、管理、一般服务性职业等十多种类型的职业。每一种分类方法，对其职业的特定性都有明确的解释，这对我们更好地掌握某一职业的特点，去选择适合自身职业有指导作用。

职业分析主要分析职业分类和结构，职业的特点与规律，不同职业的性质、特点、任务、工作环境、资格要求、能力要求、发展趋势、职业的含金量等，在此基础上进行人岗匹配分析，即判断自己是否适合这一职业的要求，有哪些方面适合，哪些方面不适合。

进行职业环境分析可以主要对该职业的工作说明书与能力模型进行分析。工作说明书与能力模型是员工职业生涯规划的重要依据之一。对于个人而言，想到某个岗位工作或任职，某单位对这一岗位的能力标准要求是什么？这个岗位对学历、专业知识、工作技能、综合能力、工作经验、工作标准的要求是什么？我们是否具备这些要求？要了解这些问题，就需要对工作说明书和能力模型进行分析。工作说明书对岗位的工作职责、工作责任、工作标准、工作权限、工作流程、工作强度、工作环境以及任职资格等都做出界定。能力模型对岗位任职者应具备的知识要素、能力要素、能力标准等级也做出了界定。

2. ACT 工作世界地图

工作世界地图（World-of-work Map）是全世界范围内应用最广泛的职业分类系统，由美国大学考试中心于1985年开发，可作为职业生涯规划的参考工具，用于评估个人的工作兴趣，让个人更清晰自己感兴趣的职业领域。

ACT将职业分为6个职业门类、12个职业群、23个职业簇，如图3-2所示。

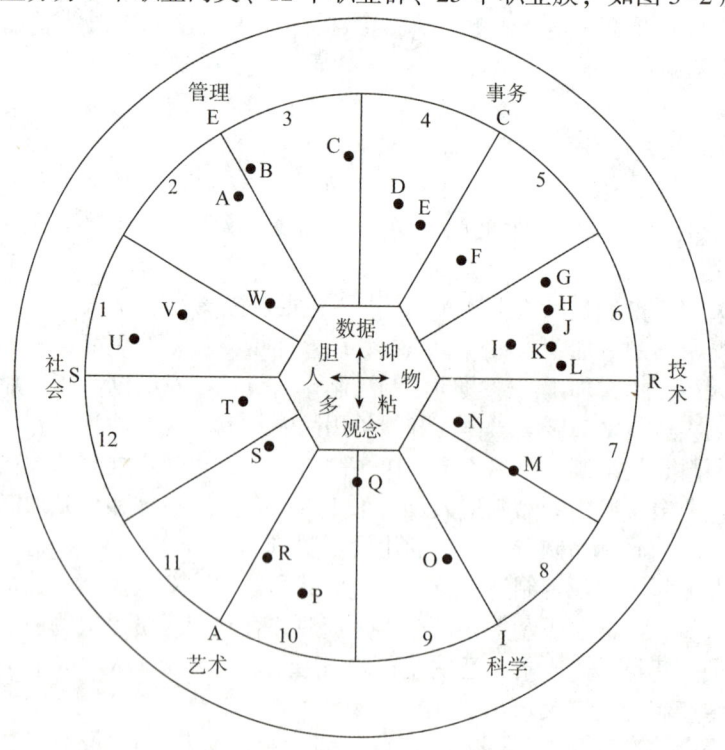

图3-2　ACT 工作世界地图

图 3-2 中字母含义如表 3-4 所示。这些工作系列几乎覆盖了美国所有的工作。尽管每个工作系列中的工作都有它们自己不同的位置，但大多数都接近所给出的某一点。

表 3-4　ACT 工作世界地图的含义

A. 市场与销售	M. 工程学与相关技术
B. 管理与规划	N. 医药学与技术
C. 记录与沟通	O. 自然科学与数学
D. 金融交易	P. 社会科学
E. 储存与分派	Q. 应用技术（视觉）
F. 商业机器/电脑操作	R. 创造/表演艺术
G. 交通工具的操作与修理	S. 应用技术（写作与演讲）
H. 建筑与维护	T. 综合性健康护理
I. 农业与自然资源	U. 教育与相关服务
J. 手艺与相关服务	V. 社会与政府服务
K. 家庭/商业电器维修	W. 个人/消费者服务机构
L. 工业电器的操作与修理	

ACT 工作世界地图的特点如下。

（1）根据数据—观念（Data—Idea）和人群—事物（People—Thing）两个维度、四个向度区分出四个主要分类象限。

1）数据（Data）：指文字、数字、符号等资料的收集、整理与归档等，使之有助于进一步分析和统整。数据性任务是不与人直接打交道的任务，它通过人来促进商品/服务的消费（如通过组织或传达事实、指示、产品等）。销售代理商、会计以及空中交通管制者的工作主要是与数据打交道。

2）观念（Idea）：指想法的启发、观念的传播、思考的运作、创意的发挥、真理的探究等认知历程。观念性任务是个人头脑中的工作，如创造、发现、解释和综合抽象概念或抽象概念的应用。科学家、音乐家和哲学家的工作主要是与观念打交道。

3）人群（People）：指和其他人的所有接触与沟通，包括了解、服务、协助或教导以及说服、组织、管理或督导等。人的任务是人际间的任务，如看护、教育、服务、娱乐、说服或领导他人，是要在人类行为中引起一些改变，帮助、照顾人们，为他们服务，提供信息，或卖东西给他们。教师、销售、服务等工作主要是与人打交道。

4）事物（Thing）：指处理物品、材料、机械、工具、设备和产品等与人或观念无关的实物。物的任务是与人无关的任务，如制造、运输、维修和修理。砖匠、农夫和机械工的工作主要是与物打交道。

（2）与人有关的工作在西，与物体有关的工作在东。越往西，越要求与人进行交往；越往东，与人交往逐渐减少，而与物体打交道逐渐增多。智慧创意的工作位于南，要求喜欢思考、爱分析；朝北移，创意渐弱，强调秩序。于是，管理、理财的工作位于北。

（3）与霍兰德的人格类型理论有机联系起来。例如，从大类来说，社会服务类职业要求从业者具备 S 型人格；管理和销售类职业要求从业者具备 E 型人格。当然，更多工作属于交叉型工作，因此需要从业者具备多个方面的特点。

探索活动 3-4

拓展职业范围的思考

用头脑风暴法列举出与手机相关的尽可能多的职业，并将所有联想到的职业记录到职业地图上。

讨论

（1）有哪些工作形式是我们可以选择的？这些选择带给我们的思考是什么？

（2）从这个活动中得到了什么启示？

（三）组织分析

组织分析也就是对目标组织的分析，在对组织进行分析时，必须要注意自己的发展要与组织的发展相一致，自己的生涯目标必须与组织的发展目标相吻合，也就是说，我们必须是组织所需要的人，组织也是我们所需要的组织。这是因为个人的发展与组织的发展是分不开的。个人只能在特定的组织内部工作，在特定组织内发展，只有组织发展，个人才能实现发展。如果不考虑组织的需要，只考虑个人发展，职业生涯规划也就失去了意义，生涯目标也很难实现。

组织分析主要分析目标组织的规模和组织结构；组织发展战略和发展前景；组织的制度；组织人力资源开发与管理状况，如人力资源需求、晋升发展政策、薪资和福利、教育培训、工作设施设备条件和工作环境、发展、组织文化、产品及其市场、员工素质、工作氛围、人际关系状况、招聘条件等因素，在此基础上进行人企匹配分析，即判断自己是否对该组织满意、认同，自己是否适合组织的要求，有哪些方面适合，哪些方面不适合。

1. 组织的发展战略

组织发展战略明确了组织的发展远景，明确了组织未来发展的重点与方向。这些发展远景、发展重点、发展方向预示了未来的人才需求。组织的未来人才需求，就是个人职业生涯发展的目标。所以，在制订职业生涯规划时，要对自己目标组织的发展战略做重点分析。

一个组织的发展战略决定了一个组织的关键竞争优势，一个组织的关键竞争优势决定了一个组织对未来人才的整体要求，决定了什么样的人能够在组织内生存和发展，并且能够支持组织的生存和发展。不同的发展战略，对人才的能力及类型要求是不同的：成本领先发展战略的组织需求是高水平的管理人才；差异化发展战略需要较强创新能力的人才，如开发型人才、经营型人才、策划型人才等。

2. 组织文化

组织文化与生涯目标密切相关。不同的组织文化对人才要求不同，对人才类型要求也不相同，所以我们在制订职业生涯规划时要考虑组织文化的因素。

（1）适应性/企业家精神文化。这种类型的组织不只是快速地对环境变化做出反应，而是积极地创造变化，因此，具有这种文化的组织需要的人才要具备"开拓性""创造性"和"风险行为"的基本素质。如果在这些能力要素方面不是自己的强项，就需要慎重考虑，或采取必要措施提高自己的这些能力。

（2）使命性文化。这种类型的组织通过建立远景和传达一种对组织的期望状态来塑造员工的行为，并将这种"使命感"行为作为人才能力要素之一进行评价和奖励。所以当我们要就职这一类型文化的组织时，我们必须具备一种"使命感"，要为实现一定的组织目标而努力。

（3）小团体式文化。这种类型的组织强调实现团队绩效的优异和员工的参与与认同。参与和认同会产生一种责任感和所有权，然后对组织产生更强烈的认同。显然，"认同感"就成为组织所需人才的重要能力要素之一。在这种组织工作，我们制订职业生涯规划就必须考虑"认同感"这一因素。

（4）官僚制文化。这种类型的组织依赖于高度整合性和高效率而获得成功。"合作性""服从性"以及"遵循成就"就成为组织所需人才的能力要素构成。

3. 组织的发展阶段

组织所处的发展阶段不同，对人才的需求也是不同的。所以，我们在制订职业生涯发展规划时一定要考虑一个组织是处在发展阶段、稳定阶段还是衰退阶段。

4. 组织的类别属性

不同的组织类别，不同的组织属性，对员工有不同的要求。例如，对于传统的机械加工组织，生产技术和手段较为规范化和程序化，对人才的需求是以熟练的技术工人为主；而对于一些进行新产品开发的高新技术，则需要技术创新的开发人才；中介性贸易公司需要商贸经营人才，店铺经营型公司需要更多的是销售服务人才；同样，劳动密集型组织强调员工的体能，资本密集型组织强调员工的技术，而知识密集型组织强调员工的科研开发能力。

5. 组织管理类型

（1）制度型组织。制度型组织强调控制、一致性和确定性。这种组织结构复杂，变革的速度慢。员工职业生涯发展强调在工作中掌握技能和取得进步，强调工作福利和保障。

（2）创业型组织。创业型组织变化较快，组织结构相对简单，成长速度也快，组织靠组织家的成就来吸引人才，员工发展空间大，发展机遇较多，如网络公司、软件公司、信息服务公司等。

（3）小生意型组织。小生意型组织规模小，变化慢，如特许经营店、"夫妻店"等。在这样的组织工作，我们需要制订中长期职业生涯规划。

（4）灵活型组织。这类组织包括科研院所、咨询公司、技术推广公司等。它们通常采用引进人才和开发培养人才并重的人才发展战略。往往是以员工的职业生涯规划为手段，开发本组织所需要的人才。如果在这样的单位工作，就要充分利用组织开展职业生涯发展规划的机会来发展自己。

6. 管理制度与用人标准

不同的管理制度与用人标准，对个人职业生涯目标有着直接的影响。例如，职务晋升制度如何？绩效考核制度是重绩效还是重关系，是重能力还是重文凭？是鼓励创新或是鼓励按部就班？工资体系是倾向于技术人员，还是管理人员、销售人员或是生产工人？是平均主义，还是按劳分配？了解掌握这些制度特点及用人标准，有利于在制订职业生涯规划时采取相应对策。

7. 本组织的人员现状

人的工作是一个群体性的组织活动，不管我们所处的单位和部门大与小，都由不同数量、不同年龄、不同专业、不同能力、不同性格的人组成。我们每个人的发展或多或少都会和其他人产生关系。因此，在制订职业生涯规划时，必须了解本组织人员的情况，主要包括人员的学历、工作能力、特长、兴趣、年龄、职称、工资绩效、生涯发展状况、人际关系、领导者的能力和抱负等。

（四）目标地域分析

不同的地域有着不同的文化、传统、习惯，不同的地域，其经济发展水平也不一样，在选择职业时，要选择自己喜欢的地区。

地域分析主要分析目标工作地区的发展前景、文化特点、气候水土、人际关系等，在此基础上进行人地匹配分析，特别要说明自己为什么要选择这个城市，而不是另外一个地方。目标地域为自己人生目标的实现提供了哪些机会，同时又存在哪些威胁。

四、社会环境

人脱离不了社会，作为社会的一员，无论从事何种工作，都要适应社会环境的变迁。适者生存，自然界万物如此，人也不能例外。因此，对社会环境进行了解和分析也是职业生涯规划的重要内容之一。对社会环境因素的了解主要包括以下几个方面。

1. 国家的法规政策

对国家法规政策的分析尤其要分析国家的就业政策，主要包括国家的人事政策和劳动政策。它主要是指一个国家或地区的法律、法规、方针政策、经济管理体制、人才培养开发政策、人才流动有关规定等。

2. 国家就业形势

国家就业形势主要包括国家整体就业形势和大学生就业形势。

3. 社会变迁

社会变迁会对人的职业生涯发展产生较大的影响，如知识经济和信息化社会的发展。

4. 社会价值观

价值观会随着社会的不断发展和进步而发生不同程度的变化，人的需求层次在不断地提高，由过去的生理、安全需求，上升为自尊及自我价值实现的需求，从而会影响人对社会的认识和对职业的要求。

5. 科学技术的发展

科学技术的发展会带来理论的更新、观念的转变、思维的变革、技能的补充等，而这些都是职业生涯规划中不可或缺的要素。

另外，科技的发展还会引起产业结构的调整，对职业的模式也会产生很大的影响。据统计，在20世纪，我国消失的旧职业达到3 000个。据专家预测，今后10年将发生一次全面的"职业大革命"，其中重大变化每两年就会有一次。另有专家预测，人类职业将面临每 15 年更换 20% 的严峻局面。

6. 竞争对手的情况

了解目前我国高校本专业毕业生的情况（人数、素质、就业去向等），他们的优势和劣势，与他们比我们的优势和劣势表现在什么地方，我们有什么可以和他们竞争的能力？

7. 经济环境

经济环境对人的职业生涯发展也会产生影响，当经济发展非常景气时，百业兴旺，就业渠道、薪资提升和职业发展的机会就会大增；反之，就会使人的职业发展受阻。对经济环境的了解可以通过以下五个方面获得：经济改革状况；经济发展速度；通货膨胀率；经济建设状况；国际贸易状况。

随着经济模式由过去的工业经济向知识经济转变，有专家认为今后有四种人才需求需要引起大学生的注意。

（1）创造型人才：这种人才不仅需要较高的智力因素，也需要较高的非智力因素，甚至非智力因素比智力因素更为重要。

（2）个性化人才：就是让其个性得到充分发展。适合学什么就学什么，适合干什么就干什么，有什么特长与兴趣就在那一方面发展。但要注意，个人的发展必须与社会的需求相符合，必须与其所在组织的需求相吻合。

（3）复合型人才：指多种专业技能的复合，是社会科学与自然科学的复合，是智力因素与非智力因素的复合。

（4）合作型人才：需要借助集体和他人的力量，与大家紧密地联系与协作，才能获得事业的成功。

第三节　新时代与大学生发展

一、新时代的特点与发展

2017 年党的十九大报告指出："中国特色社会主义进入了新时代，这是我国发展新的历史方位。" 2022 年，党的二十大报告指出："从现在起中国共产党的中心任务就是团结带领全国各族人民全面建成社会主义现代化强国、实现第二个百年奋斗目标，以中国式现代化全面推进中华民族伟大复兴。"进入新时代的中国，日益走近世界舞台的中央，标志着中国的发展状态、发展趋势、发展愿景，与世界潮流同向同势，相互交织、相互激荡，中国深刻改变着世界，世界也深刻影响着中国。

（一）新时代与新格局

进入新时代以来，国际国内局势发生了深刻的变革，世界局势面临"百年未有之大变局"。一方面，经济全球化作为一种客观趋势，正将世界变成一个互联互通的"地球村"，社会生产的资源和要素在全球范围中展开；另一方面，经济全球化所催生的经济、政治、社会和文化等的全面的大变化，政治多极化、文化多样化、社会信息化更加深入发展，国际形势和世界格局正在发生深刻变化，人类正面临着一系列重大变化，这种变化不仅表现为经济的发展和社会的转型，也涉及思想文化价值层面的变革。

生产力的革命是一切社会变迁和政治变革的终极原因。当前，互联网、人工智能、大数据、量子信息、生物技术等新一轮科技革命和产业变革正在积聚力量，催生大量新产业、新业态、新模式，给全球发展和人类生活带来翻天覆地的变化，人类社会发展面临着空前的机遇和挑战。

毫无疑问，日益走近世界舞台中央的中国正是其中的一个关键变量，中国的新时代与世界历史大时代的深刻变化交汇在一起，中国与世界的关系发生着前所未有的深刻变化。中国的经济体量已占世界第二位，对世界经济增长的贡献前所未有地增长，在全球发展中的作用前所未有地提高，中国的综合国力、中国的国际地位都达到了历史的高峰，中华民族正以崭新的姿态屹立于世界的东方。中国的变量带给世界的是正能量，新时代的中国向前进，推动世界向前进；新时代的中国是世界进步的动因，带给世界的是机遇。

（二）新时代与新征程

现代化是生产力发展进步的客观结果，也是人类社会发展的必然趋势。一个国家的现代化程度在很大程度上反映了国强民富的程度。

近代以来，中国一代代志士仁人梦寐以求的夙愿和不懈奋斗的追求，就是通过走现代化之路实现国强民富。中国自近代以来的现代化进程，屡屡被帝国主义列强和反动势力所阻断，新中国成立之后，中国才真正开启了实现现代化的历程。在中国共产党人和中国人民的艰苦卓绝的奋斗下，中国用几十年时间走完了发达国家几百年走过的工业化历程，在实现现代化的道路上迅跑，中国共产党和中国人民使诸多不可能成为可能。进入新时代，我国的现代化建设已处于物质文明和精神文明、物质力量和精神力量、物质生活和精神生活全面协调推进的历史新起点，处于由量的积累到质的提升的历史新起点，新型工业化、信息化、城镇化、农业现代化深度融合、同步发展，国家治理体系和治理能力现代化强势推进，中国即将赢得全面建成小康社会的完全胜利，并在此基础上，开启全面建设社会主义现代化国家新征程。

新时代不仅标明了我国改革发展的历史方位，也标明了我国全面实现现代化的历史方位。我们党提出了"两个一百年"奋斗目标。新时代的根本任务，就是要在全面建成小康社会、实现第一个百年奋斗目标的基础上，乘势而上，使我国基本实现现代化，最终实现第二个百年奋斗目标，将我国建设成为富强、民主、文明、和谐、美丽的社会主义现代化强国。在新时代，我们以决胜全面建成小康社会为起点全面建设社会主义现代化，我国现代化的程度从较低层次向较高层次跃升，现代化的范围从部分领域、部分地区向全方位覆盖，现代化的性质从物质层面向精神层面、人的素质层面深度延伸。

（三）新时代与伟大梦想

实现中华民族伟大复兴，是近代以来中华民族最伟大的梦想，是中国共产党人始终不变的追求。新时代，就是实现中华民族伟大复兴的决胜时代。

中华民族创造了灿烂瑰丽的文明形态，曾长期走在世界前列。但近代以来，由于西方列强的入侵和统治阶级的没落，中国陷入内忧外患的黑暗境地，国家积贫积弱，人民生灵涂炭。只有创造过辉煌的民族，才懂得复兴的意义；只有历经过苦难的民族，才对复兴有如此深切的渴望。新时代，中国人民和中华民族在历史进程中积累的强大能量已经充分爆发出来，汇聚为实现中华民族伟大复兴势不可挡的磅礴力量。新时代，中国比历史上任何时期都更接近中华民族伟大复兴，比历史上任何时期都更有信心、有能力实现中华民族伟大复兴。

二、新时代未来职业发展趋势

职业发展与科学技术发展、经济模式变化、市场竞争程度、社会进步快慢、生活水平提高等因素有关。这些因素的变化必将导致一些新的职业产生，一些旧的职业消失。这些因素的变化是有一定规律性的，通过对这些因素变化规律的分析，就可以预测未来各种职业的发展趋势。根据职业发展趋势选择自己的职业，调整自己的职业生涯发展方向。

（一）未来职业发展特点

职业自从产生以后，就随着社会生产力的进步和社会分工的发展而不断发生变化。随着科技的高速发展，尤其是工业4.0所带来的智能化时代的到来，新旧职业的变迁速度会越来越快。

2019年4月，中华人民共和国人力资源和社会保障部（简称人社部）会同国家市场监督管理总局（简称市场监管总局）、国家统计局向社会发布了13个新职业信息，主要集中在高新技术领域。

2020年3月，人社部与市场监管总局、国家统计局联合向社会发布了16个新职业，主要集中在新兴产业和现代服务业。

2020年7月，人社部联合市场监管总局、国家统计局正式向社会发布一批新职业，包括区块链工程技术人员等9个新职业，主要集中在新兴产业和现代服务业。

两年颁布三批共38个新职业，不仅体现出我国社会生长带来了新的职业需求，也是社会发展的必然结果。通过新职业的颁布，可以看出职业的发展趋势呈现出以下特点。

1. 社会职业种类越来越多

每天有新职业产生，每天有旧职业消失，这是当代社会不可否认的现实。职业的交替反映了社会的变迁，职业的沉浮体现了科技的发展，对此我们必须引起重视。随着社会分工的发展和职业的分化，职业已远远超过"三百六十行"，据有关资料介绍，全世界职业种类就超过20 000~30 000种。

2. 知识型职业需求不断增加

随着知识经济的发展，知识将取代权力和资本，成为最重要的经济力量，以知识为基础的产业在国民经济产业结构中将占据十分重要的比例，也需要为之提供大量的专业技术人才，许多热门行业、热门职业已经凸现。据有关资料显示，下列12类人员将成为21世纪最紧缺的人才：金融管理、高新技术、现代信息技术（网络）、市政建设与管理、现代经营管理、环境保护、涉外法律、社会中介、经贸营销、企划咨询、港口航运与航空、社区管理与发展。而这些紧缺人才中，90%以上与知识产业有关。

3. 由单一基础向跨专业、复合型转化

从目前招工、就业的情况分析，职业岗位的要求和劳动方式逐步由简单向复杂转化，过去单一技能就能胜任的工作，现在往往需要相关专业的许多知识和技能，更多地需要跨专业和复合型人才。例如，许多职业的从业人员都要求具备一定的英语能力和计算机技能。

4. 由封闭型向开放型转化

随着改革开放的深入，职业岗位工作的范围和面向的服务对象越来越广泛，接受信息的渠道更加多样化，人们相互之间的交往和协作大大加强。这种开放性体现在职业岗位工作的性质上，即增加了一些以人与人之间联络、沟通、信息咨询和交易为表现形式的内容。例如，许多职业都需要借助互联网从事职业活动。

5. 由传统工艺型向信息化、智能型转化

传统工艺型职业在科技含量上相对滞后，在技术更新速度方面比较缓慢，有时跟不上时代前进的步伐。生产力发展的关键之一是增加职业岗位科技含量，改善劳动组织和生产手段，提高劳动生产率。随着信息技术的发展，机器人正在不断取代人的位置，能熟练应用信息管理方法的智能型操作人员是今后职业岗位更新、工作内容更新需要的新型人才。随着电子计算机的广泛应用，网上业务和电子钱包的普及与流行，人工操作技术性岗位正在被快速取代，如银行里的柜台服务员、鉴定员、出纳、记账员、材料核算员等。低学历无技能的人所从事的职业，将被高学历并具有高技能的人所代替。

6. 由继承型向知识创新型转化

知识经济的到来，要求社会成员不断树立创新意识，在自己的职业岗位上进行创造性劳动。今后只有创造型人才才能更好地胜任岗位职责。例如，舞台灯光设计师、个人形象设计师等职业，如今这些工作中大部分都具有创造性。

7. 服务性职业向知识技能化发展

劳动力市场预测专家认为，未来的新职业会越来越多地出现在服务部门，特别是与健康、通信和计算机相关的行业。第三产业在劳动者数量增加的同时，对从业人员质量的要求也在不断提高，产生了知识型服务性职业，而且是吸纳社会劳动力的主要渠道。例如，传统的职业介绍演变为职业指导或猎头服务，实际上是原先的简单提供信息或中介活动发展为利用知识提供信息咨询服务。

这些发展变化，使大学生就业时，出现了与过去完全不同的情况：一是劳动岗位中体脑混合且体力劳动所占的比例越来越少；二是与传统专业绝对对口的岗位越来越少；三是劳动岗位的地域空间越来越小，行业特征不像过去那么鲜明；四是岗位所需的职业知识和技能更新周期加速，复合程度提高，这将使宽口径、复合型、通用型专业的大学生择业余地较大，将使用人单位对大学生的非专业综合素质的要求空前提高。

（二）有发展前景的行业和职业

中国工业升级、新业态生长为求职者提供了辽阔的就业市场，新职业将为新生代青年群体缔造更好的就业时机。2021年应届毕业生数量首破900万，同比增加35万人，2022年应届毕业生数量达到1 076万人，创下历史新高。从应届毕业生期待的就业行业来看，IT、通信、电子、互联网成为毕业生最期待从事的行业，占比超过25%；排在其后的是房地产、建筑业，占10.9%；文化、传媒、娱乐、体育占8.7%；金融业占7.2%。

相对于传统行业而言，近年来，5G、大数据、物联网、人工智能等新技术广泛应用，创造了大量的就业岗位。据人社部发布的最新报告，未来5年，我国对新职业人才的需求超过3 000万人，其中仅人工智能方面的人才缺口就将超过500万人，市场需求强烈。据测算，我国人工智能人才现在缺口超500万；未来5年，物联网行业人才需求缺口总量超1 600万人；云计算工程技术人员所在的云计算工业也将面临150万的人才需求；数字化治理师的市场需求量和从业数量将出现井喷式增长，未来会遍布各行各业。

另外，有关机构根据全国各类专业协会的相关统计资料，对我国未来急需人才进行了分析和预测。分析结果认为，21世纪的主导职业包括会计、计算机、软件开发、环境保护、中医与保健医药、咨询服务、保险、法律、老年医学、家庭护理与服务、公关、市场营销、生化技术、心理学、旅游、人力资源管理 16 个行业。这 16 个行业的基本情况及相关专业如下。

（1）会计类。随着社会经济的发展和财务管理规范化，国家机关和事业单位对会计的需求数量也大大提高。会计将成为各行各业中的一个热门专业，社会地位和收入也较高。该行业的从业者应是有助理会计师、会计师和高级会计师等不同职称或专业资格认证的专业人才，一般要求是会计学、财务管理、统计学等专业学生，并通过国家相应等级的会计师资格考试，获得会计师上岗的各种资格证书。需要注意的是，将来社会需要的是具有职称和专业资格证书的会计类专业人才，而不是具有一般财务专业学历的人。

（2）计算机类。随着计算机技术的发展，计算机设备的应用成为社会各行各业工作的重要组成部分，需要配置部分计算机技术人员从事计算机软硬件方面的安装、调试和维护工作。因此，各行业（如银行、医院、政府部门、企业等）对计算机技术方面的专业人才的需求也越来越大，待遇也比较优厚，这些行业需要的专业人才包括计算机软件工程师、程序员、网络管理员、系统维护专家及数据管理人员等，这些专业人才一般需要获得计算机、信息技术、电子技术或相关专业的学历或学位，并具有一定的操作技能。

（3）软件开发类。计算机技术的普及促进了计算机软件业的飞速发展，软件开发成为计算机行业的重要开发领域，软件开发专业已成为软件开发业的热门人才。软件开发专家主要从事操作系统、开发工具、应用软件等计算机软件的开发工作，要求具有计算机软件专业或相关的学历、学位，并且具有一定的软件开发经验。这项职业在未来相当长的时间里，将成为社会上的高技术和高待遇的职业。

（4）环境保护类。随着环境污染的加重和国家与公众环保意识的增强，社会对环境保护类专业的人才需要将呈直线上升趋势。环境保护等方面的工作，需要环境科学、地理学、生物学、环境化学、环境工程学等方面的专业人才。

（5）中医和保健医学类。改革开放以来，我国的人均收入和生活水平有了大幅度的提高。人们对自己的生活状态和健康状况越来越关注，健康医学也应运而生，医学保健品的市场也越来越大，中医和健康保健医学成为一个受大众关注的领域。中医在辨证治疗和整体治疗方面具有独到之处，而且与当今的生物制药领域有密切的关系。社会对中医师和健康医学人才的需求量将逐渐增加。通常这方面从业者需要获得生物医学或中医专业方面的学历或学位。

（6）咨询服务类。信息的获取已经成为科学技术发展和商业运作的关键环节，社会分工的精细化和专门化促进了信息咨询和相关咨询行业的发展，并成为社会发展和进步的一个主导职业。目前社会上的咨询行业有企业咨询、心理咨询、信息咨询、教育咨询等。从事咨询业需要具有教育学、心理学、管理学、信息科学、经济学等方面的学历或学位。

（7）保险类。社会经济结构的变化和各种不可预期的因素给人们的工作和社会生活增添了很多不确定的因素，这就需要完善的社会保障体系。社会保障体系不断完善促进了保险业的发展，保险业的发展将人们生活中不确定因素造成的损失降低到了最小的程度。社会对保险业务员、管理人员、精算师和索赔估价员的需求也不断提高。一般从事保险业的人员需要具有经济管理类专业的学历或学位。

（8）法律类。随着社会的发展和进步，法律法规也在不断健全和完善，国家颁布的各种法律法规将越来越多、越来越详细，一般的老百姓对众多的法律条文不可能了解得很清楚，从事司法工作的政府机构（如法院、检察院等）也需要高素质、高学历的法律人才。律师在社会上的需求量将越来越大，律师行业将成为一个高智力、高社会地位和高收入的职业。从事律师行业需要具有法律或其他相关专业领域的学历或学位，并获得国家的律师执业资格证书。

（9）老年医学类。人口老龄化是全世界面临的一个严峻问题。随之而来的就是老年人的医疗、社会保障、心理问题等一系列社会问题，其中老年医疗和保健是最突出的，社会将急需医学、老年医学、健康保健和护理等方面的专业人才，从事老年人医疗保健事业。如此大的社会需求也将为这个行业的从业者带来丰厚的经济报酬。

（10）家庭护理和服务类。社会生活和工作节奏的加快使家庭成员的压力加大，照顾病人、老人和孩子成为年轻父母的沉重负担，家庭护理的需求量也因此大大提高。相关的热门人才为幼儿教师和家庭服务人员，这类人员通常不需要很高的学历。但是，对于这个行业的管理者，则需要具备社会服务、管理学等方面的学历或学位的专门人才。

（11）公关类。公关和企业形象设计对一个公司或企业的发展是至关重要的，公关行业因此成为极有发展前景的职业。该职业的从业者一般需要获得公共关系类专业、社会服务类专业、经济贸易类专业、工商管理类专业的学位，并具有相关的工作经验。

（12）市场营销类。市场营销类是企业产品销售中的一个非常重要的环节，在当今和未来社会发展中，产品的独立经销商和销售网络的建立将成为企业运作的主要形式。这些承销商和销售网络同时负责为公司进行广告宣传及相应的技术或销售服务。证券、金融业、通信、医疗器械、计算机与网络技术、一般的商业机构（如商场）等经营商品或某一产品的企业或公司均需要市场营销方面的人才。从事这方面的人员一般需要具有市场营销学或其他经济管理类专业的学历或学位。

（13）生化技术类。生化技术即生物化学和生物技术，是近些年来科学研究与技术开发的一个热门领域，该领域在生物制药、保健品开发、治疗疑难病症的药品研制、人工蛋白质的合成等方面具有巨大的发展潜力。目前的新药主要是生物化学家与生物技术专家开发出来的，并对治疗和预防疾病起到了重要的作用。该领域的从业者一般需要生物化学、生物技术、生物医学、分子生物学等专业的学历或学位。

（14）心理学类。心理学作为一个新兴的学科，已经得到国家政府部门、社会各行业的广泛关注和重视，并在社会各领域中得到广泛应用。如市场研究、人力资源开发、心理咨询与心理治疗、学习障碍的矫正、教育、心理学研究、人机交互作用的研究等，均需要大量的心理学人才。从事心理学方面的职业需要获得心理学专业或应用心理学专业的学历或学位。

（15）旅游类。21世纪旅游业迅速发展，人们在旅游方面的消费将大幅度提高，对旅游业代理公司的需求也将大幅度增加，同时也将带动相关产业的迅速发展，如航空公司、出租车公司、客轮公司、商业、宾馆、工艺品业、餐饮业等。旅游业的发展将促进社会经济的全面发展，旅游业也将成为国家重点开发的产业之一。该职业的从业者一般需要旅游管理、地理学或相关专业的学历或学位。

（16）人力资源管理类。未来社会的竞争是人才的竞争，谁拥有人才谁将在激烈的竞争中拥有立足之地。人力资源管理也因此备受国家机关、企业、事业单位的重视，并成为政府机构和企事业单位的重要职能机构。在未来社会发展中，对人力资源管理专家的需求也将不断增加。从事这方面职业需要具有人力资源管理、心理学等方面的学历或学位。

从上述介绍中，我们可以看出，21世纪中国社会的主导职业绝大多数是技术含量高、市场需求量大的新兴职业。

三、新时代大学生的使命担当

历史赋予使命，时代要求担当。习近平总书记指出："每一代青年都有自己的际遇和机缘，都要在自己所处的时代条件下谋划人生、创造历史。""当代中国青年是与新时代同向同行、共同前进的一代，生逢盛世，肩负重任。""新时代中国青年运动的主题，新时代中国青年运动的方向，新时代中国青年的使命，就是坚持中国共产党领导，同人民一道，为实现'两个一百年'的奋斗目标、实现中华民族伟大复兴的中国梦而奋斗。""新时代是中国青年要珍惜这个时代，担负时代使命，在担当中历练，在尽责中成长。"

中华民族伟大复兴战略全局和世界百年未有之大变局背景下，如何顺应时代潮流，确立人生目标，树立远大志向，将自己打造成有责任、有担当全面发展的时代新人，担当起新时代赋予的使命，置身强国伟业，成为当代大学生必须面临的重要问题，也是必须承担的使命与责任。

（一）作为新时代的青年，应志存高远、忠于祖国，努力做新时代具有远大理想和坚定信念的爱国者

党的二十大报告中指出："青年强，则国家强。当代中国青年生逢其时，施展才干的舞台无比广阔，实现梦想的前景无比光明。"

"志不立，天下无可成之事"。习近平总书记勉励广大青年"要励志，立鸿鹄志"，并指出，"热爱祖国是立身之本、成才之基"，是"立德之源、立功之本"。一个人的理想只有同国家的前途和民族的命运相结合才有价值，一个人的追求只有同社会的需要和人民的利益相一致才有意义。新时代青年只有胸怀忧国忧民之心、爱国爱民之情，才能准确定位自己的人生目标和奋斗方向。大学生，作为青年中的佼佼者，具有优势的特殊群体，大学生必须坚定自己的理念，时刻牢记自己的历史使命，肩负起时代的重任，而且要完成自己的历史使命，"信念决定事业成败。没有理想信念，就会导致精神上'缺钙'"。新时代青年只有用习近平新时代中国特色社会主义思想武装头脑，不断增强"四个自信"、持续坚定中国特色社会主义信念，才能在推进新时代中国特色社会主义事业的爱国奋斗中不断实现人生理想和价值。

（二）作为新时代的青年，应敢于担当、勇于奋斗，努力做新时代具有责任意识和创新精神的建设者

青年人是祖国的未来，是民族的继承人，他们将决定祖国的命运。大学生责任担当将关系到全面建设小康社会的进程，关系到我们能否或在多大程度上肩负起实现中华民族伟大复兴的历史使命。

习近平总书记指出："新时代中国青年处在中华民族发展的最好时期，既面临着难得的建功立业的人生际遇，也面临着'天将降大任于斯人'的时代使命"，希望"新时代中国青年要担当时代责任"。在中国迎来从站起来、富起来到强起来的伟大飞跃新时代，广大青年应深刻认识自身所面临的时代际遇和历史责任，将个人梦与中国梦结合起来，以实现中华民族伟大复兴为己任，不辜负党的期望、人民期待和民族重托，不断将中国特色社会主义事业推向前进。但是，中华民族伟大复兴绝不是轻轻松松、敲锣打鼓就能实现的，需要靠一代又一代人的接续奋斗。"奋斗是青春最亮丽的底色"，广大青年要积极响应习近平总书记的号召，"青春是用来奋斗的"，要有"锐意创新的勇气、敢为人先的锐气、蓬勃向上的朝气"，"勇于创业、敢闯敢干，努力在改革开放中闯新路、创新业，不断开辟事

业发展新天地"。

（三）作为新时代的青年，应勤奋学习、锤炼身心，努力做新时代具有过硬本领和高尚品格的接班人

习近平总书记指出：当今时代，知识更新不断加快，社会分工日益细化，新技术、新模式、新业态层出不穷。这既为青年施展才华、竞展风采提供了广阔舞台，也对青年能力素质提出了新的更高要求。并多次寄语青年，号召广大青年要孜孜不倦地学习，坚持知行合一。

习近平总书记教育广大青年："青年要成长为国家栋梁之材，既要读万卷书，又要行万里路。""青年人正处于学习的黄金时期，应该把学习作为首要任务，作为一种责任、一种精神追求、一种生活方式，树立梦想从学习开始、事业靠本领成就的观念，让勤奋学习成为青春远航的动力，让增长本领成为青春搏击的能量。"

追求梦想、担当使命需要依靠过硬的本领，而练就过硬本领则要依靠勤奋学习。青年时期是学习的黄金期，青年要把学习作为首要任务，作为青年大学生，在学校要珍惜所有能珍惜的机会，不仅要学书本上的知识，更要学实践中的知识。一方面要学习好科学文化知识，为自己的未来、国家的未来打好基础，另一方面要参加各种社会活动，尽自己的一份微薄之力、在锻炼自己能力的同时为社会做出自己的一份贡献。要在面向现代化、面向世界、面向未来的大局中不断提升体能、技能和智能，要在感悟新时代、紧跟新时代、引领新时代的新际遇中持续提高自身的素质和能力，通过学习使自己成为新知识、新观念和新思维的集成体。与此同时，要注重修炼品德。新时代青年要不断用社会主义核心价值观涵养自身的言行品格，自觉按照党和人民要求不断锤炼自己、完善自己。自身的提高是为了成为建设国家的有用之材，而这一价值的最终体现则要通过实践来实现，广大青年要积极投身于新时代中国特色社会主义的伟大实践，努力在新时代改革开放事业的奋斗中成为可堪大用、能担重任的栋梁之材。

党的二十大报告中指出："广大青年要坚定不移听党话、跟党走，怀抱梦想又脚踏实地，敢想敢为又善作善成，立志做有理想、敢担当、能吃苦、肯奋斗的新时代好青年，让青春在全面建设社会主义现代化国家的火热实践中绽放绚丽之花。"实现中华民族伟大复兴的神圣使命已经落到当代大学生的肩上，大学生是未来建设社会主义现代化事业的中坚力量，新时代大学生要能够明确自己作为"时代新人"的角色定位，能够正确认识并肩负起实现中国梦的时代使命，以其深厚的家国情怀和坚定的报国信念为支撑，上下求索，艰苦奋斗，主动投身于使命实现的伟大征程中，积极投到实现中华民族的伟大复兴事业中，成为中华民族勇于开拓的一代。

课堂活动

实践作业

职业人物访谈

职业人物访谈是大学生获得比较全面、真实的工作世界信息的最有效的方法。职业人物访谈就是找一至多位从事自己感兴趣工作的资深工作者进行面谈。访谈的作用如下：印证通过间接接触所收集到的职业资讯的可靠性和有效性；更加深入了解工作者从事该职业的职业决策或甘苦经验；以此作为审视自身是否投入该项职业的重要参考。

找一位从事自己感兴趣职业的资深工作者或拥有至少三年工作经验者进行面谈，同时，有礼貌地告诉他/她，由于你对该项职业很感兴趣，希望能进一步了解该职业的相关资讯以及他/她从事该职业的心得和经验。问题访谈清单见表3-5。

表3-5 职业人物访谈清单

职业资讯方面	生涯经验方面
工作性质、任务或内容	个人教育或训练背景
工作环境、工作地点	投入该职业的决策过程
所需教育、训练或经验	生涯发展历程
所需个人资格、技能	工作心得，乐趣和困难
收入或薪资范围、福利	对工作的看法
工作时间	获得成功的条件
相关就业机会	未来规划
进修和升迁机会	对后进者的建议
组织文化和规范	
未来发展前景	

访谈结束后，将职业人物访谈的经过、所收集的资料和心得，整理撰写成"职业人物访谈报告"。"职业人物访谈报告"可以采用如下方式撰写。

职业人物访谈报告

访谈人物：_____ 从事职业：_____ 访谈日期：_____ 访谈地点：_____
（1）职业资讯方面：
（2）生涯经验方面：
（3）访谈心得与反思：

本章小结

　　环境分析实质上就是一个"知彼"的过程，即了解和分析与生涯发展密切相关的有关环境，以确定自己是否适应环境以及怎样来调整自己以适应组织和社会的需要。环境包括家庭环境、同事的状况、学校环境、企业（职业）环境和社会环境等。

　　家庭环境分析指的是对家庭软硬环境的分析。家庭软环境，是指笼罩着特定场合的特殊气氛或氛围，它诉诸人的内在情绪和感受，对人起着潜移默化的作用，是家庭生活中人与人之间相互联系时所形成的一种气氛，如家庭结构、教养方式等。家庭硬环境，是指特定的物质条件，它是人得以发展的基础条件，如家庭资源、父母文化水平和职业状况等。

　　与高中生活相比，大学生活在生活环境、学习特点、社会活动、评价标准等各方面都发生了变化，面对大学生活，首先要迅速适应大学生活，培养形成良好的学习生活习惯，培养多方面兴趣，充分利用学校资源，进行广泛的实践活动，培养自己的综合能力，做好学业规划，找到自己的发展目标。

　　工作环境是一个人实现其职业理想的外部平台，如何能够更好地利用工作环境，帮助个人实现其理想，是职业生涯中很关键的一部分内容。环境分析的核心就是通过工作环境分析来制订个人的职业生涯规划。分析的内容包括行业分析、职业分析、组织分析、目标地域分析等内容。

　　对社会环境因素的了解主要包括国家的法规政策、国家就业形势、社会变迁、社会价值观、科学技术的发展、竞争对手的情况、经济环境等。

　　职业发展与科学技术发展、经济模式变化、市场竞争程度、社会进步快慢、生活水平提高等因素有关。这些因素的变化必将导致一些新的职业产生，一些旧的职业消失。要根据职业发展趋势选择自己的职业，调整自己的职业生涯发展方向。

　　实现中华民族伟大复兴，是近代以来中华民族最伟大的梦想，是中国共产党人始终不变的追求。新时代，就是实现中华民族伟大复兴的决胜时代。

　　站在新的历史方位，面对新时代的要求，当代大学生必须从认知、情怀、品格、践行等方面不断锤炼自己，将自己打造成有责任、有担当全面发展的时代新人。

思考题

（1）什么是环境分析？环境分析有什么意义？
（2）环境分析包括哪些内容？
（3）如何进行家庭环境分析？
（4）如何进行工作环境分析？
（5）社会环境分析包括哪些内容？
（6）大学生如何应对未来职业环境的变化？
（7）面对新时代，当代大学生应该如何积极面对？

第三篇 决策篇

第四章

生涯决策

志不强者智不达，言不信者行不果。

——《墨子·修身》

本章学习目标

通过本章的学习，学生应当掌握生涯的内容与方法，了解自己决策的风格，在能够正确认识自己和环境的基础上正确进行生涯决策，确立远大的人生目标。

本章内容框架

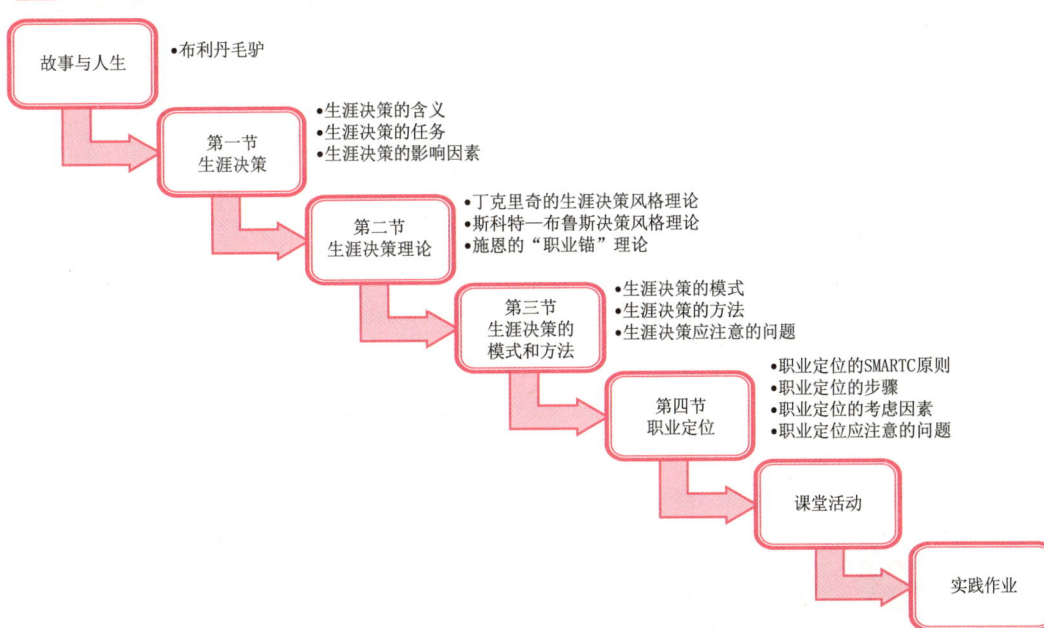

- 故事与人生
  - 布利丹毛驴
- 第一节 生涯决策
  - 生涯决策的含义
  - 生涯决策的任务
  - 生涯决策的影响因素
- 第二节 生涯决策理论
  - 丁克里奇的生涯决策风格理论
  - 斯科特—布鲁斯决策风格理论
  - 施恩的"职业锚"理论
- 第三节 生涯决策的模式和方法
  - 生涯决策的模式
  - 生涯决策的方法
  - 生涯决策应注意的问题
- 第四节 职业定位
  - 职业定位的SMARTC原则
  - 职业定位的步骤
  - 职业定位的考虑因素
  - 职业定位应注意的问题
- 课堂活动
- 实践作业

★ 故事与人生

布利丹毛驴

布利丹是大学教授，他的出名主要在于他证明了在两个相反而又完全平衡的推力下，要随意行动是不可能的。他举的实例就是一头驴在两捆完全等量的草堆之间是完全平衡的。既然驴无理由选择吃其中哪一捆草，那么它永远无法作出决定，最后只得饿死。

故事是这样的：

布利丹养了一头小毛驴，他每天要向附近的农民买一堆草料来喂。

这天，送草的农民出于对哲学家的景仰，额外多送了一堆草料放在旁边。这下子，毛驴站在两堆

图4-1 布利丹毛驴

数量、质量和与它的距离完全相等的干草之间，可为难坏了。它虽然享有充分的选择自由，但由于两堆干草价值相等，客观上无法分辨优劣，于是它左看看，右瞅瞅，始终无法分清究竟选择哪一堆好。

于是，这头可怜的毛驴（如图4-1所示）就这样站在原地，一会儿考虑数量，一会儿考虑质量，一会儿分析颜色，一会儿分析新鲜度，犹犹豫豫，来来回回，在无所适从中活活地饿死了。

同样，《聊斋志异》中也有这样一则故事：两个牧童进深山，入狼窝，发现两只小狼崽。他俩各抱一只分别爬上大树，两树相距数十步，片刻，老狼来寻子。一个牧童在树上掐小狼的耳朵，弄得小狼嗷叫连天，老狼闻声奔来，气急败坏地在树下乱抓乱咬。此时，另一棵树上的牧童拧小狼的腿，这只小狼也连声嗷叫，老狼又闻声赶去。就这样，老狼不停地奔波于两树之间，终于累得气绝身亡。

这只狼之所以累死，原因就在于它企图救回自己的两只狼崽，一只都不想放弃。实际上，只要它守住其中一棵树，用不了多久就能至少救回一只。

（资料来源：https://baike.baidu.com/item/布利丹效应/9627898）

思考：

（1）导致毛驴和老狼死亡的原因是什么？
（2）什么是"布利丹毛驴效应"？
（3）如何避免"布利丹毛驴效应"？
（4）故事对于我们做出正确决策有什么启发？

第一节　生涯决策

一、生涯决策的含义

生涯决策是个人根据各种条件，经过一系列活动以后，进行的目标决定，以及为实现目标而制订优选的个人行动方案。从这个概念我们可以看出：职业决策不单单是一种结

果，而是一个过程，是一个复杂的认知过程，通过此过程，决策者组织有关自我和职业环境的信息，仔细考虑各种可供选择的职业前景，做出职业行为的公开承诺。

生涯决策也就是职业生涯目标的确定。职业生涯目标的确定包括人生目标、长期目标、中期目标与短期目标的确定，它们分别与人生规划、长期规划、中期规划和短期规划相对应。一般来说，首先要根据个人的专业、性格、气质和价值观以及外部环境确定自己的人生目标和长期目标，然后再把人生目标和长期目标进行分化，根据个人的经历和所处的组织环境制订相应的中期目标和短期目标。目标确定之后，就需要制订行动计划，一步步实现目标。

现在我们要做的就是确定我们自己的人生目标，即将来我要从事一份什么样的工作或者职业。如果我们用心去观察那些成功的人，几乎都有一个共同的特点：不论聪明才智的高低，也不论他们从事哪一种行业、担任何种职务，他们都在做自己最擅长、最感兴趣的事。从很多例子可以发现，一个人的"成就"主要来自他对自己擅长的工作的专注和投入，无怨无悔地付出努力的代价，才能享受甜美的果实。因此，生涯决策也就是在自我评估和环境分析的基础上，确定我们最感兴趣、最有能力做好、最适合自己、最有机会从事的职业，走好我们职业生涯发展的关键一步。

二、生涯决策的任务

在人的一生中，有很多次比较大的生涯决策任务，包括选择大学和专业、行业、职业、婚姻、工作和生活环境、职业生涯路径、生涯目标等。对于大学生而言，要重点做好自我定位、行业定位、职业定位和地域定位等职业生涯决策。

（一）自我定位决策

自我定位就是要在了解自己的需要、特点、能力的基础上，进行客观地自我评价。自我定位首先应从自身实际出发，客观地分析、评估自己的文化素质、能力特征、性格特点、身体条件，总结出自己的特长、兴趣、爱好；其次应从横向上，将自己放于同班、同专业、同年级、同区域乃至全国同专业同学中进行比较，分析自身的综合素质以及优势和劣势所在。通过纵向和横向的定位分析，找准自己的位置，明确切入社会的起点，避免自我定位过高或过低。

（二）行业定位决策

行业定位是在认真了解行业整体情况、发展趋势、对人才的基本要求的基础上，结合自身实际情况作出的。行业的选择受个人、家庭以及社会等多种因素的影响，进行行业定位要避免出现盲目择业和无从择业的现象。参考他人意见时更应该避免社会、家庭和周围人群不正确的舆论导向对自身定位的影响，做到真正从社会需求出发、结合个人理想和兴趣以及实际能力作出较为理性的行业定位，而不是片面地追求热门行业和高薪行业。

（三）职业定位决策

职业的选择是因人而异的，它受个人偏好、能力、素质等因素的影响。在进行职业定位时，要在自我评估的基础上，根据自己的性格、兴趣、能力、价值观等，对照相关用人单位的标准、条件、要求，为自己选择合适的岗位，选择有利于自己的潜能发挥和实现人生目标的岗位。

（四）地域定位决策

地域定位是指个人在选择工作时对于工作区域的考虑。西部还是东部，一线城市还是二线城市，这是进行就业地域选择必须考虑的问题。不同的地域有不同的文化、不同的环境、不同的机会、不同的发展，所以，在进行地域定位时，应该多思考自己的能力、优势究竟在何处能得到较大限度的发挥，自己的发展空间在何地能得到较大限度的拓展，而不仅仅着眼于大城市和经济发达地区。

三、生涯决策的影响因素

一般认为生涯决策的影响因素有两类：一类多为社会学家的观点，他们重视环境对人的生涯决策的影响；另一类多为心理学家的观点，他们更强调个体内在的发展对人的生涯决策的影响。大学生在进行生涯决策时受到很多因素的影响，如图4-2所示。

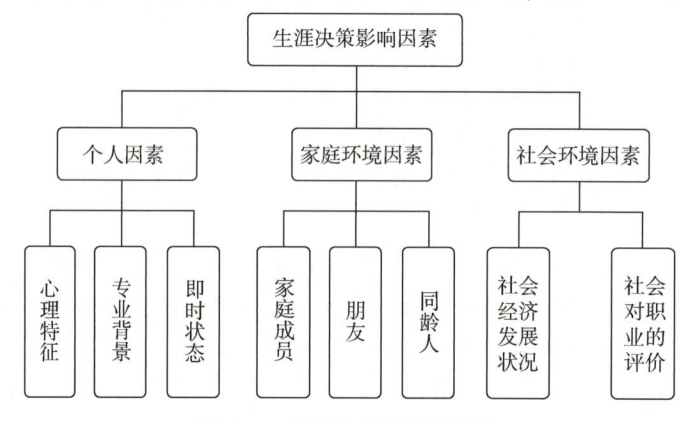

图4-2 生涯决策的影响因素

（一）心理特征

个体心理特征的评估对决策起着定向作用。在具体的职业决策中，心理特征主要表现为决策风格。

（二）专业背景

一般来说，大学生都希望找到与专业对口的工作。进行职业决策时，一般会在专业所对应的职业群中进行选择。所谓职业群是指某一专业所对应的许多职业领域，如法律专业对应职业群为公务员、律师、教师、研究人员、法律顾问、法制专栏媒体记者等多个职业。

（三）即时状态

在决策过程中，决策时的身体、情绪和精神状态等即时状态都会影响决策。

（四）家庭成员

对于大学生而言，家庭成员对职业决策的影响来自父母。父母教育方式的不同，造成他们认知世界的方式不同；父母所从事的职业及他们的职业观会给子女较大的影响；父母的价值观、态度、行为、人际关系等也会对他们的职业决策产生直接或间接的影响。

（五）朋友、同龄群体

朋友和同龄人的职业价值观、职业态度、行为特点等不可避免地影响大学生的生涯决策，对职业的偏好、选择，从事某一职业的机会和职业变换的可能性都会因周围朋友的看法或建议而改变。

（六）政治、经济、社会发展状况

国家的政治、经济与社会发展状况是职业决策的大背景和大前提，会影响到就业结构的变化，影响到社会的人才需求状况，从而间接地影响到个人职业发展。

第二节 生涯决策理论

一、丁克里奇的生涯决策风格理论

决策风格是影响决策效果与决策效率的一个重要因素。丁克里奇（Dinklage）通过访谈研究，将人们做职业生涯决策时所采用的风格归结为八类。

（一）痛苦挣扎型

痛苦挣扎型（Agonizing）又称为烦恼型，这些人会花很多的时间和精力来收集信息，使用信息时又顾虑重重，确认有哪些选择，向专家询问，反复比较，当断不断，迟迟难以作出决定，心境表现常常是"我就是拿不定主意"。出现这种情况的时候，收集再多的信息进行分析比较也无济于事。需要弄清的是他们被一些什么样的情绪和非理性信念困住了，如害怕自己做出错误的决定、追求完美等。

（二）冲动型

冲动型（Impulsive）与"痛苦挣扎型"相反，这些人遇到第一个选择就紧紧抓住不放，不再考虑其他的选择或进一步收集信息。他们的想法是"先决定，以后再考虑。"例如，先找到一份工作做了再说。冲动的决策方式可能是出于对困难的回避，不愿意花时间精力去探索。这种方式的危险在于风险太大，等看到有更好的选择时自然追悔莫及。

（三）直觉型

直觉型（Intuitive）的人将自己的直觉感受作为决定的基础。他们通常说不出什么理由，仅仅是因为"感觉到是对的"而做决策。直觉在人们对环境情况无法获得充分信息的时候会比较有效，但它有可能不符合事实。有时候，人们的判断可能会因自身先入为主的偏见而产生较大的误差。因此，不能仅仅将直觉作为决策的依据。

（四）拖延型

拖延型（Delaying）的人习惯将对问题的思考和行动都往后推迟，"过两天再考虑"是他们的口头禅。大学生常见的"我还没有准备好工作，所以打算先考研"就是这种方式的体现。拖延型的人心中暗暗抱有这样的希望：也许事情过几天就自动解决了。然而，问题并不会自动解决，有时候甚至会越拖越严重。如果你现在不知道该怎么找工作，那么读完研究生也未必就能知道。

（五）宿命型

宿命型（Fatalistic）的人不能自己承担责任，而将命运委诸外部形势的变化，将决定留给境遇或命运。他们会说"该怎么地就怎么地吧"或"我这个人永远也不会走运"之类的话。当一个人将自己生活的主导权交给外界环境的时候，这个人就会表现得无力和无助。这样的人容易成为环境的"受害者"，怨天尤人，却没想到自己的处境正是由于放弃了个人对生命的"主权"而造成的。

（六）顺从型

顺从型（Compliant）的人倾向于顺从别人的计划而不是独立地作出决定。他们常说："只要他们都觉得好，我就觉得好。"比如，很多大学生一窝蜂似的争取出国、进外企、考研、考证、参加各种培训班，只因为"大家都这样做"。从众的人固然在追随群体的过程中获得了一种虚假的安全感，但却忽略了自身的独特性，这造成他们的选择在很大程度上并不适合自己。他们在不必费心思考的同时，也牺牲了对生命可能有的满足感。

（七）瘫痪型

瘫痪型（Paralytic）的人可能在理性上接受了应当自己做决定的观念，接受做决策的责任，但是感觉过于焦虑而不能对决策做出有建设性的工作，无法开始决策的过程。他们知道自己应该开始了，可在内心深处总笼罩着"一想到这事就害怕"的阴影。事实上，他们无法真正为决策和决策的后果承担责任，而这种害怕承担责任的心理可能又源于家庭在其成长过程中长期的不当养育方式。

（八）计划型

计划型（Planned），使用如同标准化决策模型所推荐的理性策略。很显然，这是一种科学的决策风格。

上述八种决策风格没有绝对的优劣之分，各有其适用的范围和局限性。例如，直觉型决策反映了决策者能够迅速提取相关信息的能力，或者也可以说他是一个反应快的理性决策者。那种喜欢到处咨询或模仿他人者，有依赖的倾向，但也有可能把个人的认知偏差减小到最小。决策风格既受个性的影响，又受到环境的塑造，并非绝对无法改变。根据对"自己"和"环境"认知的多少，还可以将上述几种决策类型作出划分，如表4-1所示。

表4-1 决策风格的划分

环境	自己	
	未知	已知
未知	困惑和麻木性决策 痛苦挣扎型、拖延型、瘫痪型	直觉性决策 冲动型、直觉型
已知	依赖性决策 顺从型、宿命型	信息性决策 计划型

以上这几种类型的决策模式，根据情境和其后果重要性的不同，会产生相应程度的作用。比如，人们常常用"冲动"的方式决定晚餐点什么菜或买一件新衣服，其后果不会对我们的生活造成太大的影响，甚至可以给自己或他人带来惊喜。

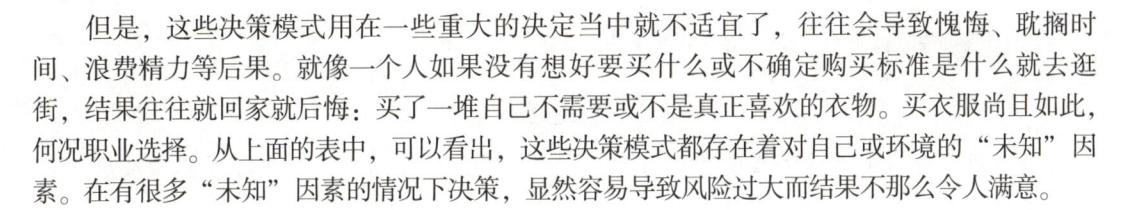

但是，这些决策模式用在一些重大的决定当中就不适宜了，往往会导致愧悔、耽搁时间、浪费精力等后果。就像一个人如果没有想好要买什么或不确定购买标准是什么就去逛街，结果往往就回家就后悔：买了一堆自己不需要或不是真正喜欢的衣物。买衣服尚且如此，何况职业选择。从上面的表中，可以看出，这些决策模式都存在着对自己或环境的"未知"因素。在有很多"未知"因素的情况下决策，显然容易导致风险过大而结果不那么令人满意。

二、斯科特—布鲁斯决策风格理论

美国职业生涯专家斯科特（Scott）和布鲁斯（Bruce）于1995年认为决策风格是在后天的学习经验中逐渐形成的，将决策风格划分为五种类型：理智型、直觉型、依赖型、回避型和自发型。

（一）理智型

以周全的探求对选择的逻辑性评估为特征。理智型的决策者具备深思熟虑、善于分析、遵循逻辑的特性。这类决策者会评估决策的长期效用并以事实为基础做出决策。理智型决策风格是比较受到推崇的决策方式，强调综合全面地收集信息、理智的思考和冷静的分析判断，是其他决策风格的个体需要培养的一种良好的思考习惯。但理智型的决策风格也并不是理想的、完美的决策方式，即使采用系统的、逻辑的方式，也会出现因为害怕承担决策的后果而不能整合自己和他人观点的困扰。

（二）直觉型

以依赖直觉和感觉为特征，比较关注内心的感受。直觉型的决策风格以自我判断为导向，在信息有限时能够快速做出决策，当发现错误时能迅速改变决策。由于以个人直觉而不是理性分析为基础，这类决策发生错误的可能性较大，容易造成决策的不确定性，使人们丧失对直觉型决策者的信心。

（三）依赖型

以寻求他人的指导和建议为特征。依赖型的决策者往往不能够承担自己做决策的责任，允许他人参与决策并共同分享决策成果，会受到他人的正面评价，但也可能因为简单地模仿他人的行为导致负面的反应。依赖型的决策者需要理解生活中他人对自己的影响程度。

（四）回避型

以试图回避做出决策为特征。回避型的决策风格是一种拖延、不果断的方式。面对决策问题会产生焦虑的决策者，往往因为害怕做出错误决策而采取这样的反应。往往是由于决策者不能够承担做决策的责任，而倾向于不考虑未来的方向，不去做准备，不知道自己的目标，也不思考，更不寻求帮助。这样的决策者更容易受到学校等支持系统的忽略。所以，这些学生需要意识到自身的决策风格及其可能造成的危害，努力调整，增强职业生涯规划的意识和动机，才能从根本上得到帮助。

（五）自发型

以渴望即刻、尽快完成决策为特征。自发型的个体往往不能够容忍决策的不确定性以及由此带来的焦虑情绪，是一种具有强烈即时性，并对快速做决策的过程有兴趣的决策风格。自发型决策者常会基于一时的冲动，在缺乏深思熟虑的情况下做出决策，此类决策者通常会给人果断或过于冲动的感觉。

探索活动 4-1

个人决策风格的探索

请回想迄今为止你在生活中所作的五个重大决定，并按以下几个内容予以描述，并在纸上记录下来：

a. 目标或当时的情境；b. 你所有的选择；c. 你作出的选择；d. 你的决策方式；e. 对结果的评估。

想一想：你如何描述自己在上述几项中的决策风格？它们有共同之处吗？当你做一番回顾的时候，你有没有想过自己通常采用了什么样的决策模式？

我的五个重大决定：_____

我在重大事件上通常采用的决策风格：_____

三、施恩的"职业锚"理论

在职业定位阶段，"职业锚"理论作为指导个人职业发展方向的经典理论之一，是一种行之有效的参考依据。什么是职业锚？正如"职业锚"这一名词中"锚"的含义一样，职业锚实际上就是人们选择和发展自己的职业时所围绕的中心。一个人对自己的天资和能力、动机和需要以及态度和价值观有了清楚的了解之后，就会意识到自己的职业锚到底是什么。具体地说，职业锚是指新员工在早期工作中逐渐对自我加以认识，发展出更加清晰全面的职业自我实现。

从一定意义上说，职业定位就是确定自己的职业锚类型。

美国麻省理工学院斯隆管理学院的施恩（E. H. Schein）教授总结出以下五种类型的职业锚。

（一）技术/职能能力型

具有较强的技术或功能型职业锚的人往往不愿意选择那些带有一般管理性质的职业。相反，他们总是倾向于选择那些能够保证自己在既定的技术或功能领域中不断发展的职业。侧重于自己正在从事的特定技术内容或职业内容，如工程师。

（二）管理能力型

管理能力型的人表现出成为管理人员的强烈动机，他们的职业经历使得他们相信自己具备被提升到那些一般管理性职位上去所需要的各种必要能力以及相关的价值倾向。必须承担较高责任的管理职位是这些人的最终目标。当追问他们为什么相信自己具备获得这些职位所必需的技能的时候，许多人回答说，他们之所以认为自己有资格获得管理职位，是由于他们认为自己具备以下三个方面的能力：①分析能力（在信息不完全以及不确定的情况下发现问题、分析问题和解决问题的能力）；②人际沟通能力（在各种层次上影响、监督、领导、操纵以及控制他人的能力）；③情感能力（在情感和人际危机面前只会受到激励而不会受其困扰和削弱的能力以及在较高的责任压力下不会变得无所作为的能力）。

（三）安全/稳定型

安全/稳定型的人极为重视长期的职业稳定和工作的保障。他们似乎比较愿意去从事这样一类职业：这些职业应当能够提供有保障的工作、体面的收入以及可靠的未来生活。

这种可靠的未来生活通常是由良好的退休计划和较高的退休金来保证的。

对于那些对地理安全性更感兴趣的人来说，如果追求更为优越的职业，意味着将要在他们的生活中注入一种不稳定或保障较差的地域因素的话——迫使他们举家搬迁到其他城市，那么他们会觉得在一个熟悉的环境中维持一种稳定的、有保障的职业对他们来说是更为重要的。对于另外一些追求安全型职业锚的人来说，安全则是意味着所依托的组织的安全性。他们可能优先选择到政府机关工作，因为政府公务员相对来说是一种稳定性比较高的职业。这些人显然更愿意让他们的雇主来决定他们去从事何种职业。

（四）创造型

在施恩看来，创造型的人都有这样一种需要：建立或创设某种完全属于自己的东西——一件署着他们名字的产品或工艺、一家他们自己的公司或一批反映他们成就的个人财富等。比如，有些学生在毕业之后逐渐成为成功的企业家。

（五）自主/独立型

自主/独立型的人在选择职业时似乎被一种自己决定自己命运的需要所驱使着，他们希望摆脱那种因在大企业中工作而依赖别人的境况。因为，当一个人在某家大企业中工作的时候，他或她的提升、工作调动、薪金等诸多方面都难免要受别人的摆布。这些毕业生中有许多人还有着强烈的技术或功能导向。然而，他们却不是到某一个企业中去追求这种职业导向，而是决定成为一位咨询专家，要么是自己独立工作，要么是作为一个相对较小的企业中的合伙人来工作。具有这种职业锚的其他一些人则成了工商管理方面的教授、自由撰稿人或小型零售公司的所有者等。

第三节　生涯决策的模式和方法

一、生涯决策的模式

生涯决策是一个过程，而且是一个复杂的过程。不同的专家从不同的方面提出了各自的看法。

（一）克朗伯兹的职业决策模式

美国心理学家克朗伯兹提出了进行职业决策的模式，认为在进行个人职业决策时应采取八个步骤。1977年又对此模式进行了修正，修正后的职业决策模式主要分为七个步骤。

（1）界定问题：理清自己的需求和个人限制，明确自己想要什么，自己对此存在哪些优势与不足，描述必须要完成的决策。

（2）拟订行动计划：在明确自己的需求目标的基础上，描述决策所需采取的行动，思考可能达到目标的各种行动方案，并规划达成目标的过程，制订出明确的目标和实现目标的时间表。

（3）澄清价值：界定个人的选择标准，即明确自己最想要的是什么，作为评量各项方案的依据。

（4）找到可能的选择：搜集资料，描述可能做出的选择，确认选择方案。

（5）评价各种可能的选择：依据所定的选择标准、评分标准，逐一评价各种可能选择，找出可能的结果。

（6）系统地删除：比较各种可能选择方案，选择符合价值标准的情况，系统地删除不合适的方案，挑选最合适的选择。

（7）开始行动：界定将如何采取行动以达成选定的目标。

（二）泰德曼的生涯决策模式

泰德曼（Tiedeman）结合萨柏与金斯伯格的生涯发展观点，提出整个决策过程是由确定目标、实施与调整两个阶段和七个步骤不断地进行而组合成的，如表4-2所示。

表4-2 泰德曼的生涯决策模式

阶段	步骤	含义
确定目标阶段	试探	根据自己所学的专业及个人的兴趣、爱好及职业理想，考虑不同的选择方向及可能的目标
	具体化	列出所有可能的目标对于自己来说存在的优点与不足，经过对各种选择方向或目标优缺点的斟酌，明确什么是自己最想要的、什么是阻碍自己目标实现的最大困难
	选择	选定一个能解除目前困扰的目标
	明确化	对最终选择的目标再审视，看是不是自己最想要的，并且可以通过努力可以实现的，发现问题，修正和调整准备要行动的目标
实施与调整阶段	入门	开始执行自己的选择，也是新经验的开始，在新环境中，争取他人的接纳
	转化	调整步伐与心态，专心一致，肯定在新环境中的角色，全力以赴
	整合	个人的信念与集体的信念达到平衡与妥协

按照这个模式，个人在进行职业决策时，首先是要确定职业目标，然后将选择的方案付诸行动，落实于现实生活，然后评估其结果，并根据个人对结果的满意程度，对方案做调整或改变。

（三）奇兰特的决策模式

奇兰特（Gelatt）认为决策是一连串的决定，任何一个决定将会影响其后来的决定，亦会受先前决定的影响，因此决策是一个发展的历程而非单一的事件。这也说明生涯决策不是一次选择，或一个结果，而是持续不断的做决定及修正的终生历程。奇兰特认为做决策在于选择有利因素最多、不利因素最少的方案，具体步骤包括：

（1）根据自己的需求制订决策目的或目标；

（2）搜集与目标或目的有关的信息资料，以了解可能的行动方向；

（3）根据所得的资料，预测各个可能行动的成功概率及其结果；

（4）根据价值系统，估算个人对于每个行动方案的喜好程度；

（5）评估各种可能方案，选择其中的一个方案执行；

（6）若达成目标则终止决定，然后等待下一个决定的出现；

（7）若没有成功，则继续调查其他可行的办法。

此外，奇兰特特别强调决策过程中资料的重要性，将个人处理资料的策略分成三个系统，对三个系统进行综合权衡，然后选择一个行动方案。

一是预测系统。预测不同的选择可能会造成的结果，估算出每个行动可能造成该结果的概率，作为选择行动方案的参考。

二是价值系统。价值是指个人对于各种可能的行动之喜好程度。

三是决策系统。决策系统包括评判各种行动方案的标准，其选择取向分为以下几种

（1）期望取向，就是选择可能达成自己最想要的结果方案，就是与自己的职业观相一致，与自己的兴趣、特长最相符的方案。但该方案也许是成功概率很小的方案，所以存在着较大的风险。

（2）安全取向，选择最安全、最保险的方案。这方案适合追求稳定的人，但该方案也许与你的职业兴趣是不一致的。

（3）逃避取向，避免选择可能造成最不好的结果的方案。这也是适合追求稳妥，不爱挑战的人，选择的结果也许与你的期望有一定差距。

（4）综合取向，就是考虑自己对于行动结果的需求程度、成功概率，以避免不良结果的发生。

（四）盖蒂的 PIC 模型

PIC 模型是由以色列职业心理学家盖蒂（Gati）提出的一种系统的职业决策方法，其构建兼顾理论验证与实践运用。

PIC 是排除阶段（Prescreening）、深度探索阶段（In-depth Exploration）和选择阶段（Choice）的缩写。

PIC 模型的理论基础是排除理论，决策方案的选择通常都是多属性的，在选择过程的每一阶段，要挑选出某一属性或某一方面，根据其重要性对之做出评价，对不符合决策要求的属性便应予以排除，即不再在以后的比较选择中继续加以考虑，直到剩下某种未排除的方面或属性时，再做出最后的选择。

1. 排除阶段

在许多职业决策的情境中，潜在职业方案的数目是相当大的。排除阶段的目的就是将这些潜在方案的数目减少到比较少，达到可操作的水平。这样可以使"有可能方案"的数目有限，决策者能够为每个方案收集广泛的信息，并且有效地加工这些信息。

排除阶段可以分为以下五个步骤。

（1）选择在搜寻中被用到的有关方面。寻找可行性方案是建立在个人对有关方面的偏好这一基础之上的，如个人的职业价值观、兴趣、能力、工作环境、培训时间、工作时间、人际关系类型等。

（2）根据重要性排列这些方面。按照个人的重视程度给这些方面排序，以便于序列搜寻过程能相应地进行（即先搜寻最重要的方面，再搜寻次重要的方面，依此类推）。

（3）为重要的方面定义可接受水平的范围。在序列搜寻中对于每一个要考虑的方面，首先引入个人偏好的最优水平——即在该方面上最想要的；然后，挑选出次想要的，再是可接受的水平。

（4）将个人可接受水平的范围与有关职业方案的特性水平进行比较。序列排除过程是这样开始的：列出所有潜在的职业方案，并且将它们的特点与个人的偏好进行比较。首先

排除最重要的方面与个人偏好不符的方案。在其他方面上，这个过程被反复进行，直到剩余"有可能方案"的数目在可操作的范围内。

（5）灵敏度分析。检查对偏好的可能变化而引起相应结果变化的灵敏度。这个步骤包括再次检察排除阶段的输入、输出以及步骤。检查被报告的偏好是否仍然是可以接受的，还是更希望改变它们；分析为什么某些在系统搜寻前被个人直觉地认为是有吸引力的方案在序列排除过程后被删除了；找出那些仅仅因为一个方面上的不一致而被剔除的方案，检查关键方面信息的有效性，并且考虑可不可能在这个关键方面上折中一下。

2. 深度探索阶段

这个阶段的目的是找到一些不仅是有可能的，而且是合适的方案，得到合适方案的清单。满足以下两个条件，该方案则被认为是合适的。首先，每个合适的方案与个人的偏好相符。就是在个人认为最重要的方面上检查每一个可能方案与个人偏好的符合程度。其次，个人符合该方案的要求。就是在其他重要的方面上检查该方案与个人偏好的符合程度。有可能的方案都是在排除阶段的筛选后留下的，它们在重要的方面上多少和个人的偏好相符合。在深度探索阶段，随着更多的、更具体的信息被得到，个人的偏好是会被调整的。另外，个人满足特定方案要求的程度，也包含两种适合的条件。一是考察个人是否真正能达到方案核心方面规定的要求。二是适合的条件涉及考察实现每个方案的可能性，一方面考虑个人过去的教育背景、实践经验等；另一方面要考虑每个有可能方案的先决条件（如最低的从业资格）。最后，希望个人能通过自己的努力来提高实现某个有希望方案的可能性。

3. 选择阶段

选择阶段的目的是考虑到个人的偏好与能力，挑选对于个人来说最合适的方案。

（1）挑选最合适的方案。许多人会在第二阶段结束时得到一个合适的方案，并据此收集相应的信息。在这种情况下，没有必要再比较方案了。但是深度探索阶段结束时也会得到两个或更多的合适方案，为了挑选最合适的一个不得不比较这些方案，这时就要关注它们的特点，将方案的优缺点进行比较，综合考虑方案之间的平衡而做出相应的选择。

（2）挑选其他合适的方案。职业决策通常是在不确定的状态下做出的，职业方案实现的可能性也经常是不确定的。例如，得到一份工作的可能性不仅仅取决于是否满足了它的最低要求，而且还有赖于其他应聘者的人数和品质，所以，在挑选了偏爱的"最合适的"方案之后，个体必须使用收集到的信息评估实现该方案的可能性，如果肯定能够实现，就没有必要再挑选次等的方案，但如果存在不确定性，建议回到前面的步骤，搜寻更多的、可能被认为是"次等的"但仍然适合的方案，如果第一和第二方案实现的可能性都相当低，建议考虑第三、第四个方案等。

总之，决策理论重视个人生涯发展时的历程及抉择，并且因为牵涉到个人价值观，所以除了搜集正确的客观资料之外，更重要的是要针对个人独特的价值观，加以了解、澄清。因此，虽然在大多数人所认同的具体步骤可供参考，不过个人主观的价值评论其实才是最重要的决策依据。

二、生涯决策的方法

（一）CASVE 循环法

CASVE 循环是一种职业生涯规划决策技术，包括沟通（Communication）、分析（Analysis)、综合（Synthesis）、评估（Evaluation）和执行（Execution）五个阶段，CASVE 就是这五个词的英文单词首字母。CASVE 循环可以在整个职业生涯问题解决和决策制订过程中为决策者提供指导。CASVE 循环如图 4-3 所示。

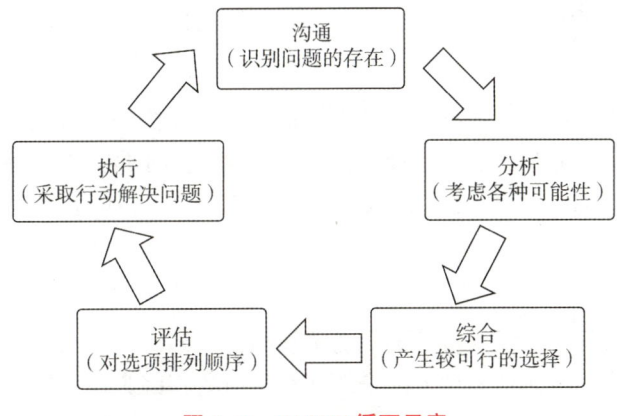

图 4-3　CASVE 循环示意

1. 沟通

在沟通阶段，要通过内部或外部交流途径收集信息，通过各种感官和思考充分接触问题，查找职业理想与现实之间存在差距，意识到问题的存在。内部沟通包括情绪信号，如不满、厌烦、焦虑和失望，还有身体信号，如昏昏欲睡、头痛、胃部疾病等。外部沟通包括父母对你的职业规划的询问，同事、朋友对你的职业评价，或者是杂志上关于你的专业正在逐渐过时的文章。这一步是意识到自己需要做出选择的阶段，是决策的开始，个人如果没有意识到自己的需要，则后面的步骤都无从谈起。

2. 分析

在分析阶段，决策者需要花时间去思考、观察、研究，对现状进行评估，从而更充分了解差距，了解自己和自己可能的选择，了解自己有效地做出反应的能力。好的生涯决策者阻止用冲动行事来减小在沟通阶段所体验的压力或痛苦，因为他们知道，这是无效的，甚至可能令问题恶化。他们确定，要解决这个问题需要了解自己的哪些方面，了解环境的哪些方面，需要做些什么才能解决问题，为什么有这样的感受，家庭会怎样看待自己的选择等问题。

这是了解自己和面临各种选择的阶段。在这一阶段，决策者需要把各种因素和相关知识联系起来。例如，把自我知识和职业选择联系起来，把家庭和个人生活的需要融入职业选择中。因此，生涯决策者通常会改善自我知识，不断了解职业世界和家庭需要。简单地说，在分析阶段，生涯决策者应尽可能了解造成在第一阶段发现的差距的原因。

3. 综合

综合阶段是在分析的基础上综合和加工上一阶段提供的信息，从而制订消除差距的行动方案，确认自己的选择。其核心任务是确定做什么可以解决问题。

这是一个扩大并缩小选择清单的过程。要先尽可能多地找到消除差距的方法，发散地思考每一种办法，甚至采用"头脑风暴"进行创造思维。然后缩小有效方法的数量，通常为三至五个选项，因为这是我们头脑中最有效的记忆和工作容量。

这里需要注意的是，不要在没做探索之前就匆忙决定，这样会将自己的选择面限制得很窄。在生涯规划中，我们提倡先扩展个人的职业前景清单（通常要列出十个以上可从事的职业），打开视野，充分地看到自己所拥有的可能性，再在收集信息的基础上适当压缩（最终保留三至五个选项）。

4. 评估

这一阶段首先从可行性和满意度两方面评估信息，评估每一种选择对生涯决策者和他人的影响。每一种选择都要从对自己和对他人的代价和益处两方面进行评价，并综合物质上和精神上的因素。评估信息之后，按评估结果对所有选择进行排列，并得出最终的选择。

5. 执行

这是实施选择的阶段，根据自己最终的选择制订计划，把思考转换为行动。很多人都觉得在执行阶段制订行动计划是令人兴奋的和有价值的，因为他们终于可以开始采取积极行动去解决问题了。

CASVE 循环是一个不断重复的循环过程。在执行阶段之后，生涯决策者又回到沟通阶段，对自己的决定及其结果进行评估，以确定已经选取的选择是不是最好的，是否能最有效地消除理想与现实间的差距。因此，CASVE 决策技术，无论是对解决个人职业规划问题，还是解决团体问题都非常有用。用系统的方法思考这五个步骤，能够提供一个有用的工具，使你成为一个更有效率的人。

探索活动 4-2

决策 CASVE 循环分析

使用 CASVE 循环来分析你在第一个练习中所写出的五个重大决策以及你现阶段面临的职业决策问题。

（1）你是怎样意识到自己的需求的？

（2）你是如何分析这个问题、收集相关信息（包括关于你自己和关于问题解决的信息）的？

（3）你是如何形成解决方案的？以你今天的眼光，你是否能看到自己当时所没有看到的其他可能性？

（4）你是如何在不同的解决方案之间作选择的？你的选择标准是什么？

（5）你是如何落实行动的？过程是否如你所预期的那样？

（6）你怎样评价自己当时的决策过程？你对结果感到满意吗？如果不满意，是哪个步骤出现了问题？

（7）如此分析了五个重大决策的过程之后，你对自己的决策模式有了什么新的了解？这对你处理现阶段所面临的职业决策问题有什么指导意义？

（二）决策平衡单

在决策过程中对多种选择进行评估排序时，可能会感受到该决定所涉及的各方面因素会有不同的重要性，需要以权重来体现。此时，决策平衡单（Decision-making Balance Sheet）

无疑是一个比较好的决策方法。决策平衡单经常被应用于问题解决模式和职业咨询中，用以协助咨询者有系统地分析每一个可能的选项，判断分别执行各选项的利弊得失，然后依据其在利弊得失上的加权计分排定各个选项的优先顺序，以执行最优先或偏好的选项。

1. 决策平衡单的结构

决策平衡单的设计，是用来协助决策者作出好的重大决定。它可以帮助决策者具体地分析每一个可能的选择方案，考虑各种方案实施后的利弊得失，然后排定优先顺序，择一而行。决策平衡单将重大决策的思考方向集中到以下四个主题上。

（1）自我物质方面的得失（Utilitarian Gains or Losses for Self）。

（2）他人物质方面的得失（Utilitarian Gains or Losses for Significant Others）。

（3）自我赞许与否（Self-approval or Disapproval）。

（4）社会赞许与否（Social approval or Disapproval）。

实际应用时，由于认为"自我赞许与否"和"社会赞许与否"仍显得笼统，所以台湾生涯辅导专家金树人将最后的两项改为"自我精神方面的得失"与"他人精神方面的得失"，就是从以"自我—他人"，以及"物质—精神"所构成的四个范围内来考虑，如表4-3所示。

表4-3 决策平衡单

考虑因素		权重 −5~+5	选择项目					
			选择一		选择二		选择三	
			分数	小计	分数	小计	分数	小计
自我物质方面的得失	1							
	2							
	3							
	…							
他人物质方面的得失	1							
	2							
	3							
	…							
自我精神方面的得失	1							
	2							
	3							
	…							
他人精神方面的得失	1							
	2							
	3							
	…							
总分								

2. 决策平衡单决策的步骤

在使用决策平衡单时，可以按上述四个类别列出个人所有的重要价值观并按其重要程度赋予权重，并将它们作为评判的标准，逐项对所有的选择进行加权计分，最后按总分排序。

（1）列出可能的职业选项。咨询者首先需在平衡单中列出有待深入评价的潜在职业选项三至五个。

（2）判断各个职业选项的利弊得失。平衡单中提供咨询者思考的重要得失，集中于四个方面，分别是自我物质方面的得失、他人物质方面的得失、自我赞许（精神方面）的得失、他人赞许（精神方面）的得失，详细如表4-4所示。咨询者可依据重要的得失方面，逐一检视各个职业选项，并以"+5"至"-5"的十一点量表（+5，+4，+3，+2，+1，0，-1，-2，-3，-4，-5），来衡量各个职业选项。

（3）各项考虑因素的加权计分。咨询者在各个方面的利弊得失之间，会因身处于不同情境而有不同的考量。因此，在详细列出各项考虑层面之后，须再进行加权计分。即对当时个人而言，重要的考虑因素可乘以一至五倍分数（*5），依次递减。

（4）计算出各个职业选项的得分。咨询者须逐一计算各个职业选项在"得"（正分）与"失"（负分）的加权计分与累加结果，并计算各个生涯选项的总分。

（5）排定各个职业选项的优先顺序。依据各职业选项在总分上的高低，排定优先次序。职业选项的优先次序即可作为咨询者职业生涯决策的依据。

表4-4是一个学生在选择毕业出路时，比较"直接就业""创业（创办软件公司）"和"考研"这三种选择的决策平衡单示例。最后得出分数，自己创业77分，考研68分，就业找工作22分，经过角色平衡之后可以选择创业。

表4-4 决策平衡单决策示例

考虑因素		权重 -5~+5	选择一：直接就业 分数	小计	选择二：创业（创办软件公司） 分数	小计	选择三：考研 分数	小计
自我物质方面的得失	1. 收入状况	4	2	8	5	20	-5	-20
	2. 健康状况	3	1	3	-1	-3	2	6
	3. 工作时间	1	0	0	-4	-4	0	0
	4. 休闲生活	2	3	6	-3	-6	2	4
	5. 未来发展	5	-2	-10	4	20	4	20
自我精神方面的得失	1. 发挥潜能	5	1	5	5	25	5	25
	2. 成就感	4	-1	-4	5	20	5	20
	3. 感兴趣	1	0	0	3	3	2	2
他人物质方面的得失	1. 家庭赡养	2	2	4	3	6	-2	-4
	2. 照顾家庭	1	2	2	-2	-2	0	0
	3. 家人团聚	2	3	6	-2	-4	1	2
	4. 朋友关系	2	1	2	-3	-6	2	4

续表

考虑因素		权重	选择项目					
			选择一： 直接就业		选择二： 创业（创办软件公司）		选择三： 考研	
		−5~+5	分数	小计	分数	小计	分数	小计
他人精神方面的得失	1. 家人荣耀	2	0	0	3	6	3	6
	2. 社会认同	2	1	2	3	6	2	4
	3. 家人担心	1	−2	−2	−4	−4	1	−1
总分				22		77		68

探索活动 4-3

运用决策平衡单决策

你现在面临着什么样的选择决策，尝试用决策平衡单进行决策，并在小组内讨论分享。

（三）SWOT 分析法

SWOT 分析法又称为态势分析法，它是由美国旧金山大学的管理学教授于 20 世纪 80 年代初提出来的，是一种能够较客观而准确地分析和研究计划任务的构成因素和实施步骤的分析工具，被广泛应用于企业战略决策。对个人技能、能力、职业、爱好、职业机会的分析和检验都可以尝试使用。

1. SWOT 分析法的内容

SWOT 四个英文字母分别代表优势（Strength）、劣势（Weakness）、机会（Opportunity）和威胁（Threat）。一般来说，优势和劣势从属于个人本身；机会和威胁则来自外部环境。SWOT 分析法如表 4-5 所示。

表 4-5 SWOT 分析法

优势 S：（构筑） 先天：智商，情商，性格； 后天：学历，经历，专业，技能等	劣势 W：（克服） 先天：智商，情商，性格； 后天：学历，经历，专业，技能等
机会 O：（探索） 社会需求，经济发展，对外开放； 出国深造，升迁等	威胁 T：（消除） 竞争，企业改组，裁员； 社会环境变化等

从整体上看，SWOT 可以分成两大部分：第一部分为 SW，主要用来分析内部因素；第二部分为 OT，主要用来分析外部条件。同时，SWOT 又可以分为两种性质：一是作为优势和有利条件的肯定方面，即 SO；二是作为劣势和不利条件的否定方面，即 WT。基于这样四个方面的分析结论，就可以得出初步的行动方案，简单地说，就是构筑自身的优势（S），克服自身的劣势（W），探索外部的机会（O），消除外部可能的威胁（T），去取得行动的成功。

利用这种方法可以从中找出对自己有利的、值得发扬的因素以及对自己不利的要避开的东西，发现存在的问题，找出解决的办法，并明确以后的发展方向。根据这个分析，可以将问题按轻重缓急分类，明确哪些是目前急需解决的问题，哪些是可以稍微拖后一点儿的事情，哪些属于总体战略目标上的障碍，哪些属于局部战术手段上的问题，并将这些分别列举出来，然后依照矩阵形式排列，用系统分析的思想，把各种因素相互匹配起来加以分析，从中得出一系列相应的结论，而结论通常带有一定的决策性，有利于使用者做出较为正确的决策和规划。

进行 SWOT 分析时，个人的优势有：①个人的兴趣、爱好和特长；②在某方面的专业知识和工作技能、经验；③自己强烈的进取心，独立的思想和长远的眼光；④某一科研领域的著述或研究成果；⑤获得的技能证书，如某种职业资格证书；⑥家庭强大的经济支持；⑦自己或父母亲友的社会关系。总之，自己可以利用的一切资源都可以是个人职业发展的优势。

个人的劣势有：①在某方面的专业知识和工作技能、经验的缺乏；②不自信或太自负，心态未摆正；③与人交谈时沟通不利，表达不清楚，解释问题抓不住重点，谈吐条理不清，声音太小等。

外部环境的机会有：①自己所学专业的社会发展前景；②自己与同学、同专业的人或已经从事本专业工作的人相比的技能水平；③具备相关的见习或实习经验，在见习或实习中对某方面的工作或业务有较深入的了解；④学校或老师提供的课题研究项目；⑤社会对本专业人才的需求量大等。

外部环境的威胁：（1）职业目标岗位缺乏，行业发展不景气；（2）自己已选专业在未来发展前途不明朗或此行业竞争激烈；（3）自己所就读的学校不是国内知名大学，科研水平不高、条件不好；（4）国家近期或未来的政策导向不利；（5）学校提供的发展机会不多，学生间竞争激烈。

通过这种对自身和外部的全面分析，我们就可以扬长避短，发挥个人优势，弥补个人劣势，抓住外部机遇，回避外部威胁，迎接挑战，完善自我，发展自我。

2. SWOT 分析法决策的步骤

（1）调查分析内外部环境。

外部环境因素包括机会因素和威胁因素，它们是外部环境对个人发展直接有影响的有利和不利因素，属于客观因素。内部环境因素包括优势因素和弱点因素，它们是个人在发展中自身存在的积极和消极因素，属主观因素。在调查分析这些因素时，不仅要考虑历史与现状，而且要考虑未来发展问题。

（2）对以上的因素进行排序。

根据轻重缓急或影响程度，将上述各种因素排列于 SWOT 矩阵中。在此过程中，要把那些对自己的发展有直接、重要、大量、迫切、久远影响的因素优先排列出来，把那些间接、次要、少量、减缓、短暂的影响因素排在后面或省略。

（3）确定对策，制订计划。

SWOT 内外部环境因素具有四种不同的组合，也对应着不同的对策。我们应该发挥优势因素，对策克服，化解威胁因素；立足当前，放眼未来。分析示意如图 4-4 所示。

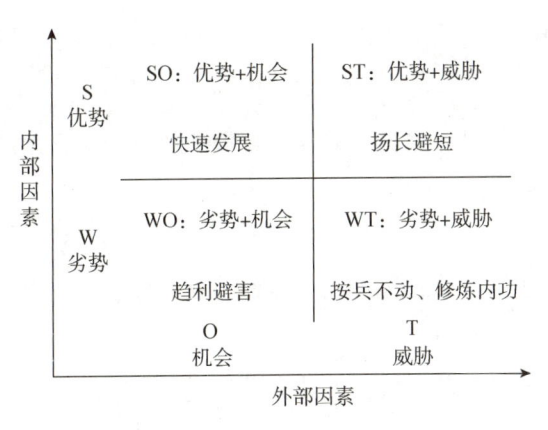

```
              ↑
              │  SO：优势+机会    ST：优势+威胁
          S   │
          优势 │
    内    │    快速发展        扬长避短
    部    │
    因    │
    素    │
          │  WO：劣势+机会    WT：劣势+威胁
          W   │
          劣势 │
              │    趋利避害      按兵不动、修炼内功
              │
              └─────O──────────T──────────→
                   机会         威胁
                        外部因素
```

图 4-4　SWOT 分析示意

探索活动 4-4

运用 SWOT 分析法进行生涯决策

根据自我探索的结果分析总结自己的优势和劣势，根据环境分析的结果分析自己生涯发展的机会和挑战，尝试用 SWOT 分析进行决策，并在小组内讨论、分享。

三、生涯决策应注意的问题

影响我们进行生涯决策的原因是复杂的，同时决策时，我们也面临着很多困难，如何在面临多种选择的时候做出科学的选择呢？

（一）生涯决策时要正确面对各种困难

克朗伯兹从 1983 年就开始注意到决策的个人规则及相应的困难，他认为在进行职业决策时可能遇到以下五种困难：人们可能不会辨认已有的可解决的问题；人们可能不努力作决策或解决问题；因为错误的原因，人们可能会消除一个潜在的满意的选择对象；因为错误的原因，人们可能会选择较差的选择对象；在感到没有能力达到目标时，人们可能会经受痛苦和焦虑。

对于大学生来说，生涯决策的困阻来源也是多方面的。生涯决策的困阻因素是指不利于我们生涯发展的个人因素。这些因素使我们职业选择不利，或造成生涯发展困境长久无法突破。职业定位的困阻包括下列八个因素。

1. 意志薄弱

个人的职业选择容易受到外在因素的影响，例如父母、朋友的社会价值观的影响，一旦受到反向影响，就会减少投入的时间和精力，甚至放弃自己真正想要的目标。

2. 行动犹豫

对自己缺乏信心，充满担心，而迟迟未采取与职业发展有关的活动。

3. 资讯探索困阻

不能积极去搜集相关产业、行业、职业的信息，或不清楚获得这些信息的渠道，或不知道如何利用这些信息。

4. 特质表现

个性方面的障碍，例如没有主见、被动，习惯由他人为自己做决定，不愿意自己做规划，积极性、主动性不高等。

5. 方向选择

对自己曾做过的职业抉择感到怀疑，或是目前有多种选择不知如何着手。

6. 科系选择

自己所读的科系并非自己的期待，或认为是不适合自己的。

7. 学习状况

对自己的学习成果不满意而产生的负向效应，或知识、能力的储备不够。

8. 思想意识

不愿意从事具有挑战性的工作，不愿意干脏、苦、累的工作，不愿意到基层就业等。

因此，大学生在进行生涯决策时，要重视种种困阻，要正确面对问题，不要逃避问题，特别是要克服不努力作为决策或解决问题的困难，要积极面对可能出现的问题，通过自身的努力寻求自己最优的选择。同时，面对困难也可以向信任的人求助，向朋友、学长、家长、职业顾问求助。

（二）生涯决策需要结合自己的性格、特长和兴趣

职业生涯能够成功发展的核心，就在于所从事的工作要求正是自己所擅长的。如果一个人性格内向、不善与人沟通，没有很好的交际意识，那么这个人就很难成为一名成功的管理人员。制订职业规划一定要认真分析出来自己的优缺点。

从事一项自己擅长的并喜欢的工作，工作会很愉快，也容易脱颖而出。这正是成功的职业规划的核心所在。

（三）要考虑到实际情况，并具有可执行性

很多人刚开始时雄心壮志，一心想着出人头地。但是现实社会里的工作，有时确实存在一定跨越，但是更多的时候却是一种积累的过程，包括资历的积累、经验的积累、知识的积累等。所以职业规划不能太过好高骛远，而要根据自己的实际情况和社会情况，一步一个脚印，层层晋升，最终才能成就梦想。

（四）生涯决策必须有可持续发展性

生涯决策时不能只制订一个阶段性的目标，要有明确的长期的生涯目标，而且生涯目标应该是一连串的、可以贯穿自己整个职业发展生涯的远景展望。今天的生活状态不由今天决定，它是我们过去生活目标的结果；明天的生活状态不由未来决定，它将是我们今天生活目标的结果。如果生涯决策定得过于短浅，后面又没有后续决策点作为支撑，肯定会使人丧失奋斗的热情，且不利于自己长远发展。

第四节　职业定位

一、职业定位的 SMARTC 原则

职业定位的实质就是确立职业目标，然后找出达成目标的途径。只有当个人在头脑中对自己的职业发展方向有清晰的概念，他的生命才会有意义和方向。

很多时候，大家忙忙碌碌，选修各种课程，参加各种活动，准备各样考试，却没有目标。一方面感到迷茫，另一方面却又不能停下来，不能花一点时间看清楚自己的方向，只是盲目地胡乱奔跑，从而陷入"忙—盲—茫"的怪圈，这种"边跑边看路"的做法无异于缘木求鱼。就像《爱丽丝梦游奇境记》里，猫对爱丽丝说的那样：如果你不知道自己想去哪儿，那么走哪条路都无所谓。而你只要一直往前走，哪怕是胡奔乱跑，也总可以到达某个地方。但你对自己的处境满意与否可就是另一回事了。并且，如果连你都不知道自己要什么的话，那么别人也不可能给你有效的帮助。因此，科学有效地进行职业定位，确立人生目标，非常关键和重要。

进行职业定位，设立职业发展目标时，可以遵循 SMARTC 原则，如图 4-5 所示。

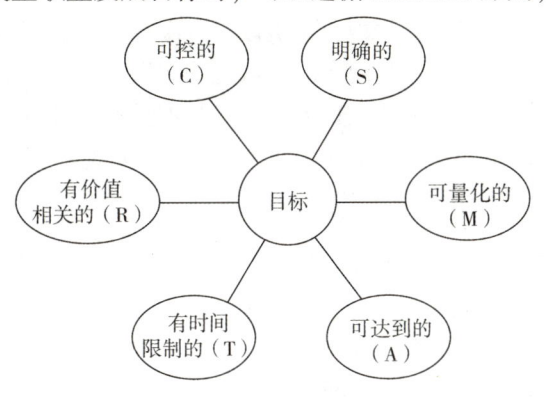

图 4-5　SMARTC 原则

（一）S——Specific：明确的

该原则是指生涯目标要清晰、具体、明确。所谓明确就是要用具体的语言清楚地说明要达成的目标。明确的目标几乎是所有成功人士的一致特点。很多人不成功的重要原因之一就因为目标定的模棱两可。要做到这一点，需要回答以下六个"W"。

Who：谁参与。
What：要完成什么。
Where：确定一个地点。
When：确定一个时间期限。
Which：确立必要条件和限制。
Why：明确原因，实现此目标的目的或好处。

例如，"我的目标是更好地利用时间"，这样的目标就有问题，应该说"我一天只能

花不超过一个小时的时间来看电视"或"我每周要花两个小时的时间来上网查找有关服装设计师这一职业的资料"。

心理学家得出了这样的结论：当人们的行动有了明确的目标，并能把自己的行动与目标不断地加以对照，进而清楚地知道自己的行进速度和与目标之间的距离，人们行动的动机就会得到维持和加强，就会自觉地克服一切困难，努力达到目标。要达到目标，就要像上楼梯一样，一步一个台阶，把大目标分解为多个易于达到的小目标，脚踏实地向前迈进。

每前进一步，达到一个小目标，就会体验到成功的喜悦，这种感觉将推动他充分调动自己的潜能去达到下一个目标。

（二）M——Measurable：可量化的

生涯目标是可度量的，要有一组数据，作为衡量是否达成目标的依据。这样才有一个可以衡量成功或者失败的标准，从而可以准确地评价你是否达到了自己的目标。假如想"加强社会实践"，可以将自己的目标定为"在这个月内，参加一个学生社团（摄影协会），并访谈两位摄影师"。假如想熟练掌握网站制作技能，那么可以将自己的目标定位为"可以独立完成一个电子商务类网站的策划和制作"。

（三）A——Achievable but Challenging：可以达到但有挑战性

目标在付出努力的情况下可以实现，避免设立过高或过低的目标。也就是说，就自己的能力和特点而言，实现这个目标是现实的、可能的，但又有一定难度。比如，如果你的目标是能够按时毕业，拿到学位，那么这种目标就是不具挑战性的；而如果你把目标设定为在学术造诣上超越爱因斯坦，那么基本上没有实现的可能，这种目标在设定上就是失败的。

（四）R——Rewarding & Relevant：目标有意义、有价值，有奖惩的措施，并且有相关性

首先，生涯目标要对自己具有一定的意义，并且目标的实现能带来成就感、愉快感。比如，如果没有按计划在一个月内完成对两位工程师的访谈，那么你就不能在"十一"时外出旅游，而要利用七天的假期完成访谈任务。

其次，设定的目标要有现实性，要和实际情况相关联。设定的目标最好是自己愿意做，并且能够干好的。在职业目标的设定上，一定要注意目标的设定要和岗位的职责是有关系的。比如，你打算从事会计工作，努力考个会计师证是很有必要的，而花费很多时间去考心理咨询师证，就无太大必要了。

（五）T——Time-bounded：有明确的时间限制

目标要有时限性，即完成绩效指标的特定期限。要在规定的时间内完成，时间一到，就要看结果。没有时间限制，就没有紧迫感。不能将目标统统定为"在大学毕业前完成"，而要有计划分步骤地在限定的时间内完成。以一周、一个月或一学期为单位设立目标，会比将事情都堆到大四毕业前完成要有效得多。

（六）C——Controllable：可控的

可控性主要是指自己对影响到目标实现的因素具有相当的控制能力。比如，"我的目

标是在 ABC 公司获得一份工作"，这种表述方式就违反了可控性的原则。

因为你能否获得这份工作并不取决于你自己，你有被拒绝的可能。但如果你将目标换成"在下周三之前向 ABC 公司申请一个职位"，就是可行的，因为你能控制相关的因素。目标的可控性原则表明：必须为自己的目标负责，而不能指望他人来实现一切。当确实需要他人的帮助时，可以向他们表达，争取与他们合作，但期望不能看得太重，必须作好被拒绝的准备。确切地说，能够控制的只有你自己，因此，目标也必须完全地"属于"自己。

采用上述原则设立目标的好处：它使你所制订的目标与计划有实现的可能，并且可以帮助你在一段时间之后回顾总结自己所取得的进步与不足，明确自己该干什么以及干得怎么样。

二、职业定位的步骤

职业定位是在自我认知和环境分析的基础上，确立职业目标、职业发展路径、职业发展阶梯的一个过程，其具体步骤如图 4-6 所示。

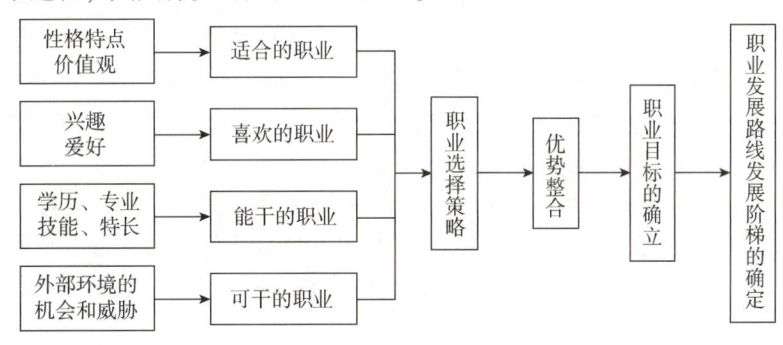

图 4-6　职业定位流程

（一）职业目标的确立

职业目标的确立是在自我认知和环境分析的基础上，初步确定适合自己的职业、喜欢的职业、能干的职业和可干的职业，然后运用一定的职业选择策略，进行优势整合，从而确定自己的职业目标。

从利益最大化原则来考虑，每个人在选择职业的时候一般总希望选择那些适合自身特点而又有发展前途的职业作为目标，即选择那些既适合自己的职业、自己又喜欢的、能干的和可干的职业。这样的职业目标可能对于某些选择者来说不止一个，那么，他就必须从多个目标中做出取舍；而对于另外一些人来讲，也许这样理想的职业目标一个也没有。因此，他就必须退而求其次，选择那些不能满足自己利益最大化的职业。例如，他可能选择适合自己、能干、可干但自己并不喜欢的职业，他也可能选择自己喜欢、能干、可干但并不适合自己的职业。

在确立职业目标时，我们必须既要考虑到个人实现职业目标所拥有的资源和精力，又要考虑其中可能会面临的风险，因此，我们最终确立并保留的职业目标一般不应该超过三个（多则精力达不到），同时至少要有一个。

保留多个目标的人，还应考虑协调几个目标之间的关系，争取使它们之间具备互相支撑和相互替代的关系；目标有缺陷的选择者，从确立该目标之日起，就应该立即着手创造条件、弥补缺憾，力争在条件改善、资源改造、个体能力增强的同时使职业目标得以实现。

实际操作中，这样的选择过程对于一个人的职业发展来讲，往往仅做一次是远远不够的，在面临学业方向改变、就业前景考察、职位升迁等状况的时候，便需要在反复审视和循环发展中得到多次运用。所以，熟悉这一流程对个人职业生涯规划的成功非常必要。

（二）职业生涯发展路径和职业发展阶梯

在确定职业目标之后，如何从现在的我出发，达到理想中的目的地，实现自己的职业生涯目标，有一个选择问题。发展路径不同，发展的要求也不同。因此，在职业生涯规划中，需对职业路径做出选择，以便使自己的学习、工作以及各种行动措施能够沿着自己的生涯路线或预定的方向前进。

1. 职业生涯发展路径

职业生涯发展路径也称职业生涯路线，是我们为自己设计的一套自我定位、成长及晋升的管理方案。它能够帮助我们了解自己在职业发展中的位置以及进一步发展的方向。

职业生涯路线的选择取决于三个要素：想、能、可以。这三个要素的基本含义如下。

（1）我想往哪一条路线发展？通过对自己的兴趣、价值观等因素的分析，确定自己的兴趣取向，即自己的志向是在哪一方面，自己非常喜欢走哪一条路线。这是一个人的兴趣问题。

（2）我能往哪一条路线发展？通过对自己的性格、特长、智能、技能、情商、学识、经历等因素的分析，确定自己的能力取向，即自己能往哪一条路线发展，也就是说，自己走这一条路线，是否具有这方面的特长，是否具有这方面的优势。这是自身的特质问题。

（3）我可以往哪一条路线发展？这是对当前及未来的组织环境、社会环境、经济环境的分析，确定自己的机会取向，即内外环境是否允许自己走这一条路线，是否有发展机会。这是环境条件问题。

对上述三个要素进行综合分析，确定自己的职业生涯路线，这三个要素缺一不可，其分析过程如图4-7所示。

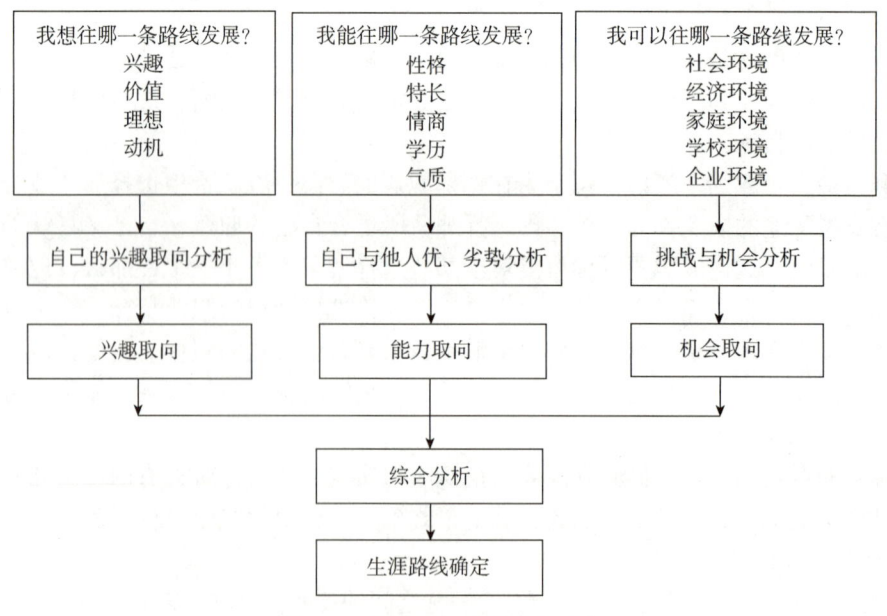

图4-7 职业生涯路线分析过程

职业定位与职业发展路径举例如表4-6所示。

表4-6 职业定位与职业发展路径举例

职业目标	机械制造公司高层管理者
职业发展路径	车间技术员—机械设计助理工程师—机械设计工程师—机械设计高级工程师—机械制造公司高层管理者

2. 职业发展阶梯

职业发展阶梯是职业路径的核心内容，也是我们进行职业管理的基础。它是我们决定个人成长、晋升的不同方式、条件和程序的策略组合。

职业发展阶梯示意如图4-8所示。

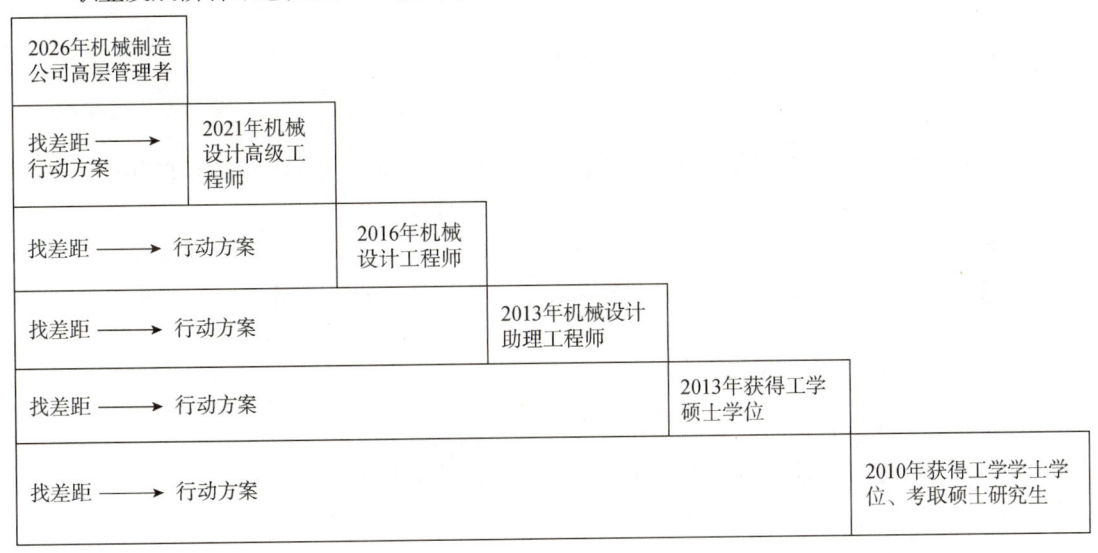

```
2026年机械制造
公司高层管理者

找差距 → 2021年机械
行动方案    设计高级工
            程师

找差距 → 行动方案  2016年机械
                    设计工程师

找差距 → 行动方案     2013年机械设计
                      助理工程师

找差距 → 行动方案         2013年获得工学
                          硕士学位

找差距 → 行动方案            2010年获得工学学士学
                             位、考取硕士研究生
```

图4-8 职业发展阶梯示意

三、职业定位的考虑因素

（一）个人因素

大学生在进行职业定位时，由于每一个人都是一个不同的个体，有着不同的兴趣爱好、价值观、知识结构、社会背景等，每个人考虑的因素也不同，各有侧重。一般而言，要综合考虑以下各种因素，根据自己的具体情况确定自己的职业定位：工资收入水平；个人兴趣与爱好；单位的地理位置；单位性质；单位的发展前景；继续深造的条件；发展机会。

由于职业选择是充满个性的活动，不同的人在选择职业的时候会做出不同的价值判断，也会加入各不相同的其他参考因素。因此，现实中并不存在真正意义上普遍适用的职业选择参考依据。对于个人而言，做好个人的职业选择，总结和归纳影响自己职业选择的具体因素，无疑是需要我们各自做出努力的事情。

（二）职业因素

根据对大学生就业的研究，一般来讲，从操作层面上解决大学生职业目标的选择，在择业指标的选取方面可以参考以下四个指标。

（1）职业技能要求的专业化程度：技能要求越是专业化，工作的难度就越大，但面临的竞争者相对较少、职业回报较为丰厚。

（2）职业工作的舒适度：业绩指标要求适当、工作压力小、工作环境条件完备，工作的舒适度就高。

（3）职业工作的待遇：与周围的从业者相比，薪酬福利待遇较高、晋升机会较多，选择从事该职业的意愿就越强烈。

（4）职业工作的发展前景：宏观经济繁荣、组织良性发展、同事合作融洽、市场需求旺盛，职业发展前景就会积极明朗。

以上四个择业指标的综合考察，是大学生选择职业、进行职业定位的一种较为普遍的做法。

（三）目标的冷热问题

1. 热门目标

热门目标的特点：有众多的求职者；社会对它的需要较大；社会环境对它有利；竞争者数量庞大；在众多的竞争者中真正取得成功、成为佼佼者较为困难。

某种目标成为"热门"时，取得成功的不利因素、需要付出的艰苦劳动方面，往往被人们忽视，这就使一些人在选择这种目标时，过高地估计了自己的才能，也过高地估计了成功的可能性。

2. 冷门目标

在选择职业生涯目标时，着眼于有较大社会需求的"冷门"，即目前暂时不为人们所重视，但却是未来非常需要的职业，不失为一种明智的策略。

选择冷门目标，可以避免与众多的人竞争，只要这一目标确有社会价值，自己又做出相当的努力，就很容易取得成功。

冷门目标的优势，是有利于人才的崭露头角，生涯成功的可能性大大高于热门目标。

在选择职业生涯目标时，可以根据自己的爱好与条件，多侧重于考虑和选择目前尚属于"冷门"的方向。

四、职业定位应注意的问题

（一）认识自己，了解职业

认识自己，即包括认识自己的兴趣、气质、性格和能力，也包括认识自己的生理素质、知识结构和职业适应性。其目的在于真正了解自己最适合干什么工作。了解职业，即包括职业活动内容、职业特点、职业环境、职业报酬，也包括了解职业对从业者素质的要求。了解职业的目的，在于提高求职的针对性，减少盲目性。

★ 故事与人生

别让兔子学游泳

在美国，有一个关于成功的寓言故事，一直被职业经理人广泛流传。这个寓言讲的是，为了和人类一样聪明，森林里的动物们开办了一所学校。开学第一天，当老师宣布今天上跑步课时，小兔子兴奋地一下从体育场地跑了一个来回，并自豪地说：我做好我天生就喜欢做的事！再看看其他小动物，有噘着嘴的，有耷拉着脸的。第二天一大早，老师宣布，今天上游泳课，小鸭也兴奋地一下跳进了水里。祖上从来没人会游泳，小兔傻了眼，其他小动物更没了招。接下来，第三天是唱歌课，第四天是爬山课……以后发生的情况，便可以猜到了，学校里的每一天课程，小动物们总有喜欢上的和不喜欢上的。这个寓言故事诠释了一个通俗的哲理，那就是"不能让猪去唱歌，让兔子学游泳"，要成功，小兔子就应跑步，小鸭子就该游泳，小松鼠就得爬树。成功心理学告诉我们，判断一个人是不是成功，最主要的是看它是否最大限度地发挥了自己的优势。

★ 故事与人生

不用把铁杵磨成针

当成功心理学在欧美大行其道时，中国人仍然在以传统的思维方式关注教育、关注管理、关注成功。中国有句古话：只要功夫深，铁杵磨成针。讲的是只要坚持不懈，就一定能成功。然而，铁杵有铁杵的优势，为什么一定要把铁杵磨成针？这正是中国人面临的需要突破的一种思维定式。小兔子根本不是学游泳的料，即使再刻苦也不会成为游泳能手；相反，如果训练得法，它也许会成为跑步冠军。盖洛普曾做过上万个成功企业家的研究，通过个案分析发现，尽管其路径各异，但成功者有一个共同点，就是扬长避短。而"传统智慧"则有悖。它鼓励人们不遗余力地去纠错补缺，以求完美并以此来定义"进步"，而事实上，当人们把精力和时间用于弥补缺点时，就无暇顾及增强和发挥优势了；更何况任何人的欠缺都比才干多得多，且大部分的欠缺又是无法弥补的。

（二）正确把握自己的择业期望值

大学生应实事求是地对自己的职业期望作一个客观科学的分析，分清哪些是合理的，是能够实现的，对此应努力追求；哪些是不合理的，是实现不了的，对此应放弃。这就要求每位同学，以自己的专业所长、个人素质优势以及客观的社会需求为基础，确立积极合理的职业期望。

正确把握择业的期望值，应防止下列问题的出现：防止图虚荣的思想；防止图享受的思想；防止图安逸的思想；防止偏离自己的择业目标；防止期望值过高。

（三）树立正确的就业观念

大学生应转变就业观念，摒弃只有正规就业或端"铁饭碗"才算就业的传统观念，树立从事非全日制、临时性、季节性、非正规就业等灵活形式工作也是就业的观念，树立职业平等和劳动光荣的观念，树立不怕苦、肯吃苦的思想意识。

（1）着眼长远、面向未来。大学生在选择职业时，不能只看眼前实惠，不看企业发展前景；不能只看暂时困难，而不看企业的未来；不能只图生活安逸，而不顾事业的追求等。选择职业时，应将眼光放远一些，不要局限于目前比较热门的职业。随着社会的发展，一些热门职业必将走向冷门，同时也会产生一些新的职业，一些冷门职业也会变成热门。所以，一定要将眼光放远，选择那些有发展前景的职业，选择那些符合社会需求的职业。

（2）目标高低要恰到好处，且幅度不易过宽，应该为自己留有足够的发展空间。生涯目标是高一些好，还是低一些好。总的来说，还是要高一些好。人的生涯目标应追求符合实际的远大目标，自我确定的目标越高，越能起到激励作用，发展前途也就越大，因为"志当存高远"。相反，如果所定的目标太低，就会使人陷于畏缩不前、消极保守的状态。

当然，目标也不能过高。如果目标过高，则会使人飘逸在幻想的高空，在现实生活中必然一事无成，这样的目标也就失去了意义。

那么如何掌握一个合适的度呢？情况完全因人而异。一般而言，个人的经验、素质水平和现实环境的条件是我们制订目标的依据。职业目标的制订应略高于自己的能力，即"跳一跳可以够得着"。

目标有高有低，也有宽有窄，是宽一些还是窄一些，也要视个人的情况而定。目标窄，可以集中精力实现目标；目标宽，则不太容易实现。

（3）职业目标行为要正当。引向成功的目标，必定是行为正当的目标。事业成功者所要达到的目标，必须是符合党和国家的方针政策，符合道德规范，不损害社会的利益，不会给任何人带来痛苦和损失。这样的目标才能引导自己走上成功之路，否则，它会将我们引入歧途，走向失败。

（4）职业目标长短配合要恰当。我们可以将大目标分解成若干小目标，分阶段逐一实现。通常职业目标至少应当分为长期目标、中期目标、短期目标，仅仅有长期目标，会导致自己对未来失去信心，而仅有短期目标，又会导致职业目标的短期化、近视化。具体几年为一个目标阶段，可以视自己的具体情况而定。

（5）目标要留有余地。生涯目标要留有余地，也就是说，在实现目标的安排上，不要过急、过满、过死。过急就会欲速而不达；过满就会顾此失彼，造成紧张，而无法坚持；过死，就会失去机动时间，无法处理突发事件。要留有余地，就是要有机动时间，即使发生某些意外，也有精力和时间去处理。

（6）积极培养兴趣。兴趣爱好固然重要，但它并非与生俱来，它与后天的培养和环境的影响有着重要的关系。当我们选择的职业不是我们最感兴趣的职业时，我们也可以有意识地培养自己在本行业的兴趣，同样可以取得职业生涯发展目标的实现。

（7）主动选择。大学毕业生在选择职业时应主动出击，积极参与。这里所说的主动选择，主要包括以下三个方面。

1）主动参与职业岗位竞争。大学毕业生应主动出击，通过人才市场、网站等渠道积极拓宽自己的职业选择范围，主动投放自己的求职自荐书，主动向用人单位推销自己，而不能只等着用人单位上门进行校园招聘。

2）主动了解人才供求信息和规格要求。在寄送求职自荐书之前，一定要通过多种渠道了解人才供求信息、用人单位的招聘规格要求等，努力做到有的放矢，提高求职应聘的成功率，避免走"弯路"。

3）主动完善自己。成功的求职应聘是以充分的求职准备为基础的。在求职应聘之前，必须在品德性格、知识结构、操作技能、待人接物、应聘技巧等方面不断地完善自己，做到胸有成竹。

（8）分清主次。在就业选择过程中，摆在毕业生面前的选择是多方面的。大学毕业生应从是否有利于自己才能的发挥、是否符合社会需要出发，分清主次，做出正确的抉择。应尽量选择那些最能发挥自己才能和特长，又对自己有着迫切需要的那些地域、行业和组织去工作，这必将有助于其职业发展目标的实现。

此外，还要考虑到性别、年龄、身体状况、所学专业、社会意义和发展前景、必要的工作环境和保障条件等，这些也在一定程度上影响着人们的择业方向，是人们择业时不可忽视的因素。

课堂活动

实践作业

生涯人物访谈

结合自己的兴趣、技能、职业价值观、教育背景和已掌握的职业知识找出未来最可能从事的职业，然后在该职业领域寻找一位在职人士作为访谈对象。生涯人物可以是自己的亲人、老师和朋友，可以是他们推荐的其他人，也可以借助行业协会、大型同学录或某个具体组织的网站来寻找。

具体访谈记录如下：

（1）您是如何找到这份工作的？
（2）您的职位是什么？您的主要职责是什么？
（3）从事此行业的人做些什么？
（4）工作地点一般在哪里？
（5）在行业内，先从什么样的工作岗位做起能学到最多的知识、最有益于发展？
（6）工作场所性质有哪些特征？
（7）在工作方面，你每天都做些什么？
（8）你在做这份工作时，日常面临的问题是什么，什么最有挑战性？
（9）就你的工作而言，你最喜欢什么，最不喜欢什么？
（10）个人的主要成就是什么，最成功的是什么？
（11）在这个职位上，如果想获得成功必须拥有并保持什么样的能力？
（12）目前还缺乏的必须改进的能力有哪些，如何改善？
（13）在你的组织中，能够在同样一个岗位上把成功和不成功区别开来的行为是什么？

(14) 你认为做好这份工作应该具备哪些知识、技能和经验？

(15) 目前，行业内要求从事这份工作的人应该具备什么样的教育和培训背景？

(16) 你认为什么样的个人品质、性格和能力对做好这份工作来讲是重要的？

(17) 这项工作需要的个人品质、性格和能力与别的工作相比有什么不同吗？

(18) 学校中的哪些课程对从事这个行业比较有帮助？

(19) 行业内，单位对刚进入该领域工作的员工一般会提供哪些培训？

(20) 在你的工作领域里初级职位和略高级别职位的薪水一般是什么水平？

(21) 这个行业是否有季节性或地理位置的限制？

(22) 这个行业存在的困难及前景如何？

(23) 据你所知，有什么职业杂志、行业网站或其他渠道能帮助我深入了解这个领域？

(24) 你的熟人中有谁能够成为我下次采访的对象吗？可以说是您介绍的吗？

(25) 通过访谈，有哪些收获？

本章小结

生涯决策是个人根据各种条件，经过一系列活动以后进行的目标决定，以及为实现目标而制订优选的个人行动方案。生涯决策不单单是一种结果，而是一个过程，是一个复杂的认知过程。

对于大学生而言，要重点做好自我定位、行业定位、职业定位和地域定位等职业生涯决策。

大学生在进行生涯决策时，受到很多因素的影响，如心理特征、专业背景、决策时的即时状态、家庭成员、朋友、同龄群体、政治、经济、社会发展状况等。

决策风格是影响决策效果与决策效率的一个重要因素。丁克里奇将决策风格归结为八类：痛苦挣扎型、冲动型、直觉型、拖延型、宿命型、顺从型、瘫痪型和计划型。

美国职业生涯专家斯科特和布鲁斯认为决策风格是在后天的学习经验中逐渐形成的，将决策风格划分为五种类型：理智型、直觉型、依赖型、回避型和自发型。

职业锚是指新员工在早期工作中逐渐对自我加以认识，发展出更加清晰全面的职业自我实现。美国麻省理工学院斯隆管理学院的施恩教授总结出以下五种类型的职业锚：技术/职能能力型、管理能力型、安全/稳定型、创造型、自主/独立型。

生涯决策的模式主要包括克朗伯兹的职业决策模式、泰德曼的生涯决策模式、奇兰特的决策模式、盖蒂的 PIC 模型等。

CASVE 循环是一种职业生涯规划决策技术，包括沟通（Communication）、分析（Analysis）、综合（Synthesis）、评估（Evaluation）和执行（Execution）五个阶段。CASVE 循环可以在整个职业生涯问题解决和决策制订过程中为决策者提供指导。

决策平衡单将重大决策的思考方向集中到四个主题上：自我物质方面的得失、他人物质方面的得失、自我赞许与否、社会赞许与否。

SWOT 分析法又称为态势分析法，它是由美国旧金山大学的管理学教授于 20 世纪

80 年代初提出来的，是一种能够较客观而准确地分析和研究计划任务的构成因素和实施步骤的分析工具，被广泛应用于企业战略决策。现在也被用来做生涯决策。

职业定位的实质就是确立职业目标，然后找出达成目标的途径。

进行职业定位，设立职业发展目标时，可以遵循 SMARTC 原则，主要含义是指：明确的（S——Specific）；可量化的（M——Measurable）；可以达到但有挑战性（A——Achievable but challenging）；目标有意义、有价值，有奖惩的措施，并且有相关性（R——Rewarding & Relevant）；有明确的时间限制（T——Time-bounded）；可控的（C——Controllable）。

思考题

1. 什么是生涯决策？
2. 生涯决策的任务包括哪些？
3. 常见的决策理论包括哪些？
4. 我们经常用到的生涯决策方法有哪些？
5. 职业定位 SMARTC 原则的具体内容是什么？
6. 职业定位应考虑哪些因素？

第四篇 准备篇

第五章

生涯的目标管理

博学之，审问之，慎思之，明辨之，笃行之。

——《礼记·中庸》

本章学习目标

通过本章的学习，学生应当掌握目标管理的内容与方法，能够正确认识生涯目标，能够准确进行生涯目标的分解，并制订自己各阶段的教育和培训计划、能力提升计划、职位升迁计划等。

本章内容框架

- 故事与人生
  - 管道的故事
- 第一节 生涯目标管理
  - 生涯目标管理的概念
  - 生涯目标管理的过程
  - 生涯目标管理的意义
- 第二节 生涯目标的分解与组合
  - 职业生涯目标的分解
  - 职业生涯各阶段目标的组合
- 第三节 生涯目标的实施
  - 制订详细的实施计划和措施
  - 生涯各阶段的管理重点
  - 生涯目标的管理策略
- 第四节 生涯目标的分析评估
  - 生涯目标分析评估的含义
  - 生涯目标分析评估的目的
  - 生涯目标分析评估的步骤
- 课堂活动
- 实践作业

★故事与人生

管道的故事

很久以前，有两位名叫柏波罗和布鲁诺的年轻人，他们是最好的朋友，住在意大利的一个小村子里。

他们是大梦想者。他们渴望有一天能通过某种方式，让他们可以成为村里最富有的人。他们都很聪明而且很勤奋。他们想他们需要的只是机会。

一天，机会来了，村里决定雇两个人把附近河里的水运到村广场的水缸里去。这份工作交给了柏波罗和布鲁诺。两个人都抓起两只水桶奔向河边。一天结束后，他们把镇上的水缸都装满了。村里按每桶一分钱的价钱付给他们。

"我们的梦想实现了！"布鲁诺大声叫着，"我们简直无法相信我们的好福气。"

但柏波罗不是非常确信。他的背又酸又痛，提那重重的大桶的手也起了泡。他害怕明天早上起来又要去工作。他发誓要想出更好的办法，将河里的水运到村子里去。

"布鲁诺，我有一个计划。"第二天早上，当他们抓起水桶往河边奔时，柏波罗说，"一天才几分钱的报酬，而要这样来回提水，干脆我们修一条管道将水从河里引到村里去吧。"

布鲁诺愣住了。

"一条管道？谁听说过这样的事？"布鲁诺大声嚷嚷着，"柏波罗，我们有一份不错的工作。我一天可以提一百桶水。一分钱一桶，一天就是一元钱！我是富人了！一个星期后，我就可以买双新鞋。一个月后，我就可以买一头母牛。六个月后，我可以盖一间新房子。我们有全镇最好的工作。我们一周只需工作五天，每年两周的有薪假期。我们这辈子可以享受生活了！放弃你的管道吧！"

但柏波罗不是容易气馁的人。他耐心地向他最好的朋友解释这个计划。柏波罗将一部份白天的时间用来提桶运水，用另一部分时间以及周末来建造管道。他知道，在岩石般硬的土壤中挖一条管道是多么的艰难。因为他的薪酬是根据运水的桶数来支付的，他知道他的薪酬在开始的时候会降低。而且他也知道，要等一两年，他的管道才会产生可观的效益。但柏波罗相信他的梦想终会实现。于是他就去做了。

布鲁诺和其他村民开始嘲笑柏波罗，称他为"管道人柏波罗"。布鲁诺赚到比柏波罗多一倍的钱，炫耀他新买的东西。他买了一头驴，配上全新的皮鞍，拴在他新盖的二层楼旁。

他买了亮闪闪的新衣服，在乡村饭店里吃可口的食物。村民们称他为布鲁诺先生。他坐在酒吧里，为村民买上几杯，人们为他所讲的笑话开怀大笑。

小小的行为等于巨大的结果。

当布鲁诺晚间和周末睡在吊床上悠然自得时，柏波罗还在继续挖他的管道。头几个月，柏波罗的努力并没有多大进展。他工作很辛苦，比布鲁诺的工作更辛苦，因为柏波罗晚上和周末都在工作。

但柏波罗不断地提醒自己，明天梦想的实现是建造在今天的牺牲上面的。一天一天过去了，他继续挖，每次只是一英寸（2.54厘米）。

"一英寸又一英寸成为一英尺。"他一边挥动釜子，打进岩石般硬的土壤中，一边重复着这句话。一英寸变成了一英尺（30.48厘米），然后10…20…100英尺。

"短期的痛苦等到了长期的回报。"每天完成工作后，筋疲力尽的他跌跌撞撞地回到他简陋的小屋后，他这样提醒自己。他通过设定和达到每天的目标来衡量工作的成效。他知道，终有一天，回报将大大超出付出。

"目光盯在回报上。"每当他慢慢入睡，耳边尽是酒馆里村民的笑声时，他一遍遍地重复着这句话。

一天天、一月月过去了。有一天，柏波罗意识到他的管道完成了一半，这意味着他只需提桶走一半路程了！柏波罗把额外的时间用来建造管道。完工的日期终于越来越近了。

在他休息的时候，柏波罗看到他的朋友布鲁诺在费力地运水。布鲁诺比以前更加的驼背。由于长期劳累，步伐也变慢了。布鲁诺很生气，闷闷不乐，为他自己一辈子运水而愤恨。他开始花较少的时间在吊床上，却花很多的时间在酒吧里。当布鲁诺进来时，酒吧的顾客都窃窃私语："提桶人布鲁诺来了。"当镇上的醉汉模仿布鲁诺驼背的姿势和拖着脚走路的样子时，他们咯咯大笑。布鲁诺不再买酒给别人喝了，也不再讲笑话了。他宁愿独自坐在漆黑的角落里，被一大堆空瓶所包围。

最后，柏波罗的大日子终于来到了——管道完工了！村民们簇拥着来看水从管道中流入水槽里！现在村子有源源不断的新鲜的水供应了。附近其他村子的村民都搬到这个村子来，村子顿时繁荣起来。

管道一完工，柏波罗不用再提水桶了。无论他是否工作，水源源不断地流入。他吃饭时，水在流入；他睡觉时，水在流入；当他周末去玩时，水在流入。流入村子的水越多，流入柏波罗口袋里的钱也越多。

管道人柏波罗的名气大了，人们称他为奇迹创造者。政客们称赞他有远见，恳请他竞选市长。但柏波罗明白他所完成的并不是奇迹，这只是一个很大很大梦想的第一步。

（资料来源：哈吉斯. 管道的故事［M］. 赖伟雄，译. 海口：南海出版社，2009年）

思考：
(1) 为这个故事接着编续集，讨论分享。
(2) 从故事中，可以看出目标对人的一生有什么影响？
(3) 我们应该怎样树立目标？
(4) 怎样通过目标管理实现自己的目标？

第一节　生涯目标管理

一、生涯目标管理的概念

1. 目标

目标在汉语词典里解释为射击、攻击或寻求的对象，也指想要达到的境地或标准。目标是对活动预期结果的主观设想，是在头脑中形成的一种主观意识形态，也是活动的预期目的，为活动指明方向。

目标具有以下五个特征。

（1）主观性：目标是对活动预期结果的主观设想，是在头脑中形成的一种主观意识形态。以主观意识反映客观现实的程度，可分为必然目标、或然目标和不可能目标。

（2）方向性：目标是活动的预期目的，为活动指明方向。具有维系组织各个方面关系构成系统组织方向的核心作用。

（3）现实性：目标的价值性和可操作性构成了目标的现实性。从现实目标满足期望程度看，有理想目标、满意目标、勉强目标和不得已目标。

（4）社会性：目标因受社会政治、经济制度、文化传统、意识形态制约，所以目标都是一定社会的目标，而具有社会性。

（5）实践性：目标具有为实践活动指明方向的作用，只有通过实践活动才能实现目标。

2. 目标管理

目标管理（Management By Objectives，MBO）源于美国管理专家德鲁克，他在1954年出版的《管理的实践》一书中，首先提出了"目标管理和自我控制"的主张，是以泰勒的科学管理和行为科学理论为基础形成的一套管理制度，主要包括制订目标、实施目标、信息反馈处理、检查实施结果及奖惩四个步骤。目标管理被广泛运用于现代企业，它强调领导者与下属之间双向互动，现在它的基本含义是：以组织的总目标为中心，运用系统方法建立分层的目标体系，通过分权调动被管理者的能动性，从而有效地完成组织任务，充分体现了现代管理的哲学思想。

目标管理的基本内容：

1）将整体目标分解为具体单位和个人的目标，形成目标体系；

2）建立分权组织体制，上级根据分解目标的内容在一定范围内给下级最大限度的权力，使下级充分运用权力谋求目标的完成；

3）制订实现目标的具体计划、方法和评价标准；

4）对目标实现的情况实行定期检查和考核，并据此实行奖惩；

5）在目标完成后，再制订新的目标体系，形成新的目标管理过程，开始新的循环。

20世纪80年代初，目标管理开始引入我国，经过30余年的实践、发展和完善，这一科学的管理理论正越来越充分地发挥出其强大的作用。同样，目标管理理论对于大学生生涯规划也有较好的指导和借鉴意义。

3. 生涯目标管理

生涯目标管理就是在自我认知和环境认知的基础上，以自我控制、自我调节为主导思想，根据自我需要及环境的变化，将个人与外部环境的各种资源紧密结合，及时改变调整自己的生涯目标和实施计划，使自己保持最佳状态，争取最大发展机会去实现自己职业生涯目标的过程。

生涯目标管理具有以下三个特征。

（1）学生的主体性。生涯目标管理的主体是学生自己，以突出学生的主体性为基本前提，强调学生的自我管理、自我控制、自我教育。

（2）全程性。生涯目标管理是一个过程管理，包括确立目标、实施目标、评估目标、改进目标、再实施等一系列的循环过程，这个过程贯穿了人的一生，而不是局限在某一个阶段。

（3）动态性。在生涯目标实施的过程中，目标管理必须根据自己和环境的变化，及时评估调整自己的目标，并制订相应的实施计划，针对不同阶段主题的不同进行区别化的生涯管理，注重把握生涯动态变化的一般规律，并寻找对应的有效调适机制。

二、生涯目标管理的过程

目标管理是通过一个过程来实现的。生涯目标管理分为目标制订、目标分解与组合、目标实施、分析评价四个阶段，这四个阶段是一个闭环的、循环的过程，具体如图5-1所示。

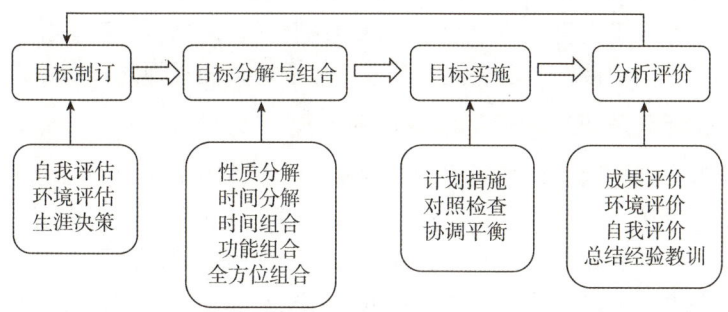

图5-1 生涯目标管理的步骤

明确的生涯目标是目标管理的第一个问题，为了解决这个问题，大学生必须要"知己知彼"，知己，就是要了解自己的兴趣、性格、能力、理想等；知彼，是要掌握对社会的发展趋势和目标职业的需求变化等信息。解决这两个问题的过程就是思考人生的过程，解决这两个问题之后，大学生才能根据正确的生涯决策方法以及自身实际情况，为自己确立一个既适合自己又有发展前景的奋斗目标。因此，生涯目标是在自我评估、环境评估以及生涯决策的基础上制订的（具体生涯目标的确定见第四章内容。）

生涯目标分解与组合包括目标分解与目标组合两部分内容。目标分解包括按性质分解和按时间分解。目标组合包括时间组合、功能组合与全方位组合。

目标实施包括计划措施、对照检查、协调平衡三个步骤。计划措施是指制订详细的实施计划和措施；对照检查是根据职业生涯各阶段的规划重点对计划的执行情况进行检查，及时检查计划的执行情况；协调平衡是指制订职业生涯目标的实施策略，并对计划措施进行优化调整。

分析评价实质是对生涯目标进行评估与调整的过程，包括成果评价、环境评价、自我评价、总结经验教训等内容。在这一阶段，需要对生涯目标的完成情况、自身的变化以及环境的变化进行评估，正确认识自己在实现生涯目标的过程中出现的各种问题，总结经验教训，及时进行目标的修正，必要时可以重新确定生涯目标，从而开始新的一个生涯目标管理的过程。

三、生涯目标管理的意义

生涯目标管理是一种以结果为导向的过程激励管理方法，其自身所包含的特点和功能符合生涯教育的基本规律，具有很强的实效性和可操作性，能给个体带来良好的绩效。

（一）生涯目标管理为大学生设定了明确的发展方向

目标管理可以使大学生的生涯目标更加清晰和明确，使大学生充分了解自己的每个行为的目的，清楚什么是最重要的事情，有助于合理安排时间。更能使他们清晰地评估每个行为的进展，正面检视行为的效率，使他们在没有得到结果之前，就能"看"到结果，从而产生持续的信心、热情与动力，从而有效地引导大学生树立正确的职业理想、明确未来的人生发展方向，进而认真思考及科学规划自己的学业、职业与人生。

（二）生涯目标管理有利于增强大学生生涯目标的执行效果

目标管理能够帮助大学生识别并实行完成目标所必需的关键行为，从而将精力集中在关键事件上；可以使大学生清楚的了解自己的职业生涯目标定位趋势，可以根据自己的职业生涯规划目标特点来确定自己的行为，并及时调整目标定向，合理安排自己的生活，从而调动个体的主动性、积极性、创造性，改进个体职业生涯规划的行动效果。

（三）生涯目标管理可以加速生涯目标的实现

目标管理强调自我控制、自我调节，一方面促进个体集中精力在目标上，将个人与外部环境的各种资源紧密联系起来，提高资源的利用率，进而促进个人发展。另一方面，可以让大学生了解其行为绩效及目标的完成情况，并能使他们清楚地了解自己的效率和技能状况，及时探查与期望值的偏差，研究导致偏差的根本原因，采取合理的纠正措施，安排有针对性地培训和技能锻炼计划，消除不必要的错误和延误，及时、适当地纠正措施并相应调整生涯目标。

（四）生涯目标管理是大学生成长成才的助推器

目标管理有助于大学生提高目标管理意识，增强目标管理能力，增强自我教育、自我管理和自我服务的能力，使他们认清使命、明确目标，提高学习和成才的主动性、自觉性，使之成为合格的社会主义建设者和接班人。

第二节 生涯目标的分解与组合

生涯目标制订之后，面临的第一个问题就是生涯目标的分解与组合问题。

一、职业生涯目标的分解

对职业生涯目标进行分解是指按照一定的标准，将生涯目标拆分为一些具体的小目标或者目标元素，从而增加目标的清晰度。目标分解可以分别按性质分解、按时间分解。

（一）按性质分解

按照目标的性质分解，可分为外职业生涯目标和内职业生涯目标。

外职业生涯目标包括工作单位、工作职务、工作内容、工作环境、工作地点、收入、福利待遇、声望、职位等。

内职业生涯目标包括观念改善、掌握新知识、提高心理素质和工作能力、工作成果、处理与他人的关系等。

（二）按时间分解

按照目标的时间分解，可分为短期目标、中期目标、长期目标、人生目标。如图 5-2 所示，将一个大目标科学地分解为若干个小目标，落实到具体每天、每周的任务上，正是实现目标的最好方法。

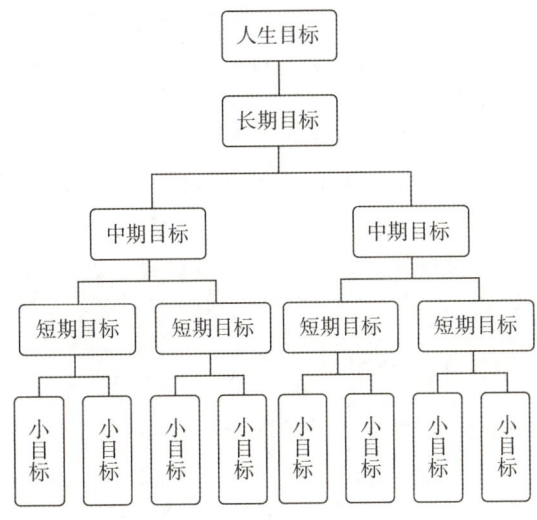

图 5-2　生涯目标的时间分解

1. 短期目标

短期目标通常是指时间在一至两年内的目标，是中期目标和长期目标的具体化、现实化和可操作化，如对专业知识的学习、两年内掌握哪些业务知识、职业选择等。通常又可以将短期目标分解为很多小目标，如一个月甚至一周的目标。

短期目标的特征：①目标具备可操作性；②目标可能是自己选择的，也可能是企业或上级安排的；③未必由自己的价值观决定，但是可以接受；④目标切合实际；⑤具备可操作性；⑥明确具体的完成时间；⑦对实现目标有把握；⑧需要适应环境；⑨现实眼光；⑩服从于中期目标，朝向长期目标，以"迂"为直；⑪接受已经发生的事实。

2. 中期目标

中期目标一般为三到五年，它相对长期目标要具体一些，如规划到不同业务部门当经理，规划从大型公司部门经理到小公司做总经理等。

中期目标的特征：①结合自己的志愿和所在单位的环境及要求制订目标；②基本符合自己的价值观，充满信心，且愿意公之于众；③目标切合实际并有所创新；④能用明确的语言定量说明；⑤对目标的实现可能性做过评估；⑥可以利用环境；⑦全局眼光；⑧通常与长期目标一致；⑨改变有可能改变的事情；⑩有比较明确的时间，且可做适当的调整。

3. 长期目标

长期目标是时间为五年以上的目标，它通常比较粗略、不具体，可能随着形势的变化而变化，在设计时以画轮廓为主。例如，规划 30 岁时成为一家中型公司的部门经理，规划 40 岁时成为一家大型公司副总经理等。

长期目标的特征：①目标是自己认真选择的，和社会发展需求相结合；②非常符合自己的价值观，为自己的选择感到骄傲；③有实现的可能，并有挑战性；④能用明确的语言定性说明；⑤没有明确规定实现时间，在一定时间范围内实现即可；⑥对实现充满渴望；⑦立志改造环境；⑧长期眼光。

4. 人生目标

人生目标是指整个人生的发展目标，时间为 40 年左右。一般说来，短期目标服从于中期目标，中期目标服从于长期目标，长期目标又服从于人生目标。目标的实施，通常是从具体的、短期的目标开始的。

人生目标的特征：①毕生的追求；②引领性和导向性；③没有明确规定实现时间；④具有挑战性；⑤非常符合自己的价值观；⑥目标始终如一，长期坚持不懈；⑦创造美好未来。

此外，按照目标的具体内容分解，可分为学习目标、能力目标、素质目标、健身目标、交往目标等。

二、职业生涯各阶段目标的组合

职业生涯目标分解的最终目的是将目标进行有效组合，如果只看到目标之间的排斥性，就只能在不同目标之间做出排他性选择。而如果能看到目标之间的因果关系与互补性，就能够积极进行不同目标的组合。目标组合是处理不同目标相互关系的有效方法，可以分为时间组合、功能组合和全方位组合三种不同的组合方式。

1. 时间组合

职业生涯目标在时间上的组合可以分为并进和连续两种情况。

（1）并进。

职业生涯目标的并进是指同时着手实现两个平行的工作目标或建立和实现与目前工作内容不相关的预备职业生涯目标。有时候，外部环境给予我们的机会很多，这让我们面临多个选择，于是会出现两个或多个不同方向的职业生涯目标。只要处理得好，在一定时期内，是可以做到鱼与熊掌兼得的。当然，前提条件是你有足够的精力和能力来应对。对普通年轻人，我们仍然建议在一段时间内只定一个大目标。

这里所说的"同时着手实现两个平行的工作目标"，指的是短期内进行的不同性质的工作，一般多为中高级管理层"双肩挑"的情况。而建立和实现与目前工作内容不相关的预备职业生涯目标，多发生在中年、青年人身上，意在居安思危、未雨绸缪。例如，学校团支部书记为了今后获得更大的发展空间，在做好本职工作的同时，进修 MBA 课程。并进有利于我们开启潜能，在同样的时间内迎接更大的挑战，浓缩生命，发挥更大的价值。

（2）连续。

连续是指用时间坐标做节点，将各个目标前后连接起来，实现一个目标再进行下一个。一般来说，较短期目标是实现较长期目标的支持条件。目标的期限性是相对的，随着时间的推移，长期目标成为中期目标，中期目标成为短期目标，短期目标成为近期目标。只有完成好每一个近期目标和短期目标，最终目标才有可能实现。

职业生涯目标分为最终目标和阶段目标（长期目标、中期目标、短期目标、近期目标），各个阶段目标的设定大体与最终目标一致并互相关联。这里应该明确，阶段目标是在一段特定的时间内要达到的结果。如果将职业生涯的阶段目标转变为职业生涯最终目标，只需将各个阶段目标连接起来，加上一个时间表，再加上一个衡量目标达成结果的评估方式。

2. 功能组合

很多职业生涯目标在功能上可以存在因果关系或互补作用，所以，功能上的组合可以分为因果关系和互补作用两种组合方式。

（1）因果关系。

有些目标之间存在着明显的因果关系，通常情况下，内职业生涯是原因，外职业生涯是结果。如工作能力目标与职务目标、收入目标，能力目标实现（原因），将有利于职务目标的实现（结果）；职务目标的实现（原因），会带来经济收入目标的实现（结果）。所以，前者是因，后者为果，表现为：工作能力提高—职务提升—收入增加。

（2）互补作用。

例如，一个管理人员希望在成为一个优秀的部门经理的同时得到 MBA 证书，这两个目标之间存在着直接的互补作用。实际管理工作为 MBA 学习提供实践的经验体会，而 MBA 学习又为实际的工作提供理论支持和方法指导。同样的，高校教师往往同时间负着基础教学和科研两项任务，教学基础为进行科研工作提供了理论基础和方法指导，科研实践又促进了教学内容的丰富更新和质量的提高。

3. 全方位组合

全方位组合已超越出职业的范畴，它涵盖了人生全部活动。全方位组合指职业生涯、家庭和个人事务的均衡发展，相互促进。事业不是生活的全部，任何一个人都不能离开家庭和休闲娱乐，完美的职业生涯规划不应把生活中的其他内容排斥在外。目标组合可以超越狭隘的职业生涯范围，将全部的人生活动联系协调起来。

第三节　生涯目标的实施

目标管理的第三个环节是目标的实施，在确定了生涯目标后，行动便成了关键的环节。目标的实施是目标实现的过程，是目标管理的重要组成部分和关键环节。

大学生生涯目标的实施是大学生制订职业生涯规划目标计划并实现职业生涯规划目标的过程。具体而言，就是指在确定生涯目标之后，分析目标完成所需的阶段，设置各阶段的行动计划，分析目标完成所需的各项资源。在此基础上，综合利用各种资源，确定实现生涯目标的具体计划及措施，并付诸行动，从而促使目标最终实现的一个重要过程。

目标制订为我们确定了自己未来的发展目标：今生今世，我们想干什么？想成为什么样的人？想取得什么成就？想成为哪一专业的佼佼者？生涯目标的实施将解决如何实现目标的问题，即要将目标和理想变为现实，需要采取哪些行动？制订什么样的计划？也就是说，我们要解决的问题是在制订目标的基础上，制订自己各阶段的相应的教育和培训计划、能力提升计划、职位升迁计划等。

这里所指的行动是指落实生涯目标的具体措施，主要包括工作、训练、教育、学习等方面的措施。例如，为达成目标，通过什么样的通道来实现？在工作方面，计划采取什么措施提高工作效率？在业务素质方面，如何提高自己的业务能力？在潜能开发方面，准备采取什么措施开发自己的潜能等。

一、制订详细的实施计划和措施

(一) 计划与措施的主要内容

1. 具体计划

职业生涯发展是一步一步走过来的，生涯目标实现是一点一点积累起来的。如果没有具体的行动计划，没有一点一点的积累，生涯之路就无法走通，目标也就不可能实现。所以，需要制订出详细的工作、学习计划。每年学什么，要列出具体的科目。每年干什么，要列出具体项目。只有计划具体，职业生涯目标才有可能实现。

2. 具体措施

制订出具体计划之后，要对每项计划制订出具体实施措施，并且要保证措施切实可行。如果没有具体的措施或者措施不可行，计划就不能实现。如你的第一项计划是学习MBA，具体措施是脱产学习。此时就要考虑措施的可行性，占用工作时间学习，所在单位是否同意？如果单位不允许工作时间学习，这项计划就会落空。所以，每项计划都要有具体措施，并且切实可行。

3. 起止时间

对每项计划制订出切实可行的具体措施之后，还要明确每项计划的起止时间，即什么时间开始，什么时间结束，以约束自己按照计划实施。否则，计划也会落空。

4. 考核目标

在明确具体计划、具体措施、起止时间后，考核指标也要明确。即在计划执行的每一个阶段，用什么指标来检查或衡量计划是否已经完成。如果没有衡量指标，很容易降低标准，拖延时间，就会影响到生涯目标的实现。

(二) 制订计划和措施的方法

制订职业生涯规划的具体实施计划的要素主要包括时间、地点、参与人、资源、活动过程等。所以一般采用"5W1H"的方法。"5W1H"即"Why""Who""When""Where""What"和"How"。

"Why"回答的是方向问题，即目的是什么、朝什么方向或目标努力。

"Who"涉及的是活动者，可以包括自己，也可以包括活动方案所涉及的其他人。

"When"就是指明时间，可以是某个明确的时刻，也可以是一段时间，是一段时间的必须明确其起止日期。

"Where"就是地点，一项活动计划可能会发生在多个地点，也会包括很多与场景有关的活动。

"What"讲的是计划的过程步骤，落实到具体的活动中表现为各个活动计划环节的流程安排，即先做什么、再做什么。

"How"即如何做，包括采用的工具、手段和相关的活动策略。

(三) 制订计划和措施的步骤

制订详细的职业生涯规划实施计划，主要分为三个步骤：第一，要了解自己在观念、知识、心理素质与能力方面与目标要求的差距；第二，要根据差距使用教育培训、讨论交流、实践操作的方法；第三，确定实施步骤和完成时间。

1. 寻找与目标之间的差距

主要寻找以下几个方面的差距：①思想观念上的差距；②知识上的差距；③心理素质的差距；④能力上的差距。

2. 确定采取什么具体措施弥补差距

具体措施即如何去做，包括采取何种工具，运用何种手段，制订和实施什么样的活动策略等。

3. 确定具体的实施步骤和时间

首先要根据职业生涯发展阶段理论，将自己未来的职业生涯划分为不同的阶段。可以根据舒伯的阶段划分，也可以根据其他专家学者的阶段理论进行划分，也可以简单地把自己的生涯阶段划分为长期、中期和短期。只要自己认为合理，而且具有操作性就可以。

划分好阶段之后，就可以按照阶段制订详细的实施计划了。

职业生涯规划实施计划，应从一生的发展写起，在一生总体规划的基础上，再分别定出十年计划，五年、三年、一年计划，以及一月、一周、一日的计划。计划定好后，再从一日、一周、一月计划实行下去，直至实现你的一年目标、三年目标、五年、十年目标。

（1）定出未来发展目标。首先要清楚自己一生奋斗的总目标以及分目标，即你想干什么？想成为什么样的人？想做什么事，想取得什么成就？想发挥自己哪一方面的优势与特长？想成为哪一行业或专业的佼佼者？如果把这些问题确定后，人生目标也就确定了。例如，要成为一名大型企业的董事长，这是总目标。分目标可以包括：拥有多少资产，规模有多大，享有怎样的社会地位，家庭达到什么状况，最后的学历是什么等。

（2）定出10年或20年的计划。这是一项长期计划，因为对于一个人而言，10年或20年的时间足以做出一定的事业，在事业上可以有所成就、有所突破。对于这一计划，可以粗略地制订，制订出发展目标和重要事件即可。例如，今后10年或20年，你希望自己成为什么样子？有什么样的事业？要过上什么样的生活？家庭状况如何？健康状况如何？你将获得什么样的社会地位等。

（3）定出5年计划。定出5年计划的目的，是将10年大计划分阶段实施，并将计划具体化，将目标进一步分解。

（4）定出3年计划。俗话说，5年计划看头3年。因此，你的3年计划要比5年计划更具体、更详细。因为计划是你的行动准则。

（5）定出明年计划。定出明年的计划，以及实现计划的步骤、方法与时间表，务必具体、切实可行。如果从现在开始制订目标，则应单独定出今年的计划。

（6）定出下月计划。下月计划应包括下月计划做的工作，应完成的任务、质和量方面的要求，财务收支，计划学习的新知识和有关信息，计划结识的新朋友等。

（7）定出下周计划。计划的内容与月计划相同。重点在于必须具体、详细、数字化，切实可行。而且每周末提前计划好下周的计划。

（8）定出明天计划。取最重要的三件至五件事，根据事情的轻重缓急，按先后顺序排好队，按计划去做，可以避免"捡了芝麻，丢了西瓜"。

并在此方向上以三年为单位，提出近期、中期与远期的目标；再在近期的目标中提出今年的目标；将今年的目标分解为每季度目标、每月目标、每周目标、每天目标。这样，每天睡前就可以对照自己的目标进行反省，总结当日成就与失误、经验与教训，修正明天的目标与方法，第二天醒过来后稍加温习就可以投入行动了。

二、生涯各阶段的管理重点

人生的每一个阶段都有各自不同的特点，所以在制订职业生涯规划时，侧重点也应有所不同。

（一）大学阶段的生涯管理重点

在人生的道路上，大学阶段是处在一个多岔路口，走哪一条路，向哪一个方向走，在很大程度上决定了一个人事业的成败。大学阶段职业生涯规划的重点有以下四个方面。

1. 评估自己所学专业，明确自己的职业定位

一般来说，在校大学生的专业已经确定，但是在报考选择这个专业时，不少人对本专业了解很少，所以需要重点评估自己所学专业。评估内容包括三个方面：①自己是否对所学专业感兴趣；②自己的性格是否适合所学专业；③自己的特长是否适合所学专业。

通过上述三个方面内容的评估，就可以知道自己所学专业是否适合自己。如果所学专业在三个方面都适合，所学专业就比较理想。如果有一个方面不适合自己，所学专业或多或少会对未来发展产生影响。性格与所学专业不吻合，将来从事这个专业的工作，就有可能产生不适应的情况；兴趣与所学专业不吻合，将来从事这个专业的工作，工作绩效有可能不突出；特长与所学专业不吻合，将来从事这个专业的工作，个人的特质得不到发挥，难以成为优秀人才。如果三个方面都与所学专业不吻合，我们该怎么办呢？唯一的办法就是在校期间要想尽一切办法进行弥补和纠正。可以选择调整专业，也可以通过学习第二专业或通过选修课来弥补。同时对于自己的本专业，虽然不适合自己，既然学了就要学好，多一门知识总比少一门好，就知识面而言，还是越宽越好。千万不能持消极态度，得过且过，只等毕业。

2. 做好就业准备，为职业生涯发展创造条件

这是在大学期间的一项重要任务。现在的用人单位，对人才的衡量标准是"以能力论英雄，以绩效论成败"，看重的是实际能力。所以在大学期间，我们一方面要学好专业知识，另一方面还要拓宽自己的知识面，增强自己的综合素质，全面提高自己的工作技能。

3. 锁定目标单位，实现自己的就业目标

选好了专业，做好了就业准备，就可以选择自己的目标单位了。我们应该选择什么样的单位呢？是选择机关，还是事业单位？是选择大企业，还是小企业？是选择大城市，还是小城市？这些选择是人生道路上的重要一步。怎样才能做出正确选择呢？其要点有以下几点。

（1）根据自己的特点选择目标单位。目标单位的选择，其首要依据是自己的特点。不同的单位，有不同的工作性质，适合不同的人来做。单位无所谓好与坏，只有自己适合的才是最好的，自己适合到什么样的单位，就选择什么单位。不要看企业的大小，不要看一时的收入高低。只有这样，自己的能力才能得到有效发挥，才能实现自己的价值。

（2）了解目标单位的特点。对于初步选择的目标单位，虽然从工作性质来看，适合自

己，但这也仅仅是一个方面，我们还需要对其特点进行分析。分析其组织文化、制度、发展战略等，这些因素对一个人职业生涯发展有着直接影响，熟悉并接受这些组织文化，有助于我们对目标单位做出抉择。

（3）了解竞争对手。有些时候，一些理想的单位不只有一个人报名，甚至一个岗位就有成百上千人报名。那么，竞争对手优势何在？自己的竞争优势何在？我们要做到心中有数。如果没有足够的把握，或者自己没有明显的优势，最好不要凑这个热闹，要避开拥挤的单位或职业。据调查，在美国，谋生的方法共有两万多种，而在一所学校，毕业的学生只选择了五种职业——两万种职业中的五项。所以不免有些单位和职业会人满为患。

（4）认定就业目标单位，不轻易放弃。通过对自己的特点和目标就业单位特点的全面分析，对未来就业单位一旦认定，就握住不放，达不到目标决不罢休，不要轻言放弃，只要想方设法，目标就有可能实现。

4. 做好自我测验，了解自己的个性特点

该方面的具体内容详见第二章的自我认知。

（二）大学毕业后至30岁的生涯管理重点

这一段时间是大学毕业生走向工作岗位的前五年。这个时期学生的特点：从学校走向了社会，由学生变成了员工，身份发生了变化。这一变化往往有一个适应的过程，因为工作单位毕竟不是学校，其管理方式、生活环境、人际关系、领导方式都不同于学校，甚至和自己在学校想象的状态完全不同。这对于一个刚步入社会的人来说，总会有些不适应，所以这一阶段的职业生涯规划的重点有如下六点。

1. 职业评估与调整

在参加工作前，虽然按照职业生涯规划的方法，对职业的选择做过认真的分析和深入思考，甚至咨询过职业生涯规划专家，但仍然可能存在职业选择定位的问题。只有到工作单位，通过实际工作亲身经历后，才会发现自己选择的职业正确与否。

通过评估，对自己初选的职业进行调整，如果所选职业适合自己，就可以沿着自己的预定路线发展下去。如果不适合自己，也不要轻易地调动单位，要分析一下，是所在的岗位不适合自己，还是这个单位不适合自己。如果是岗位不适合，可以调整岗位；如果是单位不适合自己，可以考虑调换单位。

2. 职业生涯目标探索与定位

一般情况下，我们应该在30岁左右将生涯目标确定下来。孔子曰："三十而立"，就是指人到了30岁该确立自己的目标了，确定自己的发展方向了。所以，在制订这一阶段的生涯发展规划时，要考虑到终身目标的确立。

3. 做好学习规划，为未来发展奠定基础

据日本科学家研究发现，人一生工作所需的知识90%是工作之后学习得来的，也就是说在学校学习的知识只占10%。这个数据足以说明参加工作后学习的重要性。而30岁之前是人生发展的起始阶段，所以这一阶段的学习对今后的发展是至关重要的，并且人生有三次终止学习的时候，都发生在这个年龄阶段。第一次是学校毕业，第二次是参加工作，第三次是结婚。所以，能否坚持学习，对一个人未来的发展有极其重要的作用和影响。因此，在制订该阶段职业生涯发展规划时一定要将学习计划、培训计划考虑进去。

4. 熟悉组织有关情况，尽快进入工作角色

新到一个单位，一旦明确自己的工作岗位，应尽快了解自己岗位的工作职责、工作责任、工作权限、工作标准、工作流程等，这是基本要求，只有了解这些，自己才能较快进入工作角色，否则自己就无所适从。此外，我们还要了解组织文化、规章制度、有关政策等，使自己尽快成为组织中的一员。

5. 适应组织环境，处理好人际关系

一个刚刚结束了学校生活的新员工，进入岗位后，要尽快完成由学生到员工的角色转变。特别是要学会接受各种类型的主管领导安排的工作，学会适应各种性格的领导的管理方式。现实生活中，领导者的素质、能力、性格、人品差距很大，有的严厉苛刻，有的宽容大度；有的婆婆妈妈，有的独断专行；有的软弱无能，有的精明强干；有的开朗随和，有的内秀拘谨；有的是强制硬性管理，有的是人性化管理等。我们对于何种类型的领导，都要接受，不要表现出不满意、瞧不起、不在乎等，而要针对其性格特点，设法与其融洽相处。在处理上下级关系时，还必须把握好依赖性和独立性之间的关系。作为刚刚进入组织的新员工，要有虚心好学的态度，遇到困难和问题，多向领导和老员工请教。但同时还要有独立性，即积极热情、认真负责地开展工作，发挥自己的能动作用，主动解决工作中面临的问题，以展示出自己的实力和对主管领导工作的支持。

6. 从小事做起，树立良好形象

这一阶段是步入职业世界的第一阶段。在这一阶段，表现如何，对一个人未来的发展影响极大。因为有一个先入为主的问题，如果开始就给人一个不好的印象，以后再想扭转过来，就必须付出加倍的努力。所以这一阶段的行动计划，只有从小事做起，不断磨炼自己，不断积累经验。

此外，还要注意，在这个阶段我们中的大多数成员步入了婚姻殿堂，甚至很快就有了自己的孩子，由单身生活变成了家庭生活，由一个人变成了两个人或三个人。随着家庭的建立、责任的增大，对一个人的学习、生活、工作或多或少都会产生一定的影响。有的是由于家庭的建立，解决了终身大事，使自己能够专心从事于学习和工作，对工作起到了促进作用；但也有的由于家庭的建立而成为一种负担，整天围着小家庭转，家庭成为生活的中心。所以，在制订这一阶段的生涯发展计划时，还要考虑到家庭问题，即如何处理事业和家庭的关系。

（三）30~40 岁的生涯管理重点

30~40 岁正是一个人风华正茂之时，是充分展现自己才能、获得晋升、事业得到迅速发展的时期。所以，做好此阶段的生涯发展规划极为重要。该阶段职业生涯规划重点有以下三点。

1. 展现才能，扩大影响

这一阶段，正是事业发展的起步阶段。据研究，人在自然科学方面的创造才能，就多数人来讲，35~45 岁是最佳时期。其实，在各行各业，这一阶段都是身强力壮、精力旺盛的最佳时期，也是事业有成的最好时期。所以，在这一时期，我们要处处以大局为重，要善于独立开展工作，不断积累经验，展现自己的才能，扩大自己的影响，为事业的进一步发展奠定基础。

2. 处理好家庭与事业的关系

在这一阶段，家庭和事业都非常重要。如果认为家庭至上而忽略了工作的重要性，则会出现工作上的不利；如果只关心事业不顾家庭，那么家庭也会出现问题。所以，如何处理家庭和事业的关系是做这一阶段生涯发展规划中必须要考虑的问题。

3. 调整职业，修正目标

这一阶段也是调整职业、修订目标的阶段。经过多年的工作，如果发现自己所选择的职业、所选择的生涯路线、所确定的人生目标以及实现人生目标的具体计划与措施不符合自己的特点，应尽快调整。三十几岁调换岗位、调换单位，还比较容易。俗话说，"三十三，弯一弯"，就是这个意思，等到40多岁再来换工作，那就难了。

（四）40~50岁的生涯管理重点

这一阶段生涯规划的重点是有以下几个方面。

1. 自我反省，修订规划

子曰："三十而立，四十而不惑。"所以，40~50岁是人生的收获阶段。经过过去二十多年的努力、辛勤的耕耘，现在是开花结果的时期了。对于事业上已经获得成功的人，已经有了一定社会地位的人，此时正是大显身手的时期。所以，一定要认真思考自己在这一阶段会达到一个什么目标，认真制订这一时期的生涯发展规划。在这一阶段，我们要把握好人生的职业生涯发展方向继续前进。

如果到了这个年龄，仍一无所得、事业无成，对此就应该做一下深刻的自我反省，问问为什么，找找原因，是自己选错了职业，还是生涯目标不明确？是计划有问题，还是自己努力不够？要重点在自己身上找原因，切勿将一切原因都归结于外界因素，只有客观地找出原因，才能解决人生发展的困阻。如果是自己的职业生涯规划有问题，应尽快修订，如果是自己的职业生涯发展行为表现有问题，应及时改进。只有这样才能获得生涯发展的成功。

2. 锻炼身体，保持健康

人到中年，健康成为一个主要问题。身体是一个人事业的载体，事业能否成功，在很大程度上取决于自己的身体状况。如果一个人身体不好，往往会出现心有余而力不足的状况，给事业带来困难。人到中年，这个问题就更为突出。中年人体质下降，容易受到疾病的威胁，同时中年人的责任也更为重大：上有父母要赡养，下有子女、配偶需要照顾。所以，锻炼身体、保持健康就显得尤为重要。制订职业生涯规划时一定要考虑到这一因素。

3. 调整心态，注重形象

面对事业的成功或失败，都要有一种良好的心态，保持一种好心情，注重外表形象，培养自己的爱好，从总体上提高自己的心理素质与修养。

（五）50岁以上的生涯管理重点

对于多数人来说，到了这个年龄，都面临着告别几十年的工作岗位，准备进入退休生活这一事实。在中国古代，人过50岁就被认为是老人了。但是今天，由于社会的发展、医学的进步，人的寿命延长了，很多人到60岁、70岁身体也还很健康，照常能够工作。退休后的时光该如何度过呢？这确实是一个值得认真思考的问题。

1. 做好晚年生涯规划

提前做好晚年的职业生涯规划，甚至现在就可以考虑一下自己晚年的职业生涯规划。

（1）制订退休后的生涯规划：退休后的二三十年内，计划做什么？问问自己，退休后哪些事情想干、能干、可以干？经过详细分析，将目标确定下来，然后根据目标，制订出详细的行动方案计划。计划有了，人生的第二春发展蓝图也就有了，心态也就好了。

（2）学习新的技能。最好是在退休前5年开始学习，一旦退休，就可以按照规划做事，寂寞、孤独、无聊也就不存在了。

2. 调整心态，保持活力

调整心态是这一阶段的主要任务。人老与不老在很大程度上取决于心态。所以，要保持年轻的心态，有了这个心态，就会充满活力。在这一阶段，要增加运动量，保持身体健康，增添生活乐趣，使自己的晚年生活丰富多彩。

3. 总结经验，继续前进

孔子曰："五十而知天命"。人到50岁便会明白哪些事情可做，哪些事情不可以做，对自己也更加了解了。当我们50岁的时候，看一看过去的发展，看一看过去的得失，就会一目了然。这些经验会产生极大的作用，将使我们保持青春的活力，继续前进。

4. 注意晚节，过好五九关

人到临近退休之时，会出现两种情况：一是在事业上获得成功，个人期望值得到满足，心理也比较平衡。二是那些事业尚未达到理想的目标、个人的期望值未能得到满足的人，心里就不平衡，此时就会想办法弥补，结果会落得个晚节不保的下场。所以，人一旦到了这个年龄，一定要保持心态平衡。

三、生涯目标的管理策略

无论是谁，职业规划制订之后，都面临一个实施的问题，即采取什么样的策略去一步步地真正实现自己的生涯目标，而不仅仅停留在规划上。很多人制订了职业生涯规划，实施计划制订得也很详细，但就是实现不了自己的目标，并不能按照自己的计划去行动，最终还是会使职业生涯规划成为一纸空文。所以，我们有必要采取一定的策略来保证我们生涯目标的最终实现。

（一）练内功策略

一个人能否成功，并不完全取决于8小时之内的工作时间，而是取决于8小时之外的时间，即业余时间。每天的工作时间，我们是8个小时，别人也是8个小时，我们在努力工作，别人也在努力工作，分不出高低，很难分出谁比谁更强。所以，其差别也就在于业余时间。谁的业余时间利用得好，谁发展得就快。练内功策略就是要通过把握好业余时间，提升自己的竞争能力，并在实际工作中取得业绩，获得业内的认可，从而实现自己的生涯目标。

练内功策略极为重要，它关系到个人的职业稳定和事业的发展。要注意到科学技术发展日新月异，知识更新速度日趋缩短。一个大学生走出校门，他在学校学习的知识已经过时了五分之一。如果还像过去那样，一生只学习一次，肯定是会落伍的。许多人的职业生涯发展停止不前，原因之一就是知识和技能陈旧。所以，练内功策略重点是利用业余时间学习、充电。如果我们把知识更新的期望寄托在工作时间，那就错了。

在自己有限的业余时间中，挤出时间学习，并不是一件容易的事，而也正是这种坚持学习，才会使我们与时俱进，使得自己的职业生涯得以发展。因此，在当今时代，利用业余时间练内功是职业生涯发展的一个重要策略。

（二）练外功策略

练外功策略主要是处理好与外部的关系，或适度表达自己的愿望来达成自己职业生涯发展目标。具体有两种做法：自我展示策略和注重关系策略。自我展示策略主要是向管理者或掌握发展资源的人表达自己的发展愿望以及自己的能力和表现；注重关系策略则是处理好与掌握发展资源者的关系，获得有利于职业生涯发展目标实现的资源，尽快实现职业生涯目标。

1. 自我展示策略

在我国，传统文化崇尚谦虚、谨慎，并将此视为美德。因此，人们习惯于隐藏自己的优势，除非不得已，一般不愿意轻易地表现自己。

如果我们所在的单位考核机制健全，有比较科学的绩效量化考核标准，并有可行的考核程序，即使是谦虚的人，也会因为管理机制的科学而被领导重用。如果管理机制不科学，人为性或主观性太强，则有能力的人也会被埋没。

为了充分地施展自己的才华，服务于组织，我们应该主动地展示自己，否则自己的才能就难以得到施展。这种状况既有损于自己的职业生涯发展，也会危害组织的健康成长。

自我展示的内容包括两个方面：一是自己的强项和希望；二是自己的实际工作表现。只要实事求是地推销自己，就会得到上级领导的重视。对于自己的成绩，特别是上级不怎么熟悉的领域，应当通过积极交流并主动展示相关工作成果，使上级领导认识到我们的工作以及我们的重要性。

自我展示是把双刃剑，用得好，能促进自己的职业生涯发展；反之，用不好，则可能成为自己在组织中的发展障碍，因此，自我展示要讲究策略和艺术。

最重要的是，应如实地向上级反映自己的业绩，如实地向上级展示自己的才能，在日益注重自我价值的今天，许多人已经认可"酒香也怕巷子深"，合理地推销自己，已经不是什么坏事。但如果处理不好，很容易让人感到与上司交往过密，让同事们感到厌烦，反而不利于自己职业生涯的发展。

2. 注重关系策略

关系是一个敏感而又无法回避的话题。所谓无法回避，就是我们在任何单位工作，在任何岗位任职，都需要维持较好的人际关系。这是工作的需要，也是团队建设的需要。对于个人职业生涯发展而言，这是一种重要资源。谁忽视了这种资源，谁的职业生涯发展就会遇到困阻。所以，处理好人际关系，是非常必要的。

处理好人际关系的关键是调整好自己的心态，提高自己的情商。心态分积极心态和消极心态。拥有积极心态的人，看问题、看事物、看他人都是从正面看，能看到别人的优点，所以越看越高兴，这样心情好，人际关系就好。而拥有消极心态的人，看问题、看事物、看他人多是从反面看，所以看到的缺点多，这样会越看越生气，发牢骚，说坏话，人际关系就不好。情商低的人，在处理人际关系上不占优势，但自我感觉良好，其结果往往是怀才不遇。

心态调整可以通过学习潜能开发的有关知识，通过积极的暗示，来改变自己潜意识的信号，达到调整心态的目的。情商提高可以通过学习情商开发的有关书籍，利用有关方法提高自己情绪的控制能力。

第四节 生涯目标的分析评估

俗话说"计划赶不上变化"，事物总是发展变化的。变化是人生的常态，成功的生涯需要依靠成功的生涯管理。生涯规划是对未来的计划，所以具有不确定性。在人生的发展阶段，由于社会环境的巨大变化和一些不确定因素的存在，会使我们原来制订的生涯目标与规划有所偏差，这时需要对生涯目标进行评估并做出适当的调整，以更好地符合自身发展和社会发展的需要。职业生涯的评估与反馈过程是个人对自己的不断认识过程，也是个人对社会不断认识的过程，进而能使个人的职业生涯规划与管理更加有效。

一、生涯目标分析评估的含义

企业的目标管理重视结果，但个人生涯目标管理更加重视过程，是一个过程与结果结合的整体。每一步分目标的实现都会牵动整体目标的实现进程，所以过程管理不可或缺。生涯目标的分析评估既是结果管理也是过程管理。

大学生生涯目标的分析评估是指对大学生生涯目标管理的各个阶段的执行情况及成果进行分析评估，是根据评估结果对目标的实施情况进行反馈和修正的一项管理方法。生涯目标的分析评估要在大学生职业生涯规划目标实施的过程中对自身、环境、目标实施过程及结果进行不断的分析评估，并根据分析反馈信息，对目标进行调节和修正，决定下一步计划，开始新循环，从而促使目标最终实现。

大学生生涯目标的分析评估包括评估与调整两个步骤。评估是指对自身、环境、目标实施过程及结果进行的分析；调整是指根据评估结果调整相应的目标、计划、措施，开始目标管理的一个新的循环过程。

在大学生执行职业生涯规划目标的过程中，对目标的分析评估主要有以下五个方面。

（1）衡量执行生涯规划目标的进度及其结果。

（2）评估结果，并与生涯规划目标进行比较。

（3）对自身及环境的变化做出实时评估，掌握变化状况。

（4）如果发现生涯目标产生严重偏差，找出其原因并加以分析。

（5）采取必要的纠正措施，或者变更计划，包括职业的重新选择、生涯路线的选择、人生目标的修正、实施措施与计划的变更等。

在达成职业生涯规划目标的过程中，不断进行自我评估，不但有利于提高自己的能力，还能帮助大学生们自己掌握进度，对目标的执行进行有效控制。

二、生涯目标分析评估的目的

在职业生涯管理过程中，最后一个步骤是信息反馈。由于现实社会中不确定因素的存在，会使个人与原来制订的职业生涯目标有所偏差，这就要求我们不断地反省，并对规划的目标和行动方案做出调整。从这个意义上说，分析评估就是一个再认识、再发现的过程。这就要求我们时时注意内外环境的变化，不断地审视自我，不断地调整自我，不断地修正策略和目标，这个过程就是反馈，它可以确保个人生涯规划的有效性。

获得反馈信息后，常常要根据评估的结果进行目标和策略方案的修订。在这期间要做到谨慎判断，果断行动。谨慎判断就是无论变化多大，都要在理清来龙去脉后再做判断；果断行动就是要在判断后立即采取行动，重新修订自己的生涯设计，从而保证职业生涯的健康顺利发展，最终实现人生理想。

通过反馈评估和修正，可以达到以下六个目的。
（1）对自己的强项充满自信（知道自己的强项是什么）。
（2）对自己的发展机会有一个清楚的了解（知道自己什么地方还有待改进）。
（3）找出关键的有待改进之处。
（4）为这些有待改进之处制订详细的行动改变计划。
（5）以合适的方式答复那些给予反馈的人，并表示感谢。
（6）实施你的行动计划，确保你能取得显著的进步和成就。

三、生涯规划目标分析评估的步骤

根据自身的实际情况，对自己的职业生涯进行详细、具体的规划，就是具有可行性的。但是由于社会环境、家庭环境、就业环境和个人成长曲线等的变化以及各种不可预测的因素的影响，一个人的职业生涯发展往往不是一帆风顺的。所以，要在实践中定期为自己的规划做出相应的评估，及时做出相应的不可预测的调整。

（一）分析

分析环节主要针对变化和目标执行情况这两个方面进行分析。

1. 变化

变化主要是指在目标实施过程中，随着时间的推移，自身、环境、目标等会发生的一些变化。作为生涯目标制订与实施的主体，有必要对这些变化进行实时分析。

环境的变化包括政治环境、社会环境、经济环境、家庭环境、行业环境等外部环境的变化。环境的变化会影响到一个人生涯目标的实现与否，甚至在某种程度上会让个体调整自己的职业目标、生涯目标。

自身的变化主要是指随着时间的推移、社会的发展、环境的变化，自身的需求、性格特点、能力、认知等也会发生一系列的变化，这些变化同样会影响到自己的生涯目标。

在分析环境与自身变化的同时，还应该对环境和自身未来可能出现的变化做相应的预测，从而提升生涯目标的可行性。

2. 执行情况

对大学生生涯规划目标的执行情况进行分析评价，是分析评估环节中的重点内容。
（1）评估的主要内容。

评估的内容主要包括生涯规划目标实施各阶段的进展情况以及完成情况，每个阶段分析评估的内容也有所不同。

生涯目标制订阶段主要评估目标的质量问题，重点从"目标的具体化、数量化程度"

"目标与其他目标之间的冲突大小""目标实施对策（包括条件）的可行性和前瞻性""目标完成标准的确定性""目标同以往目标相比的挑战性和创新性"等方面来评估目标是否符合实际，以及评估目标的可操作性、目标的可实现性。

生涯目标的分解与组合阶段主要评估目标分解的合理性、组合后的科学性。可以从"目标分解的可算性""时间分解的合理性""实施目标客观条件的准备""实施目标主观条件的准备"等方面来进行评估。

生涯目标实施阶段主要分析评估大学生执行生涯规划目标的进度及其结果，确定大学生职业生涯规划目标执行状况，探查与期望值的偏差。主要包括两个方面的内容：①达成结果评估，主要包括目标的完成情况、完成满意度、发生偏差的程度等。具体如短期目标、中期目标进行到了什么地步？目标是否按规定时间、质量完成？②达成过程评估，即达成大学生职业生涯规划目标的过程是否顺利，是否按计划进度进行，当环境变化时的处理情况等。

（2）评估标准。

对大学生职业生涯规划目标计划阶段的评估大致可以按"工作质量"和"时间进度"两个指标来进行。

（二）总结

总结阶段主要做四个方面的工作：①将评估结果与原定目标进行比较，分析出现的偏差及导致偏差的原因，如分析是执行结果的偏差，还是执行方法上的偏差；②分析实施过程遇到的问题以及自己对生涯目标实施的想法；③自身的评估，即针对自身的执行能力、应变状况、能力状况、处事方法等方面进行的评估；④总结目标实施过程中的经验教训。

在做总结时，要避免只做机械式的执行结果和目标的比较，应当寻找目标发生偏差的原因，在分析偏差时，首先要分清哪些是由大学生无法控制的因素引起的，如没有广阔的渠道，大学生无法获得了解某种职业岗位和提高某项技能的机会，从而导致自身职业生涯短期目标的中断；其次还应了解哪些因素归因于大学生本人，如自己学习不努力、执行力弱等。正确地分清原因，就可以有针对性地采取相应的措施。

（三）反馈调整

反馈是组织理论中常用的激励策略和行为矫正手段。目标与反馈结合在一起更能提高绩效。在生涯目标实施过程中进行反馈，有利于职业生涯规划目标的顺利实现，防止实际情况与目标发生偏离，它能告诉人们哪些地方做得好，哪些地方尚待改进。

1. 反馈调整的步骤

反馈包括以下三个步骤。

第一，根据分析评估的结果，制订必要的目标实施的建议、纠正措施、调整方案。

第二，采取及时、适当的纠正措施并相应调整目标。

第三，制订出职业规划备选方案

制订职业规划备选方案也就是根据对内外部环境变化以及职业生涯规划方案实施情况的预测，制订出另外的职业生涯发展路线，以应对未来可能出现的各种变化。职业规划备选方案，如图5-3所示。

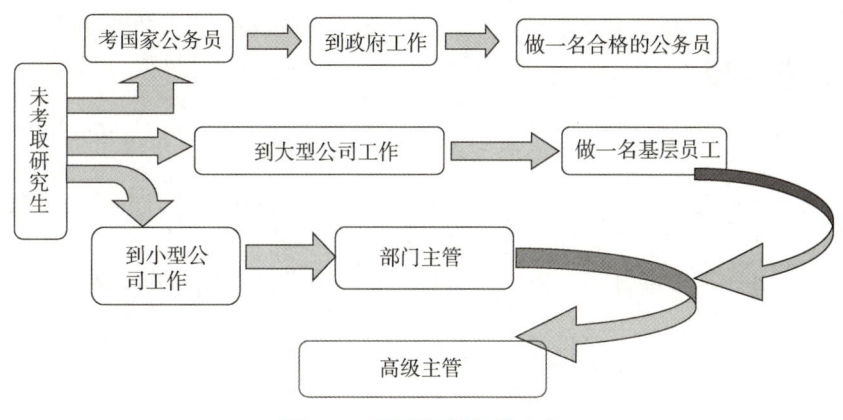

图 5-3　职业规划备选方案

2. 反馈调整的原则和方法

在对职业规划进行调整时，应遵循以下三个基本原则。

（1）适用性原则。使职业规划的制订与自己的实际情况、客观环境相符合，增强职业规划的可操作性。

（2）实用性原则。对职业生涯规划进行调整时，要尽可能制订出较为详细的具体的行动方案，使职业生涯规划明确而具体，能够顺利实现。

（3）及时性原则。要根据环境及自身条件的不断变化，及时调整职业规划和实施计划，保证职业生涯规划的时效性。在进行评估调整时，短期调整可以每月审视计划完成情况；中期调整按每 3 个月审视计划完成情况；中长期调整是每 6 个月审视计划完成情况；长期调整是每 12 个月审视计划完成情况。

对职业生涯规划实施的调整可运用滚动计划法进行，即近期的计划制订得较为详细具体，远期的计划制订得较为粗略笼统。随着时间的推移，逐年将职业规划向前滚动推进。首先侧重制订和实施可预见、易掌握的短期计划；当短期计划实现以后，将中期计划调整为短期计划，制订详细具体的行动计划，中长期计划转变为中期计划，并相应地制订出长期计划；然后，遵循规划评估的时间及时审视计划的完成情况，查找不足、及时调整，并补充新的能力学习，以修正、优化自己的职业生涯规划方案，最终实现职业目标。

课堂活动

实践作业

二十一天养成一个好习惯

美国心理学家研究发现，养成个习惯需要二十一天。为了支持你养成良好的习惯，建议你使用二十一天养成行为习惯的方法，每天练习自己的行为。

具体操作：晚上上床休息前为自己留出十分钟时间，用来总结今天的计划执行情况并制订明天的计划。

（1）今天的任务我完成得怎样？
（2）我对哪些地方满意？为什么？
（3）我对哪些地方不满意？为什么？
（4）在明天的计划中我将如何进行调整？
（5）我明天一天的计划是怎样的？

坚持下去，养成良好的习惯，将会有令人惊喜的收获！

本章小结

目标是对活动预期结果的主观设想，是在头脑中形成的一种主观意识形态，也是活动的预期目的，为活动指明方向。

生涯目标管理就是在自我认知和环境认知的基础上，以自我控制、自我调节为主导思想，根据自我需要及环境的变化，将个人与外部环境的各种资源紧密结合，及时改变调整自己的生涯目标和实施计划，使自己保持最佳状态，争取最大发展机会去实现自己职业生涯目标的过程。

生涯目标管理分为目标制订、目标的分解与组合、目标实施、分析评价四个阶段，这四个阶段是一个闭环的、循环的过程。

生涯目标的分解与组合包括目标分解与目标组合。目标分解包括按性质分解和按时间分解。目标的组合包括时间组合、功能组合与全方位组合。

大学生生涯目标的实施是大学生制订职业生涯规划目标计划并实现职业生涯规划目标的过程。

人生的每一个阶段都有各自不同的特点，所以在制订职业生涯规划时，侧重点也应有所不同。

职业生涯的评估与反馈过程是个人对自己不断认识的过程，也是对社会不断认识的过程，是使职业生涯规划与管理更加有效的有力手段。

思考题

(1) 什么是目标？什么是生涯目标管理？
(2) 如何将生涯目标进行分解与组合？
(3) 如何实施生涯目标？
(4) 如何对生涯目标实施管理？

第六章 自我储备与提升

> 人因为梦想而伟大。
>
> ——孙中山

本章学习目标

通过本章的学习，学生应当认知到自我储备和提升的重要性，并自觉开始行动，提升自己的认知水平与认知结构、培养家国情怀、塑造优秀的品格，并能够明确自身的时代角色与使命，培养奋斗精神，做到知行合一，敢于拼搏，能够承担起民族复兴之重任。

本章内容框架

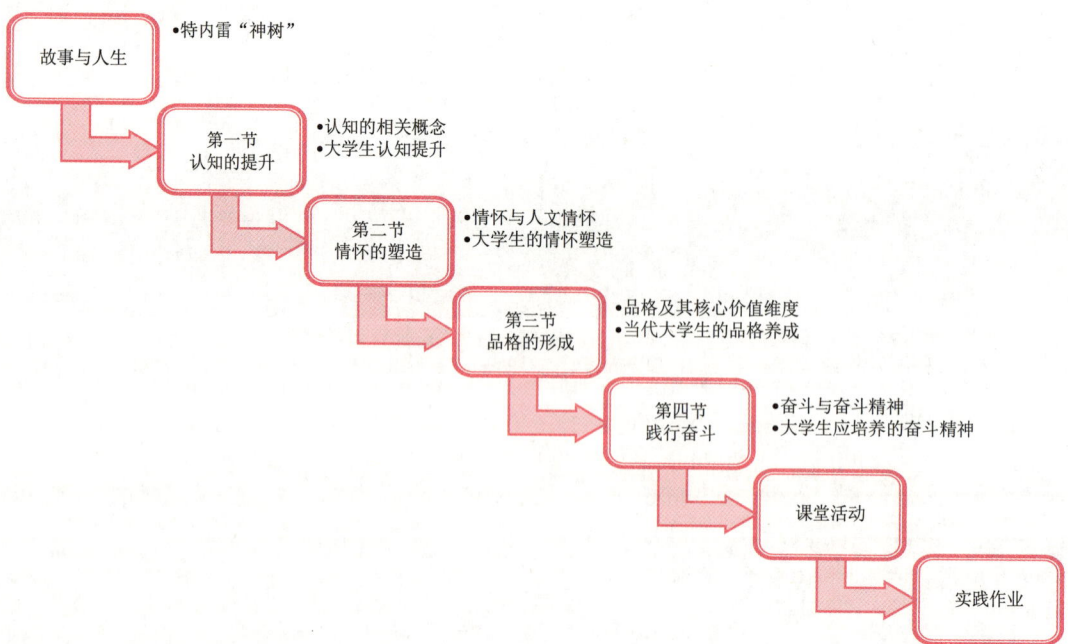

- 故事与人生
  - 特内雷"神树"
- 第一节 认知的提升
  - 认知的相关概念
  - 大学生认知提升
- 第二节 情怀的塑造
  - 情怀与人文情怀
  - 大学生的情怀塑造
- 第三节 品格的形成
  - 品格及其核心价值维度
  - 当代大学生的品格养成
- 第四节 践行奋斗
  - 奋斗与奋斗精神
  - 大学生应培养的奋斗精神
- 课堂活动
- 实践作业

★故事与人生

特内雷"神树"

地处赤道附近的尼日利亚特内雷地区是一个沙漠，寸草难生。那里气候条件非常恶劣，终年干旱，日夜温差极大，而且天气状况很难预测。也许几分钟之前还是骄阳似火，转眼间就变成狂风暴雨，有时还会夹带着冰雹和风沙。所以，当人们第一次看到矗立在这片沙漠中的这棵金合欢树时，都不敢相信自己的眼睛，以为这不过是个幻觉。在这里连草都难以生存下来，更何况是从科学理论上讲绝对不适合在这里生长的金合欢树呢？

但这棵金合欢树是真实存在的，虽然它的主干已经弯曲，树身上满是冰雹撞击的伤痕，但它的枝头上有少许绿叶，年年生根发芽，以此向人们昭示自己的生命力。更让人吃惊的是，这棵金合欢树已经在沙海里存了1 800年，除了给予它"神树"的称号外，大家再也想不出该怎样来形容它了。为此，一条大路经过了它的身旁。在尼日利亚1∶100 000比例的地图上，这棵金合欢树有了自己的位置，它成为全世界唯一一棵在地图上被标出的树。

所有看到特内雷"神树"的人都说这是个奇迹，大家坚信，既然奇迹已经存在了1 800年，人们的任务就是延续这个奇迹。但是很遗憾，在一次遭遇汽车撞击后，特内雷"神树"枯萎了。当雨季再次来临的时候，它再也没有长出嫩叶，直到有一天轰然倒地。

人们百思不得其解，那次汽车的撞击甚至没有一次冰雹的威力大，怎么可能带给"神树"致命之伤？自从特内雷"神树"出名后，每一个经过这里的车队和骆驼队都会自动自发地维护它，帮它修剪残枝败叶，在它的根部堆上从远处带来的泥土，并且拿出珍贵的饮用水来浇灌它。为了帮"神树"遮挡沙漠中反复无常的风沙和冰雹，人们用各种材料在"神树"的周围建起屏障，因此，它所受到的风沙冰雹已经可以忽略不计了，对"神树"来说，这已经是人们所能给予的最精心的爱护了。

每一个人都想知道"神树"死亡的答案，其实答案很简单。因为枯枝败叶有人修剪，所以"神树"不再努力去长出更多的枝条；因为脚下有肥沃的泥土，有足够的水，所以"神树"的根须不再往更深的地下伸展；因为人工的屏障挡住了风沙冰雹，所以面对伤害，它变得很脆弱。

（资料来源：https://www.163.com/dy/article/EDDB8FKP05442G8H.html）

思考：

（1）如果说"神树"活了1 800年是个奇迹，那么这个奇迹产生的原因是什么？

（2）如何理解"舒适"与"磨难"？

（3）为了应对未来的挫折与挑战，如何为自己的人生做好储备？

（4）如何把自己打造成有知识、有能力、有道德、有情怀、有责任、有担当且全面发展的时代新人？

当代社会是一个用经济和科技武装起来的知识型社会，一个人的专业技能水平和综合素质能力决定了他的人生发展道路是否顺畅。大学生的自身知识和能力越齐备，并知道有意识地不断实现自我提升，就越能更快地立足于社会。站在新的历史方位，面对新时代的要求，当代大学生必须走出舒适区，树立起自立、自强的精神，通过自我储备与提升，从认知、情怀、品格、践行等方面不断锤炼自己、不断挑战自己，将自己打造成有知识、有能力、有道德、有情怀、有责任、有担当的德智体美劳全面发展的时代新人，积极担当起民族复兴的大任。

第一节 认知的提升

一、认知的相关概念

（一）认知

认知（Cognition）是指认识和感知，是一种意识活动，心理学上指个体经由意识活动而对事物产生认识与理解的心理历程。因此，认知是指人们获得知识或应用知识的过程，或信息加工的过程，是个体认识客观世界的信息加工过程和结果，对事物概念的判断和对（某个范围内）事物规律的总结。这些总结对客观世界反映的程度代表对（这个范围内）事物认知的高低。习惯上将认知与情感、意志相对应。感觉、知觉、记忆、想象、思维等是认知的载体和工具，通过这些载体和工具实现认知的过程，产生认知的结果。个体认知的表达，使得个体和环境产生相互作用。

（二）认知风格

认知风格是指个人所偏爱使用的信息加工方式，也称为认知方式。认知风格是个体在长期的认知活动中形成的、稳定的心理倾向，表现为对一定的信息加工方式的偏爱。例如，有人喜欢与别人讨论问题，从别人那里得到启发；有人则喜欢自己独立思考。个体在认知风格上的差异具有一定的稳定性，儿童时期所表现出来的某种认知风格可能会保持到成年。

（三）认知能力

认知能力是指人脑加工、存储和提取信息的能力，即我们一般所讲的智力，如观察力、记忆力、想象力等。人们认识客观世界，获得各种各样的知识，主要依赖于人的认知能力。这是人们完成活动最基本、最重要的心理条件。

（四）认知策略

认知策略是指导认知活动的计划、方案、技巧或窍门。人脑的信息加工能力是有限的，不可能在瞬间进行多种操作，为了顺利地加工大量的信息，人只能按照一定的策略在每一时刻选择特定的信息进行操作，并将整个认知过程的大量操作组织起来。因此，认知策略对认知活动的有效进行是十分重要的。

（五）元认知

元认知是个体对自己的认知活动的认知。元认知由三种心理成分组成：一是元认知知识，主要包括个体对自己或他人的认知活动的过程、结果等方面的知识；二是元认知体验，指伴随认知活动而产生的认知体验和情感体验；三是元认知监控，指认知主体在认知过程中，以自己的认知活动为对象，进行自觉地监督、控制和调节。元认知监控主要包括确定认知目标、选择认知策略、控制认知操作、评价认知活动并据此调整认知目标、认知策略和认知操作等环节。元认知监控是元认知最重要的心理成分。

(六) 认知结构

认知结构（Knowledge Structure），简单来说，就是一个人头脑中的知识结构，是他们已有的全部观念内容和组织。在心理学中，认知结构是指个体已形成的、用于应付与处理学习情境和问题情境的内在经验系统，是个人将自己所认识的信息组织起来的心理系统，是主体结构的一个重要的组成部分。因此，认知结构就是人们将所获得的信息经过有效的组织、提炼并储藏于大脑之中的知识结构。

一个人的认知结构是在学习过程中通过同化作用，在心理上不断扩大并改进所积累的知识而组成的，学习者的认知结构一旦建立，又成为他学习新知识的极重要的能量或因素。

认知心理学家约翰·R·安德森（John R·Anderson）从信息加工的角度区分了认知结构的两种知识，即陈述性知识和程序性知识。

陈述性知识是关于"是什么"的知识，是对事实、定义、规则和原理等的描述，是能够被表述或描述的事实，是一种有关个体所知道的事物状况的静态性的知识，如个人经历、中国历史、哲学理论等，是可以用词语或其他符号来表达的知识。陈述性知识一般是以命题、表象、线性排序、图式等形式来表征的，容易被人理解。

程序性知识是关于"怎么做"的知识，是能够被执行的程序，是一种要对信息进行某种动作从而使之发生转变的具有动态性的知识。程序性知识一般是指包含如果满足了某种条件就会执行某种动作的知识，即是以产生式的形式来表征知识，如动作技能、认知技能、认知策略等相关知识。程序性知识体现在主体的实际活动中而不是仅体现在回忆中，是可以进行操作和实践的知识。主体的程序性知识在一定情境下被激活、被执行的过程几乎是自动完成的，不需要掺杂太多的意识活动，因此有的心理学家将程序性知识称为"智力技能"。

认知心理学认为，陈述性知识和程序性知识在学习和解决实际问题活动中是相互联系的。一般说来，陈述性知识往往是程序性知识的基础或起步阶段，可以为执行某个实际操作程序提供必要的信息；而掌握了能够实际操作的程序性知识，又有助于我们理解和把握已经获得的陈述性知识。在实际活动中，以"爱国主义"为例进行分析，爱国主义的程序性知识的获得，需要知道什么是爱国主义，这是由陈述性知识所提供的信息。什么是爱国主义呢？爱国主义是个人对自己祖国的深厚感情、依存关系，是民族的认同感和归属感、尊严感与荣誉感的统一，表现为爱祖国的大好河山、爱祖国的灿烂文化、爱自己的骨肉同胞等。有了爱国的情感，才会有爱国的行动，才能主动获取爱国主义的程序性知识。反过来看，运用爱国主义的程序性知识也会促进陈述性知识的理解和深化，在践行爱国主义的过程中能更好地理解什么是爱国主义，从而激发爱国主义情怀。

当然，从知道"是什么"过渡到知道"怎么做"不是一帆风顺的，而是要经历一个过程，如果对某个知识还处于说不清道不明的状态，那么离"知道怎么做"还是有一定距离的。教学实践和实验研究表明：采取一定手段有意地控制学习者的认知结构，提高认知结构的可利用性、稳定性与清晰性，以及可辨别程度等，对于有效的学习和解决问题是有作用的。

二、大学生认知提升

大学生认知的提升可以从时代角色认知提升、认知结构提升和认知能力提升三个方面开展。

（一）时代角色认知提升

每个时代的青年都被寄予了厚望，青年的认知结构也必然含有时代的这种厚望。20世纪80年代国家提出要把青年培养成为"有理想、有道德、有文化、有纪律"的一代人。随着中华民族迈进社会主义建设的新时代，"中华民族伟大复兴终将在广大青年的接力奋斗中变为现实""两个一百年"的奋斗目标、2035年基本实现社会主义现代化的目标、2050年实现中华民族伟大复兴的目标，是对当代青年设置的新的、更高的、更迫切的目标。青年兴则国家兴，青年强则国家强，青年大学生要担当起新时代赋予的使命，要找准自己的定位，明确自己在使命实现中担当的角色，认识到自己是实现中华民族伟大复兴（中国梦）历史重任的肩负者。

青年人永远是时代的弄潮儿，要勇于扛起国家发展、民族振兴的历史重担。当下的大学生正逢人生年富力强的黄金时代，他们依然在各自的岗位上奋斗，他们"每一个人都是新时代的见证者、开创者、建设者"。青年自身发展的黄金期与国家发展的黄金期高度契合，为当代大学生的成长历程增添了浓墨重彩的一笔。

大学生既是中国梦的见证者，也是中国梦的参与者；既是追梦人，也是圆梦人。大学生朝气蓬勃、精力充沛、思想活跃，易接纳新生事物，最具可塑性和最富创造力，是观念革新、知识引领、技术创新的中坚力量。大学生应该清楚认识到个人梦与国家梦是同向而行的，中国梦的实现需要大学生的智慧创造，而大学生的智慧创造也只有在中国梦实现的过程中才有价值和意义。

因此，大学生必须提升自身的时代角色认知，大学生要具有时代新人的认知，要正确认识中华民族伟大复兴这一伟大历史使命，明确自己在实现中国梦的征途中所发挥的作用。

大学生只有具有了这一认知结构，才会重新审视自我、评价自我，形成与新时代要求相契合的自我认知，在正确的自我认知的指引下，才能做到从内心努力把自己培养成为道德、知识、能力全面发展的创新人才，才能更好地实现自己的人生价值，才能勇于担当国家富强、民族振兴的历史重任。

（二）大学生的认知结构提升

认知结构是由个体的知识及其结构、认知风格、认知策略、元认知、思维方式等认知要素构成的整体。知识结构是大学生认知结构中最基本、最核心的要素，提升大学生认知结构首先要提升知识结构。随着知识结构的提升，一个人的认知风格、认知策略也会逐渐趋于完善。

大学生知识结构的提升主要从以下四个方面入手。

1. 扎实的基础知识

大学阶段依旧是累积知识的重要阶段，随着社会、科技和经济的高速发展，大学生必须具备扎实的、宽厚的基础知识。包括思想政治理论知识、本专业的基础知识以及相邻学科的知识等。

2. 精深的专业知识

精深是指大学生要对自己要从事的专业知识和技术具有一定深度的认识，有质和量的要求，对基本概念、理论体系、研究方法、国内外最新成果信息等都要有所把握。

3. 其他知识和技能

对当代大学生来说，掌握计算机技术和熟练掌握一门外语是走向社会和融入社会的重要技能。

4. 大容量的新知识、新技术储备

大学生要适当地了解并掌握目前最先进的科学技术成果，掌握基本的信息技术、互联网应用技术等。

（三）大学生的认知能力提升

1. 培养"元认知"能力，提升思维能力

元认知是认知主体审视自我，对自我的身心状态、认知能力、任务目标及认知策略等进行的认知和把握，这需要认知主体的高度自觉，是以自我的认知过程和认知结果为对象，并且以对自我的认知活动的调节和监控为外在表现的认知，与认知能力有着本质的区别，是更高一级别的能力，是认知策略必不可少的组成部分。

元认知的差异是影响大学生思想政治教育效果的重要因素，正确运用元认知是大学生突破自身思维僵化、促进认知结构建构的有效手段，是大学生实现由"他控"向"自控"转变的重要突破口。因此，大学生要自觉培养元认知意识，主动丰富元认知知识，加强元认知体验，增强大学生元认知自我监控能力，培养良好的思维品质。

2. 培养积极情感、磨炼顽强意志，有效提升认知能力

积极的情感、顽强的意志对大学生认知结构及能力的提升具有重要影响。培养积极情感能够激发出相应的特定情感，容易产生情感共鸣，有助于大学生形成积极向上的精神风貌、健全的人格以及高尚的道德情操。通过艰苦卓绝的课外活动，有意识地磨炼大学生的顽强意志，不断促使大学生自觉而坚毅地从事某些创造性的活动，进一步实现大学生自我监督与控制能力的增强，最终有效提升他们的认知能力。

培养积极情感、锻造顽强意志。第一，要求大学生具有高度的责任感和义务感，要对自己和社会负责，言出必行，言行一致；第二，要求大学生能够自觉地建立自己的目标，既能够做正确的事，也能够正确地做事，坚韧不拔，坚持不懈，直向成功；第三，要求大学生能够有目的、有计划、积极主动地完成社会实践活动，通过实践活动展示自身的意志品质，即展示自觉性、坚持性、自制性、果断性等。

第二节 情怀的塑造

一、情怀与人文情怀

（一）情怀

情怀（Feelings）汉语字典解释为含有某种感情的心境。有四层含义：一是指"心情"；二是指"含有或充满着某种情感的心境"；三是指情趣和兴致；四是指"胸怀和心怀"。

从心理学角度来看，"情怀"可以理解为个体的态度，主要包括如下三方面含义：第一，"情怀"是个体对于其所属集体的认知。第二，"情怀"是人类特有的高级情感，同时是一种心境、心态，即具有持久性、感染性和传承性的情绪状态。心理学视域下的情怀是一种积极的心态。第三，"情怀"是个体在情感表达之后获得的精神升华，是一种与物质利益无关的、将获得心灵满足作为自身行为标准的积极心理品质，是为实现人生理想目标而付诸行动之前的心理准备。

从文学的角度来看，"情怀"是一种具有感染力、能够直击心灵的情感，是对精神追求的坚持与坚守。

从哲学的角度来看，"情怀"是人的格局，是实现人生价值的基础。"情怀"是坚定的理想与信仰，能够体现出人们的价值取向与价值准则。

（二）人文情怀

人文是中国传统文化的精髓，是人类文化中的先进部分和核心部分，即先进的价值观及其规范。

正如孟子在《孟公·公孙丑章句上》中所言："无恻隐之心，非人也；无羞恶之心，非人也；无辞让之心，非人也；无是非之心，非人也。"人文情怀是对人性的培育，是对人的生存意义的思考，是对人生价值的关怀。人文情怀是人的精神世界是人类善良、健康、积极的情感，是一种博大的胸怀，是一种深厚的文化底蕴，是关爱他人、心系天下的奉献精神和责任意识。

在我国，不同的时代，不同的时期，人文情怀的意义不尽相同，但大多都能激励着中华民众积极向善、诚信爱国、无私奉献，有利于推动社会的发展和进步。今天，我们奉行人文情怀不仅传承了古代先贤的理念和精神，也包含着现代社会的理念和精神，是由家国情怀、道德情怀、奉献情怀、责任情怀、自觉自律情怀等多种元素共同组成。

二、大学生的情怀塑造

大学生人文情怀塑造是以社会主义核心价值观培养为基础，以学生人文知识的习得、人文情怀的陶冶、人文行为的形成和发展为目标，引导大学生成为具有家国情怀、道德情怀、奉献情怀、责任情怀、英雄情怀，能够担当中华民族伟大复兴大任的时代新人。

（一）大学生家国情怀的塑造

家国情怀是中华民族几千年来生生不息、顽强发展的精神支撑，在新时代更是实现中华民族伟大复兴"中国梦"所不可或缺的精神动力之源。当代大学生家国情怀培育的意义在于为实现"中国梦"培养具有爱国奋斗精神的社会主义建设者和接班人，是对高校"培养什么人、怎样培养人为谁培养人"这一时代之问的积极回应。

爱国，是人世间最深层、最持久的情感。培育具有浓厚家国情怀的新时代大学生是应对世界百年变局风险挑战的应然体现，是事关能否顺利实现中华民族伟大复兴中国梦的内在要求。家国情怀所蕴含的积极心理品质对于提升人们的思想道德素质、激发爱国行动意向、增强民族凝聚力等方面能够发挥积极的作用。

大学生具有深厚持久的家国情怀，是要具备热爱祖国、心系天下、求真务实的风范，敢为人先、积极变革、勇于挑战的魄力，天下为公、心怀民生、坚持民本的情怀。

家国情怀是中国人灵魂深处所共有的家国一体的情感意识，中国古代贤士的家国情怀多数体现在其济世、安邦、拯民的现实政治行为上，倡导矢志报国、经世致用、以天下为己任的情怀。新时代，大学生要秉承和筑牢家国情怀，必须坚定理想信念，坚持爱国和爱党、爱社会主义的统一，必须具有对国家、对社会的强烈责任意识和历史使命感，将爱国、爱家的情感转化为实现中国梦的强大动力。作为新时代的青年，只有把爱家与爱国统一起来，把个人梦、家庭梦汇入国家梦、民族梦的长河里，才能推动中华民族伟大复兴中国梦的实现。

（二）大学生道德情怀的塑造

人无德不立。道德是人之为人不可或缺的基本素养，是一个人在社会生活中安身立命的根本。中华民族是一个历史悠久的民族，中华传统美德有很多方面，如天人协调、自强不息、贵和尚中、矢志爱国、敬老爱幼、诚信待人、勤俭节约、慎独自爱……济世、安邦、拯民体现着仁人志士的宏观价值追求，而修身养性、以求人格完善的个体"心性生活"则体现着圣人先贤的道德情怀。《大学》强调："自天子以至于庶人，壹是皆以修身为本"。立德为先，强基固本，最根本的问题就在于个体自觉修身养性、提高道德修养。道德是人格素养的核心元素，是学生学会做人的基础。道德教育的根本使命就是要引导人走上"成人之道"。

道德情怀是个体对一定社会道德准则的认知态度，是道德情感和道德操守的结合。一定的道德情怀必然会影响和引导人的道德行为。要实现人与人之间、人与社会之间的和谐发展，要进行积极的道德情怀塑造。

当代大学生必须树立起一种符合社会主义精神文明建设的道德情怀。高校应从以下几方面着手：从增强大学生的爱国主义精神入手，促使大学生树立正确的爱国精神；从增强大学生的集体主义情操入手，在大学生中间形成一种互助互爱的人道主义精神；从增强大学生的进取精神入手，磨炼大学生的顽强意志；从增强大学生自律意识入手，有效提升大学生的自制能力。

（三）大学生英雄情怀的塑造

《现代汉语词典》遵照从本意、寓意和引申义的角度把"英雄"解读为三层含义：一是指本领高强、勇武过人的人；二是指具有英雄品质的人；三是指无私忘我、不辞艰险、为人民利益而英勇奋斗、令人敬佩的人。

作为人类特有的精神文化现象，英雄不仅承载和标记着人类历史发展的漫漫征程，更刻录和印证着人类发展的精神图式和文化进阶。"英雄"作为一个国家和民族发展的精神文化现象，既是一个国家和民族的价值符号，也客观反映了某一时期社会的整体道德追求和价值取向。其不仅是一种价值符号、道德指向、精神标杆，而且还是一种动力激励、方向指引和理想追求。

中华民族是崇尚英雄、成就英雄、英雄辈出的民族，和平年代同样需要英雄情怀。作为一种更具感情色彩和精神文化意义的思维认知，英雄情怀是人们内心深处对英雄与英雄精神的特殊情感和铭记方式。也是个体对人类英雄文化认知的内在感受，其反映着社会大众或一个民族对自己英雄人物的特殊情愫。

英雄情怀既是在对英雄人物及其事迹的感性理解与理性认知基础上的情感升华，又昭示着个体对于英雄本身的心理确认，深刻地反映了个体对英雄的外在形象与内在核心的自我认同与确认。英雄情怀不仅使个体的英雄观打上了浓厚的感性情感烙印，也是人类的英雄文化与英雄理念得以传承发展的重要原因，更是使个体的英雄价值观能够维系并进一步健全完善的重要基础。

大学生的英雄情怀包括天下兴亡、匹夫有责的爱国精神，临危不惧、勇于牺牲的无私奉献精神，勇于担当、见义勇为的崇高风范，爱岗敬业、顽强拼搏的奋斗精神。

作为肩负民族复兴大任的当代大学生，更应该培养自己的英雄情怀。厚植英雄情怀、弘扬英雄精神、激扬英雄文化，培育正确的英雄认知价值观，进而使英雄成为人生前进的指明灯，使英雄精神成为指引未来的动力源。

作为肩负民族复兴大任的当代大学生，要学习和敬重英雄，让英雄精神荡涤心灵；要铭记英雄、崇尚英雄、捍卫英雄，培养英雄信仰，像英雄那样坚守、像英雄那样奋斗，凝结和汇聚新时代前行的磅礴伟力；要自觉传承英雄精神，养浩然之气、立鸿鹄之志，从而汇集和凝聚起奋进新征程的强大精神动力；要争做时代英雄，情系家国、心有人民，弘扬时代旋律，担当作为，以青春之我、奋斗之我，共建青春之中国，把自我的奋斗真正置于国家和民族的发展大势之中，在开拓奋进中担当民族复兴的大任。

第三节　品格的形成

一、品格及其核心价值维度

（一）品格

品格（Character）也称为品性，是一个人的基本素质，它决定了一个人回应人生处境的模式。从最通俗的意义上讲，人的品格是个体的人品、做事风格和为人境界，是道德与性格的有机结合。品格体现了一定的道德规范，不仅指品德，亦包括一个人的认知、思维、情感和行为等成分组成的道德习惯。品格是个体素质中最基础、最核心的部分，具有个体性、内源性、根本性、统整性、发展性等特点。英国作家史迈尔曾说：良好的品格是人性的最高表现。好的品性不仅是社会的良心，而且是国家的原动力，因为世界主要是被德性统治。

一个人品格的形成原因非常复杂，包括自然和社会环境、家庭、社会习俗、历史事件、媒体传播等各种因素，各种因素的影响交织在一起才形成了一个人的品格特征。因此，品格与人体的价值观密切相关，反映了人的内在动机，以人的行为习惯和生活态度为形式表现，而且这种表现是相对稳定的而不是偶然的，是一种心理特征，是人的思想、行为方式积累、沉淀而形成的一种内在本质，可以影响甚至决定事物发展的前景和趋向。

（二）健康品格的核心价值维度

在陈欢庆主编的，1995年由浙江文艺出版社出版的《创造力开发教程》中对"健康品格"界定如下：具有健康品格是指人在各项活动中能遵循社会关系和发展的一般原则，又能充分表现自身独特的价值取向和行为风格，并能够不断提升自己的德性修养。

健康品格的核心价值维度包括同情（或关爱、仁爱）、勇敢（或进取）、宽容、公正、诚实、善良、执着（或坚持）、合作、尊重、负责、智慧和节制，共十二个构成层面。

同情（或关爱、仁爱）：指对他人的不幸感同身受，甚至愿意为消除或减轻这种不幸进而医治别人创伤付出必要的代价。

勇敢（进取）：即使是前途未卜仍然愿冒风险去克服恐惧心理的意愿。

宽容：允许别人自由行动或判断，耐心而毫无偏见地容忍与自己的观点或公认的观点不一致的意见（《不列颠百科全书》）；宽大有气量，不计较或不追究（《现代汉语词典》）。对冒犯和模棱两可状态的容忍。

公正：正直、公开、公平地为人做事，按照自己的行为准则生活。

诚实：真实表达主体所拥有信息的行为（指好的一方面），也就是行为忠于良善的心。

善良：和善而不怀恶意，心地纯洁，纯真温厚，没有恶意，和善，心地好。

执着：对于事业、前途、生活目标等人生大事，执着地去追求，坚持不懈。

合作：互相配合做某事或共同完成某项任务。

尊重：敬重、重视、尊敬；尊重权利、尊重他人的意见。

负责：工作认真踏实，尽到应尽的责任。

智慧：对事物能迅速、灵活、正确地理解和解决的能力。

节制：在自我约束的层面上体现为限制、控制。

二、当代大学生应具有的主要品格

当代大学生要成为具有坚定的理想信念、深切的爱国情怀、高尚的品格情操的新时代建设者和接班人。高尚的品格是大学生的基本素质要求，如何培养自己的高尚品格，是每一位大学生应该深入思考并付诸实施的重要问题。

在"五四运动"一百周年的纪念会议上，习近平提出对现代青年及在校大学生的新期望及新要求："新时代中国青年要有远大理想、要有爱国情怀、要有担当精神、要有奋斗精神、要练就过硬本领以及锤炼品德修为。"其中提到的锤炼品德修为，就是对当代大学生提出了高尚品格养成的要求。当代大学生除必须具备健康品格的核心价值维度之外，还需要着重培养以下品格特质，方能成为新时代的建设者和接班人。

（一）善良仁爱

说一个人具有善良仁爱的品格，主要是说他具有爱的能力，知道怎样爱自己、爱他人。

爱是一种积极的活动，它的本质是给予。同时，爱是忍让、宽容、慈悲，只有拥有爱的品质，才可以收获成功。

（1）大学生要学会爱自己，也就是自爱。只有爱自己，才能够更好地去爱他人，才有被爱的资格，正确打开成长方式。要克服消极心态，去体验到生命的美好，学会珍爱生命，懂得世界上最珍贵的是生命。拥有生命，才能获得追求美好事物的权利。同时，要拒绝一切不自爱的行为。

（2）要懂得爱他人。学会自爱之后，要懂得以感恩之心接受身边的人和事，关爱他人，懂得换位思考，给予他人足够的尊重，发现身边朋友或同学有难时，第一时间伸出援手，协助对方解决问题。要知道，帮助他人，热爱他人，本身就是实现个人价值的一种有效渠道。

（3）要爱国家、爱社会。爱国要与爱党、爱社会主义统一起来，大学生强烈的爱国热情和浓厚的爱国情怀，是他们为实现中华民族的根本利益和宏伟目标而奋斗的保证。大学生只有发自内心地热爱国家，才能将爱国精神内化于心、外化于行，做到知、情、意、行的统一。热爱社会，才能够顺利融入社会，与社会相处和谐，对社会有良好的适应状态，进而服务于社会，建功立业。

（二）敢于担当

敢于担当的品格是指在特定历史时期，主体在正确认识时代任务的条件下，将自身的使命、责任、担当意识转化为实际行动的内心力量。

大学生作为实现中华民族伟大复兴的主体力量，作为中国特色社会主义建设者和接班人，他们的健康成长，关系着国家民族的未来，关系到党的事业的延续。新时代伟大使命迫切需要担当复兴大任的青年人才，党中央寄希望于正在接受高等教育的大学生，呼吁大学生以自强不息的姿态担当起实现中华民族伟大复兴中国梦的伟大使命。

作为新时代青年大学生，就是要承担起实现中华民族伟大复兴（中国梦）的伟大使命，牢固地树立使命意识，外化担当行为，成长为勇于担当、德才兼备的社会主义建设者和接班人。因此，作为新时代大学生，塑造责任担当的品格要做到以下四点。

（1）应该认识到自己是中华民族伟大复兴（中国梦）历史大任的肩负者，正确认识中国梦这一时代使命，明确自己在使命实现中所发挥的作用。

（2）把爱家与爱国统一起来，把个人梦、家庭梦汇入国家梦、民族梦的长河里，推动中华民族伟大复兴（中国梦）的实现。

（3）必须具备坚定的理想信念，只有精神上有"钙"，脚下才会有力。以其深厚的爱国情感和坚定的报国信念为支撑，上下求索，艰苦奋斗。

（4）要把理想信念、责任担当转化为实际行动，充分发挥主观能动性，加强专业和理论学习，增强自身政治素养，练就过硬专业本领，自觉提高社会参与，强化自身实践能力，成为担当民族复兴大任的时代新人。

（三）诚实守信

东汉王符的《潜夫论·务本》中说："忠信谨慎，此德义之基也"，诚实守信是德义的基础，是维系社会交往的准则和现代社会文明的标志。对大学生来说，诚信不仅是一种品质和素质，也是事业发展和生活社交的基本准则。大学生的诚信发展对社会诚信具有一定的导向作用，与整个社会的发展息息相关，将直接影响到整个社会诚信体系的建构。

大学生锻造自己诚实守信的品格，需要做到以下六点。

（1）树立社会主义诚信观。诚信观养成是指处于特定诚信情境下的大学生在自我道德标准的驱动指导下的选择活动。诚实守信作为社会主义核心价值观，倡导每一位公民都具有较强的责任意识，较好的规则意识，这对促进整个社会的和谐稳定，具有重要意义。作为当代大学生尤其要形成正确的诚信认知、凝练坚定的诚信意志，并将其转化为稳定的诚信行为，形成自己实事求是的思想品格和言行一致的行为方式。

（2）以"认知理性、情感正向、意向坚定、行为笃实"为目标导向，牢固树立规则意识、荣誉意识和奉献意识，把诚实守信融入自己生活、学习、工作的各个方面，爱岗敬业、诚信做人、踏实做事、忠于职守、和睦友好，时刻践行社会主义核心价值观。

（3）坚守科学精神，培养学业诚信。崇尚科学精神，掌握敦品励学、求真向善的立场、观点和方法，并能够运用这些科学精神和科学方法处理一切问题。舍弃、反对和自觉抵制"翘课""作弊""抄袭""开小差""论文抄袭"等学业失信行为。

（4）强化慎独意识，养成网络诚信。由于网络的虚拟性、匿名性、隐蔽性等特征产生了"网络粉饰"等不良现象，当代大学生要自觉抵制这些失信行为，在自媒体、网络中不信谣、不传谣、不诽谤、不欺骗。

（5）增强责任意识，培养择业诚信。择业诚信是大学生迈向社会的重要关口，事关大学生人格尊严和未来职业发展的切身利益。社会的开放性为大学生求职择业提供了广阔的空间与自由，但激烈的竞争环境也对求职者的素养提出了更高的要求。当前，高校毕业生在求职中较普遍存在"夸大简历""克隆证书""随意毁约"等失信现象，这既是对求职者和所在高校的不负责任，更是对毕业生人才市场健康发展的干扰。鉴于此，大学生要信守契约精神，锻造就业诚信，做到遵约重诺、守信于人、言行一致、表里如一。

（6）不断提升其诚信品质素养。要明确诚信内涵，树立诚信意识、坚定诚信理念、锻炼践行诚信能力。树立明确的是非观念，积极参加诚信观教育实践活动，善于肯定并坚持自己正确的思想言行，勇于否定并改正自己的错误思想言论，善于区别真伪、善恶、美丑，勇于追求真、善、美，反对各种假、恶、丑。

（四）懂得感恩

感恩是对得到的恩惠发自肺腑地表示感激，是对他人恩情滋生的一种情感。感恩是一种美德，是一种爱，是一种人性之美，是一种善意的行为，是出于对施恩者的认同、尊重、钦佩而付出的回报。感恩是一种生活态度，也是一种处世哲学。感恩也是一种责任，更是社会主义精神文明建设的重要组成部分。

《诗经》有言："投我以桃，报之以李"，可见我国重礼知恩思想由来已久。古往今来，人们口中常说的"知恩不报非君子""羔羊跪乳，乌鸦反哺""施人慎勿念，受施慎勿忘"等无一不是在诠释中华民族优良的感恩传统，昭示着感恩这一美德流淌在中华民族的血脉之中。感恩是祖先留给我们华夏民族珍贵的文化之一，我们势必要将其作为传统美德不断信奉、传承和发展下去。

2019年习近平总书记在纪念"五四运动"一百周年大会上讲道："面对美好岁月，要有饮水思源、懂得回报的感恩之心，感恩党和国家，感恩社会和人民。"这是对青年群体提出的要求，希望青年常怀感恩之心。作为国家的未来，新时代的青年大学生更要学会感恩，懂得感恩，不断充实自己，做一个对国家、对社会有用的人。

（1）个体需要感知和认识外界，即父母、师长、自然、党和国家对自己的帮助和恩惠，以感恩之心审视万物，站在不同角度去看待问题，妥善协调自己与周围人、事、物的关系，豁达处事。大学生作为家庭中的一分子，应当履行承担家庭责任的义务，关爱家人，照顾亲人，孝敬父母，为父母排忧解难。在与老师相处中要懂得尊敬师长，在教学过程中积极配合，认真学习专业知识。此外，大学生不能仅考虑自身的发展，还要学会对公众承担起责任，养成良好的社会行为习惯。还要对国家和民族感恩，要积极主动维护国家的安全和利益。

（2）认可外界所给予的恩惠并自觉养成感恩之情，并将这种感恩之情内化为感恩意识，不断提高自己的感恩认知，对感恩形成强烈的情感认同，激发感恩情感，培养感恩品质，提高个体产生施恩之举的意识。

（3）将感恩意识外化为感恩行为。培养自觉的知恩、识恩、谢恩、报恩的意识和行为，以感恩之心对待身边人，用实际行动回馈外界，增强责任感、提高担当意识、提升道德修养、塑造健全人格。积极参与感恩实践活动，主动传播感恩文化，把对感恩教育的理解深入实践，帮助身边人树立感恩意识，扩大感恩教育的影响力，在实践中升华感恩品格，最终将感恩品质内化于心、外化于行，推动全社会道德素质的提升。

（五）自律

自律是指依靠个体自我约束的能力，运用内化的行为准则，对自己的言行举止、情绪心态等进行自我约束和自我规范，在没有外部条件的监督和约束的情况下，把自己的行为控制在道德和法律要求的范围内。自律是一种自我约束的意识，在主体内心有意识、有目的的安排自身行为和思想。

自律品格是在长久的自律行为下养成的品性德行，是人内在精神的外在体现。自律品格是指个体在复杂的社会环境中，排除外界环境的影响，运用理智的判断，进行自我管理、自我调节及自我教育，使自己行为符合社会道德标准的一种品格。常常表现为自爱、自省及自控。自律品格既是一个人拥有顽强自制力的体现，也是一个人拥有高尚的道德情操和积极健康的心理素质的综合特征。

新时代对大学生提出新的要求，赋予他们新的使命。这就需要他们按照新时代的要求不断完善自身，形成富有时代特色的自律品格。2014年5月5日，习近平总书记在北京大学师生座谈会上强调青年要敢于承担责任，要求青年"学会劳动、学会勤俭、学会感恩、学会助人、学会谦让、学会宽容、学会自省、学会自律"。自律品格作为人类的一种优势品格，是大学生品格培养中的重要环节。大学生培养自律品格，塑造严以律己的行为习惯，有助于在今后的学习工作中正视自身价值，谨言慎行，克己奉公，成为新时代大国建设的担当者和接班人。

大学生自律品格表现在道德自律、法治自律、学习自律、时间自律、生活自律、交友自律、消费自律等方面。道德自律是当代大学生自律能力的重要内容，大学生要自觉主动地履行道德义务，承担社会责任，培养道德自律精神。法治自律要求大学生提高对法律和纪律的思想认识，主动把法律和纪律内化为行为准则，自觉遵纪守法，维护社会秩序，提升法纪方面的自律能力。学习自律要求大学生把学习放在重要位置，主动学习，自觉学习。在学习过程中，不依赖老师的监督，不受学校考评制度的约束，能够积极主动的完成学习任务，端正学习态度，制订学习计划，通过自觉学习，实现学习目标。网络自律要求大学生能够自觉维护网络秩序，主动遵守网络规则，正确使用网络，为营造健康的网络环境而努力。

当代大学生培养自律品格，首先需要增强自律意识、规矩意识和责任意识，认识到自律对自身的重要性、对社会发展的重要性、对国家的重要性，形成明确的自律认知，并把自律认知转化为自觉行动。在此基础上，通过自爱、自省、自我管理、自我控制，严格要求自己，做到谨言慎行，能够觉察到自己的行为是否合理，然后反思自己的行为并改正，坚守人格底线，自我把握好自己，时时刻刻能够控制和约束自己的行为。此外，大学生培养自律品格还要树立崇高理想，明确自律目标，严格要求自己，克服惰性，持之以恒，让自律成为一种行为习惯。

第四节　践行奋斗

"认知"是前提，"情怀"是催化，"品格"是桥梁，"践行"是关键。当代大学生只有具备了"知情品行"四种要素，才能成为优秀的时代新人，才能担负起民族复兴之重任。奋斗笃行就是矢志不渝的奋斗精神与砥砺前行的奋斗行动，是大学生为实现人生价值、实现中华民族伟大复兴（中国梦）而作出的行动。

一、奋斗与奋斗精神

（一）奋斗

"奋"在古汉语中有飞翔、振作、发扬、挥动、表现等意；"斗"在古汉语中有打架、战斗、拼斗、使……相斗等意。《辞海》对"奋斗"的解释有三层：一是奋力格斗，二是奋力与对方作斗争，三是为达到一定目的而奋力干。在近代，对奋斗的解释主要包括两方面，一是指奋力和对方作斗争，二是指朝着目标实现而努力奋斗。《现代汉语词典》中，奋斗是指为实现既定目标，并朝着目标不断付出努力战胜各种艰难险阻的过程，这个过程会充满考验、困惑、挫折。

因此，奋斗就是为了实现既定目标，而不断为此开展实践，做出努力的活动过程。奋斗是一种积极进取的人生态度；奋斗是一种坚韧不拔的意志品质；奋斗是一种敢于坚持同艰难困苦相对抗的意志；奋斗是一种勇于担当的责任意识；奋斗是一种为达到一定目标而努力拼搏的社会实践。

（二）奋斗精神

在奋斗过程中表现出来的坚韧不拔、不屈不挠、积极进取的精神风貌和精神品质便是奋斗精神。奋斗精神强调的是一种积极向上、充满斗志的精神状态，是激励行动主体勇于战胜困难、冲破桎梏、超越自我的精神动力和精神品质。

奋斗精神是中华民族五千多年来优秀传统精神文化的精髓，指引着一代代中华儿女披荆斩棘，不断前行。我国自古以来就有着自强不息、坚韧不拔的奋斗传统，在中华民族几千年的奋斗历史中，奋斗精神是中华民族日益强大的精神支柱，更是激励代代中华儿女不懈奋斗的精神动力。党的二十大报告指出："新时代的伟大成就是党和人民一道拼出来、干出来、奋斗出来的！"

进入新时代，标示着新的奋斗目标具有十分深厚的现实意义，奋斗精神的内涵也在不断丰富和发展。新时代是撸起袖子加油干的时代，是属于奋斗者的时代。在2018年全国教育大会上，习近平总书记强调要注重对新时代青少年的奋斗精神的培养，新时代的发展与进步离不开青年一代的奋斗。要在培养奋斗精神上下功夫，教育引导学生树立高远志向，形成敢于担当、不懈奋斗的精神，具有勇于奋斗的精神状态、乐观向上的人生态度，做到刚健有为、自强不息。在新时代，奋斗精神指的是人们在努力达到一定的目标的过程中所表现出来的一种积极向上的精神状态或意志品质。

二、大学生应培养的奋斗精神

奋斗既是思想问题，更是践行问题。对于当代大学生而言，他们是青年的重要组成部分，乃国家之栋梁，承担着新时代所赋予的使命。习近平总书记在讲话中强调"广大青年要勇做走在时代前列的奋进者、开拓者、奉献者"，要"矢志艰苦奋斗"，要"勇于砥砺奋斗"。随着时代的发展，新时代大学生奋斗精神同样被赋予了新的内涵，有责任、有担当、甘奉献的新时代大学生需要具备的奋斗精神包括以下几方面。

（一）胸有大志

俗话说："志当存高远，敢为天下先。"这足以诠释理想、信念既是人的精神命脉，也是中国梦实现的力量源泉。这里的"志"，便是"理想、信念"的意思。理想是目标，信念则是人们的精神支柱，人不能没有它们。没有理想和信念的生命，是毫无意义的。理想和信念是未来发展的方向，生活的动力。理想和信念是人们精神上的"钙"，精神上缺"钙"就会得"软骨病"。

正如习近平总书记强调："只有理想信念坚定的人，才能始终不渝、百折不挠，不论风吹雨打，不怕千难万险，坚定不移为实现既定目标而奋斗。"因此，大学生的奋斗基于理想、信念的指引。立鸿鹄之志、做奋斗者是习近平总书记对当代大学生的殷切希望。新时代大学生应立大志、立远志、立高志。

立大志，就是要胸怀大志，永怀爱国之情，将国家命运与个人的命运联系起来，想国家所想，急国家所急，时刻将国家大事、人民期盼放在心中，应立志为国家的前途、民族的命运、人民的幸福矢志奋斗。

立远志就是要有长远的眼光，立志做伟大的无产阶级战士，坚定共产主义远大理想和中国特色社会主义共同理想。

立高志就是要有较强的利他精神和较高的成就标准，在树立人生目标时应摆脱低级趣味和低阶的成就目标。不是当大官，也不是赚大钱，而是做有益于社会、有益于人民、有利他精神的人。不应当只满足于找份好工作、端个"铁饭碗"的低阶成就，而是要勇担中华民族伟大复兴的历史使命。

（二）矢志奋斗

如果说理想、信念是一个人的精神支柱和前行的动力，那么人生目标就是实现理想、信念的具体行动方向。每个人都应该有自己的目标，并为之而奋斗。一个明确的人生目标，可以指引大学生的行为，塑造大学生的使命感，强化大学生的角色认知。同样，一个明确的人生目标也有助于引导大学生积极思考人生，有助于帮助大学生适应社会。人生目标使大学生在规划人生的同时可以更理性地思考自己的未来，初步尝试性地选择未来适合自己从事的事业和生活，并开始培养自己的综合能力和综合素质。

当代大学生应该在明确自己的理想信念的基础上，在社会主义核心价值观的指导下，在明确自己的责任与使命的前提下，可以通过自我评估、环境评估、生涯决策等生涯规划与管理的技术与方法，选定自己的人生目标，找准自己的人生定位。确立人生目标之后，接下来就应持之以恒，以锲而不舍的精神，制订切实可行的行动计划，努力拼搏，实现自己的目标。

（三）刻苦学习

学习是指通过阅读、听讲、思考、研究、实践等途径获得知识的过程。学习分为狭义与广义两种含义。狭义的学习是指通过阅读、听讲、研究、观察、理解、探索、实验、实践等手段获得知识或技能的过程，是一种使一个人可以得到持续变化（知识和技能，方法与过程，情感与价值的改善和升华）的行为方式。例如，通过学校教育而获得知识的过程。广义的学习是人在生活过程中，通过获得经验而产生的行为或行为潜能的相对持久的方式。因此，广义学习是指人类的学习方式。

梦想源于知识的积淀，成功的事业靠自身本领的不断加强。大学生的身份首先是学生，身为学生第一要责仍然是学习，通过勤奋刻苦地学习，不断充实自我，提高自己的综合素质和能力，在学习中逐渐夯实自己，实现自己的奋斗目标。下苦功夫，才能求得真正的学问。习近平总书记进一步对青年大学生进行了殷切教导，以古语"劝学"与"促学"，并要求青年勤学、勤修，努力学习。学识之根，犹如一张强弓，强弓如箭。博学多才便能于战场派上用场。

大学生的学习与高中阶段不同，大学的学习方式和学习渠道具有多样性，大学阶段的学习从某种程度上讲是一种广义的学习，大学可以通过各种方式、各种途径开展自身的学习。

（1）大学生应该努力学习理论知识。大学生以获取知识为起点，大学生在校期间要学好每一门课的知识，包括马克思主义理论等基础知识，也包括专业知识，牢筑坚实的科学文化根基和专业知识对以后的工作具有重要的意义。此外，大学生还要学好与专业相关的其他知识，扩展自己的视野，补充大学生专业知识的不足。

（2）大学生还要加强实践学习。既读有字之书，也读无字之书。大学生不仅要通过理论学习来打牢知识基础，而且要在人生道路上，通过多样化、个性化的社会实践丰富个人的专业知识和磨炼专业技能，这样才能更有底气肩负起国家和人民赋予的使命。

（3）大学生还要养成珍惜时光的学习习惯。惜时如金，孜孜不倦。青年要珍惜人生之春，增强学习的紧迫感，珍惜韶华，增强人生阅历。

（四）勇于创新

中国人民是具有伟大创造精神的人民。在几千年历史长河中，中国人民始终辛勤劳作、发明创造。新时代是探索真知、锐意进取的时代，其中创新发展是时代的主旋律。以知识经济和信息社会为背景的21世纪，创新、创业、创造成为时代舞台上最强的音符。创新创业精神是一个国家和民族发展的不竭动力，也是一个新时代大学生应该具备的基本素质。

党的十八大实施创新驱动发展战略，将"大众创业、万众创新"作为经济发展的新引擎，提出了以创新引领创业、创业带动就业，培养创新创业人才，全面提高人才培养质量的明确要求。党的二十大报告指出创新是第一动力，提出要加快实施创新驱动发展战略。习近平总书记提出："广大青年要有敢为人先的锐气，勇于解放思想、与时俱进，敢于上下求索、开拓进取，树立在继承前人的基础上超越前人的雄心壮志，'以青春之我，创建青春之国家，青春之民族'。"当前，在实现中国梦的时代征途上，重大挑战应势而来、重大风险接踵而至、重大阻力难以抵挡、重大矛盾层出不穷。面对日益复杂的国际环境，当代大学生要不忘重托，发扬求真务实的作风和创新、创业、创造的精神，奋发有为，上下求索，在创新中开创新事业、新伟业。

（1）大学生要具备综合运用已有的知识、信息、技能和方法的能力，提出新方法、新观点的思维能力和进行发明创造、改革、革新的意志、信心、勇气和智慧，要有创新意识、创新兴趣、创新胆量、创新决心以及相关的创新活动。

（2）大学生要践行敢为人先的精神。要具有开创性的思想、观念、个性、意志、作风和品质，要有激情、积极性、适应性、领导力和雄心壮志等精神。要敢于想出新的方法，创建新的理论，创出新的成绩，创造新事物，创造新奇迹。

（3）大学生要具有勇于抛弃旧思想和旧事物、创立新思想和新事物的精神与行动：不满足于已有认识（掌握的事实、建立的理论、总结的方法），不断追求新知；不满足于现有的生活生产方式、方法、工具、材料、物品，根据实际需要或新的情况，不断进行改革和革新；不墨守成规（规则、方法、理论、说法、习惯），敢于打破原有框框，探索新的规律、新的方法；不迷信书本、权威，敢于根据事实和自己的思考，同书本和权威质疑；不盲目效仿别人的想法、说法、做法，不人云亦云，唯书唯上，坚持独立思考，说自己的话，走自己的路；不喜欢一般化，追求新颖、独特、异想天开、与众不同；不僵化、呆板，灵活地应用已有知识和能力解决问题。

当然，提倡独立思考、不人云亦云，并不是不倾听别人意见、孤芳自赏、固执己见、狂妄自大，而是要团结合作、相互交流；提倡不怕犯错误，并不是鼓励犯错误；提倡不迷信书本、权威，并不反对学习前人经验，任何创新都是在前人成就的基础上进行的，要敬畏知识；提倡大胆质疑，并不是虚无主义地怀疑一切，质疑要有事实和思考的根据。

（五）筑能笃行

奋斗精神的价值最终体现在人们改造世界的行动之中。因为梦想不是等得来、喊得来的，而是拼出来、干出来的，大学生要置身于时代和社会发展中，既要有仰望星空的梦想，又要有"九层之台，起于累土"的脚踏实地的行动。

筑能就是要构筑自己的能力结构，提升自己的能力。笃行就是要培养自己淳厚的品行、坚实的行为能力，做到知行合一。笃行就是要在提升认知的基础上，笃定前行，永不放弃。因此，大学生首先要做的就是筑能，唯有筑能方能笃行。

（1）新时代大学生要能够明确自己作为"时代新人"的角色定位，能够正确认识并肩负起实现中国梦的时代使命，以其深厚的家国情怀和坚定的报国信念为支撑，上下求索，艰苦奋斗，主动确立"投身于中华民族复兴的伟大征程"的自觉意识和行为趋势。

（2）要敢于走出"舒适区"，不断提升自己。这首先要求大学生要对自己目前的能力做出正确的评估，找出自己欠缺的能力，找准自己存在的短板，并根据实际情况，制订出符合自己的能力提升计划。大学生需要从专业知识技能、可迁移技能、自我管理技能等三个方面全面提升自己的能力，为将来肩负民族复兴之重任打下坚实的基础。

（3）要务实，将行动付诸实践。大学生面对自己的理想、目标和成长计划，要切实付出行动，而不能仅仅是空喊口号，坐而论道，最终毫无建树。奋斗不只是响亮的口号，而是要在做好每一件小事、完成每一项任务、履行每一项职责中见精神。从身边做起，从小事做起，踏踏实实，努力提升自己的能力，一步步实现自己的目标，践行自己的理想信念。

（4）发奋图强，无私奉献。一是要志存高远、脚踏实地，转变择业观念，坚持从实际出发，勇于到基层一线和艰苦的地方去，要到祖国最需要的地方去，以所学知识造福人民，在为民族复兴的担当中收获有价值的人生。二是要在面对困难之时，不回避、不退缩，采用积极的态度，振作精神，锐意进取，探索战胜困难与挫折的有效方式，在磨炼中超越自我。

新时代堪当大任的青年，必定是奋发有为、敢于担当的青年。青年人唯有不负韶华，把奉献与担当化作行动，扛起新时代之重任，方能向党和人民交出合格的答卷。

课堂活动

实践作业

校外生涯体验活动

请选择一项你认为有意义的体验活动，例如参加志愿者义工服务、参加社团活动、与家人一起出游、体验拓展活动、探访企业、在淘宝上开网店、影子实习……

根据体验的情况，请发挥创意，不拘任何形式（文字，照片，作品……）将它做成记录，与大家分享你的收获与成长体会。

本章小结

面对新时代的要求，当代大学生必须走出舒适区，从认知、情怀、品格、笃行等方面不断锤炼自己、挑战自己，将自己打造成有知识、有能力、有道德、有情怀、有责任、有担当的德智体美劳全面发展的时代新人。

认知是指人们获得知识或应用知识的过程，或信息加工的过程，是个体认识客观世界的信息加工过程和结果，对事物概念的判断和对（某个范围内）事物规律的总结。

认知结构就是人们将所获得的信息经过有效的组织、提炼并储藏于大脑之中的知识结构。

　　大学生认知的提升可以从时代角色认知提升、认知结构提升和认知能力提升三个方面开展。

　　大学生人文情怀塑造是以社会主义核心价值观培养为基础，以大学生人文知识的习得、人文情怀的陶冶、人文行为的形成和发展为目标，引导大学生成为具有家国情怀、道德情怀、奉献情怀、责任情怀、英雄情怀，能够担当中华民族伟大复兴大任的时代新人。

　　大学生具有深厚持久的家国情怀，要具备热爱祖国，心系天下，求真务实的风范；敢为人先，积极变革，勇于挑战固守的魄力；天下为公，心怀民生，坚持民本的情怀。

　　品格也称为品性，是一个人的基本素质，它决定了一个人应对各种人生处境的方式。

　　当代大学生除必须具备健康品格的核心价值维度之外，还需要着重培养善良仁爱、敢于担当、诚实守信、懂得感恩等品格特质。

　　践行奋斗就是矢志不渝的奋斗精神与砥砺前行的奋斗行动，是大学生为实现人生价值、实现中华民族伟大复兴（中国梦）而作出的行动。

　　新时代大学生践行奋斗的行动包括胸有大志、矢志奋斗、刻苦学习、勇于创新、筑能笃行。

思考题

（1）什么是认知？什么是认知结构？
（2）大学生如何构建自己的认知结构？
（3）什么是情怀？什么是人文情怀？
（4）什么是家国情怀？大学生如何培养自己的家国情怀？
（5）什么是品格？大学生如何塑造自己的品格？
（6）当代大学生该如何奋斗？

第五篇 熟练篇

第七章

生涯适应

> 君子之道，辟如行远，必自迩；辟如登高，必自卑。
> ——《礼记·中庸》

本章学习目标

通过本章的学习，学生应该了解生涯适应的相关内容，掌握生涯适应的方法，增强自身的生涯适应能力，为大学生活以及未来职场生活奠定基础。

本章内容框架

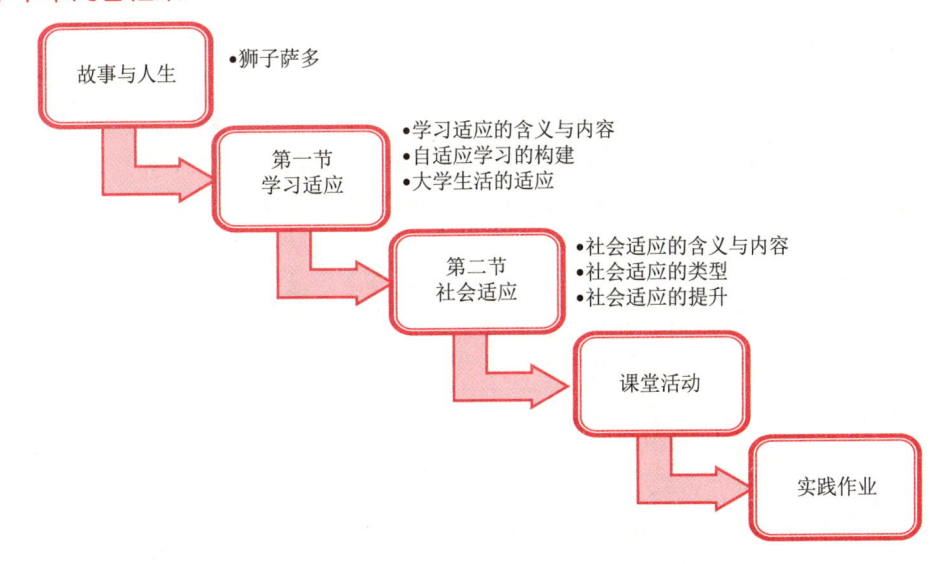

- 故事与人生
  - 狮子萨多
- 第一节 学习适应
  - 学习适应的含义与内容
  - 自适应学习的构建
  - 大学生活的适应
- 第二节 社会适应
  - 社会适应的含义与内容
  - 社会适应的类型
  - 社会适应的提升
- 课堂活动
- 实践作业

★ 故事与人生

狮子萨多

澳柯玛戈三角洲，是非洲荒漠上一块与世隔绝的平原，一年四季，大部分时间遭受洪水的侵袭。平原上唯一的一块高地岛屿，被一群狮子占领着。成年雌狮萨多，是澳柯玛戈岛屿狮子部落的"王后"。可是，在萨多生下卡勃和汤波这对儿女后，虚弱的身体，让她在新群狮"争霸赛"上失去了王后之位。她和她的一对儿女，被无情的新狮王逐出了"团队"。

狮子，是唯一一种群居的大型猫科动物。它们依靠团体的力量捕猎、生存、繁衍后代。一旦离开狮群的保护，随时会遭遇众多的鬣狗的围剿、伏击，面临死亡危险。

在陆地上，它们勇猛无敌、凶悍无比、称王称霸。但它们却是一群"旱鸭子"，天性畏水，如火一样和水不相容。狮子在水中体能的消耗，是陆地上的25倍。

失去家园和权势的萨多，领着一对小狮子，凄凉落寞地跋涉在齐腰深的洪水里，浑身冰凉、精疲力竭、饥肠辘辘……

然而，面对所处的绝境，作为母亲的萨多明白，如果想在这里生存下来，就必须适应这里的环境——改变原有的生活习性，学会在水中觅食。

萨多和一双儿女忍着饥饿和死亡的威胁，开始训练体能，学习游泳、潜水，并尝试着捕猎。

一次次尝试失败后，萨多用狮脑"总结"出：澳柯玛戈平原，除了低矮枯瘦的水草，四周没有任何遮蔽物。各种动物，都相互清晰地暴露在彼此的视野里。这给捕猎增加了难度。它们得练就一身"轻功"，保证在水里行进时，不发出任何声响。

经过几天的忍饥挨饿、刻苦自学后，萨多准备"出手"了。她把目标锁定在前方不远处的一头肥硕的马羚身上。萨多示意孩子们待在原地，自己施展"轻功"，匍水向马羚靠近，马羚毫无察觉……

突然，萨多一个跳跃，蹿出水面，扑向马羚，用前爪将个头高出自己2倍的马羚扑倒。马羚强而有力的四蹄，不断蹬踢。萨多稍有不慎，就有肚破肠穿的危险。萨多小心地避其锋芒，身体在马羚头的一侧，用尖利的长牙，咬住马羚的咽喉，将其沉入水中……它的儿子卡勃，及时赶来，学着母亲的样子，用前爪死死摁住马羚的头。不一会，马羚不动了。它们成功了。

马羚120千克的肥美躯肉，足可以供母子仨享用两天。更让人欣慰的是，就在萨多母子合力制服大马羚的同时，小狮子汤波，用同样的手法，成功捕获了一只小马羚。为了不让水里的食腐动物抢夺来之不易的美食，萨多和孩子将猎物转移到岸上安全地带。湿漉漉的猎物是它们自身体重的两倍。它们一点点艰难地拖移着，时不时气喘吁吁地放下食物休息片刻，然后继续……

夕阳下，它们一家三口，围着马羚这顿饕餮美餐，神情是那么从容自得。

就这样，狮子萨多不但顽强地生存了下来，打破了狮子与水不能相容的神话，也将自己的儿女训练成为澳柯玛戈平原上"水陆两栖"的"蛟龙"。

面对所处的绝境，要明白，如果想在这里生存下来，就必须适应这里的环境。应对绝境时，坚强和行动是治愈恐惧的良药；犹豫和消沉则是滋养恐惧的温床。每个人都有潜在的能力，只是很容易被习惯掩盖，被时间迷离，被惰性消磨。困境中，不论何时何地，都要勇敢坚强积极地去适应环境。因为，世上没有绝望的处境，只有对处境绝望的人。

(资料来源：https://view.inews.qq.com/k/20210513A0ELQ800?web_channel=wap&openApp=false)

思考：
(1) 狮子萨多一家成为"水陆两栖"的"蛟龙"的主要原因是什么？
(2) 适应环境和社会有什么重要意义？
(3) 大学生如何尽快适应在校生活？

第一节　学习适应

大学是人生中最美好的阶段，也是人生中变化最大的阶段。从中学到大学是人生的重要转折，因为大学生进入了"自我管理、自我适应"的新阶段：生活上要自理，学习上要自觉，娱乐上要自控。尤其是大学的学习内容、方法和要求，与高中时代的学习相比，发生了很大变化。尽快适应大学的学习生活，依靠自己的奋斗与努力，不断进行知识的求索与创新，是每一个大学生面临的重要问题。

一、学习适应的含义与内容

（一）学习适应的含义

适应（Adaptation）是生物特有的普遍存在的现象，是个体通过不断调整自身，使其能够在环境中得到满足的过程。适应也是自我与环境和谐统一的一种良好的生存状态。

学习适应（Learning Adaptability）是指个体超越学习情境中障碍的倾向或个体克服困难取得较好学习效果的倾向，即学习的适应能力。

大学生学习适应就是大学生根据内外学习条件的变化及自身学习需要，主动调整其学习动力与行为，提高学习能力，平衡协调多变的学习环境与自身学习心理和行为之间的影响，以取得较好学习成就的能力特征。

学习适应能力和学习创造力不同，学习适应能力首先是对外界环境的适应，对周围人际关系的变化适应，是取得学习效果的基础，具备了良好的学习适应能力才能具备一定的学习创造力，学习适应能力结合学习创造力，方能取得成就优异的学习效果。

（二）学习适应的影响因素与内容

1. 影响因素

影响大学生学习适应的因素主要有个性因素、环境因素和过程因素。

个性因素指个体的特质和心理特征，包括与学习过程紧密相关的学习态度和动机因素以及作为学习适应基本保障的心理健康因素；环境因素包括社会环境、学校环境、家庭环境等。学习过程因素包括学习方法、学习习惯、学习技术等因素。

2. 具体内容

学习适应包括灵活思维能力和转变思维能力两个方面的内容。

灵活思维能力是指适应多变复杂的环境的能力，这是对知识学习过程提出的要求，要有良好的知识理解和对学习本质的探究过程，体现思维的快速准确与全面性。转变思维能力与自我换位思考思想密切相关，与思维的快速性有关，迁移运用能力强，所以适应性也就快。

(三) 大学生学习适应的必要性

每一名高中生都迫切希望考上大学，因为父母、老师总是会这样告诉你："再苦再累，就一年了……就三个月了……就一个月了……熬过去，考上大学就好了，就轻松了……"在脑海里重复着从校园故事片上了解到的大学美好生活场景，心中充满了无限的向往。而当真正跨进大学校园后，却发现大学校园里总是流行着那两个词语："无聊""郁闷"。其中原因又说不清楚。习惯了高中的生活，突然没有了高中时的"约束"，竟然变得无所适从，好像有许多事情要做，可又不知从何做起。这种迷茫的感觉，是许多大学新生进入大学后都会有的。因此，大学生必须建立学习适应，是因为大学和高中比，已经发生了很多变化。

1. 培养目标不同

中学教育是基础性教育，本质上是一种中等水平的普通教育，为广大学生的继续深造和就业做一般性的基础文化知识准备。

大学面向社会，是一种瞄准未来社会经济建设和社会发展的实际需要的专业性教育，通过对学生进行"全面教育"，促进学生素质全面发展，培养出不仅能够独立于社会，而且能够担当大任、为国家建设做出贡献的高素质人才。因此，大学教育更注重学生各方面能力和素质的培养和提高，强调学以致用，让学生毕业离校时能与社会迅速接轨。

2. 培养模式不同

在目前高等教育资源相对紧缺的状况下，高考竞争仍然十分激烈，因此衡量一所中学教育质量的高低，很自然地就选择了以该校的升学率和重点率为标准，中学不得不实施以培养取得高分的"考"生为主要目标的"应试教育"。在这种体系下，教育模式相对而言基本上是封闭的，所有学校都按照大纲规定的教学内容和要求，按照"老师讲授—解题示范—课外解题练习"的教学模式来组织教学，"分数"往往成为衡量学生的唯一标准。

大学是开放式的教育，除了教师传授知识以外，更重要的是要让学生主动地进行探究性的学习、创新性的学习。通过前瞻性、高效性、多维化和综合化的学习过程，使学生转变理念，开阔视野，提升能力。在当今知识经济快速发展的时代，大学毕业生需要具有自我提高、自我发展的能力，大学教育强调学生不仅仅要"学会"，更重要的是要"会学"。

3. 学习内容不同

在中学，学生只要管好学习就可以了，大家把所有的精力都集中在高考要考的几门课程的学习上。对高考要求以外的东西不想也不可能多去关注，即使对某一特长发展很有兴趣，如果与高考准备有冲突，也只能暂时忍痛割爱。

大学教学内容具有相当高深的理论性、鲜明的定向性和较强的实践性和应用性。同时，大学教学内容与社会接轨，与学科发展前沿接轨，其深度和广度都大大加深。此外，不同学科、不同专业有不同的课程设置和学习要求，学习内容、教学模式和学习方法都会有所不同。大学不仅要求学生重视课堂学习，也要求重视实践训练；不仅要求学生学习理论知识，更要求学生培养实际工作需要的各种能力。

4. 学习方式方法不同

有人比喻说"小学是由教师扶着走，中学是由教师拉着走，大学是由教师指引走"。中学采取"填鸭式"教学，学生习惯于老师"一口一口地喂"，授课节奏较慢，解题示范多，且经常进行阶段性的考试检查。大家的课程相同，有统一的教学大纲，对教学内容和要求做了明确的规定。而且老师为避免学生考试失误，甚至对学生的解题步骤乃至书写格式都会提出一些"规范"。

在大学，教师发挥主导作用，学生发挥主体作用，在学习时间的支配、学习计划的安排、学习潜力的挖掘等方面都大大增强了学生的自主性。大学的教学方式方法具备以下几个特点。

（1）思路介绍多，详细讲解少。大学教师授课时经常采用画龙点睛、点到为止的教学方法，有时还要留下问题，让大学生课后思考。老师讲课精、少、快，抽象阐述较多，一般只讲重点难点、思路结构或者一些关键问题，绝大多数课程内容要靠学生自学完成。教师一节课讲的内容，学生往往需要几倍的时间才能消化和理解。即使有课堂作业，也并不要求一定完成，多凭学生的自觉，没有强制性。

（2）课堂讨论多，直接答疑少。大学提倡开展讨论式教学，教师根据学生的学习情况和教学的基本要求，提出一些值得研究和有争议的问题，让学生在课下准备之后拿到课堂上进行讨论、辩论。

（3）参考书目多，课外习题少。与中学的题海战术不同，大学的习题就少得多。即使有习题，也需要查阅教科书和有关参考资料，弄清楚问题的来龙去脉，而后才能得到比较满意的答案。

（4）自学时间多，辅导时间少。在大学，课堂讲授时间相比于中学减少了，自习时间相对增加了，而且自习时间主要靠自学。

此外，大学倡导学术自由，鼓励学术创新。因为大学不仅是传授知识的场所，也是产生知识的地方，是发展科技生产力的"主战场"，需要满足社会对各种各样人才的需求。能否为学生的秉性和天赋的发挥创造良好的环境和条件，是评价一所大学办学是否成功的重要标志。所以，在大学，学生不仅仅要获得"鱼"，更重要的是要学会"渔"，掌握创新的本领。

5. 学习状态不同

中学生在许多方面都不够成熟，所以老师对学生的管理非常严格，他们认为严格管理对学生学习是有益的，只有这样才能保证学生有足够的学习时间。因此，许多中学采取的是"半军事化"的管理模式，学生很少有自由进行自主安排，久而久之大家也习惯了服从。中学生的压力主要来自外部，中学老师发挥着主导作用。为了学生能够有效地利用时间，提高学习效率，学生的学习计划、学习内容、学习时间都由老师做出安排，可以说，大多数中学生都是一台台被动学习的"机器"。

大学强调的是学生自主学习，要求学生自己合理安排学习计划。大学给学生提供了自主发展、个性张扬的空间，学生可以真正地独立成长。但是，不少大学生面对这种"自由"难以理解其真实含义，在失去外界强制约束的情况下，难以适应，以至于失去了方向，最终走向失败。

6. 学习境界不同

中学教育是为了高考取得好成绩，所以中学老师的任务是带领学生想方设法去攻克一道道难题，希望所教的学生越学问题越少，学生正是在问题越学越少的过程中，争取到分数越来越高。

大学需要培养学生创新思维和创造性解决问题的能力，大学老师的任务是启发学生发现问题，倡导互动式教学，学生学习是越学问题越多越好，这样更有利于激发思维，从不同的角度去探索事物发展的规律，探求解决问题的方法。看到的问题越多，创新发展机会也就越多。所以大学生在学习上要培养自己的怀疑精神，要敢于向老师发问、乐于与同学讨论、勇于向权威挑战，提升自己发现问题、解决问题的能力。

7. 生活方式不同

中学生一般都未满18岁，在他人眼里还是个孩子，在法律上也还是一个需要父母监护的孩子，所以除了自己的学习之外，很少其他事情都显得不那么重要。

大学生，虽然在父母眼里可能仍然是个孩子，但是在其他人的眼里，在法律上已经不再是孩子了。18岁，在法律上是一个重要的界线，到了这一年龄，就要独立地承担起作为一个公民的法律义务与责任，必须对他人负责、对社会负责，特别是要对自己负责。绝大多数大学生都要离开家乡，远离父母，学习与生活上所有事情都要靠自己去做，遇到困难也需要自己设法去解决。不仅要学会独立生活，学会与人相处，学会自律、学会自我管理，更重要的是还要自己学会决策、选择。这是大学生必须学好的一门最重要的必修课。

8. 发展道路不同

在中学阶段，学生更多的是在别人的帮助下规划和度过中学生涯，上什么课，做什么作业，怎么样复习，每天干什么，考什么大学，甚至填报志愿等，都是在老师、家长的帮助指导下完成的。大多数情况下，学生只需要服从，没太多的选择权，是在走别人规划的道路。

在大学，一切都由自己做主。规划好自己的学习生涯，是每个大学生必须自己去面对的问题。大学阶段要自己选择的内容非常多，如何学习，参加什么样的社会活动，是否要考研……这些问题都需要自己独自面对和解决。

9. 学习途径不同

中学阶段学习途径比较单一，主要就是教材的知识点，通过大量模拟考试强化对知识点的运用。

大学除了要从教科书中学习知识以外，课外阅读、社会实践、社团活动等也是获取知识的重要途径。大学有藏书丰富的图书馆、丰富多彩的实践活动；在教学计划中还安排了一定课时用于社会实践、实习等教学环节，开设了大量旨在扩大学生知识面的各种类型的选修课，给学生增加了很多学习知识的渠道和途径，学生可以积极主动地获取知识、发展自己。

二、自适应学习的构建

（一）明确学习目标

没有切实可行的目标往往是很多大学生感到迷茫的最主要原因。没有目标的大学生活

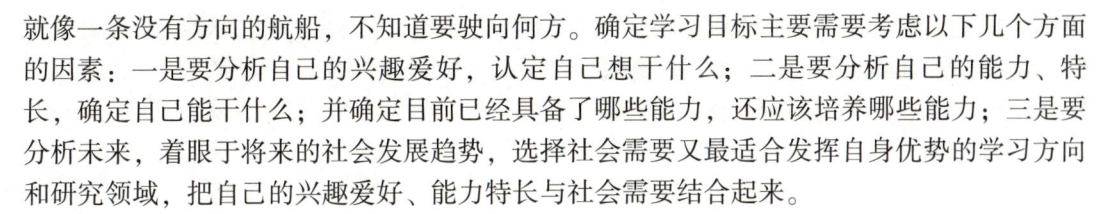

就像一条没有方向的航船，不知道要驶向何方。确定学习目标主要需要考虑以下几个方面的因素：一是要分析自己的兴趣爱好，认定自己想干什么；二是要分析自己的能力、特长，确定自己能干什么；并确定目前已经具备了哪些能力，还应该培养哪些能力；三是要分析未来，着眼于将来的社会发展趋势，选择社会需要又最适合发挥自身优势的学习方向和研究领域，把自己的兴趣爱好、能力特长与社会需要结合起来。

（二）制订阶段性分目标

制订阶段性的分目标必须紧密联系大学四年的不同特征。

1. 一年级为试探期

大学生在试探期的主要任务是认识自己、了解自己，弄清楚我是谁、我想干什么、我能干什么、我应该干什么等问题。在这个时期，大学生应该初步了解自己可能面临的职业选择，特别是自己未来所想从事的职业或与自己所学专业对口的职业。然后结合对职业的了解来分析获得职业的要求以及从事该项职业的要求，以便结合要求进行学业安排。

2. 二年级为定向期

大学生在定向期应该开始考虑未来是深造还是就业，要检验自己的知识技能，可以开始尝试社会实践活动，从事与自己未来职业或本专业相关的工作。同时，要通过英语和计算机相关证书考试，并开始有选择地辅修其他专业的知识来充实自己。

3. 三年级为冲刺期

冲刺期是为毕业做准备的关键时期。确定考研的要全身心准备；确定就业的要开始提高求职技能、搜集目标企业招聘相关职位的用人信息。

4. 四年级为分化期

分化期是阶段性目标的收尾期。需要检验自己确立的职业目标是否明确，前三年的准备是否已经充分。经过分化期的检验，基本上能够确定整个学业规划目标的实现程度。

（三）适当的目标调整

任何一个目标体系的形成都不可能是一次到位的，而是一个不断调整和完善的过程。因此，大学生真正做好学业规划，需要建立起相应的目标调整和检验机制。

确定目标后，每隔一段时间要做一下自我检查，检查目标完成度和实际效果，对自己的目标达成度做出个人自评，并分析原因与障碍。并结合自身的变化，及时反省，对下一学年的目标进行修正。例如，有些学生进入大学以后，对于自己所学的专业不满意，或者想学习更多的知识，可以采取转专业、辅修、自学考试等方法加以调整。

（四）制订科学的学习计划

大学学习单凭勤奋和刻苦精神是远远不够的，只有掌握了学习规律，相应地制订出学习的规划和计划，才能有计划地逐步完成预定的学习目标。

首先要根据自己的学习目标，从个人的实际出发，制订出实施计划。如建立什么样的知识结构，学完哪些科目，培养哪几种能力等。大学新生制订整体学习计划是困难的，可以先制订好一年级的整体计划，经过一年的实践，待熟悉大学的特点之后，再完善后面三年的整体计划。

其次要制订阶段性具体计划，如一个学期、一个月或一周的安排，这种计划主要是根据入学后自己的学习情况、适应程度，制订出学习的重点、时间分配、学习方法的调整等。计划的制订要遵照符合实际、切实可行、不断总结、适当调整的原则。

（五）掌握科学的学习方法

1. 读书的方法

大学学习不仅仅是课堂学习，更重要的是自学。阅读与学业及自己的兴趣有关的书籍是自学最好的途径。莎士比亚说："书籍是全世界的营养品。"培根也说："书籍是在时代的波涛中航行的思想之船，它小心翼翼地把珍贵的货物送给一代又一代。"学会在浩如烟海的书籍中选取自己的必读之书，就需要有读书的方法与艺术。

首先是确定读什么书，其次对确定要读的书进行分类，一般可分为三类：第一类是可浏览的书，第二类是可通读的书，第三类是要精读的书。正如培根所说："有些书可供一赏，有些书可以吞下，不多的几部书应当咀嚼消化。"浏览可粗，通读要快，精读要精。这样就能既广泛地了解最新的科学文化信息，又能深入研究重要的理论知识。读书时还要做到如下两点：一是读思结合，读书要深入思考，不能浮光掠影，不求甚解；二是读书不唯书，不读死书，才能学到真知。

2. 时间管理的方法

吴晗在《学习集》中说："掌握所有空闲的时间加以妥善利用，一天即使学习一小时，一年就积累365小时，积零为整，时间就被征服了。"大学时间机动性较大，科学地安排好时间对完成学业目标是非常重要的。

首先，要安排好每日的作息时间表。根据自己的身体和用脑习惯，合理安排自己的时间表。一旦安排好时间表，就要严格执行，切忌拖拉和随意改变，养成"今日事今日毕"的习惯。

其次，要珍惜零星时间。大学生活越丰富多彩，时间切割得就越细，零星时间越多。华罗庚曾说："时间是由分秒积成的，善于利用零星时间的人，才会做出更大的成绩来。"英国数学家科尔，1903年因攻克一道200年无人攻破的数学难题而轰动世界，而他是用了近三年的星期天来完成的。

3. 完善知识结构的方法

所谓合理的知识结构，就是既有精深的专门知识，又有广博的知识面，具有社会和个人发展需要的最合理、最优化的知识体系。李政道博士说："我是学物理的，不过我不专看物理书，还喜欢看杂七杂八的书。我认为，在年轻的时候，杂七杂八的书多看一些，头脑就能比较灵活。"

因此，建立合理的知识结构是一个复杂长期的过程，必须遵守以下原则。

（1）整体性原则，即专博相济，一专多通，广采百家为我所用。

（2）层次性原则，即按照从低到高的层次建立合理的知识结构。知识结构可以划分为基础层次、中间层次和最高层次。没有基础层次，较高层次就会成为空中楼阁；没有高层次，知识结构就会肤浅。

（3）比例性，即各种知识数量和质量之间进行合理配比。具体比例应根据目标确定，成才方向不同，知识结构的组成就不同。

（4）动态性原则，即知识结构不是僵化的、一成不变的状态，而是要随着科技发展、知识更新、新领域的出现、职业变动等因素，不断进行自我更新的动态结构。

三、大学生活的适应

（一）适应集体生活

进入大学，非常偶然的机缘，来自不同地区的学生被分配在同一个班级、教室或同一个宿舍。如何与不同生活习惯、不同兴趣爱好甚至不同民族信仰的同学友好相处，如何合理安排自己的生活，成为大家跨入大学校门后需要解决的首要问题。对于习惯了原来的生活环境，没有过集体生活的学生而言难度更大。集体生活处理得当，同学们会感受到愉快、温暖和充实等积极情绪；反之，则会体验到烦恼、孤独甚至厌世等消极情绪。

1. 加强沟通与交流

同学间加强沟通与交流、增加相互理解是适应大学集体生活的有效途径。同一宿舍的学生，生活习惯有很多不同。有的习惯早睡早起，有的习惯晚睡晚起，有的习惯大声讲话，有的习惯安静学习。这时大家要做的不是相互埋怨、相互指责，应该委婉地提出来，在与学校宿舍管理规定相一致的前提下，养成良好的生活作息习惯。

2. 真诚与包容

真诚与包容是人际交往中很不容易的事情。故而需要我们抱着一颗平常心，真诚待人、多些宽容、少些计较，经常总结反省自己交往过程中的成败得失，多学习一些人际交往之道，才能真正做到相互理解。在出现分歧的时候，要冷静处理，试着站在对方的立场上思考问题，相互理解、相互包容。

（二）建立良好的人际关系

1. 大学生人际关系及类型

人际关系是人们为了满足某种需要，通过交往形成的彼此之间比较稳定的心理关系。人际关系是社会关系的一个侧面，它是以情感为纽带、以需要为基础、以交往为手段、以自我暴露为标志的一种心理关系。人际关系的好坏反映着人们心理距离的大小。

大学生人际关系在微观意义上就是交往关系。交往是人的一种现实需要，大学生更需要交往。大学生通过沟通和相互作用，实现了相互了解，建立了一定的情感联系和人际关系。大学生人际交往的类型主要有以下几种。

血缘型：它是大学生的一种天然的人际关系，如与父母、兄弟等的关系。

地缘型：主要指大学生因地域相同而结成的人际关系，如同乡会等。

业缘型：指大学生以所学专业为纽带形成的人际关系，包括师生关系、同学关系等。

趣缘型：指大学生以兴趣为主而结成的人际关系，专业兴趣形成的业缘人际关系也属此类，如话剧社、书法社等。

情缘型：指男女大学生为满足爱情的需要，通过与异性交往而建立的人际关系，情缘关系是大学生人际关系中强度较大的一种。

2. 大学生人际关系的特点

（1）重横向联系。大学生的横向人际关系指大学生在同龄的同学与朋友之间建立的人际关系，纵向关系指他们与父母、师长等不同年龄的人之间建立的人际关系。大学生对横向人际关系的重视程度超过纵向关系。其中原因，一是大学生的自我意识有了进一步的发展，二是与同学和同龄朋友在生理、心理上有更多的相似之处，在理想、爱好、愿望等方面有更多的共同点。

（2）小群体多。小群体指那些由于成员彼此认同而自发形成的群体，其主要特征是以情感因素来调节人际关系。大学生随着自我意识的增强，特别不愿意接受各种硬性的制度束缚，加之感情丰富，渴求高度个别化的私人情谊，因而极易自发地形成各种小群体。

（3）自我选择。与中小学生的结伴上学、共同游戏为基础的人际关系不同，大学生与同学朋友的关系更多地表现在思想、价值观念、文化知识等方面的相互作用上，他们人际关系的建立是自觉选择的结果。

（4）深刻持久。大学阶段是人生交朋觅友的高峰期，也是重友谊、重交往的时期。他们珍视大学时代的友谊，广交朋友，持续时间较为长久。

3. 大学生人际关系的构建

（1）肯定对方，真诚热情。

1）肯定对方。人类普遍存在着自尊的需要，只有在自尊心高度满足的情况下，才会产生最大限度的愉悦感，才会对人际交往中对方的态度、观点易于接受。特别是处于青春期的大学生，自尊心极强，因而在交往中首先就必须肯定对方，尊重对方，这是成功交往的一半。

2）真诚热情。人际交往中，若对方感受到了你的真诚与热情，显然会得到对方肯定的评价。所以在交往中，不但需要充沛的热情，同时还要坦诚地言明自身的利益，显得真诚而又合情合理。这样，自然会得到对方的接纳，为成功交往架起了一道桥梁。

（2）在实践中提高交往能力。

良好的人际关系是在交往中形成和发展起来的。初入校门的大学生，在和一些不熟悉的人交往时，可以从一般的寒暄开始，之后转入中性话题。如来自哪所学校、姓名、有哪些业余爱好等，而后再转入双方感兴趣的、触及个人利益的话题，如工作、学习、业余爱好等。

（3）通过思想沟通建立人际关系。

良好的人际关系有赖于相互了解，相互了解有赖于彼此思想上的沟通。因此要注意常与人交谈，交换看法，讨论感兴趣的事情。这样，可借以表达自己的喜怒哀乐，降低内心压力。沟通时，语言表达要清楚、准确、简练、生动。要学会有效倾听，做到耐心、虚心、真心，把握谈话技巧，吸引和抓住对方。

此外，一个人在不同场合具有不同角色，例如，在教室是学生，在阅览室是读者，在商店是顾客。在交往活动中，如果心理上能经常地把自己想象成交往对象，了解一下自己处在对方情境中的心理状态和行为方式，体会一下他人的心理感受，就会理解别人的感情和行为，从而改善自己待人的态度，这种心理互换也是培养交往能力的好办法。

（4）克服交往中的害羞心理。

害羞是一种正常的心理现象，先天素质起了很大的作用。有些人性格内向，说话低声细语，见到陌生人就脸红紧张，常有胆怯心理。低估自己的认知偏差是导致害羞的最为重要的后天原因。有些人总认为自己没有迷人的外表，没有过人的能力，太过平庸，长期体验不到成功喜悦的状况加剧了自信的缺失。教育缺失也是害羞产生的外部原因，在童年早期没有得到很好的引导，到青春期，随着自我意识逐渐成熟，因而对别人对自己的评价特别敏感，变得胆怯、拘谨。此外，挫折的经历也会导致害羞。据统计，约有1/4的害羞的成人在儿童时并不害羞，这种人以前都开朗大方，交往积极主动，但由于他们在学习生活中曾经受挫，因而变得胆怯、消极、被动。

害羞虽然是正常的心理现象，但如果一个人在任何场合与人交往都害羞，甚至不敢或不愿与人交往，就会影响其正常人际关系的建立。具有害羞心理的人在交往中常表现出腼腆、动作扭捏、不自然、脸色绯红、说话音量小等特征，有严重害羞心理的人甚至怯于交往，对交往采取回避态度。害羞这一交往心理障碍对大学生的直接危害是使交往者无法表达自己的感情，常常造成交往双方的不理解或误解，使交往以失败而告终；其间接危害则是会导致交往者情绪与性格的不良变化，使人交往后产生沮丧、焦虑与孤独感，进而导致性格变得软弱、退缩和冷漠。

首先要在思想上抛弃一切顾虑。不要怕做错事，说错话，要认定错了可以改正，只要吸取教训，就能起到"前车之鉴"的作用。要相信失败并不等于无能，这样，在行动之前就不会只想到失败，就会走出自我否定的阴影。

其次要自信。要肯定自己，发现自己的闪光点，而不是只看到自身的不足，这样有助于在交往中发挥自己的特长，最终获得成功，并在成功体验下对自己重新评价，开始相信自己的能力。随着成功感的增加，害羞者就会对自己形成一个比较稳定的自我肯定认识，害羞心理就会悄悄地从他们身边走开。

另外，学习交往也是克服害羞的有效方法。害羞者可以在与人交往中观察别人是怎样交往的，特别是要观察两类人：一是观察交往成功者，看看他们为什么总是交往的中心，为什么能将各种复杂交往方法运用得得心应手；二是观察从害羞中走出来的那些人，并向他们学习。

(三) 大学生良好生活习惯的培养

1. 学会主动休息

会学习有两种途径，一是高效学习，二是不断创造高效学习时间。学会主动休息可以为自己提供高效学习时间。主动休息是指每工作或学习一定时间，身体尚未觉得疲倦时就休息。

主动休息应注意以下几个方面：一是早操、课间、课外活动、体育课一定要积极参与、积极锻炼，这是一种放松休息；二是保证睡眠，并养成早睡早起的习惯；三是要适当安排一些轻松愉快的活动，如爬山、游泳、骑车、打球、听音乐等。

2. 合理安排业余生活

大学生的业余生活丰富多彩，应合理安排业余生活。一是要围绕自己的主要任务与目标来合理支配业余时间，做到劳逸结合，注意自我调节；二是要合理选择内容，要让自己的业余生活健康向上，充满朝气，自觉抵制不良风气的诱惑。在正常的教学活动以外，可以参加各类文娱活动、运动会、社会公益性活动，听学术报告、专家讲座，或者利用业余时间发展个人的兴趣爱好。

3. 日常消费的合理规划

大学生一般都没有独立理财的经验，进入大学后，合理安排消费、学会合理消费非常重要。

（1）改变认知，树立正确的消费观。正确认识不良消费心理的危害性，大力提倡艰苦奋斗、勤俭节约的传统美德，正确地处理自身经济条件与消费需求的关系，消除不良消费心理。首先，要制订一个消费规划，合理分配在各方面的花费；然后，根据自己的经济实力，合理安排消费；最后，不全部依赖父母，可以适当利用课余时间从事兼职活动补贴自己的生活费。

（2）提高财商素质。财商是与智商、情商并列的现代社会三大不可缺少的素质。所谓财商，指一个人在财务方面的智力，即对钱财的理性认识与运用。财商主要包括：创造财富及正确认识财富倍增规律的能力；驾驭财富及应用财富的能力。

（3）转移重心，将精力集中到学业上。有的学生进入大学后，生活的重心和注意力不再放在学业上，而表现出高消费、享乐消费等畸形消费心理。要改变这种消费心理，必须转移生活的重心和注意力，将精力集中到学业上。

（4）回归现实，做生活中真实的人。大学生的优秀体现在人生的理想、学业、品质、情怀等方面，而不是物质的多少。所以，需要克服日常消费中的摆谱、攀比、从众等虚荣心理，一定要从虚幻的虚荣心理中走出来，回归现实，树立正确的荣誉观，做生活中真实的自己。

第二节　社会适应

随着经济社会的快速发展，社会变革不断加剧。在瞬息万变的时代面前，大学生不仅要具备扎实的知识功底和专业技能，更要有强大的社会适应能力。全面提升大学生的社会适应能力，才能为促进大学生个人发展和成就幸福人生打下坚实的基础。

一、社会适应的含义与内容

（一）社会适应与社会角色

社会适应（Social Adaption）一词最早由赫伯特·斯宾塞提出，指个体逐渐地接受现有社会的道德规范与行为准则，对于环境中的社会刺激能够在规范允许的范围内做出反应的过程。社会适应首先是一种应对的反应，通过调整自身的心理乃至与之相关的行为的适应，进而提高自身整体适应社会的能力。

"角色"一词最先是戏剧中的一个专有名词，指戏剧舞台上所扮演的剧中人物及其行为模式。后来，社会学家把"角色"概念引入到社会心理学和社会学中，产生了社会角色概念。所谓社会角色（Social Role）就是由人们所处的特定社会地位和身份所决定的一整套规范体系和行为模式，是人们对具有特定地位的人的行为的一种期望。社会角色是社会赋予人的社会权利和义务，它反映了每个人在社会中的地位和在人际关系中的位置，代表了每个人的身份。也就是说，某个人担当了某个角色，就要表现出这个角色的特征。每一个生活在社会中的人都扮演着多种多样的社会角色，正是这种多样的社会角色构成了社会群体或组织的基础。

在社会生活中，每个人担当的角色总是相对的，如教师相对于学生、领导相对于下属。同时，一个人总是集多种角色于一身，如学生角色、家庭角色、职业角色等。随着个人的社会任务和职业的不断变化，个人所扮演的主要角色也会发生转变。从一个角色进入另一个角色的过程，称为社会角色的转变。角色转变的过程，其根本的变化是社会权利和义务的变化。

（二）学生角色与职业角色的差异

人生最重要的角色转变就是由学生角色向职业角色的转变。学生角色和职业角色是两个完全不同的社会角色，两者的社会权利与义务不同，所代表的身份有着根本的区别。

1. 履行的社会责任不同

学生角色的主要责任是学习，掌握为社会服务的本领。整个角色过程是受教育、储备知识、锻炼能力的过程。职业角色的责任，是在自己的职业岗位上发挥专业知识和能力，为社会服务的过程。学生角色责任履行的好坏，主要关系到本人能否学到知识、提高能力、获得全面发展，不直接对社会承担责任。而社会角色的职业责任履行的好坏，则直接影响到社会，要对社会承担责任。

2. 遵守的社会规范不同

职业角色与学生角色必须遵守的规范有所不同，而且规范所产生的约束力也不同。学生角色必须遵守的社会规范除国家的法律法规之外，主要是国家制订的《学生行为准则》和各学校制订的规章制度，如学籍管理制度、考勤制度、纪律处分制度等。因为学生是受教育者，在违反角色规范时，主要还是以教育帮助为主。

职业角色除需要遵守国家的法律法规之外，还需遵守的社会规范主要是单位的规章制度，如考勤制度、岗位管理制度、考核制度、分配制度等。作为一名职业者，自己的行为不仅影响到自己，还会影响组织的利益。所以习惯了学校相对宽松的管理环境的大学生，初到工作岗位后，常常会感到职业岗位的纪律和管理制度过于严格，难以适应。

3. 享有的社会权利不同

学生角色的权利主要是依法接受教育。由于这一时期主要还是以学习为主，绝大多数的大学生还没有完全独立的经济能力，主要依靠家庭取得经济生活的保障或资助。职业角色则是依法行使职权、开展工作，并在履行义务的同时取得报酬。

4. 展现的行为模式不同

学生角色主要是接受外界的给予，即接受和输入，主要是要求理解。而职业角色则是运用自己的知识和能力，向外界提供自己的劳动，即运用和输出，要求结合实际创造性地发挥水平。通过取得报酬，实现经济独立。

5. 所处的生存环境不同

在大学校园，无论是面对同学、朋友还是师长，大学生几乎都不需要过多的顾虑与防备，可以自由地畅所欲言，可以不带任何伪装来表达自我和展露情感。而社会上的人际关系相对于学校要繁杂得多，也更为微妙，职业角色要面对更为复杂的人际交往，对生存艺术提出了更高的要求。

（三）角色转变过程中容易出现的问题

心理学认为，个体的社会角色发生变化时，新旧角色的转换过程必然伴随着不同角色之间的相互冲突。同样地，从学生角色转换为职业角色不可避免地也会出现角色转变与社会要求脱节的问题，具体表现在大学生步入社会后的种种不适应和矛盾。

1. 主观愿望与社会现实的矛盾

大多数学生对崭新的职场生涯抱有良好的主观期待，投身职场后却发现客观实际有很多不如意的地方，两者之间就会产生强烈的矛盾。

2. 行为习惯与社会角色要求的矛盾

在大学期间所形成的各种习惯和行为，与社会和职场要求存在不一致，也是容易出现的矛盾之一。

3. 实际能力与社会需要的矛盾

学生在学校中往往接受的是书本知识而缺少实际经验，这与进入职场后立刻需要较高的动手操作能力之间也会形成矛盾。

二、社会适应的类型

大学生的社会适应主要包括心理适应、生活适应、岗位适应、学习适应和人际关系适应等。

（一）心理适应

心理适应主要指各种个性特征互相配合，适应周围环境的能力。也就是个体在周围环境发生变化时能够通过自我调节做出能动的反应，使自我内部环境与外部环境相互一致，最终实现身心和谐的能力。一个人能否尽快地适应新环境，能否处理好复杂、重大或危急的特殊情况，与本人的心理适应性高低有着直接的关系。

大学生社会心理适应是指当初入社会的大学生经受心理压力时，通过调整自己的态度、情绪去认识问题和处理问题，以恢复心理上的平衡。社会心理适应，是每个大学毕业生都要经历的一个阶段，是一个大学生从"学校人"变成"职业人"和"社会人"的重要时期。这一时期，一般可运用一些自我心理调适方法来尽快实现心理适应。

1. 学会接受

一般新人刚跨入职场总是从基层做起。要接受艰苦、紧张而又有节奏的基层生活，适应新的环境而不要试图去改变环境。在这个阶段，要增强自己的整体协作意识、独立工作意识和创造意识，并能够充分发挥自己的主观能动性和创造性，凡事要具体分析、具体对待，脚踏实地地工作，不断积累经验提升能力，增强整体协作意识、独立工作意识。

2. 善于利用环境

由于环境的不断变化，所有人都需要不断面临并适应新环境。面对任何环境，一般都存在两种情况，即有利于个人成长的积极因素及不利于个人成长的消极因素。心理适应能力强的人在通过自我调节重新认识环境的同时，也善于利用外部资源帮助自己，无论出现何种情况，都能积极调整心理去适应变化的环境。从某种程度上讲，心理适应的过程也是激发人潜能的过程，是积极应对各种变化的过程。

3. 积极的自我暗示

自我暗示是靠思想、词语，对自己施加影响以达到心理卫生、心理预防和心理治疗的方法。通过积极的自我暗示，可以调理自己的心境、感情、爱好、意志乃至工作能力。例如，面临紧张的场合，反复告诫自己"沉着冷静"；在荣誉面前，自敲警钟"谦虚谨慎"；在遭遇挫折时，安慰自己"要看到光明，要提高勇气"等。

（二）生活适应

生活适应是指个体在面对物质生活和精神生活发展变化的过程中，能够通过调节和控制自身来适应变化的物质和精神生活，从而让生活舒适的能力。生活是人生最基本的内容，包括物质生活和精神生活。生活总是一个不断变化的过程，不管是在校期间还是毕业后，大学生总要面对各种生活环境的变化，这就要求大学生在环境发生改变的时候，能够顺应环境的变化，乐观积极地适应生活。

大学生生活适应能力主要包括独立生活能力和创造生活能力。

独立生活能力是个体进行正常生活必备的重要能力。这里的独立性是指个体能够发挥主观能动性去解决问题，独立性不仅仅是指生活上的独立，还包括思想上的独立。由于各自的人生经历不同，各自的世界观、人生观、价值观存在着差异性，面对困境，不同的人处理事情的风格也有所不同。大学生只有具备了独立生活的能力，才能够在激烈的社会竞争中站稳脚跟。

创造生活能力是指个体通过努力能够使生活目标顺利实现的能力。在如今生活节奏日益加快的现代社会中，生活就像一道菜，需要人为地添加各种调料调节生活的味道，美好的生活不是等来的，而是需要去努力创造的。

因此，大学生只有有意识地培养与锻炼这方面的能力，踏入社会后才能够很快地适应社会生活中出现的各种变化，才能够更加顺利地融入社会，创造生活，享受生活。

（三）岗位适应

大学生容易将事情看得简单而理想化，在跨出校门之前，都对未来充满了憧憬。初出校门的大学生不能适应新环境，大多与其事先对新岗位估计不足、不切实际有关。当他们按照这个过高的目标接触现实环境时，许多所谓的"现实所迫"让他们在初入职场时就走了弯路，以至于碰了壁还莫名其妙、不知所措。往往会产生一种失落感，感到处处不如意、事事不顺心。

因此，毕业生在踏上工作岗位后，要能够根据现实的环境调整自己的期望值和目标，并为自己做一个良好的职业规划，明确自己的职业目标是什么，在职场中自己该扮演什么角色，该怎样强化自己的职业意识，并且在这个行业上钻研下去，自然就能得到较好的发展。

（四）学习适应

学习不但是一种心态，更应该是一种生活方式。对于大学毕业生来讲，踏入工作岗位后，并不意味着学习的终止，面对新的环境，需要学习的内容会更多，面临的挑战会更大。作为职场新人，学习能力体现在实践学习、技能学习、实际操作学习。如果自身具备了良好的学习适应能力，无论今后在什么样的环境中，都能够较好地适应学习环境。

（五）人际关系适应

人际关系适应是指个体通过语言或者动作信号与他人传递信息、交流思想、相互沟通与协调的能力。这种能力能够让个体根据不同环境及个体的特点，及时地调整自己，能够保持信息交流以及情感沟通，很快与周围人建立良好的人际关系。

与象牙塔里单纯的人际关系不同，踏入了职场，人际关系也相应地复杂了起来。刚走上工作岗位的新人最容易犯的毛病是过于高傲，把姿态放低一点，恰当的礼貌往往会赢得好感。同时，努力学习、踏实工作，也是必不可少的。千万不要居功自傲，擅作主张，对他人指手画脚。

三、社会适应的提升

（一）做好"五个转变"

笔者认为，从学生角色向职业角色转换过程中，有以下非常关键的"五个转变"。

1. 从情感导向到职业导向转变

毕业生进入职场后尽可能地按照职业操守行事，即使认为自己非常有能力，也要遵章办事，而不能像之前学生时代那样一味地任由自己的性情处人处事。毕业生应该明白究竟什么是人才。所谓人才，就是合适的人选在合适的时间、合适的地点，离开了工作岗位。说自己是人才，就像离开矛谈盾，离开船谈帆，离开脚谈鞋，没有一点实际意义。

2. 由思想意识到实际行动转变

大学毕业生要脚踏实地、兢兢业业地工作。刚走出校园的大学生一般思维敏锐，很有自己的想法，说起事情来也头头是道，但往往很多想法和说法都不太切合实际，甚至是到了岗位上往往眼高手低，说得比做得好。在角色转换过程中要切记这一点，变思想为行动。只有想到并做到，才能做得久。

3. 从成长导向到绩效导向转变

这一个转变事实上指出了从学生角色到职业角色在社会职责方面的转变。就像之前所提到的，在学生时代，追求的主要是知识的学习，学生时期的主要职责和任务是积累知识。而工作后则要开始承担各方面的责任，包括工作上的职责、经济上的独立和家庭义务等。

4. 从个人导向到团队意识的转变

职场最为看重的就是员工的绩效，只有努力工作多多付出，才会等价地得到更多回报。当代大学生很多都有一个明显的特点，就是个性强，团队和集体意识淡薄。工作不同于读书，有时候更需要的是与他人的配合和团队精神。因此，角色转换包括团队意识的转变。

5. 从兴趣导向到责任导向的转变

这是进入社会后非常重要的角色转变。大多数学生比较明显的特点是凭兴趣做事，比较注重自我的感受。进入社会后，就必须学会承担责任，为家庭、为公司，也为社会。

（二）角色转换的途径与方法

角色转换是人们伴随着身份角色和社会位置的变化而发生的思想观念与行为模式的转变。对大学生来说，即将面临的角色转变就是从大学生的身份转为社会公民（职业人）的身份和社会位置转变时所发生的思想观念和行为模式的转变。

大学生毕业后在向社会职业人转变的过程中易出现困惑与冲突，表现为角色转变障碍、角色适应不良等问题。大学生能否在角色转变过程中及时调适角色行为，顺利完成从大学生向社会职业人的角色转变，并最终成为一个具备健全人格的社会人，直接决定了大学生职业生涯发展的状况与成效。

即将进入职场的毕业生只有尽早做好准备形成职业角色观念，提高职业角色技能，增强角色扮演能力，才能使自己的职业生涯有一个良好的开端。因此，充分把握好毕业前和工作见习期两个阶段至关重要。

1. 毕业前的准备

目前，我国大学毕业生在每年7月初离校，奔赴工作岗位，但是就业工作一般从前一年的9月份，也就是大学四年级上学期就开始了，前后共有近一年的时间。在这一阶段要学会认识自我，清楚的自己能力、职业兴趣以及真正的需求，在此基础上寻找合适的工作，为即将面临的入职做好充分的身心准备。认知自我、定位自我以及自我调适，是入职前的主要工作。

（1）认知自我。认知自我包括认识自己的生理状况和个性特征，如自己的体型特征、心理特征，尤其是兴趣、能力、气质、性格等，还要清楚自己适合的工作岗位。

（2）定位自我。在对自身有了明确的认知之后，接下来就是进行自我定位。毕业生在与用人单位接触的过程中，要加强对用人单位的了解，合理地确定自己的职业定位，进而通过签订就业协议书来确定自己的职业选择。准确定位能够帮助毕业生明白自己的目标和需求，在选择职业的过程中更加客观和全面，避免好高骛远或高不成低不就的现象出现。

（3）自我调适。当面对择业时出现的各种困难，毕业生非常需要进行恰当的自我调适。没有一个人的职业选择是一帆风顺的，在这期间总会遇到各种难题。无论是痛苦于找不到合适的工作，还是在多份工作中踌躇徘徊，或是经历了社会上各种不公平的待遇，都要及时地调整自己的心态。当择业不顺时，不要悲观绝望，要努力看向事情的另一面，积极对待；当难以抉择时，不要一味地拿不定主意而浪费宝贵的时间和机会，要当断则断；当看到社会的不公时，更不要死钻牛角尖、愤世嫉俗，要学会心胸开朗、理性面对。

2. 见习期内的角色转换

一般来说，毕业生在开始工作的最初阶段都会有一个见习或试用的时间，之后转为正式员工，有人形象地称之为"磨合期"，这个时间或长或短。虽然相对于今后长久的职业生涯来说，试用期所占有的分量并不大，但这一阶段在很大程度上决定着未来的职业生涯能否顺利。

一般来说，大学生要在较短的时间内顺利实现职业适应，应当从以下四个方面提高和锻炼自己。

（1）重视岗前培训。岗前培训对于刚刚走上工作岗位的大学生的角色转换是非常重要和必要的。它不仅可以让新员工了解单位的基本情况，熟悉规章制度和工作程序，更重要的是通过岗前培训来熟悉组织文化、树立集体主义观念，培养奋斗和奉献精神，是新员工适应新组织、新环境的重要途径。

（2）善于展现自己的知识。大学毕业生因为具有新知识而受到同事的青睐和尊敬，但也会为此与他人产生一定的距离。因此，大学生一定要表现得谦虚、随和，在尊重老员工丰富经验的同时，适时适度地展现自己的知识。例如，可以利用工作机会，特别是当同事在工作中遇到麻烦时，以谦虚诚恳的态度从理论上提出自己的见解，共同商讨，共同解决问题。也可以利用娱乐机会，发挥自己的知识优势，在交流中让他人了解你的为人和性格，表明自己的世界观、人生观和价值观，缩短与他人的距离。切忌以文凭自居自傲，那样只能令他人产生反感。

（3）树立工作的责任意识。大学生在走上工作岗位之初，一般不会被委以重任，而是先从最简单的辅助性工作做起，这也符合人才成长的基本规律。但是，有不少人凭着对工作的新鲜感和学识上的优越感，认为自己被大材小用了，对一些工作不愿意干，甚至开始闹情绪。其实，这是缺乏责任意识的表现。任何一项工作，都需要有丰富的经验和实际操作的能力。这种经验和能力的获得并非一朝一夕之功，需要平时工作中的积累和训练。凭借热情和情绪对工作是不负责任的。因此，不管工作的大小、分工的高低，都要以满腔的热情、高度的事业心和责任感认真对待。

（4）培养实事求是的工作作风。大学毕业生具有较强的自尊心和自立意识，在工作上总想独当一面，取得成就。尽管很多人对待工作的态度是认真谨慎的，但在很多时候，工作中还是难免出现失误。工作中一旦出现了失误，就要认真地分析原因，总结经验教训，找准失误点；同时要敢于承认失误，开展批评和自我批评，并勇于承担责任。另外，要虚心学习、请教，总结经验教训，防止和避免类似失误再次发生。

课堂活动

实践作业

撰写社会调查报告

以小组为单位，走访某一个熟悉的企业，了解其岗位分布，分析各岗位的工作性质及工作内容，制订工作适应方案。

本章小结

大学生学习适应就是大学生根据内外学习条件的变化及自身学习的需要，主动调整其学习动力与行为，提高学习能力，平衡协调多变的学习环境与自身学习心理和行为之间的影响，以取得较好学习成就的能力特征。

影响大学生学习适应性的因素主要分为个性因素、环境因素和过程因素。

学习适应能力包括灵活的思维能力和转变思维的能力。

学习适应的重要性在于中学和大学存在的差异,包括培养目标不同、培养模式不同、学习内容不同、学习方式方法不同、学习状态不同、学习境界不同、生活方式不同、发展道路不同和学习途径不同等。

自适应学习的构建方式包括明确学习目标、制订阶段性分目标、适当的目标调整、制订科学的学习计划、掌握科学的学习方法等。

大学生活的适应包括适应集体生活、建立良好的人际关系、大学生良好生活习惯的培养等内容。

社会适应是指个体逐渐地接受现有社会的道德规范与行为准则,对于环境中的社会刺激能够在规范允许的范围内做出反应的过程。

学生角色与职业角色存在着履行的社会责任不同、遵守的社会规范不同、享有的社会权利不同、展现的行为模式不同和所处的生存环境不同等方面的差异。

大学生的社会适应主要包括心理适应、生活适应、岗位适应、学习适应和人际关系适应。

学生角色向职业角色转换非常关键的"五个转变"主要有:从情感导向到职业导向转变,由思想意识到实际行动转变,从成长导向到绩效导向转变,从个人导向到团队意识的转变,从兴趣导向到责任导向的转变。

思考题

1. 什么是学习适应?
2. 什么是社会适应?
3. 如何尽快地适应学校环境和职业环境?
4. 谈谈学生角色与职业角色的差异。
5. 大学生如何尽快提升自己的生涯适应能力?

第八章

生涯角色平衡

人生价值的大小是以人们对社会贡献的大小而制定。

——向警予

本章学习目标

通过本章的学习，学生应当了解生涯角色的含义与内容、生涯角色的类型，以及生涯角色平衡的意义，掌握时间管理、情绪管理、压力管理等相关方法，树立持续开发与终身学习的目标，实现全面发展和生涯韧性的提升。

本章内容框架

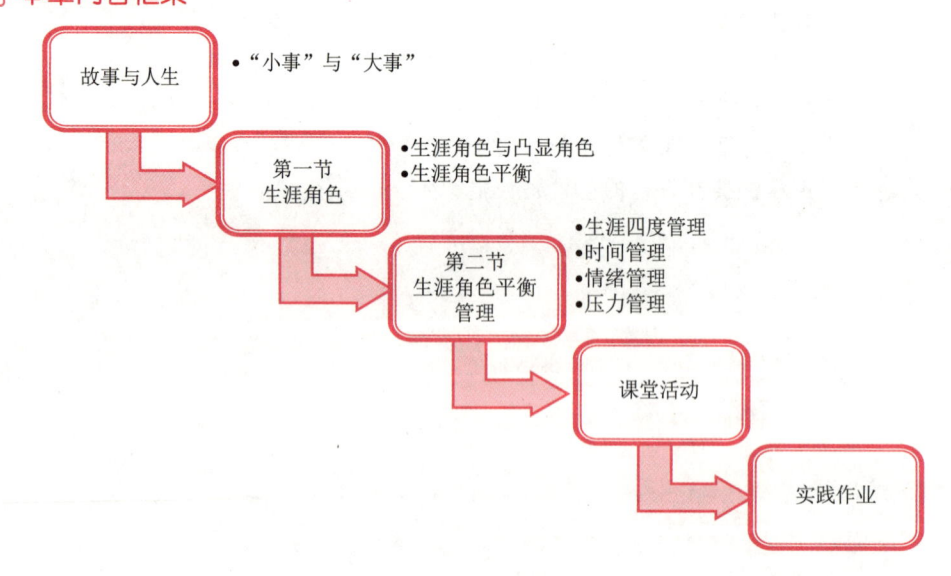

- 故事与人生
  - "小事"与"大事"
- 第一节 生涯角色
  - 生涯角色与凸显角色
  - 生涯角色平衡
- 第二节 生涯角色平衡管理
  - 生涯四度管理
  - 时间管理
  - 情绪管理
  - 压力管理
- 课堂活动
- 实践作业

★ 故事与人生

"小事"与"大事"

小霞是一名师范大学的毕业生，毕业后被一所重点中学录用。由于是新来的老师，除了完成自己的教学任务外，教研室主任和其他老教师总是将一些诸如办公室清洁卫生、批改学生作业、打印教学计划、填写教学日志、监督学生晚自习等事务性工作交给她做。刚开始，小霞由于自己是新来的还忍着，两个星期后，就与教研室主任发生了强烈冲突，认为教研室主任和其他老师在欺负自己。但是，从此以后，教研室主任和其他老师再也不交给她任何任务了。

职场新人一般到工作岗位后，单位领导和同事都会多派一些工作给他们。但他们往往不能正确领会领导的意图，对此也没有正确的认识。认为自己整天都在打杂，碌碌无为，而且谁都可以支使他们，觉得在单位受到了不公平待遇。其实，领导和同事真正的意图是，一方面为新人提供更多学习和锻炼自己的机会，给新人充分表现自己才华和能力的机会；另一方面也是通过此途径对新人进行考核。职场新人应该谨记，当领导很多工作不再派给你，你的担子越来越轻的时候，这是一个危险的信号，因为"忙"是好事情，当你不忙的时候，可能离辞退也不远了。要注意"大处着眼、小处着手"，一丝不苟地做好每一件"小事"。小事中见大精神，可为以后做"大事"积累资源。

思考：

（1）学生和职业人、学校和职场存在哪些差异？
（2）生涯角色的类型有哪些？
（3）提升生涯韧性的方法有哪些？

第一节　生涯角色

一、生涯角色与凸显角色

（一）生涯角色

舒伯的生涯概念涵盖了人的一生，而我们每个人在不同的发展阶段不断地扮演着各式各样的角色，每一个角色都有特定的任务等待我们去完成。这些角色和任务的组合也就是我们所说的"生涯角色"。舒伯认为人在一生当中必须扮演九种主要的角色，依次是：儿童、学生、休闲者、公民、工作者、夫妻、家长、父母和退休者。

人生发展的每个年龄和生命阶段，我们都会因自己的身份、责任而全身心地投入到相应的角色中去。年幼时，我们是父母的"子女"，要学习走路、说话，要听话乖巧、聪明伶俐，不要逾越规矩。随着年龄增长，我们进入群体生活的学校，成为师长们的"学生"，成了其他学生的"同学"。正所谓"吾十有五而志于学"，我们要学习语文、数学等基本科目，要学习专业知识，掌握专业技能，要学习与人合作共事的经验与方法。离开学校，进入社会，在某一行业领域拥有了代表自己职业角色的"工作者"身份，更需要尽职尽责、勤奋工作，为工作单位创造最大的经济利益或者社会价值，为自己带来最高程度的成就感和满足感。在扮演好"工作者"角色的同时，我们还会成为自己另一半的"配偶"，在生儿育女后成为孩子的父母，即持家者；同时，因参与社会事务而成为"公民"，以及享受优质休闲娱乐的"休闲者"。最后，当自己老去，我们也逐渐从工作岗位上退下来，成为"退休者"，当然还可以去做"志愿者"，做一些力所能及的义务性质的工作，继续发挥自己的余热。

（二）凸显角色

在生涯发展的每个阶段，人们可能会拥有多种不同的角色，而这些角色的重要程度取决于人们愿意在这个角色上投入的时间和精力。一个人的时间和精力总是有限的，在一个角色上投入得多，在其他角色上投入的就相对减少。我们不可能在每个角色上都能演绎得尽善尽美。所以，在每个阶段总会有一个特别凸显与重要的角色，例如：0~5 岁的凸显角色是子女，进入学校的凸显角色则转换为学生，以此类推。每个阶段凸显的角色关系到下一阶段的生涯发展形态。因此，人们在每个阶段的凸显角色的选择与相应阶段的生涯发展任务相关，也与自己的价值观和他人的期望密切相关。

（三）大学生的生涯角色与任务

大学生处于生涯发展的探索期，处于从校园到社会的过渡阶段，扮演的角色不多，这是为未来生涯发展奠定基础的重要阶段。进入大学，很多大学生开始从紧密的家庭关系中独立出来，生活限制少了，有了自己的生活空间，生命充满无限可能。也有不少大学生由于脱离了父母和师长的严格管教，不适应大学阶段的学习和生活方式，再加上没有建立新的目标和规划，陷入迷茫无措的境地。因此，大学生应该从进入大学阶段开始，积极探索生涯发展的各种可能性，为未来的生涯发展打下基础。

在这一阶段，大学生的主要任务是通过学校的专业学习、社团活动、社会实践、实习兼职等机会和途径，了解自己的兴趣、性格、能力和价值观，探索未来将要进入的工作世界，逐渐明晰自己未来发展的方向和目标，所以学生依然是最重要的凸显角色。除此之外，有的角色投入程度会有所减少（如子女），有的角色的投入程度会大幅增加（如学生干部、男女朋友、实习生或兼职者等）。而如何协调各种角色以及学生角色中的各项活动，就需要我们做妥善的时间管理。有的同学在社团活动中投入过多的时间和精力，而忽略了专业课程的学习，没有处理好学生角色中各种活动的关系。有的同学利用课余时间，甚至逃课去实习或兼职，却忽略了自己原本该扮演的主要角色，造成角色定位的错误，这些都有可能影响未来的生涯发展。

二、生涯角色平衡

（一）生涯角色平衡的含义

生涯角色平衡是指个体能在特定的时间内能按重点兼顾或专注于不同角色的发展。特定时间专注特定角色发展是指在特定的场景、特定的时间里，做特定的事。而生涯角色失衡则是因缺乏对个人生涯的整体、长远安排与规划，导致各种角色之间的时间、精力、资源等在分配上产生冲突而出现的问题。

生涯角色失衡多是由多角色冲突引起的，主要表现在有多重的角色没办法完全兼顾：

工作、生活不能兼顾，像个救火员；人生过得越来越单调无趣；被当前事务绑定，没有精力改善；因无法提高工作效率，用生活时间来弥补能力的不足。

实现生涯角色平衡要求我们多种角色均衡发展。掌握各种知识和技能，熟练多种角色转换，成为多面手的复合型人才，不荒废任何一个角色。闲时不荒废任何角色，忙时才不会乱了阵脚。要突出核心角色，把核心优势发挥到极致，打造核心竞争力。

另外，角色之间是交互作用的，某一个角色上的成功，可能带动其他角色的成功；反之，某一个角色的失败，也可能导致另一个角色的失败。不过舒伯进一步指出，如果为了某一角色的成功，付出太大的代价，也有可能导致其他角色的失败。

（二）影响生涯角色平衡的因素

一种平衡的生涯状态，应该是人生密切相关的重要因素的综合平衡，生涯平衡需要考虑以下几个方面的因素。

1. 工作

工作是社会分工中每个劳动者体现社会价值和自我价值的角色定位。工作对个人的意义表现在：实现人生意义，以满足人生需求。工作对社会的意义表现在：社会的发展进步，与每个社会成员的选择倾向有密切关系。

工作者的角色是最重要的生涯角色之一，是每个人都必须付出时间和精力去担任的角色。工作角色比重的大小直接决定了生涯平衡的问题。

2. 生活

生活是生物为了生存和发展而进行的各种活动，包括了衣、食、住、行等方面的情况。人作为地球万物的灵长，与其他生物不同。其他生物活着也就只是活着，而人要追求生活的价值、生活的意义，追求丰富多彩的生活。人生的意义在于通过合理合法的方式去创造价值并享受价值。所以，人为了美好的生活也必须付出很多时间和精力，无论选择哪一种角色，都必须考虑如何拥有幸福的生活。

3. 家庭

家庭是指在婚姻关系、血缘关系或收养关系基础上产生的，亲属之间所构成的社会生活单位。家庭作为一个群体，是社会的细胞，是社会生活的基本单位。

家庭是人们接触的第一个团体，也是最温馨的、充满爱的地方，同时还是人生的第一课堂。每一个人都离不开平凡的家庭生活。正如衣、食、住、行一样，家庭生活是一个人一生中不可缺少的，是每个人生活最重要的组成部分。追求家庭幸福，同样也是人们的重要目标。

4. 朋友

朋友是指志同道合的人，情意相投的人，彼此有交情的人。视野开阔的朋友，可以给人们提供不同的视野与问题解决的方法，使你变得视野开阔，获得更多的信息和机会。人具有社会性，需要在交往中获得归属感，所以朋友是生涯角色平衡中的重要内容。

5. 健康

健康是指一个人在身体、精神和社会等方面都处于良好的状态。世界卫生组织指出："健康不仅是躯体没有疾病，还要具备心理健康、社会适应良好和有道德。"因此，现代人的健康内容包括躯体健康、心理健康、心灵健康、社会健康、智力健康、道德健康、环境健康等。

现代人的健康观是整体健康，健康是人的基本权利，是人生的第一财富，是人们奉献社会和享有生活的基础和前提条件，是社会发展的基本标志和潜在动力。健康是无价的，是一个人正常生活和工作的基础。如果失去了健康，那么一切的外在条件都毫无意义。因此，人们在生涯平衡中同样要关注健康问题。

第二节　生涯角色平衡管理

人的一生在不同的阶段会扮演不同的角色，甚至在同一阶段会扮演多个角色。因此，应当及早地意识到这个问题的重要性，对生涯角色进行学习，运用生涯四度管理、时间管理、情绪管理、健康管理等方法适当调适，不断地培养生涯角色适应能力，从而达到生涯角色的平衡。

一、生涯四度管理

（一）生涯四度的含义

生涯发展有四个维度：高度、深度、宽度和温度，如图 8-1 所示。

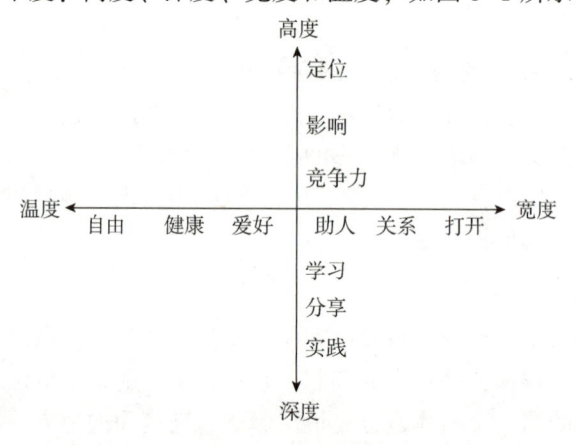

图 8-1　生涯四度

1. 高度

生涯的高度是指一个人在社会中能达到与掌握的地位、权利与影响力，其终极价值是获得地位、权力和影响力。

生涯高度的追寻者热爱竞争，有感召力和影响力，渴望资源和平台，希望有朝一日用自己的方式改变世界。例如，大部分的领袖、政治家、企业家、帝王都是生涯高度的追寻者。

追求高度的人首先要找准生涯定位；其次要提升实力，提升自己的职业竞争力；然后，需要扩大自身影响力。

2. 深度

深度即人们在思想、智慧、艺术与体能上达到的卓越与精进程度。生涯深度是指在自己擅长的领域中的精深程度以及个人能在这个领域干多久，其终极价值是追求卓越与智慧。

生涯深度的追寻者渴求真理、寻求极致、反复打磨，让自己炉火纯青，他们希望站在人类知识的顶峰，思考的极限边缘。追寻深度的人，以全部精神贯注于一点，却从这一点中收获整个世界。他们在不断地冲破人类对某些知识的认知，使自己的人生之路越来越精彩，如袁隆平、屠呦呦等科学家。

追求深度的人首先要学习，系统性地去学习一个领域，形成有效的知识体系。其次，要学会总结与分享，总结和分享是知识内化的重要途径。然后，要践行，也就是将知识运用到实践中去，实现理论与实践相结合。

3. 宽度

生涯宽度是指个体能否适应人生中多个不同的角色，让它们丰富又相互平衡，其终极价值是追求爱与和谐。

对于生涯宽度的追寻者而言，其发展不在高处，也不在深处，而是横向展开，他们的追求是做好生命赋予的每一个角色，他们一直在体验把自己最好的东西给予这个世界的快乐。

追求宽度的人首先要打开内心，打开自己的内心才能打开一扇未知的门，每打开一扇门就会丰富起一个小世界。其次，要维护和发展好一段关系，这个关系不仅是与人的关系，还包括和事物的关系。然后，要助人，助人是一种拓展宽度的方式。

4. 温度

生涯温度是人们对生命的热度或对生活的热爱与激情，其终极价值是追求自由。

生涯温度的追寻者渴求自由，探索内在世界，追寻真实鲜活的生命状态，寻找自己存在的意义与天命。这是生涯最内在的一个维度，是判断标准最个性化的一个维度，却也是与幸福相关度最紧密的一个维度。温度的代表，大多出现在艺术家、诗人、作家、自由职业者中。例如，用生命来跳舞的杨丽萍，生命即舞蹈，舞蹈即生命，简单纯粹。

追求温度的人首先要追求健康，身心健康是提高一个人幸福度和温度最核心的方式。其次，要培养或发展一个或多个爱好。

生涯有四度，而平衡是人生系统价值最大化的体现。追寻高度的方式是竞争与超越，追寻深度的方式是修炼与精进，追寻宽度的方式是尽你的能力接纳、支持和爱身边所有的人，追寻温度的生涯是自燃式的绚丽。

（二）生涯四度的定律

（1）守恒原则：人的精力是有限的，一个维度上的巨大投入必然带来其他维度的降低。

（2）转换原则：在某些环境下，生涯四度可以转换。例如，音乐的高度需要宽度和温度的滋养。一个生活阅历丰富，且对生命有深刻感悟的人，在同样的音乐技能中，能够产出真正的大师级作品。这种情况下，宽度和温度可以转换为深度。

（3）杠杆原则：虽然人们无法在一个时间段同时发展好所有维度，但可以在不同阶段有所侧重，最终将各个维度修炼到自己满意的状态。

因此，人生不能要求四个维度都做到完美，要实现生涯的平衡，需要准确认识自己的人生目标是什么，在各种限制条件下积极探索不同人生阶段中能够撬起生命的支点，认识到自己人生每个阶段的重点维度，发展好这个重点维度，其他维度也可以随之升高，从而实现生涯角色的平衡。

二、时间管理

时间管理是指通过事先规划和运用一定的技巧、方法与工具实现对时间灵活、有效运用，从而实现个人或组织的既定目标的过程。

时间管理对于现代人越来越重要，如何在有限的时间里做更多更有价值的事情，是每个员工和每个管理者都很关心的问题。对于大学生来说，在大学的学习生活中，由于各种各样的活动很多，时间管理同样是个人发展必备的重要技能。而且，这种技能能够很好地迁移到未来的工作中。

随着各种管理理论的流行和推广，时间管理已经从一个学术概念演变成一个通俗化的概念。随之而来的各种技巧、方法和训练课程也层出不穷。一般情况下，在认同了时间管理的理念之后，所谓的方法则是可以方便行事的，毕竟目标确定，通往目标的途径并不唯一，关键看是否适合自己。这里介绍的是塞沃特研究中心设计的七步骤方案（塞沃特，2004），这个方案的特点是从人们生活的基本任务出发，体现了以自我价值实现为导向的时间管理原则。

第一步：构思生活蓝图和理想，确定生活目标。

理想可以帮助个体找到生活的意义和方向，个体所做的一切都是为了实现自己的理想。在生活当中，人们总会有目标不确定的时候，这时人们会感到迷茫，让人觉得失去了把握未来的能力。当务之急就是重新发现自己的理想，以此为指导选择即将走的道路。

经过前面几章的学习，很多同学可能明确了自己未来生涯发展的目标。实现这个目标是我们生活的意义，也是我们管理时间的意义。

第二步：确定生涯角色。

在本章第一节里提到过，在人的一生当中，每个人都将扮演很多角色，如孩子、父母、朋友、学生、同事、领导、房东等。而在扮演这些角色的同时，个体也就要承担起这个角色所包含的各种责任和义务。因此，在这一步里，学生需要完成两个任务，一是分辨出哪些角色是自己必须担当的，如学生和孩子，哪些则是可以选择的，如社团成员、兼职者、志愿者等；二是确定所担当角色的具体含义，即我要如何扮演这个角色，我将以什么样的面目出现在生活当中。

第三步：定义关键任务。

在确定了自己的角色之后，为了担当好这些角色，个体就必然要去完成一些事情。塞沃特把那些最能够帮助个体担当好角色的事情，叫作关键任务。为了更明确地知道自己的关键任务，个体可以通过列表的方式进行分析，如表8-1所示。

表8-1 定义关键任务

角色	关键任务
学生	提高成绩，着重提高专业操作技能
朋友	和朋友们在一起，或者打电话问候朋友
儿女	做正确的事情，不让父母失望
班长	组织班级活动，使班集体更有向心力
……	……
以上所有	保持健康，合理饮食和适当锻炼

这一步对学生们来说非常重要，它实际上是一个把个人的核心问题清晰化的过程。在这一步，要让学生知道，即便每个人扮演的角色名称相同，但角色的内涵可能差别很大。

第四步：SMART 设计年度目标。

前面三步更多的是从理念的层面确定自己的道路，从这一步开始则进入了更为具体的步骤。年度目标发挥着轴心的作用，它将生活理想和生涯角色与短期计划联系起来。SMART 公式是一种有效的确定未来一年阶段性目标的方法，根据这个公式，短期目标应符合如下五个标准。

S（Specific）——特定性：目标应该具体明确，否则将是空洞的幻想（我要让父母满意——我要在学习上投入更多时间）。

M（Measurable）——可测定性：该目标是具体可测量的（我要好好学习——我要平均成绩达到85分，英语超过90分）。

A（Action）——行动指南：目标应指明人们朝积极的方向采取行动，有操作性（我要用功学习——我要每天花十个小时学习，每天至少三个小时的晚自习）。

R（Reality）——现实性：目标虽然定得很高，但一定是有实现的可能（在这一年里，我要每天早上六点半起床，晚上11点睡觉，除了每顿饭的半个小时，其他时间都要按照规定时间用于学习、阅读，在这一年里，每天至少保证30分钟的体育锻炼）。

T（Terminable）——期限性：目标应有具体的实现期限（我要好好学习英语——在年底之前，我要通过英语六级考试）。

这种方式确定的目标具有很高的现实性和可行性，因而能够有力地推动计划的实施。

第五步：分清主次先后顺序。

时间管理成功的关键就是集中精力做最重要的事，谁能完美地安排好事情的先后顺序，谁就能把时间掌握在自己手中。那么如何来划分事件的先后顺序呢？时间管理优先矩阵就是一个好的选择，如图8-2所示。把每个事件都从两个维度进行划分，即重要程度和紧迫程度。所谓重要程度，就是指这件事和个体的目标的相关程度。越是可以直接影响目标实现的事件，越重要。所谓紧迫程度，就是指此刻与这件事需要完成的最后期限的时间距离。时间距离越短，越紧迫。

```
        重要
         │
   ┌───┐ │ ┌───┐
   │ B │ │ │ A │
   └───┘ │ └───┘
不紧急 ──┼── 紧急
   ┌───┐ │ ┌───┐
   │ D │ │ │ C │
   └───┘ │ └───┘
         │
        不重要
```

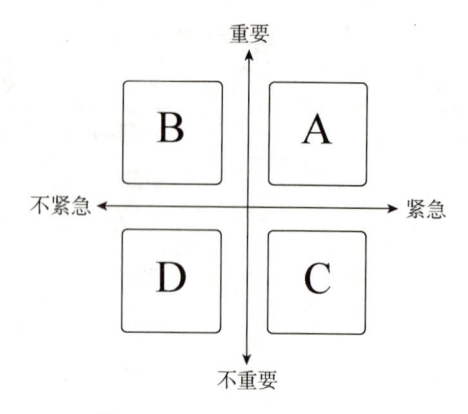

图 8-2　时间管理优先矩阵

A 区间：既重要又紧迫的事件，必须马上解决它们。

B 区间：重要的事件，但并不很紧迫，可以把它们缓一缓，但要事先做好计划，拟定最终完成期限。

C 区间：紧迫的事件，但并不重要。这类事件会占用很多时间，从提高效率的角度应该尽量少做，但也可根据自己的时间选择。

D 区间：既不重要也不紧迫的事件。这类事件可以直接忽略。

举例来说，生病去看医生，应该属于 A 区间，因为既紧急又重要；锻炼身体，属于 B 区间，很重要，但不紧急；马上要开场的音乐教育讲座，属于 C 区间，紧急但不重要；一种新型蛋白质粉的产品介绍会，参加时间不限，属于 D 区间，既不紧急也不重要。

在这个结构中，A 类事情第一优先，D 类事情可以忽略，没有什么争议。关键是 B 和 C 的选择，是先做重要的事情还是先做紧急的事情呢？史蒂芬·柯维认为成功的秘密就在于抓紧时间应对 A 区间的事情，然后保证固定、足够的时间和精力做 B 区间的事，C 区间的事能少则少。在掌握了划分主次先后顺序的方法之后，个体就应该将年度计划进一步细化成季度、月度、星期计划，方法则仍是使用 SMART 公式。

第六步：高效完成日常事务。

一天是我们制订计划的时间单位，我们每天早上应专门拿出几分钟时间，检查一下这周的计划表，哪些事的确很重要。今天需要全力以赴做什么。

那么，怎样制订一天的计划呢？有人总结了七个基本原则：

1）一切计划落实到书面；
2）在前一天晚上做好计划；
3）估计每件事大概花多长时间，规定最高限度；
4）不要把全天时间都列入计划，应保留适当空余时间自由支配；
5）归纳相同程度的活动，描绘一天粗略的结构；
6）全力以赴完成重要事件；
7）以积极的态度开始和结束每一天。

第七步：自我约束——每日成功的基础。

赢得时间的一个重要方法就是自我约束。事情从来都是知易行难，如果不能做到自律，那么前面所有的计划都只能停留在纸面上。这一步没有什么窍门，唯有毅力。当然自律并不是要把自己完全变成一架高速运转的机器，适当的放松也非常必要。

上文论述的很多重要技能都是大学生在求职和未来的职业发展中所需要的。那么该怎么获得这些技能呢？要记住，可迁移技能是体现在生活中的方方面面的，不仅仅是在工作当中。这些技能的特点，就是在任何一个领域中积累起来的经验都可以迁移到其他领域中去。例如，有很多女同学爱逛街，但是生活费用有限，所以每个月需要对自己的收支进行精打细算。例如，这个月基本的通话费、交通费、餐饮费、书本费，扣除以后可以有多少任意支配的余额。在逛街的时候，货比三家，还经常走街串巷，开发一些新的购物场所，以尽量买到物美价廉的商品。这其中的收支计算就很好地体现了"预算管理"的技能，而购物过程中的讨价还价则体现出与他人面谈时的沟通和谈判技能。再比如很多男同学喜欢运动，参加篮球队，组织篮球比赛等，这中间就可以体现出一个同学的团队合作、组织管理能力。

一般而言，在专业学习中重点发展自己的专业能力，课外活动如社团组织、志愿者活动、学生会活动等能够提高自己的通用技能。这样的分类也不是绝对的，比如在专业课的学习中，老师可能要求同学们分组以团队的方式来完成作业，这样的要求既能提高专业技能，也能提高通用技能。不过更多的通用技能需要大家通过积极参加各种社会实践的方式来获得。不同的社会实践活动能够锻炼不同的技能，比如参加演讲协会能够更好地锻炼自己的表达能力，参加篮球队能够锻炼身体并提高团队意识。这些差异带给各种活动以不同的价值，同学们在选择时需要考虑自己的需要。

专业技能和通用技能的关系，有时候会被简单化为"知识"与"能力"，说有些人只有知识没有能力（高分低能），有些人有能力但专业不行。如果能够做到高分高能，当然是最好的，但如果不行，该怎么办呢？这又回到我们讨论的最基本的问题上：你的职业定位是什么？你对自己的职业认同是什么？如果你选择一项专业性很强的工作，那么专业技能是最重要的，如果你选择一项专业性不强的管理类工作，那么只要你达到一定学历，通用技能就显得更为重要了。

三、情绪管理

（一）情绪管理及其价值

情绪是个体对外界刺激的主观的有意识的体验和感受，具有心理和生理反应的特征。情绪管理（Emotion Management）是指通过研究个体和群体对自身情绪和他人情绪的认识、协调、引导、互动和控制，充分挖掘和培植个体和群体的情绪智商、培养驾驭情绪的能力，从而确保个体和群体保持良好的情绪状态，并由此产生良好的管理效果。简单地说，情绪管理，就是用对的方法，用正确的方式，探索自己的情绪，然后调整自己的情绪，理解自己的情绪，放松自己的情绪。

心理学家丹尼尔·戈尔曼认为"情绪智商"是我们与别人相处能力的一个方面。戈尔曼主张智商能力不能只通过估量一个人的天分来定，因为社会上功成名就的人，大部分是靠了解和管理自己的情绪以及体察他人的感觉而成功的。

情绪是了解自己的线索，优质的情绪管理能力能对生活产生以下帮助。

（1）身心更健康：能引导自己走向正面情绪，减少压力和挫折，提升身体的免疫力。

（2）合作更愉悦：能面对问题坦诚沟通，与他人相互激励。

（3）学习有效能：能自我了解，善用自己的优势拓展潜能，达成学习目标。

（4）领导更轻松：能与他人共同学习与激励成长，幽默，知人善用。

（5）人际更和谐：对他人的需求与情绪较敏感，能展现关怀与处理冲突情景。

（6）生涯更成功：能自我疼惜与照顾他人，保持开放的心胸，迎接挑战。

（二）大学生情绪的特点

1. 稳定和波动

大学生不同于中学生的青涩，他们处于第二断乳期的末尾，比中学时更加稳重、平和。到了大学，由于自己的价值观、人生观等逐渐形成，对世事、人际等方面有了较为深刻的把握，情绪的稳定性就好一些。但是他们的情绪仍然易波动。大学生的年龄一般在18~24岁，身心发展正处于走向成熟但未完全成熟的状态，情绪波动比较大，遇事极端、固执，时而得意忘形，时而灰心丧气，常常因为一时的事件而导致整个人情绪状态不好。同成年人相比，大学生相对敏感，情绪带有明显的波动性。一句善意的话语，一个感人的故事，一支动听的歌曲，一首情理交融的诗歌，都可能引起他们在情绪上发生骤然变化。

研究发现，情绪的稳定性是衡量心理健康的一个重要方面。情绪的稳定性是指情绪波动的幅度和频率。如果个体情绪波动幅度大、频率高，则说明个体的情绪非常不稳定。情绪稳定性在学生的学习、生活和人际交往等方面都起着非常关键的作用。

2. 内隐和外显

大学生对外界的刺激反应敏捷，喜怒常形于色，具有外显的特点。这也是他们为人比较真诚、直率的表现。但是，由于其自尊心的增强和独立性的发展，他们会运用防御机制心理来保护自己的内心，比如他们外显的语言可能与内心的想法并不一致，可能语言上表现的是自己的自信和高傲，而实际上是一种自卑心理在作祟，或者是由于自己害怕失败才做出自我防御的行为以保护自尊心。有的场合下，他们会用虚假性的表现来掩饰内心的感受，比如自己并不认可对方，但是为了维持关系而做出让步。当然这些表现并非表明大学生的虚伪，实际上某种程度上的掩饰恰恰是社会适应的表现，是社会心理和行为的适应。

3. 阶段和层次

各年级面临的问题不同，大学生的情绪特点也就呈现出阶段性和层次性的特点。大学新生有很多兴奋点，热情高涨、积极投入、有自豪感，但是自卑感也随之而来。因为在大学的新环境里，一切要重新开始，这是对自己的挑战和考验，而自己的能力有限则使人感到自卑，而且，由于与其他同学对比和竞争，他们在稍显弱势的时候就不由地自卑起来。二三年级的大学生已经适应过来，能够融入校园生活中，情绪较为稳定，他们更多的是在为未来做准备，比如是继续读书还是毕业后就找工作，不同的计划就要求他们做出不同的准备。毕业班的学生面临毕业论文（毕业设计）及择业等多方面的重大问题，因此他们的压力大、情绪波动大、消极情绪多。他们面临着很现实的问题——就业压力，即使继续读书，考试的压力也令人焦虑，所以四年级的大学生情绪也比较容易波动。

4. 丰富和掩饰

大学生处于心理成熟的过渡阶段，世界观、人生观、价值观都在逐渐形成，他们对社会、祖国、他人的情感体验更加丰富和深刻。大学生具有强烈的民族自豪感和自尊心，有"天下兴亡，匹夫有责"的责任感、使命感，爱憎分明，正义感强。很多大学生富有同情心和责任心，积极参加社会福利工作，为需要帮助的人贡献爱心；很多大学生有强烈的求知欲、好奇心，热爱真理、视野开阔。大学生对纯洁的友谊和爱情十分向往，积极地在发现美、欣赏美、创造美的活动中体验美的感受。这些高级的社会情感的发展都是其心理成熟的表现。

此外，大学生的两性情感也在发展和成熟。大学生的交际范围日益扩大，与同学、朋友及师长之间的交往更频繁，有的大学生还开始体验一种更突出的情感——爱情。恋爱活动往往又伴随着深刻的情绪情感体验，这种特殊的体验对大学生有着十分重要的影响。通过与异性建立亲密的交往关系，他们的心理也在一步一步地走向成熟。

同时，在社会交往和为人处事的过程中，大学生也在历练成熟的人际技巧。为了在同学、同事和师友间获得认同和接受，他们积极地发展和谐的人际关系，构建社会支持网络；为了维护人际关系，他们会真诚相待，诚信为本，但是，也不免要使用掩饰的方法来获得大家的支持。这些都说明，与中学时代相比，大学生情绪情感的单纯性正在复杂化。

（三）情绪管理的方法

1. 提高情商

情商属于一个人的综合心理素质，提高个人情商的一般步骤是"找缺陷→定计划→见行动"。

（1）找缺陷。找到自己不足的地方。首先要正确地对自己进行评估，找出职业情商欠缺在什么地方。要找准自己的不足，除了自我觉察外，还要了解别人对你的看法，社会或市场对你的认同。在学校里可以多听听老师、同学、家长的意见，也可以设计一定的调查评估途径，得到一些匿名的建议和意见。

（2）定计划。制订目标和计划。找准自己职业心理素质的不足之后，就要制订提高情商的目标和计划，这可在教师的指导下完成。

（3）见行动。重塑自我，从小处着手。培养自己每一个行为习惯的过程都是重塑自我的过程，在这个过程中，需要对自我的观念、心态、习惯进行调整，要从细节入手。落实计划后要尽快行动起来，在这个过程中，要勇于和别人交流、沟通，富有觉察力和同情心。

2. 接纳情绪

（1）清楚自己的情绪及产生原因。情绪会影响生涯决策，不良情绪会影响自己，甚至是身边的其他人。因此对自己的情绪要善于接纳，同时要能通过适当的方式宣泄或者转移。千万不要压抑自己的情绪，那只会让情绪在一定时间内积蓄得更加强烈并爆发出来。

（2）杜绝自寻烦恼。表面上情绪稳定、精神健康的人并不是没有烦恼。如果不加提防，也会产生一些心理问题。每个人要注意时常反省自己的情绪，不要坠入自寻烦恼的陷阱。

3. 宣泄情绪

过分压抑只会使情绪困扰加重，而适度宣泄则可以把不良情绪释放出来，从而使紧张情绪得以缓解、轻松。因此，遇有不良情绪时，最简单的办法就是"宣泄"。宣泄一般是在背地里或在知心朋友面前进行的。采取的形式或是用过激的言辞抨击、谩骂、抱怨恼怒的对象；或是尽情地向至亲好友倾诉自己认为的不平和委屈等，一旦发泄完毕，心情也就随之平静下来；或是通过体育运动、劳动等方式来尽情发泄；或是到空旷的山林原野，拟定一个假目标大声叫骂，发泄胸中怨气。必须指出，在采取宣泄法来调节自己的不良情绪时，必须增强自制力，不要随便发泄不满或者不愉快的情绪，要采取正确的方式，选择适当的场合和对象，以免引起意想不到的不良后果。

4. 优化情绪

优化情绪可以采用6H4AS情绪管理方法，以增加快乐，减少烦恼，保持合理的认知、适当的情绪、理智的意志与行为。

当陷于苦恼、生气等负面情绪，出现行为冲动时，使用4AS技术来管理情绪，同时运用6H技术打开六种快乐的资源，增加快乐，优化情绪。

6H（Happy），即六种快乐方式，是指奋斗求乐、化有为乐、化苦为乐、知足常乐、助人为乐、自得其乐。

4AS法，A：Ask，即反问，反思；S：Step，即步骤，也就是以下四个反问反思步骤。
（1）值得吗？自我控制！
（2）为什么？自我澄清！
（3）合理吗？自我修正！
（4）该怎样？自我调适！

四、压力管理

（一）压力与压力来源

1. 压力

压力是当人们去适应由周围环境引起的刺激时，人们的身体或者精神上的生理反应，它可能对人们心理和生理健康状况产生积极或者消极的影响。

持续增长的压力已经成为现代社会的流行病。随着社会节奏的日益加快，因压力太大而患病的人数正逐年递增。

压力依据事件性质可分正面压力（如升职）与负面事件压力（如地震或升迁无望）；压力依据时间长短也可分为短期压力（如期末考试或参加节庆）与持续压力（如领导期待太高造成的工作负荷）；压力也可以依内外因素分成特质压力（如易于焦虑、紧张或完美主义的性格）与情境压力（如突然遭受处分）。压力是生活的一部分，一般人常认为只有那些造成自己不快乐（如分手或考试不及格）的事件才是压力，其实这个想法并不完整。无论事件给个体的感觉是好还是坏，只要有事件发生，个体就都必须耗费能量来应对。例如，结婚是好事，但是筹备婚礼的人感受到物质与精神上的巨大压力；名列前茅是好事，却也因为害怕退步而倍感压力。

因此，可以说压力是一种能量状态。人感受到压力，是指人的能量不能满足供应所需。能量包括心力、脑力及体力三种形式。脑力是指认知、思考；心力是指情绪、感受；体力是指动作、行为。而心力、脑力及体力三种能量总和的耗费超出个体所能负荷的极限时，就感受到压力，长久能量不足，久处压力之下，必定危害到个体的健康。

压力疏远我们的人际关系，降低我们的工作绩效，损害我们的健康，影响我们的生活质量。因此，我们必须进行有效的压力管理。

2. 大学生压力的来源

随着社会的变迁，大学生所面临的环境对他们的要求也日趋复杂化、多元化、高级化，这使得大学生承受着日益严重的心理压力。

大学生压力来源包括个人因素（健康因素、性格特质、自我期望、认知思考习惯等）或环境因素（家庭期望、学校、学业、就业、职场转换、经济负担、社会变迁等）。当人在面对威胁或机会时，身体和情绪上会受到骚动，使人在心理、生理、行为、情绪上的安全感或自我评价遭受影响。

(二) 压力管理方法

压力管理是个体面对压力的应对方式，其目的是要减轻或者消除个体所承受压力的影响，或预防压力的产生。

1. 压力源处理

(1) 问题处理。认清压力事件的性质→理性思考及分析事情的来龙去脉→确认自己对问题的处理能力。寻求并收集有利于解决问题的信息（包括如何运用家庭及社会环境的支持）→拟定问题解决计划→保持良好心态，积极处理问题→若已完全尽力，仍不能短时间内解决，则表示难度很高，这时既可以长期不懈努力，也可以考虑放弃。

(2) 认知调整。有时候，压力并不像大学生所想的那样重。很多时候，压力过重往往是大学生认识上的误区所致。大学生遇到压力容易出现的认识误区有：夸大问题的严重性；看不到事情积极的一面，忽略问题带来的正面效应；内心的罪恶感、自卑感或厌倦感等。

2. 压力反应处理

(1) 舒缓情绪。不良的情绪会干扰问题的解决，情绪失控使人不能执行已经拟定好的问题解决计划，甚至使事态恶化，压力增大。因此，面对压力，舒缓情绪是首要和关键的一步，只有在平静的心态下，才能头脑清醒地看清形势并想办法解决问题。

(2) 生理反应的调试。当感到压力时，要主动进行放松训练，如肌肉松弛训练、想象放松练习等，这样可以使心跳、血压和肺部氧气的消耗降低，从而使身体各器官得到休息。另外，也可以做一些适当的运动，使紧张的生理反应平静下来。

(3) 行为调试。避免不适当的宣泄行为，如滥用药物、酗酒、大量抽烟或者涉足不良场所，以免给自己造成不必要的伤害。应当进行正当的娱乐休闲活动，如参加同学聚会、打篮球、打羽毛球、参加公益活动及其他团体活动等。

3. 压力调节

如果压力是能量的形式，那么压力管理就是一种能量的调节，调节之道是"开源"与"节流"。

"开源"是指储备能量，也就是随时储存能量，以便满足个人生活、学习、工作或职业发展等需要。"开源"的具体方法包括以下三种。

(1) 时间管理。检视与安排重要的事情和紧急的事情，每天都要抽出一定时间做重要的事情。不要将自己淹没在紧急或琐碎的事件之中，延误重要的事情。重要的事情应完成而未完成时，压力就大。

(2) 寻求资源。检核与建立支持系统，适时求助他人。求助并不可耻，互助是美德，因为求助并不是情绪上的脆弱，而是行动的积极实践。

(3) 换种想法。重新评估信念和自我内心，察觉负面思维，以正向信念取代之。

"节流"是指节省能量,也就是随时节省能量,以便提供生活中的课业或工作等方面的需求。"节流"的具体方法包括以下两种。

(1) 肌肉放松训练。轻松坐在椅子上或平躺在床上,训练自己放松,体验放松的身体状态,默念以下四个步骤:注意身体的平衡→尝试去感觉心跳→控制呼吸,轻轻地吸进来慢慢地呼出→在心中强烈地暗示自己——让我的手心温暖起来。重复这四个自我暗示的步骤,持续十五分钟,至少每天一次。

(2) 随时觉察是否不当用力。让生理、身体、心理情绪、脑力思考经常都处在"节能"的状态。

总之,压力管理就是在脑力、心力、体力三方面,做到能量的"开源"与"节流"。

(三) 生涯持续开发

生涯的持续开发就是为了获得或改进个人与工作有关的知识、技能、动机、态度、行为等因素,以利于提高其工作绩效,有计划、有系统地实现其职业生涯目标。生涯的持续开发是个人生涯规划的进一步发展和落实,也是个人职业生涯管理的基本内容。生涯的持续开发有助于提高个人职业生涯规划的适应性,能较好地体现个人在生涯管理中的主体地位,有利于提高个人的创造性。

大学生需要综合考虑具体开发策略、自身条件、开发内容来选择合适的开发方法,以便得到最佳的开发效果。

1. 通过职业测评,充分了解自己和环境特征

对个人自身特征及相关环境特征有相对完整和准确的了解,是职业生涯规划与开发的基础。通过科学的手段来了解自身和工作环境,可以使个人对职业"有所准备"。事实上,有很多职业生涯开发决策都是建立在僵化的、带有偏见的或者被歪曲的信息基础之上的。只有当职业生涯决策建立在对自身和环境准确认识的基础上时,所制订的职业目标和实现职业目标的策略才有实现的可能性。因此,职业考查越深入,越有利于生涯的持续开发。职业测评作为个人认知的重要手段,通过一系列科学的方法和手段对个人的基本素质及其绩效进行测量和评定,可以在较大程度上保证获取信息的完整性和真实性。

职业测评是生涯的持续开发策略中工作策略的主要形式。职业测评兴起于 20 世纪初,在美国军事和工业领域获得了广泛应用,大大提高了职业招聘和培训部门的经济效益。在我国,职业测评正在受到越来越多的用人单位和个人的欢迎。目前职业测评有两种用途,一是服务于企业——帮助企业选人,二是服务于个人——帮助个人选职业。即使是一些比较传统的用人单位,也逐渐倾向于在招聘新员工的过程中采用职业测评软件对求职者进行测评,以了解求职者是否适合本公司所需职位的工作要求。职业测评不仅可以帮助个人进行职业选择决策,同样还可以用于对自身能力进行了解。职业测评所具有的诊断功能有利于个体分析自己的不足,确定自己的优势,可以做到职业发展上的扬长避短。

2. 树立终身学习理念,不断提升个人能力

终身学习是学习者个人在一生的过程中如何开发和利用自身所需要的知识体系、个人技能以及学习态度。当今时代,社会发展迅速,新情况、新问题时有出现,新技术、新工艺更新快速,终身学习已经成为一种基本的生活方式。

大学生要适应不断发展变化的客观世界,就必须把终身学习作为人生理念。毕业不代

表学习的结束，毕业只代表学习了部分理论知识和操作技能。面对科技的进步和社会经济的发展，大学生要树立终身学习的理念，拓展学习的空间和内容，不断学习新知识和新技能，以适应社会的发展变化，夯实终身发展的基础。

大学生想在快速变化的职业环境中保持竞争能力，就需要使自己的学习速度赶上甚至超过社会变化的速度，需要不断进取、不断探索，敢于创新。

3. 积极参与社会活动，构建社会资本

个人积极参与一切可能的社会活动是建立社会资本的必然途径。通过积极的社会活动，个人可以在社会化过程中获得职业发展所需的知识和信息，还可以搭建自己的人际关系网络，为不同信息的获取和分享奠定基础。在社会活动过程中，需要注意与上司、同事以及客户形成良好的支撑型关系，互补有无，相互支持，相互帮助。

在目前的工作环境中，依靠个人力量已经很难获得工作的成功，所以同自己的同事保持良好的工作关系将极大地有利于自己职业活动的开展。任何有工作经验的人也都会意识到和同事友好相处的重要性。与同事关系不佳，不仅会影响工作，而且也会使员工产生工作挫折感、压力，还会降低个人的工作效率。

4. 通过迁移与流动，实现人力资本的快速积累

个体生存状态的空间变化能够改变人的属性，迁移和流动在个人发展中发挥着重要的作用。通过迁移和流动能够迅速提高人力资本的积累效率，从而增加个人的经济收入，改善生存状态。由于人力资本积累的放大效应，个体通过工作地点和生活地点的改变可以快速提高人力资本的存量和质量，增加信息媒介的数量和种类，接触到更多的人和资源，扩展社会网络资源。此外，迁移和流动还在一定程度上有利于人的健康，增加个人处理特殊事件的应对能力和心理素质。事实证明，经常处于迁移和流动状态的个人，有更开放的心态、更包容的意识和更广的人际关系，这些都是推动个人职业发展的重要条件。

5. 增强社会化程度，提升生涯韧性

韧性被定义为面对丧失、困难或者逆境的有效应对和适应。职业动机理论中的生涯韧性具备两个层面的内涵：一是从困境中复原的能力，包括度过日常工作的困难与压力，或是从重大挫败中重新站起来的毅力；二是有追寻新目标的决心或是接受新挑战的勇气，涉及自我效能感、冒险精神和依赖性。

人格养成影响生涯韧性，因此，与人格养成相关的诸如个体社会学习经验方式、职业的自我概念、归因偏好以及归因训练均在不同程度上影响生涯韧性。社会化程度是人格健康的核心内容，因此，提升大学生社会化功能有助于大学生生涯韧性养成。

目前大学生普遍存在自我统一性滞后、生涯成熟度低、社会化程度低的问题，因此，大学生需要通过各种途径和方式加强自身学习，加强实践锻炼，培养自己的奋斗精神和意识，树立家国情怀，培养敢于担当、甘于奉献的品质，增强社会化程度，从而提升生涯韧性。

6. 坚持身心锻炼，搭建个人生涯发展的坚实基础

身心健康对个人职业发展的重要性已经得到了证实。合理均衡的体育锻炼能够带来健康的身体和快乐的心态；良好的卫生保健有助于延长工作寿命和改善工作质量。研究表明，注重生活质量和良好生活习性的培养将极大地增大个人职业发展成功的概率。对个人

而言，熟悉和了解时间管理的技巧和应对压力的方法将有助于个人身体健康的保持。

除了通过上述方法来获得对生涯角色的平衡管理，还可以借助其他力量，比如在进行职业生涯选择、选择或转换职业时，获得专业职业咨询师的帮助可以更便捷地解决问题。随着电子咨询业的出现，地理位置上的距离已经不再是获得咨询师帮助的障碍，如何充分获得外界的支持是个人职业发展应该考虑的一个问题。

课堂活动

实践作业

生涯访谈

访谈2~3名参加工作1~3年的师兄或师姐，请他们谈谈刚刚参加工作时的辛苦与快乐，以及给新人的相关建议，以便为自己跨入社会做更好的角色转换和心理准备。

本章小结

每个人在不同的发展阶段不断地扮演各式各样的角色，每一个角色都有特定的任务，这些角色和任务的组合也就是我们所说的"生涯角色"。

人们在每个阶段的凸显角色的选择与相应阶段的生涯发展任务相关，也与自己的价值观和他人的期望密切相关。

生涯角色平衡是指个体在特定的时间内能按重点兼顾或专注于不同角色的发展。

运用生涯四度管理、时间管理、情绪管理、健康管理等方法适当的调适，不断地培养生涯角色适应能力，从而达到生涯角色的平衡。

生涯发展有四个维度：高度、深度、宽度和温度。

高度是指一个人在社会中能达到与掌握的地位、权利与影响力，其终极价值是获得地位、权力和影响力。

深度即人们在思想、智慧、艺术与体能上达到的卓越与精进程度，其终极价值是追求卓越与智慧。

宽度是指个体能否打开和做好人生中多个不同的角色，让它们丰富又相互平衡，其终极价值是追求爱与和谐。

温度是人们对生命的热度或对生活的热爱与激情，其终极价值是追求自由。

生涯四度的定律包括守恒原则、转换原则、杠杆原则。

时间管理是指通过事先规划和运用一定的技巧、方法与工具实现对时间的灵活、有效运用，从而实现个人或组织的既定目标的过程。

时间管理七步骤：构思生活蓝图和理想，确定生活目标，确定生涯角色，定义关键任务，SMART 设计年度目标，分清主次先后顺序，高效完成日常事务，自我约束。

情绪是个体对外界刺激的主观的有意识的体验和感受，具有心理和生理反应的特征。

情绪管理是指通过研究个体和群体对自身情绪和他人情绪的认识、协调、引导、互动和控制，充分挖掘和培植个体和群体的情绪智商，培养驾驭情绪的能力，从而确保个体和群体保持良好的情绪状态，并由此产生良好的管理效果。

压力管理是个体面对压力的应对方式，其目的是要减轻或者消除个体所承受压力的影响，或预防压力的产生。

生涯的持续开发就是为了获得或改进个人与工作有关的知识、技能、动机、态度、行为等因素，以利于提高其工作绩效、实现其职业生涯目标的各种有目标、有计划、有系统的努力。

思考题

1. 什么是生涯角色？什么生涯平衡？
2. 什么是生涯四度？
3. 大学生如何进行有效的时间管理？
4. 大学生如何进行情绪管理？
5. 压力管理的方法有哪些？
6. 如何提升生涯韧性？

第九章

职业生涯的危机管理

> 古之立大事者，不唯有超世之才，亦必有坚忍不拔之志。
>
> ——苏轼

本章学习目标

通过本章的学习，学生应当了解职业生涯危机管理的基本概念，掌握职业生涯危机管理的相关理论，熟悉职业生涯规划中的危机种类及应对策略，从而预防危机，并为可能出现的职业生涯危机做好相应的准备。

本章内容框架

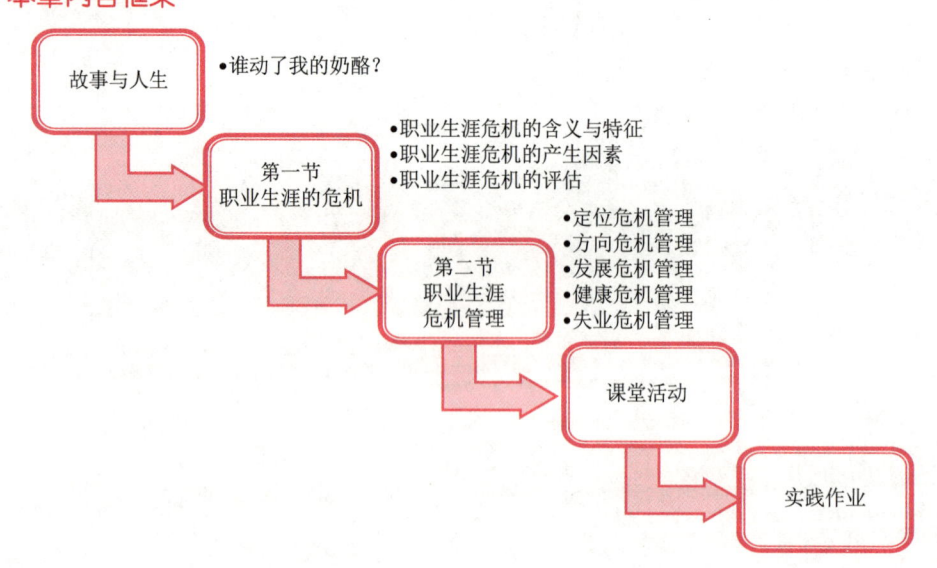

- 故事与人生
  - 谁动了我的奶酪？
- 第一节 职业生涯的危机
  - 职业生涯危机的含义与特征
  - 职业生涯危机的产生因素
  - 职业生涯危机的评估
- 第二节 职业生涯危机管理
  - 定位危机管理
  - 方向危机管理
  - 发展危机管理
  - 健康危机管理
  - 失业危机管理
- 课堂活动
- 实践作业

> ★ 故事与人生

谁动了我的奶酪？

《谁动了我的奶酪？》是美国作家斯宾塞·约翰逊创作的一个寓言故事，该书首次出版于1998年。书中主要讲述4个"人物"：两只小老鼠"嗅嗅""匆匆"和两个小矮人"哼哼""唧唧"找寻奶酪的故事。

两只小老鼠"嗅嗅""匆匆"和两个小矮人"哼哼""唧唧"，他们生活在一个迷宫里，奶酪是他们赖以生存的食物。

有一天，他们同时发现了一个储量丰富的奶酪仓库，便在其周围构筑起自己的幸福生活。

小老鼠嗅嗅和匆匆每天坚持早起，到奶酪前会先观察周围，查看食物变化后才开始享受美食。并且会把跑鞋挂在脖子上，做好随时出发的准备。

而小矮人哼哼和唧唧却开始晚到，呼朋唤友，享受美食。后面干脆搬到奶酪仓库附近，跑鞋也扔到一边，过起了睁眼就能享受奶酪的安逸生活。

很久之后的某天，奶酪突然不见了。

面对这个突如其来的变化，嗅嗅、匆匆毫不慌张，因为它们早在平时的观察中就发现了奶酪变少、发霉，它们早就猜到结果，于是立刻穿上始终挂在脖子上的鞋子，开始出去再寻找，尽管也有无数次碰壁，但很快就找到了更新鲜、更丰富的奶酪。

小矮人哼哼和唧唧却大吃一惊，他们愤怒地吼叫："谁动了我的奶酪？"；他们手足无措，不知道接下来该怎么办；他们甚至一遍遍欺骗自己：明天，奶酪就会出现在原来的地方。

日子一天天过去，哼哼和唧唧始终无法接受奶酪已经消失的残酷现实。但他们因为缺少食物而变得虚弱。

经过激烈的思想斗争，唧唧终于冲破了思想的束缚，穿上久置不用的跑鞋，重新进入漆黑的迷宫。

开始，他也是不敢深入的，因为他有着各种各样的顾虑：自己年纪大了，自己身体虚弱，迷宫太大会迷路，若是找不到新的奶酪会怎样？可是，在一次次尝试中，他慢慢感受到了变化的好处，并找到了更多更好的奶酪。

他在寻找奶酪的过程中，依次写下了自己的体会：

变化总是在发生，他们总是不断地拿走你的奶酪。

预见变化，随时做好奶酪被拿走的准备。

追踪变化，经常闻一闻你的奶酪，以便知道它们什么时候开始变质。

尽快适应变化，越早放弃旧的奶酪，你就会越早享用新的奶酪。

改变，随着奶酪的变化而变化。享受变化！尝试去冒险，去享受新奶酪的美味！

做好迅速变化的准备，不断地去享受变化。

记住：他们仍会不断地拿走你的奶酪。

所以，唧唧不再过分沉溺于新奶酪的安逸生活，他在做一切力所能及的事情，以尽量避免被意料之外的变化打个措手不及，再次落入之前的困境。

当他还有大量的奶酪储备时，他就开始经常到外面的迷宫中去，探索新的领地，以便使自己与周围发生的变化随时保持联系。

而哼哼的结局如何呢？大家应该都知道，如果哼哼再怨天尤人，停滞不前，他是会被饿死的。故事的结尾留了一个悬念："窸窸窣窣"，唧唧听到了迷宫里传来的声音，是哼哼吗？我们都希望是。

（来源：http://nblhzx.cn/news/279907.html）

思考：
（1）把自己置身于故事中，诚实地说出自己就是故事中的谁？
（2）面对突如其来的危机，应该如何去做？
（3）如何更好地预防危机？

第一节　职业生涯的危机

大学生寒窗苦读十几年，谁不想在毕业后有所成就呢？但并非人人都能够如愿，人生的道路不是一马平川，而是坎坷不平的，处处都可能有危机和陷阱。一个人的职业生涯是在曲折中前进、在痛苦中完善、在放弃和内心冲突中不断延续的。一帆风顺的职业生涯很少，大多数人都会遭遇一两次职业生涯的危机，如工作中断、职场挫折或重新定位。学习管理这些危机、化解这些问题，能使我们化险为夷，并借此重整旗鼓，走向成熟，甚至迈向更高的台阶。

一、职业生涯危机的含义与特征

（一）危机

危机（Crisis）一词源于古希腊语（Crimein），包含有"鉴别、审察、决定"的意思。古希腊人将危机解释为"人或事件的潜在含义的浮现时刻"，或者是"病人的自愈能力是否能够战胜病症，机体是否能够康复的转折点"。

在现代语境中，危机指的是有危险、祸害的时刻，是人生、团体、社会发展的转折点，是生死攸关、利益转移的分岔口。晋代文学作品《与嵇茂齐书》中有"常恐风波潜骇，危机密发。"人生路非坦途，有危机是常态，没有危机才是异常。中国人追求阴阳平衡，危与机也是相辅相成的。正面思考，化逆境为契机，转危为机，方显人生智慧。

（二）职业生涯危机

职业生涯危机是职业发展过程中遇到的危机，是个体职业发展需求与满足之间长时间未得到合理解决的矛盾激化的产物，是个体在职业生活中从一种秩序向另一种秩序转换时或面临的与过去不同的尚未适应的状态。职业生涯危机是职业生涯中最容易出现问题的危险时期，容易使人认不清发展道路，产生严重的职业危机感，很多职业问题也随之产生。

个体职业需求与职业满足之间的矛盾是职业发展危机的根源。职业发展危机的本质是职业需求与职业满足之间矛盾的过程化危急状态。

人们在自由选择职业和岗位的同时，也会有失业或对职业不满意的时候，即遇到职业生涯危机。此类危机可能因人、因时间、因环境而异，但对大多数人来说，主要有四个阶段，如图9-1所示。

18~25岁	25~35岁	35~45岁	45~55岁
定位危险期	发展危险期	方向危险期	生存危险期

图9-1　职业生涯危机的四个阶段

1. 定位危险期（18~25岁）

定位危险期是年轻人刚从学校毕业开始走向社会，经历由幼稚走向成熟，要从无忧无虑的少年时代转向为自己的未来打基础的工作时期。大多数毕业生面对眼花缭乱的职业和岗位，在感到"外面的世界很精彩"的同时，可能会迷失方向，不知道如何选择。发生定位危机后，可能会走向两个极端：一是过度自卑，二是自视甚高。由于初涉人才市场，没有求职经验，几次碰壁之后，一些人容易产生自卑情绪，除了少部分毕业生可能重回学校把读研究生作为暂时的避风港外，不少产生自卑感的人会草率地找个工作。而自视甚高的那部分毕业生对工作单位、岗位职务、福利薪酬都会有过高的要求，因此，在求职过程中也很可能遇到挫折，从而陷入盲目择业的境地。此阶段是最为关键的，如果不能妥善应对，将会严重影响以后的个人发展和能力提升的层次。

2. 发展危险期（25~35岁）

发展危险期是个人能力和才干的发挥阶段，一般在30岁左右，工作了几年，要凭个人的知识储备和经验积累，在职业生涯中去展示自己的能力，做出一番业绩，使自己开始脱颖而出，提升个人的职业品位和职业地位。中国人自古就有"三十而立"的说法，但在这一职业生涯阶段，除了少数人能如愿以偿升职高就外，大部分人并不能"万事如意"。该阶段是职业生涯中能够做出一番成绩的时间，但也可能面对人生中的重大挫折，必须有充足的思想准备和抗风险能力。如果不能正确地处理这时的危机，就可能会用不正确的方法来发泄自己的失意。

3. 方向危险期（35~45岁）

方向危险期面临的问题要比以往的更复杂。按照中国的老话，应当是"四十不惑"，然而，40岁恰恰是最容易对职业方向感到困惑的一个年龄。到了这个年纪，一般已经担任了一定级别的领导职务，或者已经是这一行的"老法师"了，这个时候极容易出现所谓的中年改行转业等问题。除非你在前两个阶段已经有了充分的磨炼，有着扎实的理论和实践经验，对经营管理等诸多方面有了深刻的研究、认识和总结，才有机会在企业管理高层找到自己的定位，发挥优势，运用更成熟的知识经验来施展才华。如果不具备以上几个方面的优势，将面临职业生涯的低谷或终结。毕竟，年龄和能力的优势，你必须具备其中之一。否则，将会被打回原形，重新去寻找自己的落足点，此阶段的成败将决定你的职业生涯的延续与否。

4. 生存危险期（45~55岁）

生存危险期也称为"饭碗危机"期。到了"知天命"的年龄，人也更成熟了，但市场并没有给老年人的事业带来特殊的好处。在这段时间里，最令人担忧的也许是他们自己的"饭碗"，这不仅指的是普通职位上的普通人，还包括高层领导者。在这段时间里，一定不要混日子，而要保持一种不断进取的心态。否则，真的可能会丢掉"饭碗"。

（三）职业生涯危机的特征

职业生涯危机主要表现为原有职业发展程式被打破，发展过程在结构上出现由平衡态激变为失衡态，在时序上由有序化错乱为无序化，个体、组织、社会等的利益和价值受到威胁。具体表现为职业转换过程中的危机、企业危机导致的职业危机、健康危机、定位危机、方向危机、发展危机等多方面。职业生涯危机具有以下特征。

1. 意外性

危机爆发的具体时间、实际规模、具体态势和影响深度，是始料未及的。职场中世事难料，每件"意外"的发生，都可能令你置身于职业生涯的危机之中，可能是经济形势的风起云涌，可能是遭遇兼并后的裁员，可能是公司搬迁的去留抉择，可能是减薪降职的变故。面对种种外来"偶然"条件下发生的职业危机，职场人需未雨绸缪制订保障预案，为自己的职业增添一份安全。

2. 动态性

个体的职业需求是不断发展变化的，如果职业晋升环境、条件等不能适应个体职业需求的发展变化，两者之间就会产生矛盾，矛盾进一步激化到临界状态就产生职业发展危机。

3. 复合性

职业生涯危机的本质是个体职业需求与现实职业发展条件、环境等之间的矛盾。但职业生涯危机是个体、家庭、组织、社会等因素功能作用的结果，而且职业生涯危机的影响也是多方面、多角度的，具有复合性的特征。

4. 相对可控性

职业生涯危机是客观存在的，存在于每个个体职业发展进程中，在某种程度上，职业发展危机是可控制、可缓解或者可跨越的。

二、职业生涯危机的产生因素

职业生涯危机的产生因素有很多，主要有以下三点。

（一）经济因素

2020年以来，受新冠疫情影响，中国乃至全世界的经济形势都十分严峻。2022年，全国高校毕业生人数为1 076万人，再加上往届没有实现就业的，需要就业的毕业生数量之大可想而知，就业形势不容乐观。

理性回归实体经济的势头带动了企业对实用性人才的需求。一方面，用人单位受危机的影响，出于成本控制和降低风险的考虑，普遍要求应聘者具有一定的工作经验，工作经验成为求职者入职的门槛，一改过去单位盲目追求高学历的局面，后危机时代的企事业单位更看重的是经验。没有经验的实习生通常领不到薪水，而被录用后处于试用期的员工的薪水也与正式工的薪水差别巨大。另一方面，部分低层次、劳动密集型、资源消耗型的企业已经无法继续生存，很多企业有意识地开始进行产业结构调整或产品、技术的升级，这些都导致企业对技术型、实用型人才的需求旺盛，也导致了一些原有雇员的失业或转型。

（二）教育因素

如今的时代对人才的需求更为迫切，也更具高度。然而，纵观我国职业生涯规划教育的现状，并不乐观。

1. 职业生涯规划课程体系不健全

职业生涯规划的理念在我国兴起较晚，2007年，在教育部发出《大学生职业发展与就业指导课程教学要求》通知后，各高校才开始接触职业生涯规划。然而，由于长期以来高校一直是以教学和科研为中心，尚未真正接触与了解职业生涯规划，仅将其看作是促进就业的一项长远打算。各高校无一例外地将其列为就业指导中心的又一项工作，将职业生涯规划教育视为在就业指导课基础上再开设的职业生涯规划课。各高校的职业生涯规划课程体系普遍存在着师资力量薄弱，教师对职业生涯规划理念理解得不深刻，没有经过系统培训，一般仅是通过短期培训即开始授课；课程内容较理论化，以传授职业生涯规划理念为主，缺乏个性化指导，对于探索主客观世界和做出职业生涯规划等环节涉及得不深入；仅是作为选修课在部分学生中进行"试点"，作为边缘学科并没有纳入正规的教学体系，没有大纲，缺少教材等。当然，还有相当一部分高校没有开设职业生涯规划课，这些高校的职业生涯规划教育几乎为零，这就使得大学生在进入职场前没有充分的理论知识基础，缺少前瞻的预判和准备，在遭遇职场危机时措手不及。

2. 职业指导与服务体系不完善

当前，职业生涯规划教育普遍存在误区，即将职业生涯规划教育视同于就业教育，将职业生涯规划看成静态过程，误认为可以通过课程帮助学生一次性地做好个人职业生涯规划，而未将职业生涯规划教育看成是一个系统。职业生涯规划指导，尤其是配套服务远未满足学生需要。

与国外高校职业生涯规划教育工作制度化、市场化、个性化、社会化和规模化相比，我国高校的职业指导与服务还很不完善，主要体现在：职业生涯规划理念的宣传没有固定渠道，测评工具应用的不广泛，职业指导与咨询缺乏，对后危机时代的特点及人才需求的趋势等信息的提供缺乏，存在就业指导与职业生涯规划割裂的问题等。

3. 实践教育缺乏

职业生涯规划教育的核心在于使学生充分认识自己和社会，需要通过社会实践来达到教育的目的。而当前大学生职业生涯规划教育过程中不注重实践环节，由于课程内的学时有限，学生不能深刻理解与体验职业生涯规划理念；课外，各高校安排的实践活动也非常有限。一般是在高年级中开设少量的校内实践课，其又存在课时少、内容不丰富、与社会和时代联系不紧密等问题；在临近毕业时开展校外实习，实习较为宽松，实习期短，学生人数多，学校对实习基地又缺乏激励与约束机制，造成实习大多流于形式；其他校园活动也存在着学生参与的范围小、内容不深入、专业实践机会少、不成体系等问题，这些都使得学生在进入职场前没有做好相应的准备。

（三）心态因素

职业品格、工作态度在很大程度上决定了一个人的职业发展，如果没有积极主动的心态、良好的心理素质，就很容易遭遇职业生涯危机。下面的九种常见的危险心态引发了各种各样的职业生涯危机，应该得到足够的重视。

危险心态之一：委屈自己，勉强适应。

没有最好的工作，只有最合适的工作。一个人要根据自己的性格、兴趣爱好来选择自己的职业，如果自然性格和职业性格不吻合，就像在身边埋了一个随时可以引爆的炸弹，职业生涯的危机可能就从这里引发。要知道职业生涯将伴随人的一生，很多人为了优厚的工作待遇、良好的工作环境而委屈自己，选择不适合自己的职业，在工作中不能游刃有余地发挥自己的最大潜能，只能被动地改变自己的性格勉强去适应现状。不仅遏制了自己的创造力，而且充分暴露出劣势，在工作中显得很蹩脚。性格的强制改变，使你不能在工作中获得乐趣和成就感的满足，那么再高的薪水和职位对你来说也就没有什么意义了。

危险心态之二：得过且过，敷衍了事。

工作中不认真、不负责的态度是最害人的，它不但使你得不到上司的赏识和同事的认可，而且任何一个晋升加薪的机会都不会降临在你头上。市场经济体制与效益直接挂钩，计划经济体制下"做一天和尚撞一天钟""超然物外""按既定方针办"的工作态度已经无法适应风起云涌的职场。如果不改变这种作风，那么下一个被解聘回家的就是你了。

危险心态之三：忽略交往，急于表现。

当今的大多数工作都需要分工协作才能完成，所以一个人在团体中的亲和力就显得尤其重要，需要好好地经营你和上司及同事之间的友情。好的团体氛围，将促进你更好地开展工作，让你的职业道路充满阳光和温馨。如果你急于表现自己而贬低别人，到处挖别人的墙脚，或者把很多的注意力过分集中在手头工作上，从而忽略与公司其他部门的人员交往，那么你就需要改变自己的人际关系状况，不然在你遇到困难的时候会处于孤立无援的境地。

危险心态之四：事不关己，高高挂起。

这种认为凡是与自己无关的事就三缄其口，自认为明哲保身，可以远离纷争的态度是最危险的。这样的人做事情没有积极性，团队意识薄弱，是上司最不喜欢的。他会认为你的工作态度不投入，而不把重要的工作交给你做，你自然就没有更多表现的机会。所以，即使你天生是一个淡泊名利的人，在工作中也要积极表现，把自己的每一个创意、每一个想法说出来，经常换位思考，把自己放在同事、上司的位置上，设身处地地为公司的整体利益考虑，要知道你和公司是一体的，一损俱损，一荣俱荣。

危险心态之五：没有计划，缺乏目标。

在工作中，没有计划的人是很难有发展的。因为事情的发展存在很多偶然的不可预见的因素，工作前如果没有做好提前的准备，就可能在意外面前措手不及。所以，在工作前要做一份周密的计划，即使事情不是按计划发展，你也会有应变的准备。缺乏目标就无法把握工作中的大方向，只把目光停留在日常事务上，就会使你裹足不前。所以，如果你的上司没有详细说明你的工作职责，那么，你就必须问清楚他到底期望你做什么，一定要清楚本部门的工作目标是什么，怎样工作才能符合公司的总目标。如果你对自己的工作目标还很模糊的话，不妨仔细阅读一下你的工作手册，明确自己的工作目标。

危险心态之六：机会面前，不敢尝试。

因为害怕失败，所以不敢面对有难度的挑战、不敢尝试新的工作，这种怯懦的心态是职场的大忌。有些人认为自己只能做好目前的具体事务工作，而对于高级管理工作没有经验，不能胜任，更怕做不好让上司失望而丢了饭碗，就把大好的机会让给了别人。其实，没有人天生就会做一个新的工作，经验都是在不断地工作过程当中学习和积累出来的。因为害怕失败就放弃机会，不但会让你的上司失望，也会让自己的职业生涯出现断层，失去更高的发展。如果你认真地努力做了，即使没有达到领导的预定目标，也会丰富自己的工作经历。而拒绝机会就意味着你连尝试的勇气都没有，又怎么能够从容面对职场的危机呢。

危险心态之七：吃老本，不充电。

职业生涯没有一通到底的护照，更没有绿色通道，充电是必须的，现在社会已经没有一项技能可以受用终身。曾经普遍认为，21世纪就业的三大基本技能是外语、电脑和开车，如果这三样技能你样样精通，那就不愁找不到好工作。但才过了20年，这三大技能已经有些落伍了，更多的技能不断涌现，职场人要不断追求更高的目标，有大学本科学历后，建议还可以继续攻读第二学历、研究生、博士、MBA来丰富自己。哪怕参加一些短期的特长班，都会使自己的职业发展如虎添翼。但是，也不要盲目充电，要根据自己的兴趣爱好、工作性质来选择学习内容。其实充电随时随地都可以，不单指专项技能的学习，读一本书、与同事探讨都会使你受益匪浅。

危险心态之八：没有危机意识。

在竞争激烈的当代社会中，每个人的职业生涯中都会出现危机，有竞争的危机，也有失业的危机。要时刻保持清醒的头脑、冷静的思维，最关键是要有居安思危的危机意识。无论你已经为自己打拼了一个稳固的江山，还是业绩平平但"饭碗"牢固，都不要以为自己可以一辈子稳坐"钓鱼台"，不会被别人偷走"奶酪"。在工作中要有强烈的危机感，脑子里要时刻绷紧这根弦，早做准备、多做准备，在危机来临时才不会成为牺牲品。

危险心态之九：做兼职重于全职。

现代人的职业生活日益多元化，除了第一职业外，还会有第二职业、第三职业。做兼职既能把一个人的特长发挥到极致，又能最大限度地创收，所以很多人在八小时之外选择一份或几份兼职工作。如果有这个能力，机会又合适，自然无可厚非。但毕竟一个人的精力有限，如果你身兼多职，而影响了本职工作，进而也会影响到你的职业基础，为你的职业生涯埋下危机隐患。如果你觉得现在的工作不尽如人意，不如直接找一份全职工作，毕竟兼职工作不稳定，也不是你职业生涯的主流。

三、职业生涯危机的评估

（一）职业生涯危机评估的含义

职业生涯危机评估是职业生涯危机管理的最后一个重要环节，它对制订新一轮的危机预防措施有着重要的作用。只有通过评估，才能对危机状况做出明确的基本判断，从而制订出相对实际和必要的职业生涯规划调整。

职业生涯危机评估主要包括三个部分：第一部分是在危机即将发生和已经发生时对危机可能造成的结果进行评估；第二部分是对个体危机管理措施的成功和失败之处进行评价；第三部分是在危机结束之后，就整个危机所造成的损失和产生的影响做系统的评估。

（二）职业生涯危机评估的目的

从危机评估的本质来看，危机评估的目的是改进危机管理，提高危机管理的效益，推动危机管理的良性循环。通过危机的评估工作，可以体现出决策者的职业生涯管理水平和危机判断能力，必要时可以邀请专家等外力参与进来。只有在危机评估的基础上，才能对危机状况做出明确的基本判断，并制订出相对实际和必要的危机应对方案。其主要目的分为以下五项。

（1）确认危机调查结果的可信度，进而确认危机的实际损失程度。

（2）基于已经取得的危机信息，判断危机进一步恶化或扩散的概率有多大。

（3）确认危机可能给个人未来职业发展所带来的隐患。

（4）对个人的职业生涯危机管理工作进行系统的评判和总结，以提升将来的危机应对能力。

（5）评估危机对个人的心理、竞争格局、发展方向可能产生的影响，从而在必要的时候调整个人职业的发展战略。

第二节　职业生涯危机管理

职业生涯的危机管理就是对职业生涯中的各种危机进行识别、预防、控制与管理，以防止、回避职业生涯危机，使组织或个人在危机中得以生存下来，将危机所造成的损害限制在最低程度，并且总结经验教训，从危机中获得成功发展的机会。

金融风暴、经济危机及疫情影响强劲地冲击着我们的职业生涯，各种危机此起彼伏，职业、家庭和自我之间的关系往往难以平衡。不同的危机处理方式会带来截然不同的结果，只有采取得力措施加以应对，方能走出困境，实现自己的职业目标，收获惬意人生；反之，则会带来巨大损害，甚至是灭顶之灾。

本节将从五个方面重点阐述如何在主观上和客观上对职业生涯危机做好足够的准备、预防、控制，早做规划，冷静应对，及时处理，以求在危机面前化险为夷。

一、定位危机管理

（一）定位法则

定位危机多发生在刚从学校毕业时，其出现的最大原因是"不知如何进行自我定位"。因此，把握正确的定位法则尤其重要。

做好准确的定位需要坚持一个法则，那就是"适合法则"。职业选择最需要的是"最适合自己的"。在选择职业时，"个人与职业"越匹配，人们就越容易适应新职业，就业后的工作生活质量也就越高。这就要考虑自己的兴趣、个性与职业能力是否与职业要求相匹配。如果不是，步入职场后，很快便会出现个人特征与职业要求的冲突，不能较好地适应新的工作，最终引起"×年之痒"。因此，我们择业时应寻找"最适合"的，而不必强求是别人眼中"最好"的。

任何"平台期"的感受都会对自己的职业发展和职业生活质量产生不利影响。如果陷入这种苦闷，不妨重新认识自己。这包括：了解自己的职业兴趣的现状和可能发生的变化，弄清自己喜欢做什么。了解自身职业人格，弄清自己适合做什么。在了解了自己的专业特点、特长、爱好、兴趣的基础上，还要了解工作角色兴趣。

角色兴趣一般分四个方面：

1）对人的兴趣，即以人为工作对象的工作，如教师、律师、社会学家等；

2）对物的兴趣，即以具体物为对象的工作，如工程师、房地产评估师等；

3）对数值的兴趣，即处理具体数据和资料的工作，如会计师、软件编程员等；

4）对抽象概念的兴趣，即考虑抽象概念的工作，如艺术家、文艺评论家等。

在确定了自己的角色兴趣后，可以根据不同职业的素质差异，确定自己的职业发展方向，找到合适的定位。

（二）定位危机管理

在职业生涯发展的漫长道路上，无论是正在寻找工作的人，还是已经在工作的人，都有无法给自己的职业作出定位的困惑，都可能遭遇定位危机。那么如何才能给自己的职业发展一个较准确的定位呢？

首先，能力摸底。组织用人要讲学历，但学历之外，更重能力。如果能力不够，即使你有博士学位，也不会有组织愿意接纳。因此，我们要想找到一个适合自己的职业发展空间，第一步就应该清楚地把握自己的能力所在，以做到有的放矢。

其次，个性评定。评定个性最科学的手段当属心理学界的各项个性测验量表。目前比较常用的主要有《卡特尔16种人格因素测验量表》《明尼苏达多项人格测验量表》《罗夏克墨迹测验》等。这些量表可以从不同角度，对一个人的个性作出全面的评定。另外，还可以通过回忆自己工作、学习、生活的情况，来找出自己最容易与哪些人相处，最难与哪些人相处，分析自己在工作中最常表现出的优势和劣势。

再次，职业聚焦。当你对自己的能力和个性有一个清楚的了解以后，就可以综合考量以上两个标准，着手确认你最能发挥才能、表现个性的职业。

最后，设计方案。针对你最向往的每一种职业设计一套可行性工作方案，方案中要定出工作目标和希望的职位，描述做好这些工作所需要的人际环境，写出工作的具体程序（越具体可操作性越好），以及你对本行业发展前景的设想。方案定出后，拿给相应行业的朋友阅读。那份反映最佳的方案，将是你最适合的工作。

二、方向危机管理

（一）方向危机的产生

人在职场，40岁左右会出现职业生涯的第三次危机，即继续前进的"方向危机"。方向危机主要表现为工作业绩平平很难再有起色，接下来再往哪里前进，往往会为方向不明而感到困惑，于是便产生了所谓中年改行、转业等种种问题。

在信息时代，伴随着组织构架的扁平化和中层岗位的减少，以及新生力量的冲击，使得40岁以上的普通员工提升、再就业的机会减少。即使你的职位牢固、薪水丰厚，但也会伴随巨大的责任和风险，任何一项决策或者原则性的失误都会使你付出巨大的代价，甚至带来无法挽回的损失，可能导致你失去重要的工作岗位或者饱尝中年改行之苦。这就出现了职业发展方向的问题。是原地踏步以守为攻呢，还是再大刀阔斧地干下去？

（二）方向危机的管理

在处理方向危机时，需要从以下三个方面进行调适。

（1）调整心态。好的心态是做好任何工作的力量源泉，必须保持清醒的头脑和百倍的干劲，在工作中学习新事物、适应新情况，主动发挥经验优势，不能倚老卖老。

（2）扬长避短。要分析自己的优势和劣势，自己多年的知识结构和经验积累是最大的财富和基础，而自己的性格特点和专业特长是对自己进行第二次职业设计的主要考虑因素。

（3）确定自己需要的是什么。人在不同的阶段都会有不同的目标和需求，在职业遇到迷茫时，要冷静分析目前的工作能提供的因素与这个阶段实际的需要是否符合，两者之间的矛盾是否就是造成"迷茫"的原因。在一个鱼与熊掌不可兼得的阶段，一定要学会有所取舍，抓住最重要、最想要的，暂时放弃不能兼得的东西。

三、发展危机管理

（一）发展危机的含义

发展危机，指的是个体人格发展的每一个阶段所遇到的特殊挑战，它是由美国著名精神病学家、发展心理学家和精神分析学家爱利克·埃里克森（Erik H Erikson）提出的。他把心理的发展划分为八个阶段，指出每一阶段的特殊社会心理任务；并认为每一阶段都有一个特殊矛盾，矛盾的顺利解决是人格健康发展的前提。

在职业生涯领域，发展危机指的是人们进入职场几年后，对职场有了一定的了解，工作经验丰富，对所处行业有了深入了解，也明确知道自己更适合的职位，需要寻求新的发展而面临的危机。

产生发展危机一般已经人到中年，生涯角色明显增多，工作压力和生活压力增大，基础岗位难以满足生活上的开支，职位和薪资需要再上一个台阶。如何在当前的公司更上一层楼，还是跳槽去更好的公司发展？这一系列的问题需要人们考虑清楚。

（二）发展危机的管理

任何事情的发展都存在很多意外的非人为因素，尤其是职场中的各种利益关系，为事业发展设置了很多的迷雾和障碍。看似天上掉馅饼的大好机会，为什么会落在你头上？你有没有嗅到危机可能就在你身边？面对选择的时候稍有不慎，就会使你苦心经营许久的工作成绩归零。在进行发展危机管理时，需要注意以下两种陷阱。

（1）加薪。面对加薪的大好机会谁人能不动心，高薪不但是生活质量的重要保障，也是一个人事业成功与否的衡量标准。当上司承诺加薪时，是对以往工作成绩的一种奖励，还是要托付难度更大的任务？如果上司要交待一个"新任务"，但与以往的工作经历毫不相通，和专业技能不挂钩，甚至是一片空白领域，这时你就应该考虑到这是否是一个美丽的陷阱。

一个人的职业发展具有螺旋上升性，最讲究"连续"。如果职业生涯出现断层，或者一个发展良好的职业道路突然掉转行进方向，对于职业发展来说都是一种"倒退"。所以，在发展面前，一定要认清个人资源所在，确定职业方向。如果接受了一个全新的任务，很可能会感到压力沉重，工作经验无法发挥，人际关系无法调动，一切从零开始。迷失了职业发展方向，就会使职业生涯断断续续。

（2）晋升。晋升的机会虽然难得，但要看是否在职业生涯中起到了关键性的作用。如果所在的行业没有发展前途，公司就没有发展前途，作为这个公司的雇员也就没有发展前途。即使给你很高的职位，你的职业发展前途仍然被买断了，所以，不如选择前景好的行业和公司，哪怕从很低的位置做起。

即使公司正在正常运作，甚至在良好的发展，而你也因工作成绩被晋升，你仍然应该把眼光放长远一些，预见一下公司未来的前景，会不会遭受行业被淘汰的厄运，进而波及

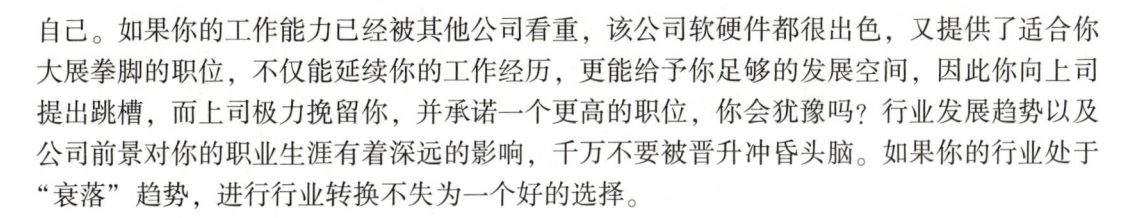

自己。如果你的工作能力已经被其他公司看重，该公司软硬件都很出色，又提供了适合你大展拳脚的职位，不仅能延续你的工作经历，更能给予你足够的发展空间，因此你向上司提出跳槽，而上司极力挽留你，并承诺一个更高的职位，你会犹豫吗？行业发展趋势以及公司前景对你的职业生涯有着深远的影响，千万不要被晋升冲昏头脑。如果你的行业处于"衰落"趋势，进行行业转换不失为一个好的选择。

四、健康危机管理

健康是人的基本权利，是人生的第一财富，是指一个人在身体、精神和社会等方面都处于良好的状态。它主要包括两个方面的内容：一是主要内脏器官无疾病，身体形态发育良好，体形均匀，人体各系统具有良好的生理功能，有较强的身体活动能力和劳动能力，这是对健康最基本的要求；二是对疾病的抵抗能力较强，能够适应环境变化，各种生理刺激以及致病因素对身体的作用。

传统的健康观是"无病即健康"，现代人的健康观是整体健康，世界卫生组织提出"健康不仅是躯体没有疾病，还要具备心理健康、社会适应良好和有道德"。因此，现代人的健康内容包括躯体健康、心理健康、心灵健康、社会健康、智力健康、道德健康、环境健康等。

现代人的健康危机表现在身心上不适应的感觉所反映出来的种种症状，如疲劳、虚弱、情绪改变等，其状况在相当时期内难以明确、与年龄不相适应的组织结构或生理功能减退所致的各种虚弱表现、微生态失衡状态、某些疾病的病前生理病理学改变。

在健康危机的管理方面，可以参考伦敦大学朱尔斯·戈达德教授的一条建议，即：要回归人性。

"996工作制"已成为众多职场人关注的热点，"过劳""亚健康"已成为高频词。"996工作制"话题的争论升级，代表了当下职场人的痛点：一方面以"996工作制"为代表的加班文化普遍存在，职场人的生活质量和健康受到严重影响；另一方面，某些企业将加班和奋斗精神挂钩，员工认为加班文化可能会有升职加薪的机会，与之对抗则有可能丢掉工作。过高的工作压力、长期加班导致职场人整体健康情况不容乐观。长时间加班不仅是身体感觉"累"那么简单，如果长时间的疲劳，不能通过休息得到缓解，将会伴有头痛、咽喉痛、肌肉关节痛、记忆力下降、注意力不集中、脾气暴躁等症状，医学上称之为慢性疲劳综合征。

巨大的工作压力导致我国每年"过劳死"的人数高达60万，死亡概率在万分之四点六，"过劳死"尤其在30~45岁人群中高发。"996工作制"使职场人士的生活质量和健康受到了严重影响。因此，对身体进行健康管理并及时纠偏，是建立良好生活方式的第一步。

如何应对"996"？可以从以下三个方面入手。

（1）规划自己的职业目标。工作时要认清自己的职业目标，选择与价值观相匹配的企业，如果目标一致，就会心甘情愿的投入，不计较时间投入。如果发现已无法匹配，不如早做打算。在一个公司如果可以不断学到更多新的东西，那对于自己的职业发展是很好的，如果相反的话，就要重新考虑自己的职业规划了。

（2）高效完成工作。与其把注意力盯着下班时间，不如认真利用起来高效地完成任务，再有余力做些有价值的事情。如果工作任务已经完成，不妨再开发些新的任务，主动分担领导和同事的任务，促进目标的早日达成。马云就提到，早期阿里巴巴下班以后的时间都用来培训，使员工提升自己的能力，这也是很有效的利用时间。

（3）调整好心态。如果以前没有体验过"996工作制"，那么接受起来必定很痛苦，因为突破舒适圈本就是一件很痛苦的事。心态决定了做事的努力程度，换一个角度思考就会豁然开朗。如果不能改变现状，要么接受要么放弃，千万不要又不舍得放弃又怨声载道。

如果大环境无法改变，长期不得不处于"996工作制"状态下甚至更严重的工作状态中，忙碌的职场人可以借助一些高科技产品来对身体的状态进行自主检测，并可以尝试以下七点措施，以帮助保持身体健康。

（1）睡觉前1小时，避免玩电子产品，降低兴奋状态。

（2）保持良好的睡眠环境，如调暗房间光线，黑暗的睡眠环境，可以帮助身体分泌褪黑素，更快入睡。

（3）戒掉咖啡习惯，咖啡因会改变大脑中的褪黑激素水平，使入睡所需的时间更长，并且使睡眠量减少。

（4）保持相同的睡眠周期，就算晚睡，也尽量以同样的睡觉时间点去休息，让身体养成习惯，久而久之，身体记忆会告诉我们——是时候休息了。

（5）午睡，哪怕10分钟也好。

（6）健康饮食，少吃高盐、高油的外卖，如果非要订外卖可以订轻食。

（7）打鼾人士可通过侧睡、减肥或外界物理干预的方式，如智能止鼾器，停止或减少打呼噜，使睡眠时身体血氧含量保持充足状态，提高睡眠质量。

除了身体健康外，心理健康也十分重要。

戈达德教授与许多职业生涯中期的高级管理人员有过广泛的合作，其中不少人对自己的职业感到焦虑或明显的恐惧。他指出，45岁往往是人类幸福感的低谷，是危机常发的阶段。对于面临严重危机的人，无论处于何种年龄，他的建议都是改变态度，最好还要脱离原来的位置，离开舒适圈，到不常去的地方逛逛，突破那些时常拖累你的习惯，就算是在厨房里干一天活儿也会大有裨益。让自己置身于更广阔的环境中，从而重新发现自己的个性，并知道如何让自己与众不同。

此外，职场人需要克服焦虑，享受当下。有些最成功的职业成就其实来自人生中那些可以归类为失败的事件，那些经历教会人们如何正确看待那些曾经不愉快的事情。

★故事与人生

尼罗弗是一个在人生和职业生涯中多次深陷逆境、总是走走停停的女子。高中毕业后，她身无分文外出闯荡。在一位高中友人的推荐下，通过临时工中介在苹果公司谋得了一个行政助理的职位。这是一个幸运的开始，因为她的上司给她不少自由去参加本职工作以外的其他活动。渴望学习也勤于学习的尼罗弗非常珍惜这个获取更多经验和经历的机会。她差不多报名参加了所有需要帮忙的项目。尽管工作压力巨大，但尼罗弗仍然毫不松懈地继续自己的学业，利用业余时间攻读了应用经济学位和工商管理硕士。在苹果公司获得升职之后，尼罗弗又接受了新挑战，在一家小型创业公司里待过一阵子，随后加入欧特克，又创立自己的咨询公司，直到她发现孩子和家庭被她忽略已久，她决定离开公司专注于家庭。退出十年心血打造的公司令她磨灭了自信心，"我穿着睡衣坐着，不知道该去哪里，该去吸引谁的注意。"于是她开始写文章。如今，年过四十的尼罗弗迎来了作为作家和演讲者的新职业生涯。

每个人都可能在职业生涯中经历挑战和磨难，与真实的自我作斗争。要学会利用压力和逆境构建起自己的免疫系统，从每一次挫折中学习，为自己的行为负责，反省自己的行为是否弊大于利，并采取必要的措施来调整现状。

如果在三十出头时，有人来通知你，说你再也不能从事你最擅长和最热爱的工作了，你会怎么样呢？

★故事与人生

每天与职业运动员为伴的安东尼对这种事再熟悉不过了，因为这些事在体育界时常发生。"我个人对于运动员在其职业运动生涯最后阶段的心理活动非常感兴趣。"可持续职业互动公司的首席执行官兼联合创始人安东尼说。他的公司客户主要是运动员和音乐家，公司的主要业务是帮助他们塑造台前幕后的品牌，发展他们的事业。在这些人当中，有不少都被迫在30多岁的时候中断旧的职业生涯，而他们的新职业生涯往往和以往职业毫不相关。近十年来，安东尼致力于帮助篮球、曲棍球、网球和足球职业运动员完成职业生涯的转变。这份工作要求他将残酷的真相挑明，即便这意味着要让客户听到不想听的话。他们必须做出艰难的选择。"大多数运动员都必须决定在今后30年的潜在工作年限里做什么，并且要面对一个巨大的限制：他们从10岁开始一直在做的事情不在此列，他们无法选择首选项。"职业运动员通常都将绝大部分时间投入运动能力的磨炼中，至于其他方面，如社交、兴趣爱好、金钱和商业管理，都被他们忽略了。对安东尼而言，帮助客户重新发现他们的热情所在和兴趣点是至关重要的第一步。他说："我鼓励人们在尝试寻找甜蜜区时做一个简单的练习。他们要寻找三样东西：你擅长什么，你热爱什么，以及这个世界需要什么。"前两个问题简单、直接，但将它们串在一起的第三个问题，即这个世界需要什么，才能够创造出克服逆境所必需的信念。"如果你没有满足第三个需求，就会一直感到灰心丧气，尤其是当你对此前的职业所带来的有形回报习以为常，而以后却再也无法从事原来职业的情况下。部分运动员在早期就赚到了足够过一辈子的钱。但有更多运动员无法顺利转型，因为他们习惯了高收入和肆意挥霍的生活方式。在除去经纪费、税费和其他开销之后，他们的收入常常低于预期。"遗憾的是，许多职业运动员最后都成了穷困潦倒的无业游民。

据《纽约时报》估计，有60%的美国篮球职业联赛的球员在离开球场5年后遭遇了破产，而美国橄榄球联盟球员的这个时间更是缩短到2年。

但有些人转型成功了。阿兰·休斯敦就是在退役后获得成功职业生涯的榜样。休斯敦曾是田纳西大学篮球队明星队员，后来在第一轮选秀中就加入了底特律活塞队，开始征战美国篮球职业联赛。后来又在纽约尼克斯队效力，成为球队历史上的最佳射手。在30岁出头时，休斯敦遭遇了一系列伤病。到了34岁，他的球场时光彻底宣告结束。休斯敦不希望自己以残疾之躯度过余生。他没有沉湎于对光辉岁月的回忆当中。退役后，他做了一段时间的美国篮球职业联赛全球大使。利用球员时期在媒体聚光灯下学到的技能，他还在娱乐与体育节目电视网的体育网站上做过分析师。一年以后，时任纽约尼克斯队总经理的

唐尼·沃尔什向他抛出了一个诱人的邀请：到尼克斯队学习体育管理。休斯敦将他出众的好奇心和学习力投入到这份工作中，后来逐步成为韦斯切斯特尼克斯队的总经理和美国篮球职业联赛的纽约尼克斯队的副总经理。在总结自己早期的退役危机和之后的历程时，休斯敦提供了这样的建议："弄清楚你的使命。你热爱什么？这可能在一开始并不明了，你可以先寻找一个让你能用才华和热情影响世界的地方，让自己走上某一段旅程，感到不舒服也没有关系。生活并不是康庄大道，要勇于经受磨难，去从事你愿意投入的事业。找到你的导师，坚守一系列核心价值观，活出自己的人生。"

尼罗弗和休斯敦与我们千千万万普通职场人一样，我们可以从他们身上学到许多走出职业生涯逆境的方法：利用好奇和探索的武器培养技能和经验，建立起能抵挡不可避免的挫折的免疫系统；不断寻找自己的理想，如果不知道什么才是重要的，那么就回归人性；确保自己的信心是有根据的，如果失败并不主要源于坏运气，那么就得采取行动，找出欠缺的关系或技能；不要让骄傲阻挡了重获新生的道路。此外，有时候我们可能需要退一步才能海阔天空。

五、失业危机管理

职业生涯中充满了各种不确定的因素，只有一点可以确定，那就是总有一天我们会遇到危机。我们可能被裁员，可能被开出，可能错过一次升职加薪，可能停滞不前，可能被迫退休。危机是整个职业生涯中都存在正常而健康的部分，关键在于如何应对它。

做好失业危机管理，需要做到以下五步。

（一）清晰客观地认识问题

应对失业危机的第一步，就是清晰客观地认识问题：是否是一个不可避免的事件？是认知上的问题还是业绩上的问题？如果的确是一个不可避免的事件或单纯的坏运气，如公司被收购了，那就得面对问题，重新站起来，体面、勤勉而优雅地与过去告别，尽快回归职场，向着前方再次出发。

（二）化解他人对你的错误认识

职场有时存在这样的情况：也许新来的老板并不知道你所有的技能或过去的重大贡献，也许公司并不知道你渴望得到新的或更高的职位，于是就没有考虑过你，也许因为某个与你并不直接相关的业绩问题而受到不公正的待遇。不要怪老板或公司没有看见你的才能，应该将这件事当成一个契机，以此来证明自己真正的价值。如果你的能力确实很强，那么你只需要改善关系就行了。找出认知的偏差，让别人清楚地认识到，化解误解，真正的你要比他们认为的更好。

（三）直面可能存在的不足之处

如果客观分析后，发现自己的实际技能和业绩确实落于人后，那么就需要正面对待自身的问题。要认清正常的技能和业绩应该达到何种程度，然后朝着这个方向努力，不能逃避问题，积攒力量，让自己有资格赢得下一次升职或新的机会。

（四）预见和规避危机

有的职业危机是可以预见并规避的，如果想得远一点，并时刻关注公司的发展状况、行业的走向和自己的业绩变化，就可以避免遭到突然袭击。如果所处的行业、公司已经走下坡路，那么就需要主动采取行动，准备好一份备用方案。所以，平时就要注重培养一些能让自己对风险免疫的技能和关系，在当前的环境之外留一些可选之路。

（五）找到从逆境当中快速恢复的方法

遭遇职业危机时不妨使用"四个重新"迅速回归正轨：

1) 重新组织经验，让它与未来而不是过去密切关联；
2) 重新包装老旧过时或有所欠缺的技能，为自己在新的职业环境中添加动力；
3) 重新连接职业生态系统，与专家、关键同事和支持者建立新的关系来推动自己前进；
4) 重新建立自信，多与那些支持你、理解你的人交谈，发现自己的长处以及在过去这些年里完成的特殊贡献。

要记住：那些杀不死你的逆境终将使你更加强大！

课堂活动

实践作业

请寻找一名工作五年以内的职场人以及一名工作五年以上的职场人，对他们各自单独进行一次危机访谈，形成两份访谈报告。

访谈内容可以自定，也可以参考以下格式。

职业生涯危机访谈报告

访谈对象所处行业及职务：

访谈对象工作年限：

访谈人：

访谈方式：

访谈时间：

前言：

一、访谈主要内容

1. 当初您为什么选择这份工作（行业和单位）？
2. 在行业内，先从什么样的工作岗位做起，能学到最多的知识，最有益于发展？
3. 你在做这份工作时，日常面临的问题是什么？什么最有挑战性？
4. 最近这个行业和工作因为科技进步、经济发展或者社会环境的变化而发生变化了吗？
5. 你如何看待该单位的组织文化和该领域的工作方式在将来的变化趋势？
6. 这个行业存在的困难是什么？
7. 你是否经历过职业危机，是如何应对的？
8. 你现在面临职业危机吗？
……

二、感悟和感受
……

本章小结

职业生涯危机是职业发展过程中遇到的危机，是个体职业发展需求与满足之间长时间未得到合理解决的矛盾激化的产物，是个体在职业生活中从一种秩序向另一种秩序转换时或面临的与过去不同的尚未适应的状态。

职业生涯危机主要有四个时期：定位危险期、发展危险期、方向危险期、生存危险期。

职业生涯危机具有的特征：意外性、动态性、复合性、相对可控性。

职业生涯危机的产生因素主要有经济因素、教育因素、心态因素等。

职业生涯危机评估是职业生涯危机管理的最后一个重要环节，它对制订新一轮的危机预防措施有着重要作用，只有通过评估，才能对危机状况做出明确的基本判断，从而制订出相对实际和必要的职业生涯规划调整。

职业生涯危机评估内容主要有：在危机即将发生和已经发生时对危机可能造成的结果进行评估，对个体危机管理措施的成功和失败之处进行评价，在危机结束之后就整个危机所造成的损失和产生的影响做系统的评估。

职业生涯的危机管理就是对职业生涯中的各种危机进行识别、预防、控制与管理，以防止、回避职业生涯危机，将危机所造成的损害限制在最低程度，并且总结经验教训，从危机中获得成功发展的机会。

职业生涯危机管理主要包括定位危机管理、方向危机管理、发展危机管理、健康危机管理和失业危机管理等。

思考题

1. 什么是危机？
2. 什么是职业生涯危机，分为几个时期？
3. 职业生涯危机有哪些特征？
4. 职业生涯危机的产生受哪些因素影响？
5. 为什么要进行职业生涯危机评估？
6. 如何进行职业生涯的危机管理，主要分为哪几个方面？

附 录

附录一：各类简易职业测试表

附录1-1　职业性格测验表

根据自己的实际情况，对下面的问题作出回答。

第一组：
(1) 喜欢内容经常变化的活动或工作情景。
(2) 喜欢参加新颖的活动。
(3) 喜欢提出新的活动并付诸行动。
(4) 不喜欢预先对活动或工作作出明确而细致的计划。
(5) 讨厌需要耐心、细致的工作。
(6) 能够很适应新环境。

第一组总计次数（　　）

第二组：
(1) 当注意力集中于一件事时，别的事很难使我分心。
(2) 在做事情的时候，不喜欢受到出乎意料的干扰。
(3) 生活有规律，很少违反作息制度。
(4) 按照一个设好的工作模式来做事情。
(5) 能够长时间做枯燥、单调的工作。

第二组总计次数（　　）

第三组：
(1) 喜欢按照别人的指示办事，需要负责任。
(2) 在按别人指示做事时，自己不考虑为什么要做这些事，只是完成任务就算了。
(3) 喜欢让别人来检查工作。
(4) 在工作上听从指挥，不喜欢自己作出决定。
(5) 工作时喜欢别人把任务的要求讲得明确而细致。
(6) 喜欢一丝不苟按计划做事，直到得到一个圆满的结果。

第三组总计次数（　　）

第四组：
（1）喜欢对自己的工作独立作出计划。
（2）能处理和安排突然发生的事情。
（3）能对将要发生的事情负起责任。
（4）喜欢在紧急情况下果断作出决定。
（5）善于动脑筋，出主意，想办法。
（6）通常情况下对学习、活动有信心。

第四组总计次数（　　）

第五组：
（1）喜欢与新朋友相识并一起工作。
（2）喜欢在几乎没有个人秘密的场所工作。
（3）试图忠实于别人且与别人友好。
（4）喜欢与人互通信息，交流思想。
（5）喜欢参加集体活动，努力完成所分给的任务。

第五组总计次数（　　）

第六组：
（1）理解问题总比别人快。
（2）试图使别人相信你的观点，善于使别人按你的想法来做事情。
（3）善于通过谈话或书信来说服别人。
（4）善于使别人按你的想法来做事情。
（5）试图让一些自信心差的同学振作起来。
（6）试图在一场争论中获胜。

第六组总计次数（　　）

第七组：
（1）能做到临危不惧。
（2）能做到临场不慌。
（3）能做到知难而退。
（4）能冷静处理好突然发生的事故。
（5）遇到偶然事故可能伤及他人时，能果断采取措施。
（6）是一个机智灵活、反应敏捷的人。

第七组总计次数（　　）

第八组：
（1）喜欢表达自己的观点和感情。
（2）做一件事情时，很少考虑它的利弊得失。
（3）喜欢讨论对一部电影或一本书的感情。
（4）在陌生场合不感到拘谨和紧张。
（5）相信自己的判断，不喜欢模仿别人。

（6）很喜欢参加学校的各种活动。

第八组总计次数（　　）

第九组：
（1）工作细致而努力，试图将事情完成得尽善尽美。
（2）对学习和工作抱认真严谨、始终一贯的态度。
（3）喜欢花很长时间集中于一件事情的细小问题。
（4）擅于观察事物的细节。
（5）无论填什么表格态度非常认真。
（6）做事情力求稳妥，不做无把握的事情。

第九组总计次数（　　）

统计和确定你的职业性格类型

把每组回答"是"的总次数，填入下表：

每组回答"是"的次数相应的职业性格：

第一组（　　）变化型
第二组（　　）重复型
第三组（　　）服从型
第四组（　　）独立型
第五组（　　）协作型
第六组（　　）劝服型
第七组（　　）机智型
第八组（　　）好表现型
第九组（　　）严谨型

选择"是"次数越多，则相应的职业性格类型越接近你的性格特点；选择"不"的次数越多，则相应性格类型越不符合你的性格特点。

各类职业的性格特点

1. 变化型：这些人在新的和意外的活动情景中感到愉快，喜欢经常变化职业的工作。他们追求多样化的生活，以及那些能将其注意力从一件事转到另一件事上的工作情景。

2. 重复型：这些人喜欢连续不断地从事同样的工作，他们喜欢按照一个机械的和别人安排好的计划或进度办事，喜欢重复的、有规则的、有标准的职务。

3. 服从型：这些人喜欢按别人的指示办事。他们不愿自己独立作出决策，而喜欢对分配给对自己的工作负起责任。

4. 独立型：这些人喜欢计划自己的活动和指导别人的活动，他们在独立和负有职责的工作中感到愉快，喜欢对将要发生的事情作出决定。

5. 协作型：这些人在与人协同工作时感到愉快，他们想要得到同事们的喜欢。

6. 劝服型：这些人喜欢设法使别人同意他们的观点，这一般通过谈话或写作来达到。他们对于别人的反应有较强的判断力，且善于影响他人的态度、观点和判断。

7. 机智型：这些人在紧张和危险的情景下能很好地执行任务，他们在危险的状态总能自我控制和镇定自如。他们在意外的情境下工作得很出色，当事情出了差错时，他们不易慌乱。

8. 好表现型：这些人喜欢表现自己的爱好和个性的工作情景。

9. 严谨型：这些人喜欢注意细节，他们按一套规则和步骤将工作做得完美。他们倾向于严格、努力地工作，以便看到自己出色地完成的工作效果。

附录1-2　职业心理测试

以下这个测试是人力资源专家菲尔博士曾使用过的，也是目前很多大公司人事部门实际采用的测试，诸位不妨一试。

（1）你何时感觉最好？

a. 早晨；b. 下午及傍晚；c. 夜里

（2）你走路时是……

a. 大步快走；b. 小步快走；c. 不快，仰着头面对着天空；d. 不快，低着头；e. 很慢

（3）和人说话时，你……

a. 手臂交叠地站着；b. 双手紧握着；c. 一只手或双手放在臀部；d. 碰着或推着与你说话的人；e. 玩着你的耳朵、摸着你的下巴或用手整理头发

（4）坐着休息时，你的……

a. 两膝并拢；b. 两腿交叉；c. 两腿伸直；d. 一腿蜷在身下

（5）碰到你感到发笑的事时，你的反应是……

a. 一个劲儿欣赏地大笑；b. 笑着，但不大声；c. 轻声地笑；d. 羞怯地微笑

（6）当你去一个派对或社交场合时，你……

a. 很大声地入场以引起注意；b. 安静地入场，找你认识的人；c. 非常安静地入场，尽量保持不被注意

（7）当你非常专心工作时，有人打断你，你会……

a. 欢迎他；b. 感到非常恼怒；c. 在两者之间

（8）下列颜色中，你最喜欢哪一种颜色？

a. 红或橘色；b. 黑色；c. 黄或浅蓝色；d. 绿色；e. 深蓝或紫色；f. 白色；g. 棕或灰色

（9）临入睡的前几分钟，你在床上的姿势是……

a. 仰躺，伸直；b. 俯躺，伸直；c. 侧躺，微卷；d. 头睡在一手臂上；e. 被盖过头

（10）你经常梦到你在……

a. 下落；b. 打架或挣扎；c. 找东西或人；d. 飞或漂浮；e. 你平常不做梦；f. 你的梦都是愉快的

现在将所有分数相加，再对照后面的分析得出你的测评结果。

职业心理测试的分数

(1) a. 2；　b. 4；　c. 6

(2) a. 6；　b. 4；　c. 7；　d. 2；　e. 1

(3) a. 4；　b. 2；　c. 5；　d. 7；　e. 6

(4) a. 4；　b. 6；　c. 2；　d. 1

(5) a. 6；　b. 4；　c. 3；　d. 5

(6) a. 6；　b. 4；　c. 2

(7) a. 6；　b. 2；　c. 4

(8) a. 6；　b. 7；　c. 5；d. 4；　e. 3；　f. 2；　g. 1

(9) a. 7；　b. 6；　c. 4；　d. 2；　e. 1
(10) a. 4；　b. 2；　c. 3；　d. 5；　e. 6；　f. 1

职业心理测试的分析结果：

0~20 分：内向的悲观者

人们认为你是一个害羞的、神经质的、优柔寡断的、需人照顾的、永远要别人为你做决定、不想与任何事或任何人有关的人。只有那些深知你的人知道你不是这样的人。

21~30 分：缺乏信心的挑剔者

你的朋友认为你是一个谨慎的、十分小心的人，一个缓慢而稳定辛勤工作的人。如果你做任何冲动或无准备的事，你会令他们大吃一惊。

31~40 分：以牙还牙的自我保护者

别人认为你是一个明智、谨慎、注重实效的人，也认为你是一个伶俐、有天赋、有才干且谦虚的人。你不会很快、很容易和人成为朋友，但如果你是一个对朋友非常忠诚的人，同时要求朋友对你也有忠诚的回报。那些真正有机会了解你的人会知道要动摇你对朋友的信任是很难的，但一旦信任被破坏，会使你很难过。

41~50 分：富有活力的完善者

别人认为你是一个有活力的、有魅力的、好玩的、讲究实际的而且永远有趣的人；一个经常成为群众注意力焦点的人，但是你是一个足够平衡的人，不至于因此而昏了头。他们也认为你亲切、和蔼、体贴、能谅解人，是一个永远会使人高兴起来并会帮助别人的人。

51~60 分：吸引人的冒险家

别人认为你有一个令人兴奋的、高度活泼的、相当易冲动的个性，你是一个天生的领袖、一个做决定会很快的人，虽然你的决定不总是对的。别人认为你是大胆的和冒险的，会愿意让你尝试做任何事情，即是一个愿意尝试机会而欣赏冒险的人。

60 分以上：傲慢的孤独者

在别人的眼中，你是自负的、自我的、是个极端有支配欲、统治欲的人。别人可能钦佩你，但不会永远相信你，会对与你更深入的来往有所踌躇及犹豫。

附录 1-3　职业兴趣自我测验

指导语：请仔细阅读下面的问题，对于每项活动，如果你的回答是肯定，请在括弧内打"√"；如果你的回答是否定，请在括弧内打"×"。最后把"√"的回答次数相加，填入"总计次数"后面。

第一组：

(1) 你喜欢自己动手修理电脑、自行车、音响、钟表等器具吗？　（　　）
(2) 你对自己家里使用的电冰箱、洗衣机、电脑等的质量和性能了解吗？（　　）
(3) 你喜欢动手做小型的模型（如飞机、汽车、轮船、建筑模型等）吗？（　　）
(4) 你喜欢与数学、图表打交道（如记账、制表、制图）的工作吗？（　　）
(5) 你喜欢制作工艺品、装饰品或衣服吗？（　　）

总计次数：（　　）

第二组：

(1) 你喜欢为他人购物当顾问吗？（　　）

（2）你热衷于参加集体活动吗？（　　）
（3）你喜欢接触不同类型的人吗？（　　）
（4）你喜欢拜访别人，与人讨论各种问题吗？（　　）
（5）你喜欢在会议上积极发言吗？（　　）

总计次数：（　　）

第三组：
（1）你喜欢没有干扰地、有规律地从事日常工作吗？（　　）
（2）你喜欢对任何事情都预先做周密的安排吗？（　　）
（3）你善于查阅字典、词典和资料索引吗？（　　）
（4）你喜欢按固定的程序有条不紊地工作吗？（　　）
（5）你喜欢对事物进行分类和归档的工作吗？（　　）

总计次数：（　　）

第四组：
（1）你喜欢倾听别人的难处并乐于帮助别人解决困难吗？（　　）
（2）你愿意为残疾人服务吗？（　　）
（3）在日常生活中，你愿意为他人提供帮助吗？（　　）
（4）你喜欢向别人传授知识和经验吗？（　　）
（5）你喜欢防病、治病和照顾病人的工作吗？（　　）

总计次数：（　　）

第五组：
（1）你喜欢主持班级集体活动吗？（　　）
（2）你喜欢接近领导和老师吗？（　　）
（3）你喜欢在人多时当众发表自己的观点和意见吗？（　　）
（4）如果老师不在，你能主动维持班里学习和生活的正常秩序吗？（　　）
（5）你具有强烈的责任感和工作魅力吗？（　　）

总计次数：（　　）

第六组：
（1）你特别爱读文学著作中对人内心世界的细致描写吗？（　　）
（2）你喜欢听人们谈论他们的活动和想法吗？（　　）
（3）你喜欢观察和研究人的心理和行为吗？（　　）
（4）你喜欢阅读有关领导人物、政治家、科学家等名人传记吗？（　　）
（5）你很想了解世界各国的政治和经济制度吗？（　　）

总计次数：（　　）

第七组：
（1）你喜欢参观技术展览会或收听（收看）技术新信息的节目吗？（　　）
（2）你喜欢阅读科技杂志吗？（　　）
（3）你想了解生机勃勃的大自然的奥秘吗？（　　）
（4）你了解使用科学精密仪器和电子仪器的工作吗？（　　）

(5) 你喜欢复杂的绘图和设计工作吗？（　　）

总计次数：（　　）

第八组：

(1) 你想设计一种新的发型或服装吗？（　　）
(2) 你喜欢创作（如画画）吗？（　　）
(3) 你尝试着写小说或编剧吗？（　　）
(4) 你很想参加学校宣传队或演出小组吗？（　　）
(5) 你爱用新方法、新途径来解决问题吗？（　　）

总计次数：（　　）

第九组：

(1) 你喜欢操作机器吗？（　　）
(2) 你很羡慕机械类工程师的工作吗？（　　）
(3) 你想了解机器的构造和工作性能吗？（　　）
(4) 你喜欢交通驾驶一类的工作吗？（　　）
(5) 你喜欢参观和研究新的机器设备吗？（　　）

总计次数：（　　）

第十组：

(1) 你喜欢从事非常具体的工作吗？（　　）
(2) 你喜欢做很快就能看到产品的工作吗？（　　）
(3) 你喜欢做让别人看到效果的工作吗？（　　）
(4) 你喜欢那种时间短，但可以做得很好的工作吗？（　　）
(5) 你喜欢做有形的事情（如烧饭）而不喜欢抽象的活动吗？（　　）

总计次数：（　　）

分数计算

计算方法：将每组题画"√"的总次数，填入表 F-1。

表 F-1　兴趣得分分数统计表

组　别	画"√"数	兴趣类型	组　别	画"√"数	兴趣类型
第一组		兴趣类型 1	第六组		兴趣类型 6
第二组		兴趣类型 2	第七组		兴趣类型 7
第三组		兴趣类型 3	第八组		兴趣类型 8
第四组		兴趣类型 4	第九组		兴趣类型 9
第五组		兴趣类型 5	第十组		兴趣类型 10

通过上面的测验，找出你的兴趣类型。每组题画"√"的次数越多，相应的兴趣类型就越符合你的职业兴趣特点；每组题画"√"的次数越少，相应的兴趣类型就越不符合你的职业兴趣的特点。然后参照以下各种兴趣类型所对应的职业。

兴趣类型 1：愿与事物打交道。这类人喜欢同事物（如工具、器具或数字）打交道，而不喜欢从事与人打交道的职业。相应的职业：制图员、修理工、打字员、木匠、勘测、工程技术、建筑工、机械制造、出纳、会计等。

兴趣类型2：愿与人打交道。这类人喜欢与人交往，对销售、采访、传递信息一类的活动感兴趣。相应的职业：记者、推销员、服务员、教师、行政管理人员、外交联络等。

兴趣类型3：愿干有规律的工作。这类人喜欢常规的、有规律的活动，习惯于在预先安排好的程序下工作。相应的职业：邮件分类员、图书管理员、档案管理员、办公室职员、打字员、统计员等。

兴趣类型4：喜欢从事社会福利和助人工作。这类人乐意帮助人，他们试图改善他人的状况，帮助他人排忧解难。相应的职业：律师、咨询人员、科技推广人员、医生、护士等。

兴趣类型5：愿做领导和组织工作。这类人喜欢掌管一些事情，希望受到众人尊敬和获得声望。相应的职业是各级各类组织领导管理者，如行政人员、企业管理干部、学校领导和辅导员等。

兴趣类型6：喜欢研究人的行为。这类人对人的行为举止和心理状态感兴趣，喜欢谈论人的问题。相应的职业大都是研究人、管理人的工作，如心理学、政治学、人类学、人事管理、思想政治教育等研究工作以及教育、行为管理工作。

兴趣类型7：喜欢从事科学技术事业。这类人对分析的、推理的、测验的活动感兴趣，擅长理论分析，喜欢独立地解决问题，也喜欢通过实验做出新发现。相应的职业：生物、化学、工程学、物理学、地质学等工作。

兴趣类型8：喜欢抽象的、创造性的工作。这类人对需要想象力和创造力的工作感兴趣，大都喜欢独立的工作，乐于解决抽象的问题。相应的职业大都是科学研究工作和实验室工作，如社会调查、经济分析、各类科学研究工作、化验、新产品开发、画家、文艺创作、文艺表演等。

兴趣类型9：喜欢操作机器的技术工作。这类人对运用一定技术、操作各种机械、制造新产品或完成其他任务感兴趣。相应的职业：飞行员、驾驶员、机械制造、各种加工、建筑、石油、煤炭开采等。

兴趣类型10：喜欢具体的工作。这类人希望从事制作能看得见、摸得着产品的工作，并从完成的产品中得到满足。相应的职业：室内装饰、园林、美容、理发、手工制作、机械维修、厨师、农民、工人等。

附录1-4　职业能力测试

评分说明：职业能力的评定采用"五级量表"：强、较强、一般、较弱、弱。每级评定都有相应的权重参数。将评定等级乘以权重参数，然后把6项数值加起来，再除以6，就得到一组评定的等级分数。

指导语：下面有9组题，每组题有6个题目，每个题目有5个备选答案，即强、较强、一般、较弱、弱五个答案，请根据自己的实际情况作答，每题只能选择一个答案。通过测验，你可以大致了解自己的职业能力情况。

第一组：

（1）善于表达自己的观点。

（2）阅读速度快，并能抓住中心内容。

(3) 清楚地向别人解释难懂的概念。
(4) 对文章中的字、词、段落和篇章的理解、分析和综合的能力。
(5) 掌握词汇的程度。
(6) 中学时你的语文成绩。

第二组：
(1) 作出精确的测量（如测长、宽、高等）。
(2) 解算术应用题。
(3) 笔算能力。
(4) 心算能力。
(5) 使用工具（如计算器）的计算能力。
(6) 中学时的数学成绩。

第三组：
(1) 美术素描画的水平。
(2) 画三维度的立体图形。
(3) 看几何图形的立方体感。
(4) 想象盒子展开后的平面形状。
(5) 玩拼板（图）游戏。
(6) 中学时对立体几何题的理解及解题能力。

第四组：
(1) 发现相似图形中的细微差异。
(2) 识别物体的形状差异。
(3) 注意到多数人忽视的物体的细节。
(4) 检查物体的细节。
(5) 观察图案是否正确。
(6) 学习时善于找出数学作业中的细小错误。

第五组：
(1) 快而正确地抄写资料（如姓名、数字等）。
(2) 阅读中发现错误字。
(3) 发现计算错误。
(4) 在图书馆很快地查找编码卡片。
(5) 发现图表中的细小错误。
(6) 自我控制能力（如较长时间做抄写工作）。

第六组：
(1) 劳动技术课中做操纵机器一类活动。
(2) 玩电子游戏或瞄准打靶。
(3) 在体操、广播操一类活动中身体的协调能力。
(4) 打球的姿势的水平度。
(5) 打字比赛或算盘比赛。
(6) 闭眼单脚站立的平衡能力。

第七组：

（1）灵巧地使用手工工具（如榔头、锤子）。

（2）灵巧地使用很小的工具（如镊子、缝衣针等）。

（3）弹乐器时手指的灵活度。

（4）动手做一件小手工品。

（5）很快地削水果（如苹果、梨子）。

（6）修理、装配、拆卸、编织、缝补等一类活动。

第八组：

（1）善于在陌生的场合发表自己的意见。

（2）善于在新场所结交新朋友。

（3）口头表达能力。

（4）善于与人友好交往，并协同工作。

（5）善于帮助别人。

（6）擅长做别人的思想工作。

第九组：

（1）善于组织单位或班级的集体活动。

（2）在集体活动中或学习中，时常关心他人的情况。

（3）在日常生活中能经常动脑筋，想出别人想不到的好点子。

（4）冷静果断处理突然发生的事情。

（5）在你曾做过的组织工作中，你认为自己的能力属于哪一水平？

（6）善于解决同事或同学之间的矛盾。

例如，张某对第一组问题的选择，如表 F-2 所示（选择的项打 〇）。

张某得分的计分办法如下：

张某的总次数 Σ =（"强"的项目数）1×1+（"较强"的项目数）3×2+（"一般"的项目数量）2×3+（"较弱"的项目数量）0×4+（"弱"的项目数量）0×5=13

张某的最后评定的等级 = 总次数÷6 = 13÷6 ≈ 2.2

表 F-2　张某对第一组问题的选择

题号	强	较强	一般	较弱	弱
（1）	〇				
（2）			〇		
（3）		〇			
（4）			〇		
（5）		〇			
（6）		〇			
	×1	×2	×3	×4	×5
总次数 Σ = 13 评定等级 = 总次数÷6 ≈ 2.2					

统计和确定职业能力的方法

把每一组的评定等级填入表 F-3。

第一组评定等级的含义:"1"为强;"2"为较强;"3"为一般;"4"为较弱;"5"为弱,评定等级可能有小数点,如:等级 2.2 表示此种能力水平稍低于较强水平,高于一般水平。填写完成后请根据评定的各组等级在《职业能力与职业的匹配表》中查出自己匹配的职业。

表 F-3 职业能力统计评分表

组别	评定等级	相应的职业能力
第一组		言语能力
第二组		数理能力
第三组		空间判断能力
第四组		细节察觉能力
第五组		书写能力
第六组		运动协调能力
第七组		动手能力
第八组		社会交往能力
第九组		组织管理能力

测验结果解释

(一) 各种职业能力的特点

言语能力:指对词及其含义的理解和使用能力,对词、句子、段落、篇章的理解能力,以及善于清楚正确地表达自己的观念和向别人介绍信息的能力。

数理能力:指迅速而准确地运算以及在准确的同时,能推理、解决应用问题的能力。

空间判断能力:指对立体图形以及平面图形与立体图形之间关系的理解能力,包括能看懂几何图形、对立体图形的三个面的理解力,识别物体在空间运动中的联系,解决几何问题。

细节察觉能力:指对物体或图形的有关细节具有正确的知觉能力,对于图形的明暗,线的宽度和长度作出区别和比较,看出其细微的差异。

书写能力:对词、印刷物、账目、表格等材料的细微部分具有正确知觉的能力,善于发现错字和正确地校对数字的能力。

运动协调能力:指眼、手、脚、身体迅速准确随活动的动作作出精确的运作和运动反应,手能跟随眼所看到的东西迅速行动,进行正确控制的能力。

动手能力:指手、手指在拿取、放置、换的自由运动能力,手腕能迅速而准确地活动和操作翻转小物体时,手能作出精巧运动。

社会交往能力:指善于人与人之间的相互交往、相互联系、相互帮助、相互影响,从而协同工作或建立良好的人际关系。

组织管理能力:指擅长组织和安排各种活动,以及协调参加活动中人的人际关系的能力。

（二）查出匹配职业

请对照《职业能力与职业的匹配表》（见表F-4）查出自己匹配的职业。

（三）对测试结果的解释

并不是不具有职业要求的相应能力就不能从事这一职业，由于职业能力特别是专门能力可以在职业实践中培养出来，择业者可以通过发挥自己的能动性，并在工作中培养和发展自己的职业能力，使之适应职业的需要。

表 F-4 职业能力与职业的匹配表

职业类型	言语能力	数理能力	空间判断能力	细节察觉能力	书写能力	运动协调能力	动手能力	社会交往能力	组织管理能力
中小学教师	1	2	3	2	1	3	2	2	1
中小学管理员	2	2	4	3	2	3	3	2	1
教学辅助人员	2	2	4	3	2	3	3	2	1
幼儿园教师	1	3	3	2	2	3	2	2	2
审判员	1	3	3	2	3	3	3	2	2
警察	2	2	3	3	3	2	2	2	2
律师	1	2	3	2	3	3	3	2	2
秘书	2	2	3	2	1	3	3	2	2
业务员	2	2	3	2	1	3	3	2	2
运动员	3	3	3	2	4	1	1	3	3
教练员	2	3	3	2	4	1	1	3	1
社会体育指导员	2	3	3	2	4	1	1	2	2
电信业务员	2	3	3	3	2	3	2	3	3
计算机网络技术员	3	2	3	2	3	3	2	3	2
计算机硬件技术员	4	2	2	2	3	2	1	3	2
零售商业从业者	2	2	4	3	2	3	2	2	2
商业经营管理人员	2	2	4	3	2	4	3	2	2
房地产销售员	1	2	3	3	3	4	3	2	3
物业管理员	1	3	3	2	3	3	3	2	2
会计、出纳、统计	3	1	4	1	2	4	3	2	3
保险职员	2	1	4	2	2	4	3	2	3
心理咨询工作者	2	3	3	3	2	4	3	2	3
工艺设计师	4	2	2	2	3	3	3	3	3
城建规划工程师	3	2	2	2	3	3	3	3	3
市政管理职员	3	2	2	2	3	3	3	3	3
行政办公人员	2	2	2	2	1	3	3	3	3

续表

职业类型	能力类型								
	言语能力	数理能力	空间判断能力	细节察觉能力	书写能力	运动协调能力	动手能力	社会交往能力	组织管理能力
公关人员	1	3	3	2	3	3	3	1	2
人力资源管理人员	2	2	3	2	2	3	3	1	1
服装设计师	3	2	2	2	2	3	3	2	3
化学工程师	3	2	2	2	3	3	3	3	3
机械工程师	3	2	2	2	3	3	3	3	3
电子仪器仪表装配工	3	2	3	2	3	2	1	3	3
化学检验员	3	2	3	1	3	2	1	3	3
餐厅服务员	2	3	3	3	3	2	2	2	2
家政服务员	3	3	3	3	4	3	2	2	3
化学检验员	3	2	3	1	3	2	1	3	3
餐厅服务员	2	3	3	3	3	2	2	2	2
汽车驾驶员	3	2	2	3	3	2	2	3	4
部门经理	2	2	3	2	2	3	2	2	1
商业经管理人员	2	2	4	3	2	4	3	2	2
售货员	2	2	4	3	2	3	2	3	2
商业采购员、供销员	2	2	4	3	3	3	3	1	2
外贸职员	1	2	4	3	3	3	3	1	2
园林绿化工作者	3	3	3	4	4	2	2	4	4
导游	1	3	4	4	3	2	3	2	1
中介代理	1	3	3	2	3	3	3	2	2
摄影师	3	2	2	2	3	3	2	3	3
影视作品制作员	2	3	2	1	3	3	2	3	2
影视动画制作员	3	3	2	2	3	3	2	3	2
家电修理人员	3	3	3	3	3	3	2	3	3
维修电工	3	3	3	3	4	3	2	3	3
职业咨询工作者	2	3	3	3	3	4	3	2	2
社会工作者	2	3	4	4	3	3	2	3	2
银行信贷职员	2	1	4	1	2	4	3	2	3
税收员	2	2	4	3	3	4	3	2	2
医生	2	2	3	3	3	2	1	3	3
护士	2	3	3	3	3	2	1	3	3
演员、艺员	1	3	3	2	2	2	2	2	1

续表

职业类型	能力类型							
	言语能力	数理能力	空间判断能力	细节察觉能力	书写能力	运动协调能力	动手能力	社会交往能力	组织管理能力
导演	1	3	3	2	2	2	2	2	1
编辑	1	2	3	1	2	3	3	1	1
记者	1	3	3	2	1	2	3	1	2
文学作家	1	4	3	1	2	4	4	3	3
图书管理员	3	2	4	2	2	3	3	3	3
播音员、主持人	1	2	3	1	3	3	3	2	3
广播、电视工程师	3	2	2	2	3	3	2	2	2
自然科学家	3	1	2	1	2	3	1	2	3
社会科学家	2	3	3	2	1	3	3	2	3
科技情报人员	2	2	3	2	2	3	2	2	3

附录1-5 职业价值观测试量表

测试说明：下面有52道题目，每个题目都有5个备选答案，请根据自己的实际情况或真实想法，在题目后面圈出相应字母，每题只能选择一个答案。通过测验，你可以大致了解自己的职业价值观倾向。

A：非常重要； B：比较重要； C：一般； D：较不重要； E：很不重要

（1）你的工作必须经常解决新的问题。　　　　　　　　　　　A B C D E
（2）你的工作能为社会福利带来看得见的效果。　　　　　　　A B C D E
（3）你的工作奖金很高。　　　　　　　　　　　　　　　　　A B C D E
（4）你的工作内容经常变换。　　　　　　　　　　　　　　　A B C D E
（5）你能在你的工作范围内自由发挥。　　　　　　　　　　　A B C D E
（6）工作能使你的同学、朋友非常羡慕你。　　　　　　　　　A B C D E
（7）工作带有艺术性。　　　　　　　　　　　　　　　　　　A B C D E
（8）你的工作能使人感觉到你是团体中的一分子。　　　　　　A B C D E
（9）不论你怎么干，你总能和大多数人一样晋级和涨工资。　　A B C D E
（10）你的工作使你有可能经常变换工作地点、场所或方式。　　A B C D E
（11）在工作中你能接触到各种不同的人。　　　　　　　　　　A B C D E
（12）你的工作上下班时间比较随便、自由。　　　　　　　　　A B C D E
（13）你的工作使你不断获得成功的感觉。　　　　　　　　　　A B C D E
（14）你的工作赋予你高于别人的权力。　　　　　　　　　　　A B C D E
（15）在工作中，你能试行一些自己的新想法。　　　　　　　　A B C D E
（16）在工作中你不会因为身体或能力等因素，被人瞧不起。　　A B C D E
（17）你能从工作的成果中，知道自己做得不错。　　　　　　　A B C D E
（18）你的工作经常要外出、参加各种集会和活动。　　　　　　A B C D E

(19) 只要你干上这份工作，就不再被调到其他意想不到的单位和工种上去。

　　　　　　　　　　　　　　　　　　　　　　　　A　B　C　D　E

(20) 你的工作能使世界更美丽。　　　　　　　　A　B　C　D　E

(21) 在你的工作中，不会有人常来打扰你。　　　A　B　C　D　E

(22) 只要努力，你的工资会高于其他同年龄的人，晋升或涨工资的可能性比干其他工作大得多。　　　　　　　　　　　　　　　　　　　A　B　C　D　E

(23) 你的工作是一项对智力的挑战。　　　　　　A　B　C　D　E

(24) 你的工作要求你把一些事务管理得井井有条。　A　B　C　D　E

(25) 你的工作单位有舒适的休息室、更衣室、浴室及其他设备。A　B　C　D　E

(26) 你的工作有可能结识各行各业的知名人物。　A　B　C　D　E

(27) 在你的工作中，能和同事建立良好的关系。　A　B　C　D　E

(28) 在别人眼中，你的工作是很重要的。　　　　A　B　C　D　E

(29) 在工作中你经常接触到新鲜的事物。　　　　A　B　C　D　E

(30) 你的工作使你能常常帮助别人。　　　　　　A　B　C　D　E

(31) 你在工作单位中，有可能经常变换工作。　　A　B　C　D　E

(32) 你的作风使你被别人尊重。　　　　　　　　A　B　C　D　E

(33) 同事和领导人品较好，相处比较随便。　　　A　B　C　D　E

(34) 你的工作会使许多人认识你。　　　　　　　A　B　C　D　E

(35) 你的工作场所很好，比如有适度的灯光，安静、清洁的工作环境，甚至恒温、恒湿等优越的条件。　　　　　　　　　　　　　　A　B　C　D　E

(36) 在工作中，你为他人服务，使他人感到很满意，你自己也很高兴。

　　　　　　　　　　　　　　　　　　　　　　　　A　B　C　D　E

(37) 你的工作需要计划和组织别人的工作。　　　A　B　C　D　E

(38) 你的工作需要敏锐的思考。　　　　　　　　A　B　C　D　E

(39) 你的工作可以使你获得较多的额外收入，如常发实物、常购买折扣商品、常发商品的提货券、有机会购买进口商品等。　　　A　B　C　D　E

(40) 在工作中你是不受别人差遣的。　　　　　　A　B　C　D　E

(41) 你的工作结果应该是一种艺术而不是一般的产品。A　B　C　D　E

(42) 在工作中不必担心会因为所做的事情让领导不满意，而受到训斥或经济惩罚。

　　　　　　　　　　　　　　　　　　　　　　　　A　B　C　D　E

(43) 在你的工作中能和领导有融洽的关系。　　　A　B　C　D　E

(44) 你可以看见你努力工作的成果。　　　　　　A　B　C　D　E

(45) 在工作中常常要你提出许多新的想法。　　　A　B　C　D　E

(46) 由于你的工作，经常有许多人来感谢你。　　A　B　C　D　E

(47) 你的工作成果常常能得到上级、同事或社会的肯定。A　B　C　D　E

(48) 在工作中，你可能做一个负责人，虽然可能只领导很少几个人，你信奉"宁做兵头，不做将尾"的俗语。　　　　　　　　　A　B　C　D　E

(49) 你从事的那种工作，经常在报刊、电视中被提到，因而在人们的心目中很有地位。

　　　　　　　　　　　　　　　　　　　　　　　　A　B　C　D　E

（50）你的工作有数量可观的夜班费、加班费、保健费或营养费。

　　　　　　　　　　　　　　　　　　　　　　　A　B　C　D　E

（51）你的工作比较轻松，精神上也不紧张。　　A　B　C　D　E

（52）你的工作需要和影视、戏剧、音乐、美术、文学等艺术打交道。

　　　　　　　　　　　　　　　　　　　　　　　A　B　C　D　E

评分与评价

　　上面的52道题分别代表十三项工作价值观。每圈一个A得5分，B得4分，C得3分，D得2分，E得1分。请你根据下面评价表中每一项前面的题号，计算一下每一项的得分总数，并把它填在每一项的得分栏上。然后在表格下面依次列出得分最高和最低的三项。

得分题号价值观说明

　　1. 利他主义（2，30，36，46）：工作的目的和价值，在于直接为大众的幸福和利益尽一份力。

　　2. 美感（7，20，41，52）：工作的目的和价值，在于能不断地追求美的东西，得到美感的享受。

　　3. 智力刺激（1，23，38，45）：工作的目的和价值，在于不断进行智力的操作，动脑思考，学习以及探索新事物，解决新问题。

　　4. 成就感（13，17，44，47）：工作的目的和价值，在于不断创新，不断取得成就，不断得到领导与同事的赞扬，或不断实现自己想要做的事。

　　5. 独立性（5，15，21，40）：工作的目的和价值，在于能充分发挥自己的独立性和主动性，按自己的方式、步调或想法去做，不受他人的干扰。

　　6. 社会地位（6，28，32，49）：工作的目的和价值，在于所从事的工作在人们的心目中有较高的社会地位，从而使自己得到了他人的重视与尊敬。

　　7. 管理（14，24，37，48）：工作的目的和价值，在于获得对他人或某事物的管理支配权，能指挥和调遣一定范围内的人或事物。

　　8. 经济报酬（3，22，39，50）：工作的目的和价值，在于获得优厚的报酬，使自己有足够的财力去获得自己想要的东西，使生活过得较为富足。

　　9. 社会交际（11，18，26，34）：工作的目的和价值，在于能和各种人交往，建立比较广泛的社会联系和关系，甚至能和知名人物结识。

　　10. 安全感（9，16，19，42）：不管自己能力怎样，希望在工作中有一个安稳的局面，不会因为奖金评定、工作调动或领导训斥等经常提心吊胆、心烦意乱。

　　11. 舒适（12，25，35，51）：希望能将工作作为一种消遣、休息或享受的形式，追求比较舒适、轻松、自由、优越的工作条件和环境。

　　12. 人际关系（8，27，33，43）：希望一起工作的大多数同事和领导人品较好，相处在一起感到愉快、自然，认为这就是很有价值的事，是一种极大的满足。

　　13. 变异性或追求新意4，10，29，31 希望工作的内容应该经常变换，使工作和生活显得丰富多彩，不单调枯燥。

　　得分最高的三项是：1.　　　　　；2.　　　　　；3.　　　　　。

　　得分最低的三项是：1.　　　　　；2.　　　　　；3.　　　　　。

　　从得分最高和最低的三项中，可以大致看出自己的职业价值观倾向，在选择职业时就可以加以考虑。

附录二：霍兰德职业索引
——职业兴趣代码与其相应的职业对照表

R（现实型）：木匠、农民、操作X光的技师、工程师、飞机机械师、鱼类和野生动物专家、自动化技师、机械工（车工、钳工等）、电工、无线电报务员、火车司机、长途公共汽车司机、机械制图员、修理机器、电器师。

I（研究型）：气象学者、生物学者、天文学家、药剂师、动物学者、化学家、科学报刊编辑、地质学者、植物学者、物理学者、数学家、实验员、科研人员、科技作者。

A（艺术型）：室内装饰专家、图书管理专家、摄影师、音乐教师、作家、演员、记者、诗人、作曲家、编剧、雕刻家、漫画家。

S（社会型）：社会学者、导游、福利机构工作者、咨询人员、社会工作者、社会科学教师、学校领导、精神病工作者、公共保健护士。

E（企业型）：推销员、进货员、商品批发员、旅馆经理、饭店经理、广告宣传员、调度员、律师、政治家、零售商。

C（事务型）：记账员、会计、银行出纳、法庭速记员、成本估算员、税务员、核算员、打字员、办公室职员、统计员、计算机操作员、秘书。

下面介绍与你3个代码的职业兴趣类型一致的职业表，对照的方法如下：首先根据你的职业兴趣代码，在下表中找出相应的职业，例如你的职业兴趣代码是RIA，那么牙科技术人员、陶工等是适合你兴趣的职业。然后寻找与自己职业兴趣代码相近的职业，如自己的职业兴趣代码是RIA，那么，其他由这三个字母组合成的编号（如IRA、IAR、ARI等）对应的职业，也较符合自己的兴趣。

RIA：牙科技术员、陶工、建筑设计员、模型工、细木工、制作链条人员。

RIS：厨师、林务员、跳水员、潜水员、染色员、电器修理、眼镜制作、电工、纺织机器装配工、服务员、装玻璃工人、发电厂工人、焊接工。

RIE：建筑和桥梁工程、环境工程、航空工程、公路工程、电力工程、信号工程、电话工程、一般机械工程、自动工程、矿业工程、海洋工程、交通工程技术人员、制图员、家政经济人员、计量员、农民、农场工人、农业机械操作、清洁工、无线电修理、汽车修理、手表修理、管工、线路装配工、工具仓库管理员。

RIC：船上工作人员、接待员、杂志保管员、牙医助手、制帽工、磨坊工、石匠、机器制造、机车（火车头）制造、农业机器装配、汽车装配工、缝纫机装配工、钟表装配和检验、电动器具装配、鞋匠、锁匠、货物检验员、电梯机修工、托儿所所长、钢琴调音员、装配工、印刷工、建筑钢铁工作、卡车司机。

RAI：手工雕刻、玻璃雕刻、制作模型人员、家具木工、制作皮革品、手工绣花、手工钩针纺织、排字工作、印刷工作、图画雕刻、装订工。

RSE：消防员、交通巡警、警察、门卫、理发师、房间清洁工、屠夫、锻工、开凿工人、管道安装工、出租汽车驾驶员、货物搬运工、送报员、勘探员、娱乐场所的服务员、起卸机操作工、灭害虫者、电梯操作工、厨房助手。

RSI：纺织工、编织工、农业学校教师、某些职业课程教师（诸如艺术、商业、技术、工艺课程）、雨衣上胶工。

REC：抄水表员、保姆、实验室动物饲养员、动物管理员。

REI：轮船船长、航海领航员、大副、试管实验员。

RES：旅馆服务员、家畜饲养员、渔民、渔网修补工、水手长、收割机操作工、搬运行李工人、公园服务员、救生员、登山导游、火车工程技术员、建筑工作、铺轨工人。

RCI：测量员、勘测员、仪表操作者、农业工程技术、化学工程技师、民用工程技师、石油工程技师、资料室管理员、探矿工、煅烧工、烧窑工、矿工、保养工、磨床工、取样工、样品检验员、纺纱工、炮手、漂洗工、电焊工、锯木工、刨床工、制帽工、手工缝纫工、油漆工、染色工、按摩工、木匠、农民建筑工作、电影放映员、勘测员助手。

RCS：公共汽车驾驶员、一等水手、游泳池服务员、裁缝、建筑工作、石匠、烟囱修建工、混凝土工、电话修理工、爆炸手、邮递员、矿工、裱糊工人、纺纱工。

RCE：打井工、吊车驾驶员、农场工人、邮件分类员、铲车司机、拖拉机司机。

IAS：普通经济学家、农场经济学家、财政经济学家、国际贸易经济学家、实验心理学家、工程心理学家、心理学家、哲学家、内科医生、数学家。

IAR：人类学家、天文学家、化学家、物理学家、医学病理、动物标本剥制者、化石修复者、艺术品管理者。

ISE：营养学家、饮食顾问、火灾检查员、邮政服务检查员。

ISC：侦察员、电视播音室修理员、电视修理服务员、验尸室人员、编目录者、医学实验定技师、调查研究者。

ISR：水生生物学者、昆虫学者、微生物学家、配镜师、矫正视力者、细菌学家、牙科医生、骨科医生。

ISA：实验心理学家、普通心理学家、发展心理学家、教育心理学家、社会心理学家、临床心理学家、目标学家、皮肤病学家、精神病学家、妇产科医师、眼科医生、五官科医生、医学实验室技术专家、民航医务人员、护士。

IES：细菌学家、生理学家、化学专家、地质专家、地理物理学专家、纺织技术专家、医院药剂师、工业药剂师、药房营业员。

IEC：档案保管员、保险统计员。

ICR：质量检验技术员、地质学技师、工程师、法官、图书馆技术辅导员、计算机操作员、医院听诊员、家禽检查员。

IRA：地理学家、地质学家、声学物理学家、矿物学家、古生物学家、石油学家、地震学家、声学物理学家、原子和分子物理学家、电学和磁学物理学家、气象学家、设计审核员、人口统计学家、数学统计学家、外科医生、城市规划家、气象员。

IRS：流体物理学家、物理海洋学家、等离子体物理学家、农业科学家、动物学家、食品科学家、园艺学家、植物学家、细菌学家、解剖学家、动物病理学家、作物病理学家、药物学家、生物化学家、生物物理学家、细胞生物学家、临床化学家、遗传学家、分子生物学家、质量控制工程师、地理学家、兽医、放射性治疗技师。

IRE：化验员、化学工程师、纺织工程师、食品技师、渔业技术专家、材料和测试工程师、电气工程师、土木工程师、航空工程师、行政官员、冶金专家、原子核工程师、陶瓷工程师、地质工程师、电力工程量、口腔科医生、牙科医生。

IRC：飞机领航员、飞行员、物理实验室技师、文献检查员、农业技术专家、动植物技术专家、生物技师、油管检查员、工商业规划者、矿藏安全检查员、纺织品检验员、照相机修理者、工程技术员、编计算程序者、工具设计者、仪器维修工。

CRI：簿记员、会计、记时员、铸造机操作工、打字员、按键操作工、复印机操作工。

CRS：仓库保管员、档案管理员、缝纫工、讲述员、收款人。

CRE：标价员、实验室工作者、广告管理员、自动打字机操作员、电动机装配工、缝纫机操作工。

CIS：记账员、顾客服务员、报刊发行员、土地测量员、保险公司职员、会计师、估价员、邮政检查员、外贸检查员。

CIE：打字员、统计员、支票记录员、订货员、校对员、办公室工作人员。

CIR：校对员、工程职员、海底电报员、检修计划员、发扳员。

CSE：接待员、通信员、电话接线员、卖票员、旅馆服务员、私人职员、商学教师、旅游办事员。

CSR：运货代理商、铁路职员、交通检查员、办公室通信员、簿记员、出纳员、银行财务职员。

CSA：秘书、图书管理员、办公室办事员。

CER：邮递员、数据处理员、办公室办事员。

CEI：推销员、经济分析家。

CES：银行会计、记账员、法人秘书、速记员、法院报告人。

ECI：银行行长、审计员、信用管理员、地产管理员、商业管理员。

ECS：信用办事员、保险人员、各类进货员、海关服务经理、售货员、购买员、会计。

ERI：建筑物管理员、工业工程师、农场管理员、护士长、农业经营管理人员。

ERS：仓库管理员、房屋管理员、货栈监督管理员。

ERC：邮政局长、渔船船长、机械操作领班、木工领班、瓦工领班、驾驶员领班。

EIR：科学、技术和有关周期出版物的管理员。

EIC：专利代理人、鉴定人、运输服务检查员、安全检查员、废品收购人员。

EIS：警官、侦察员、交通检验员、安全咨询员、合同管理者、商人。

EAS：法官、律师、公证人。

EAR：展览室管理员、舞台管理员、播音员驯兽员。

ESC：理发师、裁判员、政府行政管理员、财政管理员、工程管理员、职业病防治、售货员、商业经理、办公室主任、人事负责人、调度员。

ESR：家具售货员、书店售货员、公共汽车的驾驶员、日用品售货员、护士长、自然科学和工程的行政领导。

ESI：博物馆管理员、图书馆管理员、古迹管理员、饮食业经理、地区安全服务管理员、技术服务咨询者、超级市场管理员、零售商品店店员、批发商、出租汽车服务站调度。

ESA：博物馆馆长、报刊管理员、音乐器材售货员、广告商售画营业员、导游、（轮船或班机上的）事务长、飞机上的服务员、船员、法官、律师。

ASE：戏剧导演、舞蹈教师、广告撰稿人、报刊、专栏作者、记者、演员、英语翻译。

ASI：音乐教师、乐器教师、美术教师、管弦乐指挥、合唱队指挥、歌星、演奏家、哲学家、作家、广告经理、时装模特。

　　AER：新闻摄影师、电视摄影师、艺术指导、录音指导、丑角演员、魔术师、木偶戏演员、骑士、跳水员。

　　AEI：音乐指挥、舞台指导、电影导演。

　　AES：流行歌手、舞蹈演员、电影导演、广播节目主持人、舞蹈教师、口技表演者、喜剧演员、模特。

　　AIS：画家、剧作家、编辑、评论家、时装艺术大师、新闻摄影师、男演员、文学作者。

　　AIE：花匠、皮衣设计师、工业产品设计师、剪影艺术家、复制雕刻品大师。

　　AIR：建筑师、画家、摄影师、绘图员、环境美化工、雕刻家、包装设计师、陶器设计师、绣花工、漫画工。

　　SEC：社会活动家、退伍军人服务官员、工商会事务代表、教育咨询者、宿舍管理员、旅馆经理、饮食服务管理员。

　　SER：体育教练、游泳指导。

　　SEI：大学校长、学院院长、医院行政管理员、历史学家、家政经济学家、职业学校教师、资料员。

　　SEA：娱乐活动管理员、国外服务办事员、社会服务助理、一般咨询者、宗教教育工作者。

　　SCE：部长助理、福利机构职员、生产协调人、环境卫生管理人员、戏院经理、餐馆经理、售票员。

　　SRI：外科医师助手、医院服务员。

　　SRE：体育教师、职业病治疗者、体育教练、专业运动员、房管员、儿童家庭教师、警察、引座员、传达员、保姆。

　　SRC：护理员、护理助理、医院勤杂工、理发师、学校儿童服务人员。

　　SIA：社会学家、心理咨询者、学校心理学家、政治科学家、大学或学院的系主任、大学或学院的教育学教师、大学农业教师、大学工程和建筑课程的教师、大学法律教师、大学数学、医学、物理、社会科学和生命科学的教师、研究生助教、成人教育教师。

　　SIE：营养学家、饮食学家、海关检查员、安全检查员、税务稽查员、校长。

　　SIC：描图员、兽医助手、诊所助理、体检检查员、监督缓刑犯的工作者、娱乐指导者、咨询人员、社会科学教师。

　　SIR：理疗员、救护队工作人员、手足病医生、职业病治疗助手。

附录三：专业知识技能词汇表

在下面的技能清单中圈出你所知道的。如有可能，可以用一个更具体的词来替换这里的词汇。例如，如果你圈出了"外语"这个词，根据你所掌握的外语方面的知识，你可以把它替换成"英语""俄语""法语"或"德语"。列出所有的技能是不可能的，但这个清单可以激发你的记忆和思考。

研磨剂	仪器	亚洲、亚洲人	儿童养育
毒品	椅子	衣服	计算机
美学	娱乐	时尚	财务记录
过敏性反应	老年病学	谷物	和谐
受虐儿童	学徒	天文学	细菌
黏合剂	支票簿	学院	混凝土
非洲、非洲人	设备	发酵	抛光剂
游乐园	魔力	语法	卫生保健
会计	仲裁	运动	信仰
管理	化学药品	颜色	修建
农业	道德	肥料	火灾、消防
解剖学	玻璃	制图学	听力
声学	建筑	原子	行为
青春期	教堂	喜剧	化妆品
疾病	欧洲、欧洲人	纤维光学	急救
麻醉药	目标	小组	帮助
杂技	争吵	拍卖	钟
收养	马戏团	委员会议	女装
飞机	事件（哪一类的？）	纤维	鱼
动物	高尔夫球	成长	远足
丙烯酸树脂	数学	听众	自行车
航空学	城市	沟通	工艺品
酒精中毒	织物	小说	钓鱼
古董	政府	枪支	历史
人类学	艺术、艺术史	音频设备	生物学
制陶术	泥土	公司	犯罪
工程学	家庭	电影	健康
地理	机构	头发	爱好
开胃食品	炮兵	航空学	小鸟
庆典	气候	抱怨	庄稼
发动机	农用机械	金融	调味
构造	图表	手工艺品	马匹

毯子	预算	木工	钥匙、锁
顾客	疾病	电镀物品	菜单
飞行	叉车	服装	绘画
园艺	意识形态	昆虫	财产
蓝图	建筑	地毯	刀子
风俗	戏剧	同情	商品
地板	水果	计量表	纸张
医院	文盲	保险	心理学
船只	建筑材料	卡通	湖泊
奶制品	钻孔机	雇主	金属
插花	火炉	宝石	养育
旅馆	插图	兴趣	心理疗法
簿记	官僚制度	水泥	灯
数据	干砌墙材料	能量	公尺
花	室内装饰	地理学	公园
清扫房屋	意象	投资	宣传
书	生意	灌溉	土地
决策	染料	饭食	方法
液体	家具	室外	党派、社会
房子	移民	印刷机	公众意见
植物学	橱柜	事件	风景
装饰	地震	机械学	公制
食物	皮毛	大纲	病人
人性	所得税	机械	公开演说
花束	蛋糕	珠宝	语言
错失	经济	医学器械	细菌
食品供应	未来	熔炉	形式
打猎	婴儿	监狱	出版
刹车	照相机	新闻业	花边
过失行为	教育方法	药物	矿物质
外交	游戏	行李	工资体系
水力学	传染	问题	木偶
砖	露营者	正义	洗衣房
食物	电	会议	钱
外语	园艺设备	包装	人（哪一类的？）
卫生	信息	产品	谜语
桥	蜡烛	狗窝	法律
残疾人	电子	精神疾病	电影
森林	花园	怀孕	绩效
思想	伤害	节目	棉被

割草机	平版印刷	木材	按摩
动机	记叙文	托儿所	管弦乐队
期刊	管道安装	诗歌	贫穷
收音机	恢复	根	量表
草坪	礼拜仪式	机器零件	材料
摩托车	国家	营养	组织
人格	地方	毒药	电动工具
铁路	退休	路线	风景
领导	牲畜	机器	数字
马达	国内事件	障碍	人体器官
前景	计划	政治程序	祈祷
范围	节奏	惯例	学校
学习	场所	魔术	事件
移动设备	自然	办公设备	船侧发动机
说服	植物（哪一类的？）	亮光剂	保存
房地产	步枪	橡皮	科学
皮革制品	位置	磁性	雕塑
博物馆	导航	办公室工作	风暴
药物	灰浆	政治组织	玩具
娱乐	河流	铁锈	武器
立法	机车	管理	海洋
音乐	人类需求	油、油产品	火炉
哲学	塑料	组织	培训
冷藏	道路	安全	天气
图书馆	逻辑学	地图	种子
乐器	新来者	戏剧	策略
摄影	盘子	政治	火车
宗教	岩石	销售	纺织
灯光	长寿	市场、市场学	化粪池
神话	报纸	观点	结构
身体残疾	游戏	民意测验	交易
宗教书籍	角色	盐	婚礼
读写能力	润滑油	婚姻	服务
名字	小说	光学	学生
物理学	钳子	污染物	交通
报告	屋顶	卫生、卫生设备	重量
文学	行李	协会成员	莎士比亚
麻醉剂	数字	果园	形式
图画	管道设备	锅	旅行
饭馆	房间	锯	焊接

掩蔽	公用事业	声音	理论
吸毒	葡萄酒	测验	词汇
治疗	素描	录像机	游艇
井	牙齿	世界	存货
灌木	假期	词汇	疗法
调查	木材	纺织品	声音
树木	皮肤	录像	故事
车轮	电话	崇拜	石头
标记	真空吸尘器	体育运动	线
符号	版画	质地	战争
打字机	社会	村庄	青年团体
野生生物	望远镜	包装材料	储藏
丝绸	蔬菜	舞台	轮胎
对称	羊毛	剧院	洗涤
制服	社会学	视力	动物园
窗户	电视	写作	仓库
银器	退伍老兵	污点	工具
桌子	文字处理软件	神学	浪费
室内装饰业	软件	图像	故事
挡风玻璃	领土	X射线	旅游
洗涤槽	盒式录像带	统计学	水
团队	词汇		

附录四：自我管理技能词汇表

圈出你相信自己确实拥有的任何适应性技能。在每个适应性技能后面都有一个同义词。如果某个同义词更适合你，也请把它圈出来。大多数适应性技能都用形容词或副词来表达。

学术性强的——勤学的，博学的
机敏的——警戒的，警惕的，警觉的
精确的——准确的，正确的
野心勃勃的——有抱负的，毅然决然的
活跃的——活泼的，精力充沛的
好分析的——逻辑的，批判的
适合的——灵活的，适应的
感谢的——感激的，感恩的
精通的——娴熟的，内行的，熟练的
能说会道的——善于表达的，擅长辞令的
胆大的——勇敢的，冒险的
艺术的——美学的，优美的
攻击性强的——强有力的，好斗的
随和的——放松的，随意的
坚持己见的——强调的，坚持的
有效的——多产的，有说服力的
健壮的——强壮的，肌肉发达的
有效率的——省力的，省时的
留心（细节）的——观察敏锐的
雄辩的——鼓舞人心的，精神饱满的
吸引人的——漂亮的，英俊的
有感情的——感动的，多愁善感的
平衡的——公平的，公正的，无私的
同情的——理解的，关心的
心胸开阔的——宽容的，开明的
着重的——强调的，有力的，有把握的
有条理的——有效率的，勤勉的
精力充沛的——活泼的，活跃的，有生气的
平静的——沉着的，不动摇的，镇定的
进取的——冒险的，努力的
正直的——直率的，坦率的，真诚的

热情的——热切的，热烈的，兴奋的
有能力的——有竞争力的，内行的，技艺精湛的
博学的——消息灵通的，有文化修养的
仔细的——谨慎的，小心的
慷慨的——乐善好施的，仁慈的
喜悦的——高兴的，快乐的，欢快的
讲道德的——体面的，有德行的，道德
清楚的——明白的，明确的，确切的
富于表现力的——生动的，有力的
聪明的——伶俐的，敏锐的，敏捷的
公平的——无私的，无偏见的
有能力的——熟练的，高效的
有远见的——明智的，有预见的
竞争的——好斗的，努力奋争的
流行的——时髦的，走俏的，现行的
有信心的——自信的，有把握的
坚定的——不动摇的，稳定的，不屈不挠的
志趣相投的——愉快的，融洽的
灵活的——适应性强的，易调教的
认真的——可靠的，负责的
有力的——强大的，强壮的
考虑周到的——体贴的，亲切的
合礼仪的——适当的，有礼貌的，冷静的
前后一致的——稳定的，有规律的，恒定不变的
朴素的——节俭的，节省的，节约的
常规的——传统的，认可的
大方的——慷慨的，无私的，乐善好施的
合作的——同意的，一致的

亲切的——真诚的，友好的，和蔼的
有勇气的——勇敢的，无畏的，英勇的
温和的——好心的，温柔的，有同情心的
周到的——有礼貌的，彬彬有礼的，尊敬的
乐群的——爱交际的，友好的
有创造性的——新颖的，有创意的
吃苦耐劳的——坚强的，坚忍不拔的
好奇的——好问的，爱探究的
健康的——精力充沛的，强壮的，健壮的
果断的——坚决的，坚定的，明确的
有帮助的——建设性的，有用的
慎重的——小心的，审慎的
诚实的——真诚的，坦率的
微妙的——机智的，敏感的
有希望的——乐观的，鼓舞人心的
民主的——平等的，公平的，平衡的
幽默的——诙谐的，滑稽的，可笑的
感情外露的——富于表情的，易动感情的
富有想象力的——有创造性的，有创意的
可靠的——令人信任的，可信赖的
独立的——自立的，自由的
坚决的——坚定的，果敢的
勤奋的——努力的，忙碌的
灵巧的——灵活的，敏捷的，机敏的
有知识的——学者气质的，大脑的
婉转得体的——机智的，文雅的，精明的
智慧的——聪明的，见识广的，敏锐的
谨慎的——小心的，精明的
特意的——有目的的，故意的
独特的——唯一的，个性化的
明智的——聪明的，有判断力的，冷静的
占统治地位的——发号施令的，权威的
善良的——好心的，仁慈的

有文化的——博学的，诗意的，好学的
逻辑性强的——理智的，有条理的
拘谨的——矜持的，客气的
忠诚的——真诚的，忠实的，坚定的
负责的——充分考虑的，成熟的，可靠的
有条理的——系统的，整洁的，精确的
反应灵敏的——活泼的，能接纳的
小心翼翼的——精确的，完美主义的
自发的——首创的，足智多谋的
谦虚的——谦逊的，简朴的，朴素的
敏感的——易受影响的，敏锐的
有益于成长的——有帮助的，支持的
严肃的——冷静的，认真的，坚决的
观察敏锐的——专注的，留心的，警觉的
精明的——机敏的，爱算计的，机警的
头脑开放的——接纳的，客观的
真诚的——诚恳的，可信的，诚挚的
有秩序的——整洁的，训练有素的，整齐的
好交际的——随和的，亲切的
独创的——创造性的，罕有的
自发的——冲动的，本能的
随和的——友好的，好交际的，温暖的
稳定的——坚固的，稳固的，可靠的
充满热情的——狂喜的，强烈的，热心的
高大结实的——强有力的，强健的，肌肉发达的
成功的——有成就的，证据确凿的
耐心的——坚定不移的，毫无怨言的
同情的——仁慈的，温暖的，善良的
平和的——宁静的，平静的，安静的
有策略的——考虑周详的，慎重的
敏锐的——有洞察力的，有辨识力的
顽强的——坚持的，坚定的
坚持的——持久的，持续的
理论性强的——抽象的，学术的
有说服力的——令人信服的，有影响

力的
完全的——彻底的，全部的
爱玩耍的——有趣的，快乐的
深思熟虑的——沉思的，慎重的
泰然自若的——自制的，镇静的
宽容的——仁慈的，宽大的
礼貌的——尊敬的，文明的，恰当的
坚强的——不动摇的，坚定的
积极的——有远见的，坚定的
值得信赖的——可靠的，可信赖的
实用的——有用的，实际的
真诚的——诚实的，实际的，精确的
精确的——详细的，明确的，准确的
善解人意的——了解的，理解的
多产的——硕果累累，丰富的
保护的——警戒的，防御的
文雅的——文明的，有修养的
智慧的——明智的，仔细的，聪明的
爱说话的——爱发表意见的，善于表达的
准时的——守时的，稳定的，及时的
有目的的——下定决心的，有意的

多才多艺的——多技能的，手巧的
快速的——敏捷的，迅速的，灵活的，轻快的
精力旺盛的——生机盎然的，充满活力的
安静的——无声的，沉默的，宁静的
有德行的——好的，道德的，模范的
容光焕发的——明亮的，热情洋溢的，光彩夺目的
活泼的——活跃的，快活的
理性的——健全的，合理的，符合逻辑的
志愿的——自由的，非强迫的
现实的——自然的，真实的
温暖的——充满爱意的，慈爱的，友善的
合理的——合逻辑的，有根据的
迷人的——有魅力的，令人愉快的
沉思的——爱思考的，深思熟虑的
热心的——热情的，热切的，热烈的
可靠的——可信赖的，值得信赖的

附录五：可迁移技能词汇表

在下面的技能清单中分别圈出以下词汇：
1. 能熟练做到的；2. 能做到的；3. 不能做到但希望自己可以做到；4. 绝对不愿意做

达到	开玩笑	装配	权衡
照顾	攀登	比赛	集中
巩固	复制	培养	设计
指导	草拟	鼓励	估计
执行	分析	声称	议价
运送	训练	编辑	概念化
建设	纠正	决定	详述
洞悉	绘制	忍耐	评估
适应	预测	评估	美化
制图	收集	完成	调和
联系	符合	定义	探测
发现	训练	加强	膨胀
管理	申请	协助	预算
选择	上色	构成	面对
控制	咨询	代表	发展
拆除	驾驶	提高	解释
做广告	评价	参加	购买
分类	交流	领会	联结
烹调	计数	运送	发明
展示	编辑	娱乐	探索
劝告	安排	审核	计算
打扫	比较	计算	保存
协调	创造	证明	诊断
证明	授予	建立	表达

参 考 文 献

[1] 罗双平. 职业选择与事业导航 [M]. 北京：机械工业出版社，2008.
[2] 贺杰，朱光辉. 大学生职业生涯发展规划与就业指导 [M]. 南京：东南大学出版社，2008.
[3] 里尔登，兰茨，桑普森，彼得森. 职业生涯发展与规划 [M]. 侯志瑾，伍新春，译. 北京：高等教育出版社，2005.
[4] 张文贤. 人力资源总监 [M]. 上海：复旦大学出版社，2005.
[5] 方伟. 大学生职业生涯规划咨询案例教程 [M]. 北京：北京大学出版社，2008.
[6] 黄维德，董临萍. 人力资源管理 [M]. 北京：高等教育出版社，2005.
[7] 沈之菲. 生涯心理辅导 [M]. 上海：上海教育出版社，2000.
[8] 胡君辰. 人力资源开发与管理教学案例精选 [M]. 上海：复旦大学出版社，2001.
[9] 高校就业指导人员培训教程（内部资料），2008.
[10] 钟谷兰，杨开等. 大学生职业生涯发展与规划 [M]. 上海：华东师范大学出版社，2016.
[11] 胡集峰. 职业生涯与就业指导 [M]. 北京：高等教育出版社，2015.
[12] 牟德刚，孙广福，廖传景，等. 大学生职业生涯发展与就业指导 [M]. 北京：高等教育出版社，2011.
[13] 徐俊祥，兰华，等. 幸福密码：大学生学业与职涯发展导航 [M]. 北京：现代教育出版社，2017.
[14] 戴安·萨克尼克，威廉·班达特，丽莎·若夫门. 职业指导 [M]. 李洋，张奕，小卉，等译. 北京：中国劳动社会保障出版社，2005.
[15] 金树人. 生涯咨询与辅导 [M]. 北京：高等教育出版社，2007.
[16] 史梅. 大学生职业生涯规划与职业素质拓展 [M]. 北京：高等教育出版社，2010.
[17] 张晖怀. 大学生涯与职业发展规划 [M]. 北京：高等教育出版社，2012.
[18] 蒋建荣，刘月波. 大学生职业发展与就业训练教程 [M]. 北京：现代教育出版社，2009.
[19] 朱坚，陈刚. 规划未来——大学生职业生涯设计与就业指导 [M]. 北京：现代教育出版社，2009.
[20] 张福建. 大学生职业生涯发展与规划 [M]. 北京：现代教育出版社，2010.
[21] 黄晞建，夏伯平. 大学生职业生涯规划训练教程 [M]. 北京：现代教育出版社，2010.
[22] 姬振旗，周峰. 职业生涯发展 [M]. 北京：高等教育出版社，2011.
[23] GCDF 中国培训中心. 全球职业规划师 GCDF 资格培训教程 [M]. 北京：中国财政

经济出版社，2006.

[24] 彭贤，马恩. 大学生职业生涯规划活动教程［M］. 北京：北京交通大学出版社，2010.

[25] 陈敏. 大学生职业生涯发展与管理［M］. 北京：高等教育出版社，2010.

[26] 宫志峰，李纪岩，李在武. 大学生社会主义核心价值观体系建设研究［M］. 北京：人民出版社，2012.

[27] 杨志，周银珍. 社会主义核心价值观：文化自信的灵魂［EB/OL］. http：//www.wenming.cn/ll_pd/llzx/201803/t20180321_4626909.shtml，2018.3.21.

[28] 韦玉彪. 新时代大学生如何培育和践行社会主义核心价值观［M］. 中国网，2022.03.07.

[29] 沈志华，汪玉柱，邢宝君. 认知结构理论与大学生自我教育［J］. 沈阳师范大学学报：社会科学版，2006（3）：32.

[30] 朱志明，刘映芳. 新时代大学生担当精神培育探究［J］. 思想理论教育导刊，2019，03：118.

[31] 章琳. 时代新人视域下大学生担当精神培育路径探究［J］. 思想理论教育导刊，2018，04：120.

[32] 李聪. 担当精神及其时代内涵研究［D］. 长春：东北师范大学，2019.

[33] 习近平. 决胜全面建成小康社会夺取新时代中国特色社会主义伟大胜利——在中国共产党第十九次全国代表大会上的报告［R］. 北京：人民出版社，2017.

[34] 习近平. 在北京大学师生座谈会上的讲话［N］. 人民日报，2018-05-03（002）.

[35] 中共中央文献研究室. 十八大以来重要文献选编（中）［M］. 北京：中央文献出版社，2016.

[36] 陈宝泉. 大学生当自律自立自强［N］. 中国教育报，2011-09-07（001）.

[37] 习近平. 在纪念朱德同志诞辰130周年座谈会上的讲话［N］. 人民日报，2016-11-30（02）.

[38] 中共中央文献研究室. 习近平关于青少年和共青团工作论述摘编［M］. 北京：中央文献出版社，2017.

[39] 唐朝华. 从校园人到社会人［J］. 中国高教研究学报，2005，03：89-91.

[40] 陶卫. 大学生社会适应能力提升的对策与路径研究［D］. 南昌：江西科技师范大学，2015.

[41] 李春. 社会转型期大学生职业角色期待转变的教育对策［D］. 重庆：西南大学，2011.

[42] 王振芳. 习近平知行合一观研究［D］. 济南：山东师范大学，2021.

[43] 王宝鑫. 新时代大学生爱国奋斗精神培育研究［J］. 思想政治教育研究. 2021，37（04）：125-128.

[44] 徐晓宁，任嵩. 习近平奋斗幸福观的科学内涵及其对大学生奋斗精神养成的启示［J］. 思想理论教育导刊，2020.

[45] 张德聪. 生涯规划［M］. 台湾：幼狮文化事业股份有限公司，1995.

[46] 李江雪. 大学生情绪管理与辅导［M］. 北京：北京师范大学出版社，2009.

[47] 沙勤裴诺. 健康心理学［M］. 萧仁剑，译. 台湾：桂冠图书公司，1999.

[48] 何金彩，唐闻捷. 大学生心理健康与发展［M］. 杭州：浙江大学出版社，2005.

[49] 张丹，李新. 新编大学生职业生涯规划与就业创业指导［M］. 北京：现代教育出版社，2015.

[50] 王学文，李新，张晓蕊. 大学生职业生涯规划实践模式研究［J］. 河北：河北工程大学学报（社会科学版），2010，02.

[51] 史婷婷. 终身学习视角下职业教育政策研究［D］. 天津：天津大学职教学院. 2011.

[52] 吴咏诗. 教育面向21世纪的重大发展［J］. 教育研究，1995，27.

[53] 习近平. 全国教育大会讲话［N］. 人民日报，2016-09-10.

[54] 冯瑛，李永政. 高校思想政治教育与大学生职业胜任力融合培养路径研究［J］. 学校党建与思想教育，2018，7.

[55] 石蕊. 大学生志愿服务与社会实践体系的构建［J］. 法制博览，2015，26.

[56] 周辉，孙瑨原. "卓越计划"视角下大学生实践服务体系研究［J］. 赤峰学院学报（自然科学版），2017，08.

[57] 陈春一、高培军. 大学生思想政治教育与职业生涯规划的关联性［J］. 党校党建与思想教育，2010，11.

[58] 古典. 你的生命有什么可能［M］. 长沙：湖南文艺出版社，2014.

[59] 古典. 拆掉思维里的墙［M］. 北京. 中国书店出版社，2010.

[60] 栗宗祥. 大学生职业发展与就业指导［M］. 天津：南开大学出版社，2017.

[61] 中学生生涯规划网. 如何用生涯四度做人生战略规划［EB/OL］. 中学生生涯规划微信公众号 2017-12-07 09：15：28.

[62] 勇猛精进的三三. 生涯四度，你有几度（DISC与生涯四度）［EB/OL］. ［202-02-21］https：//www. jianscom/p/37287cad842hu. b. 2017.

[63] 江历明，员工职业生涯中期阶段的危机管理［J］. 漳州师范学院学报（哲学社会科学版），2005，04.

[64] 户晓坤. 从容面对职业生涯危机［J］. 职业技术，2003，11.

[65] 习近平. 高举中国特色社会主义伟大旗帜 为全面建设社会主义现代化国家而团结奋斗——在中国共产党第二十次全国代表大会上的报告［EB/OL］. 中国政府网. http://www.gov.cn/xinwen/2022-10/25/content_ 5721685.htm，2022-10-25.

[66] 季明. 价值观［J］. 中国共产党新闻网，中国领导干部资料库，http://theory.people.com.cn/n/2014/0213/c40531-24348248.html.

[67] 陈欢庆. 创造力开发教程［M］. 杭州：浙江文艺出版社，1999.

[68] 陶富源. 大学生创新素质养成与创新人才造就［J］. 安徽师范大学学报（人文社会科学版），2017（4）.

[69] 塞沃特. 时间管理：工作、生活双赢的7个步骤［M］. 黄青，译. 中国商务出版社，2004.